Droit & Grands Enjeux du Monde Contemporain

Term

ENSEIGNEMENT OPTIONNEL

Sous la direction de
Bénédicte Fauvarque-Cosson
Conseillère d'État, agrégée des facultés de droit

ÉQUIPE JURIDIQUE

Coordination de la partie 1
Alain Bénabent, Thibaut Félix, Julien Jeanneney

Coordination de la partie 2
Rémi Decout-Paolini

Auteurs

François Ancel
Magistrat, président de la chambre commerciale de la cour d'appel de Paris

Thomas Andrieu
Conseiller d'État

Florence Bellivier
Professeure de droit privé et sciences criminelles à l'université Paris Nanterre (92)

Alain Bénabent
Agrégé des facultés de droit, avocat au Conseil d'État et à la Cour de cassation

Henri Bourgeois
Conseil en propriété industrielle, mandataire agréé près l'Office européen des brevets

Pauline Cartan
Ingénieure brevets, ingénieure de l'École Centrale de Paris

Romain Cosson
Ingénieur des mines, chercheur au MIT

Rémi Decout-Paolini
Maître des requêtes au Conseil d'État, agrégé d'histoire

Marie Eliphe
Attachée temporaire d'enseignement et de recherche à l'université Paris II Panthéon-Assas (75)

Bénédicte Fauvarque-Cosson
Conseillère d'État, agrégée des facultés de droit

Thibaut Félix
Maître des requêtes au Conseil d'État

Marie Grosset
Maître des requêtes au Conseil d'État, enseignante en droit de la santé à Sciences Po Paris (75)

Julien Jeanneney
Professeur de droit public à l'université de Strasbourg (67)

Rebecca Legendre
Maître de conférences en droit privé à l'université Paris II Panthéon-Assas (75)

Koen Lenaerts
Président de la Cour de justice de l'Union européenne, professeur à l'université de Leuven (Belgique)

Kris Lenaerts-Grimonprez
Docteure en droit de l'université du Luxembourg, chercheuse associée à l'université de Leuven (Belgique)

Antoine Lyon-Caen
Professeur de droit émérite, avocat au Conseil d'État et à la Cour de cassation

Winston Maxwell
Directeur d'études, droit et numérique, Télécom Paris – Institut Polytechnique de Paris

Annabelle Philippe
Magistrate, avocate générale référendaire à la Cour de cassation

Bernard Stirn
Président de section honoraire au Conseil d'État, membre de l'Institut

Stéphane Vernac
Professeur de droit privé à l'Université Jean Monnet de Saint-Étienne (42), chercheur au Centre de Recherches Critiques sur le Droit (CERCRID), chercheur associé au Centre de gestion scientifique (Mines ParisTech)

Sophie Vulliet-Tavernier
Directrice des relations avec les publics et la recherche à la Commission nationale de l'informatique et des libertés (CNIL)

ÉQUIPE PÉDAGOGIQUE

Sous la direction de
Anne-Marie Hazard-Tourillon
Agrégée d'histoire
Inspectrice d'académie honoraire Histoire-Géographie-EMC

Coordination
Aline Beilin

Auteurs

Aline Beilin
Agrégée de philosophie
Professeure de Philosophie, de HLP et de DGEMC au lycée Léonard de Vinci à Levallois-Perret (92)
Mission de formatrice pour la DAFOR dans l'académie de Versailles

Hugo Drapier
Certifié d'histoire-géographie
Professeur de HGGSP et de DGEMC au lycée Jean-Baptiste Corot à Savigny-sur-Orge (91)

Étienne Scharr
Certifié de Sciences économiques et sociales
Professeur de SES et de DGEMC au lycée Montalembert à Courbevoie (92)

Les écrits n'engagent que leurs auteurs et pas les institutions auxquelles ils appartiennent.

Nathan

À la découverte de votre **manuel**

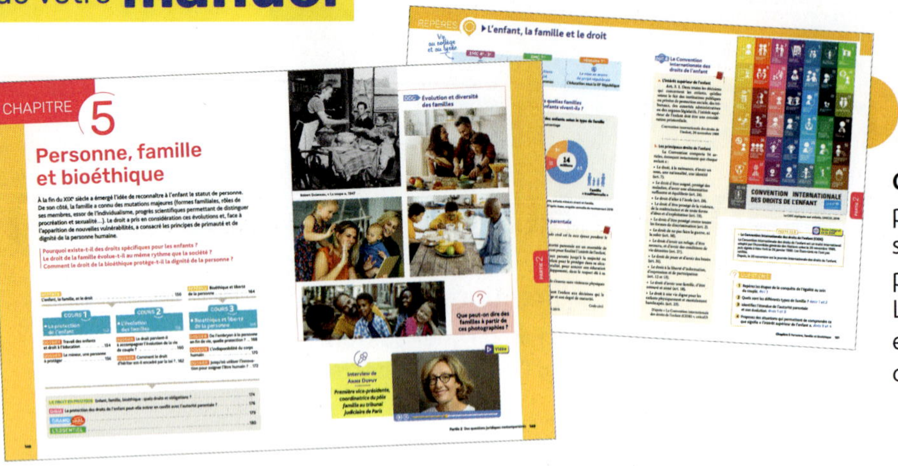

Chaque chapitre est introduit par une vidéo réalisée spécifiquement pour vous par un(e) spécialiste du sujet. Les textes et documents essentiels sont regroupés dans les pages Repères.

Des **cours complets**, rédigés par des spécialistes de chaque sujet.

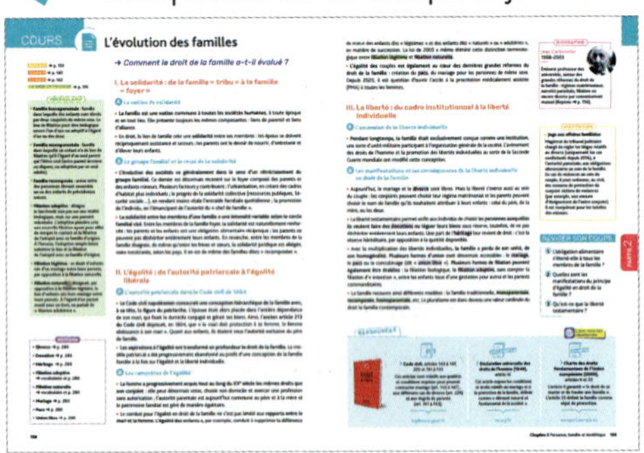

Des **dossiers documentaires** sur les thèmes du programme.

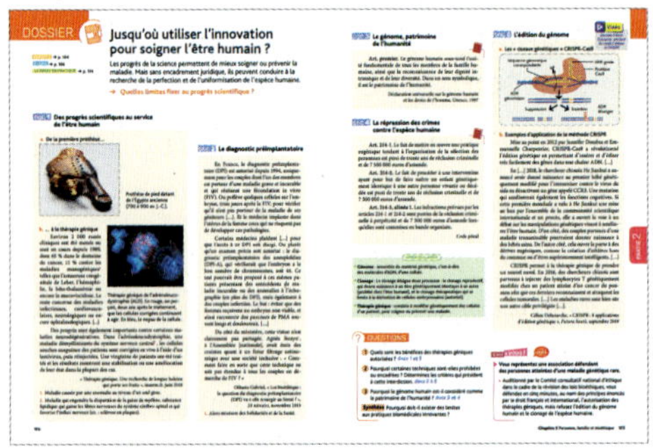

Le droit en pratique !

Des situations de droit concrètes à résoudre grâce aux documents proposés.

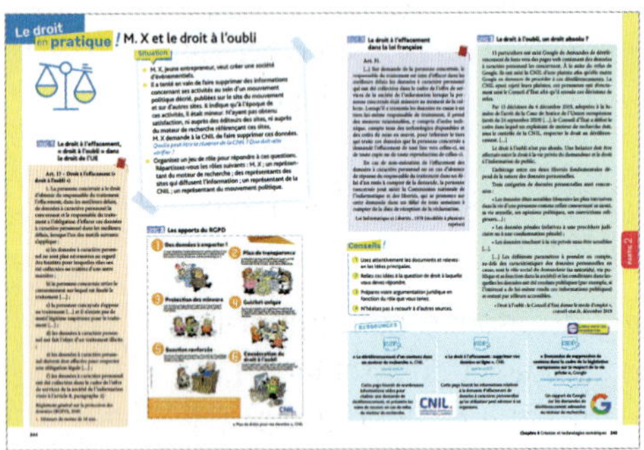

Des **débats** sur les grands enjeux de droit du monde contemporain.

Des pistes pour **valoriser votre question de Grand oral** en l'enrichissant de références au droit.

En fin de chapitre, **l'essentiel à retenir**.

AVANT-PROPOS

> « Outre la transmission des connaissances, la Nation fixe comme mission première à l'école de faire partager aux élèves les valeurs de la République. »
>
> (Code de l'éducation, article L. 111-1)

La liberté, l'égalité, la fraternité, la démocratie, la laïcité, le respect de l'État de droit et des droits de l'homme sont les fondements juridiques de la République. Divers enseignements y sensibilisent déjà les élèves. Dans la voie générale, aucun n'était encore consacré au droit, quoiqu'il soit au cœur de toute organisation sociale.

Le programme d'enseignement optionnel de Terminale générale, « Droit et grands enjeux du monde contemporain » (BO spécial n° 8 du 25 juillet 2019), est entré en vigueur en septembre 2020, à l'occasion de la réforme du baccalauréat. Il s'inspire de celui qui avait été élaboré en 2011 pour l'une des spécialités de l'ancienne Terminale L (littéraire). Il s'en distingue toutefois par ses objectifs : non plus seulement permettre à celles et ceux qui se destinent aux études de droit de mieux réussir leur première année à l'université, mais aussi et surtout donner aux élèves, quelles que soient leurs futures études, les moyens de comprendre le fonctionnement de nos sociétés démocratiques et d'y exercer pleinement leur rôle de citoyen.

Ce manuel met en lumière la manière dont le droit structure la société et contribue à régir les grands enjeux actuels (l'environnement, la protection de l'enfant, du corps humain, des données personnelles, l'entreprise, l'innovation, etc). Il invite chaque élève à dépasser ses réactions spontanées dictées par le sentiment de la justice, le bon sens ou l'émotion, pour mettre en perspective le fait social, comprendre les points de vue des autres, mesurer l'importance du droit pour faire coexister pacifiquement ceux dont les intérêts s'affrontent.

Consacré au droit, présenté à travers les grands enjeux du monde contemporain, l'ouvrage se devait d'être tout à la fois juste et rigoureux, innovant et stimulant. L'alliance, inédite dans le domaine de l'édition scolaire, de deux équipes, l'une composée de juristes spécialistes des thèmes abordés par le programme, l'autre de professeurs du secondaire experts des méthodes pédagogiques, a permis de relever ce défi.

Nous espérons que ce manuel saura accompagner les enseignants et leurs élèves dans la découverte de cette nouvelle option passionnante.

Bénédicte Fauvarque-Cosson

SOMMAIRE

AUTEURS DE L'ÉQUIPE JURIDIQUE

- P. 30 à 53, 56-58 : **Thibault Félix**, maître des requêtes au Conseil d'État
- P. 34-35, 44-45, 50-51 : **Bernard Stirn**, président de section honoraire au Conseil d'État, membre de l'Institut
- P. 52-55 : **Bénédicte Fauvarque-Cosson**, conseillère d'État, agrégée des facultés de droit

AUTEUR DE L'ÉQUIPE JURIDIQUE

- P. 62 à 69, 72 à 75, 78 à 80, 82-83 : **François Ancel**, magistrat, président de la chambre commerciale internationale de la cour d'appel de Paris

CHAPITRE 3

Droit de l'Union européenne et droit international

AUTEURS DE L'ÉQUIPE JURIDIQUE

- P. 84 à 95 : **Koen Lenaerts**, président de la Cour de justice de l'Union européenne, professeur à l'Université de Leuven (Belgique) **Kris Lenaerts-Grimonprez**, docteure en droit, chercheuse associée à l'Université de Leuven (Belgique)
- P. 84-85, 96 à 106 : **Bénédicte Fauvarque-Cosson** **Julien Jeanneney**, professeur de droit public à l'Université de Strasbourg

PARTIE 2. Des questions juridiques contemporaines

CHAPITRE 4

Personnes et citoyens

AUTEURS DE L'ÉQUIPE JURIDIQUE

- P. 110 à 119, 142 à 144 : **Florence Bellivier**, professeure de droit privé et sciences criminelles à l'Université Paris Nanterre (92)
- P. 110-111, 120 à 127, 146-147 : **Thomas Andrieu**, conseiller d'État
- P. 128-129, 132-133 : **Antoine Lyon-Caen**, professeur émérite, avocat au Conseil d'État et à la Cour de cassation
- P. 130-131 : **Bénédicte Fauvarque-Cosson**
- P. 110-111, 120-121, 134 à 141 : **Rémi Decout-Paolini**, maître des requêtes au Conseil d'État, agrégé d'histoire

SOMMAIRE

AUTEUR DE L'ÉQUIPE JURIDIQUE

- P. 148 à 162, 174 à 178, 180-181 : **Alain Bénabent**, agrégé des facultés de droit, avocat au Conseil d'État et à la Cour de cassation **Rebecca Legendre**, maître de conférences en droit privé à l'Université Panthéon-Assas (75)
- P. 148-149, 164 à 175, 180-181 : **Marie Grosset**, maître des requêtes au Conseil d'État, enseignante en droit de la santé à Sciences Po Paris (75)

AUTEURS DE L'ÉQUIPE JURIDIQUE

- P. 182 à 191 : **Alain Bénabent Rebecca Legendre**
- P. 182-183, 192 à 200, 202-203 : **Annabelle Philippe**, magistrate, avocate générale référendaire à la Cour de cassation

AUTEURS DE L'ÉQUIPE JURIDIQUE

- P. 204 à 222, 224-225 : **Antoine Lyon-Caen**
  Stéphane Vernac, professeur de droit privé à l'Université Jean Monnet de Saint-Étienne (42), chercheur au Centre de recherches critiques sur le droit (CERCRID), chercheur associé au Centre de gestion scientifique (Mines ParisTech)

AUTEURS JURIDIQUES DU CHAPITRE

- P. 226 à 237 : **Henri Bourgeois**, conseil en propriété industrielle, mandataire agréé près l'Office européen des brevets
  Pauline Cartan, ingénieure brevets, ingénieure de l'École Centrale de Paris
- P. 226 à 229, 238 à 245 : **Sophie Vulliet-Tavernier**, directrice des relations avec les publics et la recherche à la CNIL
- P. 226 à 229, 246 à 254, 256-257 : **Romain Cosson**, ingénieur des mines, chercheur au MIT
  Winston Maxwell, directeur d'Études, droit et numérique, Télécom Paris - Institut polytechnique de Paris

TOUTES LES RESSOURCES NUMÉRIQUES DU MANUEL

Introduction – Qu'est-ce que le droit ?

Chapitre 1 – Les sources du droit

Chapitre 2 – L'organisation de la justice en France

Chapitre 3 – Droit de l'Union européenne et droit international

Chapitre 4 – Personnes et citoyens

PROGRAMME d'enseignement optionnel de droit et grands enjeux du monde contemporain de terminale générale

Bulletin officiel spécial n° 8
du 25 juillet 2019

Programme complet

Introduction - Qu'est-ce que le droit ?

Le droit et ses fonctions

Notions : État de droit, ordre public, coutume, morale

Les caractéristiques de la règle de droit

Notions : les caractères de la règle de droit, autorité légitime, objet social

PARTIE 1 - Comment le droit est-il organisé ?

L'organisation du droit sera appréhendée en trois temps, à savoir les sources du droit, l'organisation judiciaire et le cadre international.

1.1. Sources du droit

Les sources de droit sont découvertes à travers des exemples choisis dans des champs diversifiés. Il s'agit d'illustrer concrètement le rôle créateur des sources du droit, ainsi que leur complémentarité.

Les règles de droit émanent d'autorités légitimes qui seront associées à chaque règle de droit.

Il importe qu'au moins une partie des études proposées se situent dans le cadre européen afin de réaffirmer la dimension européenne de notre système juridique et de pouvoir l'illustrer concrètement.

1.1.1. La Constitution

Notions : pouvoirs exécutif, législatif et judiciaire ; séparation des pouvoirs, démocratie, représentation, contrôle de constitutionnalité

Institutions : Parlement, Conseil constitutionnel

1.1.2. Les lois, décrets, arrêtés et ordonnances

Notions : loi organique, loi ordinaire, domaines législatif et réglementaire ; principe de légalité ; décret ; arrêté ; ordonnance ; hiérarchie des normes

Institutions : assemblée nationale, sénat, gouvernement

1.1.3. La jurisprudence

Notions : juridictions, décision de justice (arrêts, jugements, décisions et avis), Conseil d'État, Cour de cassation, Conseil constitutionnel, déni de justice, revirement de jurisprudence, les fonctions de la jurisprudence (interprétation, suppléance, adaptation et unification)

Institutions : Conseil d'État et Cour de cassation

1.1.4. Le contrat

Notions : accord de volonté, liberté contractuelle, obligation contractuelle, force obligatoire

1.2. L'organisation judiciaire en France

Notions : dualisme juridictionnel, ordre administratif, ordre judiciaire, degrés de juridiction, appel, cassation, référé, siège, parquet, conciliation, médiation, arbitrage

1.3. Les relations internationales et le droit

1.3.1. L'Union européenne

Notions : traités fondateurs de l'Union européenne, règlements, directives

Institutions : Parlement européen, Conseil de l'Union européenne, Commission européenne, Cour de justice de l'Union européenne

1.3.2. Internationalisation du droit

Notions : convention internationale, organisation internationale, juridiction internationale, Conseil de l'Europe, droit international public et droit international privé, extraterritorialité

Institutions : organisation des Nations unies, Conseil de l'Europe, Cour européenne des droits de l'homme

PARTIE 2 - Des questions juridiques contemporaines

Il s'agit ici de montrer la place du droit, sous toutes ses formes, dans les grandes problématiques contemporaines : consécration de grands principes qui ont vocation à protéger la société et les individus, encadrement et régulation de la vie sociale et économique, réponses à des problèmes nouveaux suscités par les technologies numériques et les progrès scientifiques, périmètre des entités protégées par les droits et libertés. L'étude des thèmes retenus peut s'accompagner d'une présentation des « sources » du droit – des différents types de normes juridiques – qui ont été mentionnées dans la première partie.

2.1. Les sujets de droits

Notions : personnalité juridique, capacité juridique, personne physique, personne morale, patrimoine, responsabilité civile, pénale et administrative, chose, bien meuble, droits des animaux

- Qui peut faire valoir ses droits ?
- La responsabilité est-elle une conséquence de la liberté des individus ?
- L'animal est-il une personne ou une chose ?

2.2. Liberté, égalité, fraternité

2.2.1. Liberté et sécurité

Notions : liberté, ordre public de protection, ordre public de direction, sécurité publique, salubrité publique, tranquillité publique, dignité de la personne humaine

• Quelle est la place de la liberté dans notre système juridique ?

• Dans quelle mesure l'État peut-il limiter la liberté des individus ?

2.2.2. Égalité et lutte contre les discriminations

Notions : égalité, différences, discrimination, Défenseur des droits

• Quelle est l'importance de l'égalité en droit français ?

• Qu'est-ce que le principe d'égalité ?

2.3. Personne et famille

2.3.1. Nationalité et migrations

Notions : nationalité, étranger, demandeur d'asile, apatride, Office français de protection des réfugiés et des apatrides, Cour nationale du droit d'asile, droit du sol, droit du sang

• Tous les étrangers sont-ils traités juridiquement de la même manière ?

• Les conditions d'acquisition de la nationalité sont-elles les mêmes dans tous les pays ?

2.3.2. Droits de l'enfant

Notions : Droits de l'homme, incapable, mineur, intérêt supérieur de l'enfant, Déclaration des droits de l'enfant, Convention relative aux droits de l'enfant

• Pourquoi protéger les droits de l'enfant ?

• Quelles sont les références juridiques fondamentales pour la protection des droits de l'enfant ?

• Quels sont les principaux droits de l'enfant ?

2.3.3. Évolution de la famille

Notions : couple, mariage, Pacs, union libre, divorce, filiation naturelle, filiation adoptive, donation, héritage

• Comment la famille est-elle appréhendée par le droit ?

• Comment le droit de la famille s'adapte-t-il à l'évolution de la société ?

2.3.4. Bioéthique et liberté de la personne

Notions : bioéthique, inviolabilité, indisponibilité, dignité, droit à la vie, euthanasie

• Jusqu'où le droit protège-t-il la personne ?

• Pourquoi est-il utile de réfléchir sur les pratiques médicales sur le vivant ?

• Quelles limites à l'assistance médicale à la procréation ?

• Peut-on choisir les conditions de sa mort ?

2.3.5. Sexe, droit et normes sociales

Notions : liberté sexuelle, majorité sexuelle, infractions sexuelles, prostitution

• Que recouvre le principe de liberté sexuelle ?

• L'État a-t-il vocation à limiter certaines pratiques sexuelles ?

2.3.6. Harcèlement et diffamation

Notions : harcèlement, délit de presse, liberté d'expression, liberté de communications, respect de la vie privée

• Qu'est-ce que le harcèlement ?

• Qu'est-ce que la diffamation ?

2.4. L'entreprise et le droit

Notions : société mère, filiale, groupe, sous-traitance, contrat de travail, lien de subordination, contrat d'entreprise, préjudice écologique, principe de prévention, principe de précaution

• Comment le droit circonscrit-il l'entreprise ?

• Comment une relation de travail peut-elle se concrétiser au plan juridique ?

• À quelles conditions juridiques une entreprise peut-elle être responsable d'un préjudice écologique ?

2.5. Création et technologies numériques

2.5.1. Propriétés intellectuelles

Notions : droit de propriété, droit d'auteur, plagiat, contrefaçon, marque, brevet, droit de l'Union européenne

• Qu'est-ce que le droit de propriété ?

• Quelle différence existe-t-il, au sein de la propriété intellectuelle, entre la propriété littéraire et artistique, et la propriété industrielle ?

2.5.2. Protection des données à caractère personnel

Notions : données à caractère personnel, droit au respect de sa vie privée, réseaux sociaux, loi « Informatique et libertés », Règlement général sur la protection des données (RGPD), droit à l'oubli, consommateur

• Qu'est-ce qu'une donnée à caractère personnel ?

• Peut-on protéger les individus contre l'exploitation commerciale de leurs données ?

• Qui protège les données à caractère personnel ?

2.5.3. Intelligence artificielle et justice

Notions : intelligence artificielle, algorithmes, robots, *blockchains*, plateformes, cyberjustice, cybercriminalité, souveraineté numérique, *legal techs*

• Quels défis l'intelligence artificielle pose-t-elle pour les juristes ?

• Quels bouleversements procèdent du développement des plateformes numériques et des objets connectés ?

• Comment le droit peut-il appréhender la cybercriminalité ?

Qu'est-ce que le droit ?

Le droit est l'ensemble des règles qui régissent les rapports entre les membres de tout corps social, du plus petit (le groupe familial) au plus grand (le concert des nations). En se donnant des règles de droit, on suppose que les individus ont accepté d'abandonner une partie de leur liberté pour accroître le bien-être collectif.

Que serait une société sans droit ?
Comment, dans une société, les règles sont-elles fixées ?

Vu au lycée

EMC 2de
Des libertés pour la liberté
Libertés de l'individu, libertés collectives ; le droit, les grandes lois

Histoire 1re
La Révolution française et l'Empire : une nouvelle conception de la nation
Le Code civil (1804) : un rayonnement européen

Histoire 1re
La mise en œuvre du projet républicain
L'affirmation des libertés fondamentales ; le projet d'unification de la nation autour des valeurs de 1789

Histoire Term
La France : une nouvelle place dans le monde
La constitution de 1958

Philosophie Term
L'État

CITATION

« Qu'est-ce qu'un Code civil ? C'est un corps de lois destinées à diriger et à fixer les relations de sociabilité, de famille et d'intérêt qu'ont entre eux des hommes qui appartiennent à la même cité. »

Extrait du discours de présentation du Code civil prononcé par Portalis, le 3 frimaire an X (21 janvier 1801)

DOC 1

La codification du droit

L'une des caractéristiques du droit français est d'être un droit codifié. Le Code civil de 1804 est le code fondateur de notre système juridique. De nombreux autres codes sont parus depuis, dans tous les domaines du droit. Ils rassemblent les dispositions législatives et réglementaires qui régissent une matière.

DOC 2

La déesse Thémis, symbole du droit et de la justice

Dans l'Antiquité grecque, Thémis est la déesse de la justice.

1 Les yeux bandés : pour juger en toute impartialité

2 La balance : pour soupeser les intérêts en présence

3 Le glaive : pour trancher les litiges

?

Que vous apprennent ces documents sur ce qu'est le droit ?

Interview de Robert Badinter

Ancien ministre de la Justice (1981-1986), ancien président du Conseil constitutionnel (1986-1995)

Vidéo

DÉCOUVRIR

Le droit dans l'histoire

Le droit est apparu avec les premières sociétés organisées. Son histoire témoigne d'évolutions, de mutations, de révolutions.

→ **Comment le droit actuel s'inscrit-il dans l'histoire du droit ?**

VOCABULAIRE

- **Adages et maximes** : ils font partie du patrimoine des juristes. Ils jouent un rôle de mémoire collective, même s'ils n'appartiennent pas à la coutume à proprement parler et sont rarement appliqués isolément.
- **Codes** : ensemble de textes juridiques rassemblés et organisés de façon cohérente afin de les rendre plus accessibles.
- **Coutume** : règle de conduite, habitude suivie par un groupe social donné, qui se transmet de génération en génération et devient force obligatoire. Sa source est populaire.
- **Droit** : ensemble de règles régissant la vie en société et mises en œuvre par la puissance publique.
- **Loi** : norme juridique adoptée par le peuple ou par ses représentants.

DOC 1 L'Antiquité mésopotamienne : « l'invention du droit » (XVIIIe siècle av. J.-C.)

§ 8. Si quelqu'un a volé un bœuf, un mouton, un âne, un cochon [...] si c'est à un simple particulier, il remboursera jusqu'à dix fois. Si le voleur n'a pas de quoi rendre, il sera mis à mort.

Code de Hammurabi

Hammurabi, roi de Babylone (1792-1750 av. J.-C.), a fait graver les lois de son royaume (282 articles) sur des stèles.

Stèle du Code de Hammurabi, musée du Louvre, Paris

DOC 2 La République romaine et la fixation du droit romain (Ve siècle av. J.-C.)

a. La loi des XII Tables (450 av. J.-C.)

Le regard d'un HISTORIEN

Rédigée par dix magistrats, elle a été votée par une assemblée populaire, les comices, et est restée en vigueur pendant dix siècles. Chaque table porte sur un domaine du droit (civil, pénal, principes constitutionnels...).

En 451, Rome connaît l'étape normale dans l'évolution d'une cité antique, le moment où il faut nécessairement rédiger des lois. Jusqu'alors, la connaissance du droit avait été transmise oralement. L'ensemble des lois fut appelé « loi des XII Tables » parce qu'affiché au forum sur douze tables de bronze. Désormais, chacun pouvait se référer à un code écrit. [...] La loi des XII Tables n'est pas seulement la mise par écrit du droit coutumier. Elle se présente comme un ensemble de réponses à des problèmes juridiques de la vie courante : articles sur le droit de propriété, sur la puissance du père de famille, sur l'endettement, sur les sociétés...

Jean-Pierre Martin, *La Rome ancienne, Le fil des temps*, PUF, 1973

b. Le Code Justinien, compilation des textes du droit romain (VIe siècle)

BIOGRAPHIE

Justinien
vers 482-565

Empereur (527-565) qui unifie l'Empire romain par la codification du droit. Des juristes rassemblent toutes les lois romaines dans un code à son nom, ainsi que les écrits des anciens juristes, dans un Digeste qui inspirera notre Code civil.

Jus est ars boni et aequi.
Le droit est l'art du bon et de l'équitable.

Le *Digeste*, l'un des recueils du Code Justinien

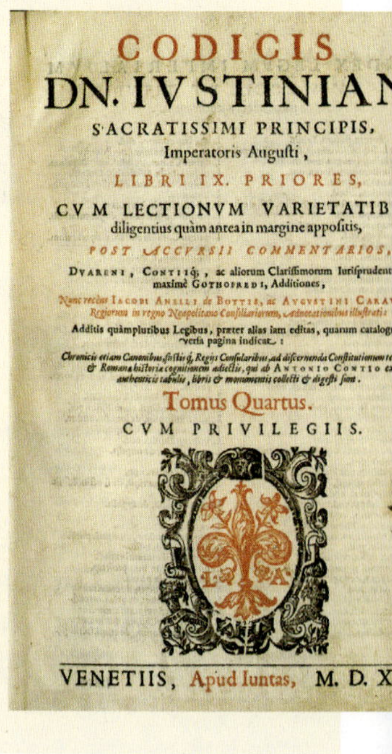

DOC 3 La coutume

a. La France médiévale, de l'émiettement à l'unification

La coutume se transmet de façon orale. Les coutumes ont pu être un moyen de faire régner un certain ordre, alors qu'un pouvoir était incertain ou fragmenté. […] La France féodale, après l'effondrement de l'Empire carolingien[1], se divisa entre « pays de droit écrit » et « pays de coutume » : tandis que le Sud de la France continuait à appliquer un droit écrit, issu du droit romain, les coutumes (d'influence germanique) se partageaient le Nord, des châtellenies aux duchés. On comptait une soixantaine de coutumes générales. 300 coutumes locales étaient propres à des villes ou villages. […] L'affirmation de la royauté a conduit à la rédaction des coutumes du royaume, en application de l'ordonnance de Montil-lès-Tours du roi Charles VII de 1454. L'avènement des États nations a relégué la coutume à un second rang. […] En France, la loi du 30 ventôse an XII (21 mars 1804) a déclaré abroger les coutumes. Mais des coutumes ont pu perdurer, comme l'usage par la femme mariée du nom de son mari[2].

Arlette Heymann-Doat, *Introduction au droit*, LGDJ, 2019

1. Vers l'an Mil.
2. Inscrite pour la première fois dans le Code civil par la loi du 17 mai 2013.

b. La coutume, définie par un juriste de l'Ancien Régime

On appelle coutume, des lois que l'usage a établies et qui se sont conservées sans écrits par une longue tradition.

Robert-Joseph Pothier, Commentaire de la coutume d'Orléans, 1740

c. Adages et maximes

On lie les bœufs par les cornes, et les hommes par les paroles.

Qui peut et n'empêche pêche.

Adages et maximes présentés par Loysel, *Institutes coutumières*, 1607

DOC 4 Du droit royal au droit « intermédiaire »[1]

Le droit de l'Ancien Régime conçoit les sujets de droit non au travers de leur individualité, mais au travers de leur fonction. L'individu exerce avant tout une fonction dans la société.

Ainsi s'explique l'inégalité, trait le plus caractéristique de la société d'Ancien Régime. La société est organisée en trois ordres, noblesse, clergé et tiers état, chacun étant régi par des lois particulières. […] Ainsi s'explique également que la collectivité prime sur l'individu […].

L'apport du droit intermédiaire a été plus décisif dans le triomphe de l'individu sur la collectivité. Inspirés par la philosophie des Lumières, les penseurs révolutionnaires magnifient l'individu, comme en témoigne l'adoption de la Déclaration des droits de l'homme et du citoyen le 26 août 1789, dont le célèbre article 1er proclame que « les hommes naissent et demeurent libres et égaux en droit… ».

Rémy Cabrillac, *Introduction générale au droit*, Dalloz, 2021

1. Période allant de 1789 à la promulgation du Code civil, le 21 mars 1804.

DOC 5 1804, naissance du Code civil des Français

« Ma vraie gloire n'est pas d'avoir gagné quarante batailles ; Waterloo effacera le souvenir de tant de victoires ; ce que rien n'effacera, ce qui vivra éternellement, c'est mon Code civil », déclare Bonaparte.

Ordonné par Bonaparte le Code civil comporte 36 lois et 2 281 articles, organisés en trois livres consacrés aux personnes, aux biens et à la propriété. Tout l'ancien droit royal – les lois romaines, les ordonnances, les coutumes, les statuts, les règlements – est abrogé.

D'après « Naissance du Code civil des Français », gouvernement.fr

DOC 6 Les premiers codes modernes

L'exportation du Code civil de 1804 est un phénomène majeur de l'histoire juridique universelle. Dans la seconde moitié du XVIIIe siècle et au début du XIXe siècle, d'autres codifications du droit civil ont vu le jour : en Bavière, [1756] ; en Prusse [1794] ; en Autriche [1811]. Mais, [...] aucun d'eux ne devait connaître le rayonnement du Code Napoléon.

Michel Grimaldi, « L'exportation du Code civil », *Pouvoirs* 2003/4 n° 107

? ANALYSE

1. Nommez, définissez et situez les différentes sources de droit évoquées par les documents. **docs 1 à 6**
2. Quelles sont les différences entre la coutume et la loi ? **docs 1 à 6**
3. Qu'a apporté le Code civil à la France ? **docs 5 et 6**

SYNTHÈSE

▶ En vous appuyant sur vos connaissances historiques, identifiez les facteurs de modernisation et de diffusion du droit français dans le monde tout au long du XIXe siècle.

REPÈRES

Les droits de l'homme et du citoyen

DOC 1 La Déclaration des droits de l'homme et du citoyen

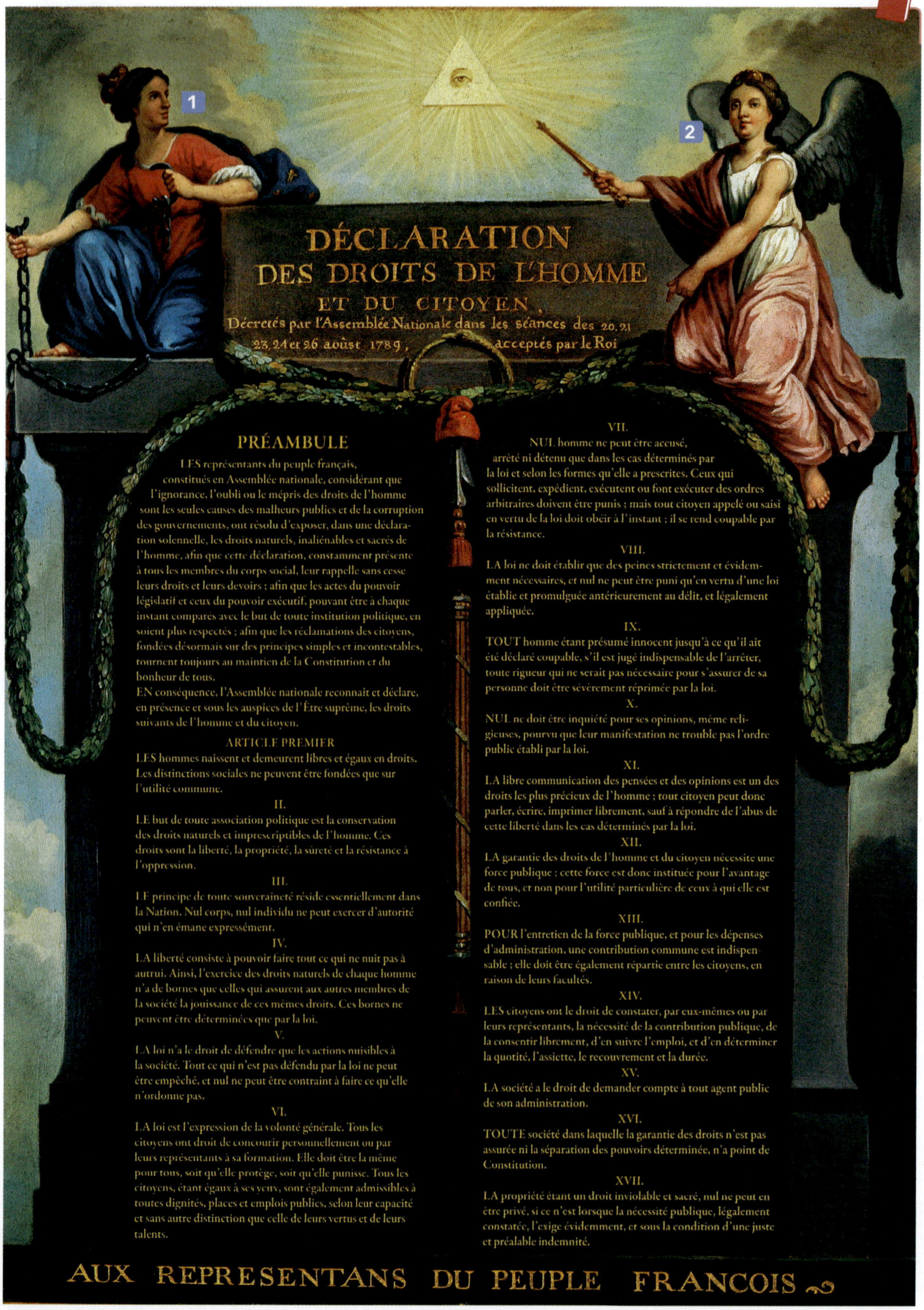

VOCABULAIRE

- **Droit naturel** : notion philosophique qui désigne un ensemble de droits et de valeurs que chaque individu possède du fait de son appartenance à l'humanité, et non du fait de la société dans laquelle il vit.

1 Le peuple français se libère des chaînes de l'Ancien Régime.

2 L'Être suprême montre avec son sceptre l'œil de la Raison qui dissipe les nuages qui l'obscurcissent.

Jean-Jacques-François Le Barbier, huile 71 x 56 cm, vers 1789, musée Carnavalet, Paris

DOC 2 Les droits et les libertés acquis depuis 1789

Les grands textes fondateurs

- 1946 Constitution de la IVe République
  Intégration de la DDHC dans le Préambule de la Constitution de 1946
- 1948 Déclaration universelle des droits de l'homme, ONU
- 1950 Convention européenne des droits de l'homme, conseil de l'Europe
- 1958 Constitution de la Ve République
  Intégration du Préambule de la Constitution de 1946 dans la Constitution de la Ve République
- 1989 Convention internationale des droits de l'enfant, ONU
- 2000 Charte des droits fondamentaux de l'Union européenne

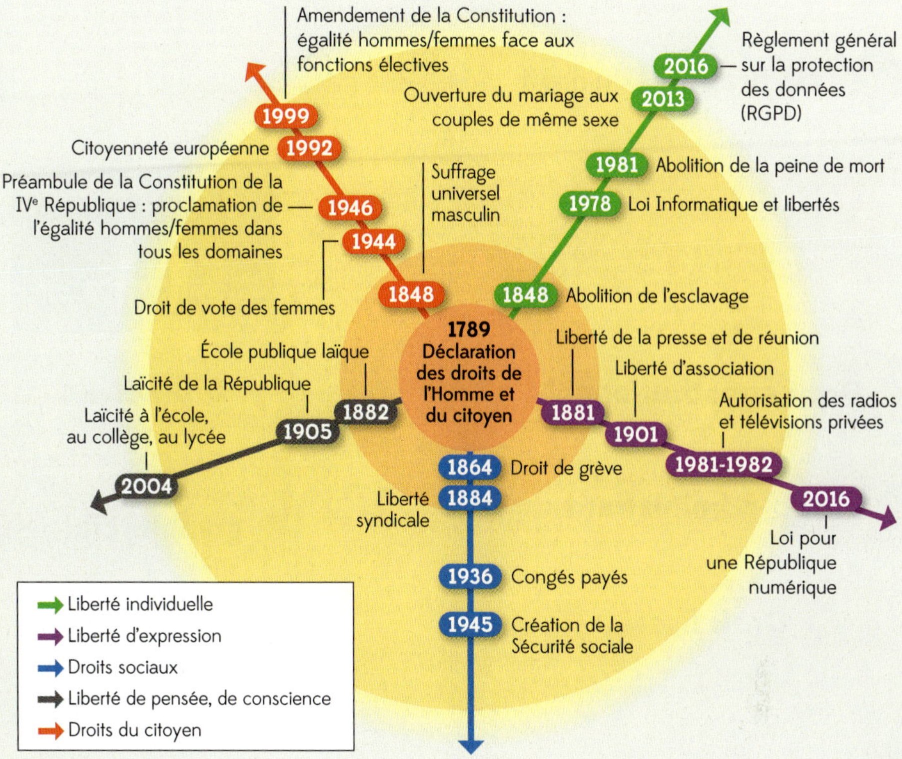

DOC 3 Droits fondamentaux, Conseil de l'Europe et Union européenne

La CEDH

Conçu pour promouvoir l'État de droit[1], le Conseil de l'Europe s'est principalement incarné dans la Convention européenne de sauvegarde des droits de l'homme et des libertés fondamentales. Créée par la Convention et accessible, au travers du droit de recours individuel, à tout citoyen, la Cour européenne des droits de l'homme (CEDH), qui siège à Strasbourg, confère sa pleine portée à ce mécanisme collectif de garanties des droits fondamentaux. Pour tous les États membres de l'Union européenne, le droit évolue dans le double cadre de l'Union et de la Convention. Réciproquement, le droit de l'Union et le droit de la Convention reflètent les droits nationaux, synthétisent leurs principes partagés, empruntent à leurs caractéristiques communes. Un dialogue nourri s'établit entre les deux cours européennes, de Luxembourg et de Strasbourg, les cours constitutionnelles et le cours suprêmes des différents États. De ce réseau, formé d'influences réciproques et d'interactions croisées, découle la construction d'un droit public européen, système juridique original, qui prend sa place parmi les grands ensembles de droit.

Bernard Stirn, Yann Aguila, *Droit public européen*, Presses de Sciences Po et Dalloz, 2021

1. → p. 21

? ANALYSE

1. Comment la Déclaration des droits de l'homme et du citoyen est-elle intégrée, aujourd'hui, au droit français ? **docs 1 et 2**
2. Quels grands textes européens et internationaux ont été adoptés depuis la Déclaration des droits de l'homme et du citoyen ? Citez-en deux généraux, et deux sur des sujets plus spécifiques. **docs 2 et 3**
3. En quoi la protection des droits de l'homme provoque-t-elle un dialogue des juges ? **doc 3**

SYNTHÈSE

Résumez les principales idées du préambule de la Déclaration des droits de l'homme et du citoyen.

Cartographie du droit

DOC 1 Les branches du droit

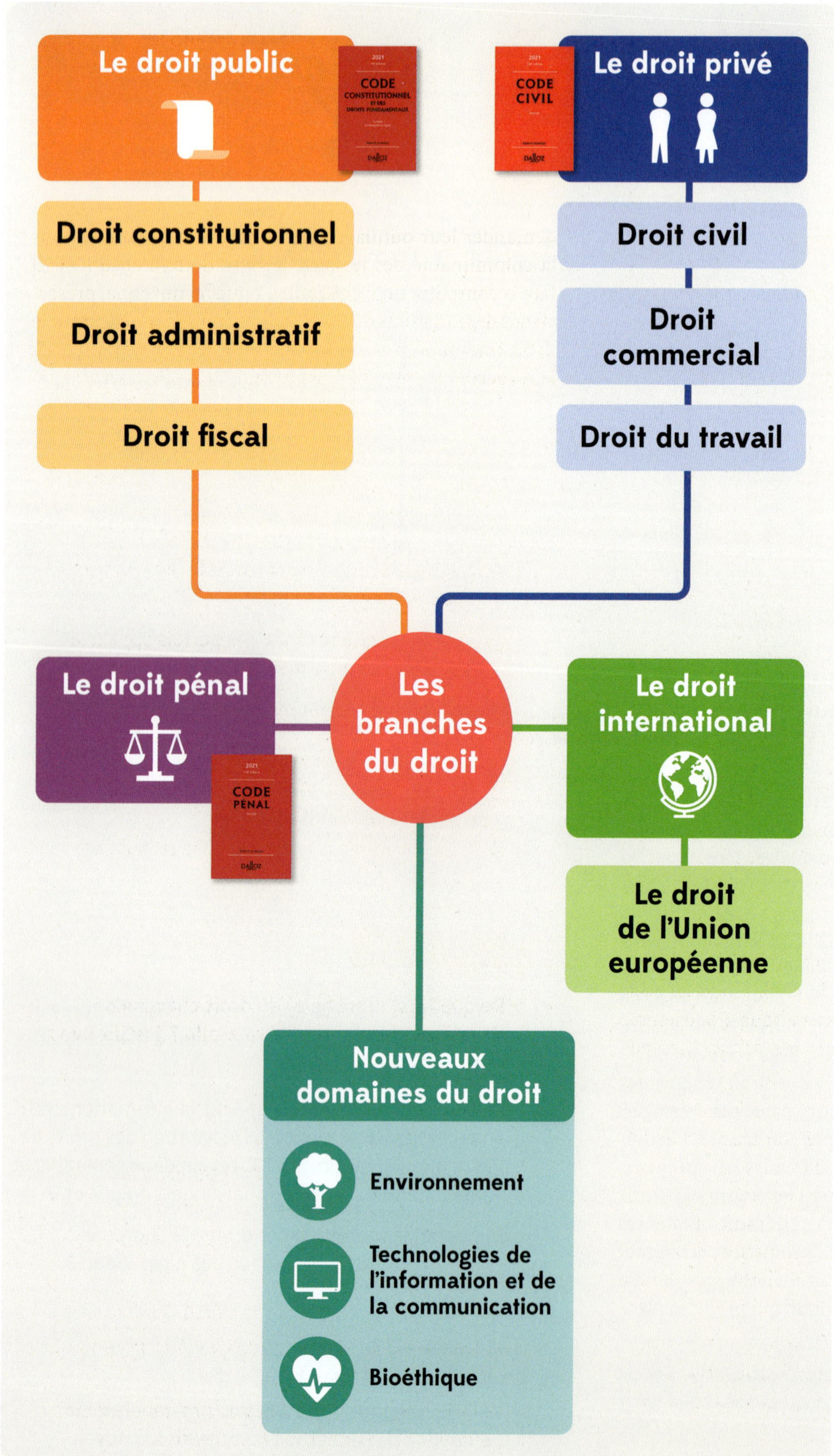

VOCABULAIRE

- **Droit administratif** : ensemble des règles qui définissent les droits et obligations de l'administration vis-à-vis du justiciable.
- **Droit commercial** : droit qui vise à obtenir l'exécution des obligations par contrat. Il régit les sociétés commerciales, la liberté des prix, la concurrence…
- **Droit constitutionnel** : dévolution et organisation du pouvoir politique sur un territoire par la souveraineté populaire : l'élection des gouvernants par les citoyens, la séparation des pouvoirs, la garantie des droits sont des composantes de la Constitution.
- **Droit du travail** : droit qui a pour objet de limiter le pouvoir du chef d'entreprise tout en le reconnaissant. Le Code du travail régit les relations entre employeurs et salariés.
- **Droit fiscal** : l'ensemble des règles de droit relatives aux impôts.
- **Droit pénal** : droit de la puissance publique qui punit des actes qu'elle considère contraires à un ordre social qu'elle a établi. Il est inséparable de sa mise en œuvre par des juges.

DOC 2 Au sein du droit civil

a. Le Code civil

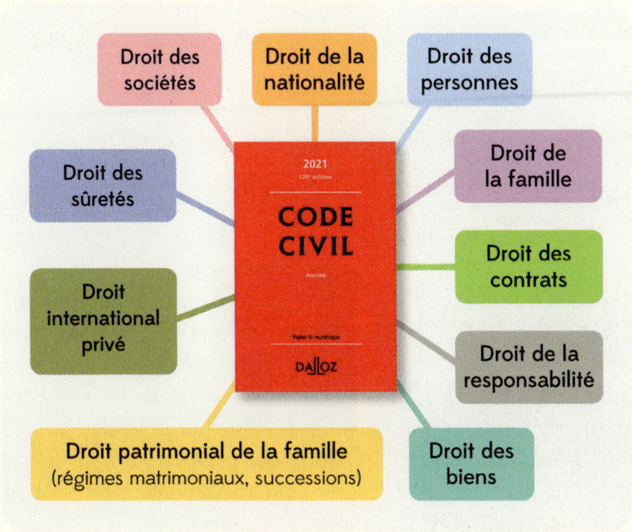

b. Le droit civil, un droit de référence

Le droit civil de la France, avec les institutions judiciaires qui lui sont liées, n'est qu'un îlot dans l'ensemble beaucoup plus vaste du droit français [...]. En droit, il garde le thésaurus, le trésor de notions fondamentales : c'est lui, par exemple, qui définit la vente et la condition, distingue de la possession la propriété, pose les règles premières d'une institution comme la famille, proclame des principes à tous vents, la liberté contractuelle ou l'ordre public.

C'est à lui que les autres secteurs du droit viendront demander leur outillage intellectuel. Son Code est, pour la communauté des juristes, le livre de référence [...]. Il faut reconnaître qu'il s'est, mieux que la moyenne, préservé des dégradations qui affectent, jusqu'à la moelle, tout le droit contemporain : l'inflation et la technicisation, avec leurs accompagnements, la bureaucratie et le formalisme.

Jean Carbonnier, *Droit civil. Introduction*, PUF, 1998

DOC 3 Les codes

Les codes officiels sont publiés par la Direction de l'information légale et administrative (DILA).

Ces codes ne contiennent que les lois et décrets codifiés sans aucune adjonction. Ils recouvrent l'ensemble des codes qui ont fait l'objet d'un vote par le Parlement ou qui ont été codifiés par décret à la suite des travaux de la Commission supérieure de codification.

La liste des codes officiels est consultable sur Légifrance.

On dénombre au total une centaine de codes présents sur Légifrance [...].

[...] Nés en 1902, les petits codes Dalloz (couverture rouge) sont les premières éditions de codes annotés[1].

[...] Les codes anciens (Code civil, Code de commerce...) ont une présentation méthodique. Par exemple, le Code civil comprend trois grandes parties (les personnes, les biens, la propriété).

Les codes modernes adoptent une structure hiérarchique calquée sur celle qui régit l'ordre juridique. D'abord une partie législative dont les articles proviennent d'une loi (articles précédés de la lettre L, ex. : art. L. 122-12 du Code du travail), ensuite une partie réglementaire provenant d'un décret (articles précédés de la lettre R, ex. : art. R. 117-1 ou de la lettre D quand le décret n'est pas pris en Conseil d'État).

« Codes juridiques, support papier », Jurisguide, guide pour la recherche d'informations en sciences juridiques

1. Sont apparus plus tard les codes édités par Litec, dont la couverture est bleue.

ANALYSE

1 Quelle est la différence entre le droit public et le droit privé ? **doc 1**

2 Pourquoi le Code civil est-il parfois appelé la « Constitution civile » de la Nation ? **doc 2**

3 En quoi le droit international est-il différent des autres branches du droit ? **doc 1**

4 Pourquoi le droit pénal est-il qualifié de droit mixte ? **doc 1**

5 Que contiennent les codes officiels publiés par la DILA ? **doc 3**

SYNTHÈSE

De quelle(s) branche(s) du droit chacune des situations ci-dessous relève-t-elle ? Justifiez vos réponses.

- payer son impôt sur le revenu ;
- signer un contrat de travail ;
- élire les conseillers départementaux ;
- être responsable d'un accident automobile ;
- ne pas respecter la concurrence entre commerçants ;
- se marier ;
- faire l'objet d'une discrimination à l'embauche ;
- être exproprié de son jardin pour l'élargissement d'une route nationale ;
- causer une pollution du fluviale en déversant les produits chimiques de son entreprise.

DÉCOUVRIR

Le droit, indispensable à la vie en société

Le droit est nécessaire à la vie en société. Il est au cœur de toute organisation sociale et politique.

→ **Que serait une société sans droit ?**

DOC 1 Le point de vue des philosophes des Lumières

Le regard de PHILOSOPHES

a. Montesquieu (1689-1755) : la séparation des pouvoirs

Pour qu'on ne puisse pas abuser du pouvoir, il faut que, par la disposition des choses, le pouvoir arrête le pouvoir. […]

Lorsque, dans la même personne, ou dans le même corps de magistrature, la puissance législative est réunie à la puissance exécutrice, il n'y a point de liberté […].

De l'esprit des lois, 1758

b. Jean-Jacques Rousseau (1712-1778) : le droit contre la force

Le plus fort n'est jamais assez fort pour être toujours le maître, s'il ne transforme sa force en droit et l'obéissance en devoir. Convenons donc que force ne fait pas droit, et qu'on n'est obligé d'obéir qu'aux puissances légitimes.

Du contrat social, 1762

Et qu'est-ce qu'une loi ? C'est une déclaration publique et solennelle de la volonté générale, sur un objet d'intérêt commun.

Lettres écrites de la Montagne (sixième lettre), 1764

c. Emmanuel Kant (1724-1804) : droit et éthique

Le droit est l'ensemble des conditions qui permettent à la liberté de chacun de s'accorder à la liberté de tous. […]

Est conforme au droit ou juste, toute action qui permet […] au libre arbitre de chacun de s'accorder, suivant une loi générale, avec la liberté de tous.

Fondements de la métaphysique des mœurs, 1785

DOC 2 Le point de vue des juristes

Le regard de JURISTES

a. Raymond Carré de Malberg (1861-1935) : État de droit

Le régime de l'État de droit est conçu dans l'intérêt des citoyens et a pour but spécial de les prémunir et de les défendre contre l'arbitraire des autorités étatiques.

[La] Constituante a fait intervenir la nation, qu'elle oppose au roi, comme le véritable élément constitutif de l'État, et, par suite, comme seul légitime propriétaire de la puissance souveraine.

Contribution à la théorie générale de l'État, Librairie du Recueil Sirey, 1920

b. Suzanne Bastid (1906-1995) : coexistence pacifique entre États

Réaliser la coexistence pacifique, c'est abandonner l'idée que l'un des systèmes doit l'emporter sur l'autre au besoin par la force […]. On ne peut pas espérer que des États puissent vivre dans une harmonie parfaite, sans problèmes entre eux, sans différends, mais on peut espérer qu'ils ne contestent pas réciproquement la légitimité de leurs structures politiques, économiques et sociales, qu'ils reconnaissent, au sens propre du mot, leurs gouvernements.

« Les conditions juridiques de la « coexistence », *Politique étrangère*, vol. 20, n° 1, 1955

c. Jean Carbonnier (1908-2003) : droit et paix

Solution d'un litige, apaisement d'un conflit : faire régner la paix entre les hommes est la fin suprême du droit […].

Droit civil. Introduction, PUF, 1988

VOCABULAIRE

- **État de droit** : → 37
- **Morale** : la règle morale résulte d'une conscience individuelle ou collective. Contrairement à la règle de droit, elle ne se limite pas au territoire de l'État qui l'a édictée et n'est pas sanctionnée par une autorité.

OC3 Droit et autres règles de conduite

L'ermite n'a pas besoin de règles de droit dans la mesure où il vit seul […]. La vie en société suppose en effet le respect d'un certain nombre de règles afin de prévenir les conflits et, s'ils surviennent, de les régler. Le droit organise la société et les rapports des hommes entre eux ; il établit une règle du jeu de la vie en société qui tend à réaliser un certain équilibre et à conférer à tous la sécurité. A défaut de telles règles, la société serait livrée à la loi du plus fort, c'est-à-dire à la violence. […]

Règles de droit et règles religieuses. L'histoire, même contemporaine, révèle que, dans certains systèmes juridiques, les règles religieuses peuvent aussi être le droit du pays considéré. […] La situation a radicalement changé dans la plupart des pays dont le droit est purement laïc. Tel est le cas de la France de puis le Code civil de 1804. Mais, même si le droit français s'est élaboré en dehors de l'Église, cela n'empêche pas un certain nombre de convergences. Ainsi la loi condamne-t-elle, au même titre que la règle religieuse, un certain nombre de comportements : tuer son prochain, voler, etc. […]

Si la laïcité implique la neutralité et la non-discrimination à raison de la religion, elle suppose aussi une certaine tolérance à l'égard du phénomène religieux dans la mesure où il ne porte pas atteinte à l'ordre public. La jurisprudence en fournit des exemples à propos du port des signes d'appartenance religieuse dans les établissements d'enseignement […].

Règles de droit et règles morales. La distinction est ici beaucoup plus difficile à opérer dans le mesure où la morale est partout et est donc susceptible de trouver place là où la religion n'a rien à faire. La morale relève de la conscience individuelle ou collective et elle peut donc s'entendre non seulement de la morale au sens strict, qui concerne principalement l'individu, mais de la norme sociale qui tend à répondre aux besoins du groupe dans lequel il vit. De nombreux préceptes moraux sont consacrés par le droit. Ainsi en est-il du principe du respect de la parole donnée, de la loyauté […] et de la responsabilité en cas de faute. La morale […] est plus exigeante que le droit en ce qu'elle prône la charité.

Règles de droit et autres règles de conduite. On pense ici aux règles de bienséance, de courtoisie, de savoir-vivre ou encore aux usages, y compris ceux relatif à l'habillement, à la mode.

Philippe Malinvaud, Introduction à l'étude du droit, LexisNexis, 2019

DOC 4 Droit et citoyenneté

Le citoyen est un sujet de droit. Il dispose à ce titre de droits civils et politiques. […] En revanche, il a l'obligation de respecter les lois, de participer aux dépenses collectives [...], de défendre la société [...] si elle se trouve menacée.

La citoyenneté est aussi le principe de la légitimité politique. Le citoyen n'est pas seulement un sujet de droits individuels. Il est détenteur d'une part de la souveraineté politique. C'est l'ensemble des citoyens, constitués en collectivité politique ou « communauté de citoyens » qui, par l'élection, choisit les gouvernants. C'est l'ensemble des citoyens qui est à la source du pouvoir. C'est pourquoi les décisions prises par les gouvernants élus par eux doivent être exécutées. Les citoyens doivent obéir aux ordres des gouvernants, parce que ceux qui leur donnent ces ordres ont été choisis par eux et restent sous leur contrôle par l'intermédiaire des élections.

La citoyenneté organise une société dont tous les membres sont juridiquement et politiquement égaux, quelles que soient leurs origines et leurs caractéristiques.

Dominique Schnapper, *Guide républicain*, Scéren-Delagrave, 2004

DOC 5 Droit et société

Le regard d'un philosophe et sociologue

Le droit joue […] un rôle régulateur dans la société en vue d'harmoniser autant que possible les relations des individus entre eux, des individus et des groupes, et plus généralement de la collectivité comme telle. Non point qu'il empêcherait les conflits, mais il est l'instrument social destiné à leur trouver une solution.

Julien Freund, *Le Droit d'aujourd'hui*, PUF, 1972

? ANALYSE

1 Pourquoi le droit est-il inséparable de la vie en société ? **docs 1 à 5**

2 Quel est le rôle du droit dans une démocratie ? **docs 1 à 5**

3 En quoi les règles de droit se rapprochent-elles ou se différencient-elles de la religion, de la morale et des autres règles de conduite ? **docs 1 à 5**

SYNTHÈSE

Que veut dire, pour vous, vivre dans un État de droit ?

DÉCOUVRIR

Les caractères de la règle de droit

Les règles de droit doivent être suffisamment générales et abstraites pour que le droit puisse saisir toutes les situations de la vie, y compris les plus imprévisibles. Obligatoires pour tous, elles doivent aussi être légitimes et promouvoir l'intérêt général.

→ **Pourquoi les citoyens respectent-ils les lois ?**

VOCABULAIRE

- **Droit naturel** : notion philosophique qui désigne un ensemble de droits et valeurs que chaque individu possède du fait de son appartenance à l'humanité, et non du fait de la société dans laquelle il vit.
- **Droit positif** : règles applicables dans un espace juridique donné, un État ou un ensemble d'États (lois constitutionnelles, lois ordinaires, décrets, règlements, conventions…).
- **Droits subjectifs** : droits reconnus aux individus, qui sont sujets de droit.
- **Règle de droit** : règle de conduite dans les rapports sociaux. Elle est générale, abstraite et obligatoire, et son non-respect est sanctionné par l'autorité publique.

DOC 1 La règle de droit

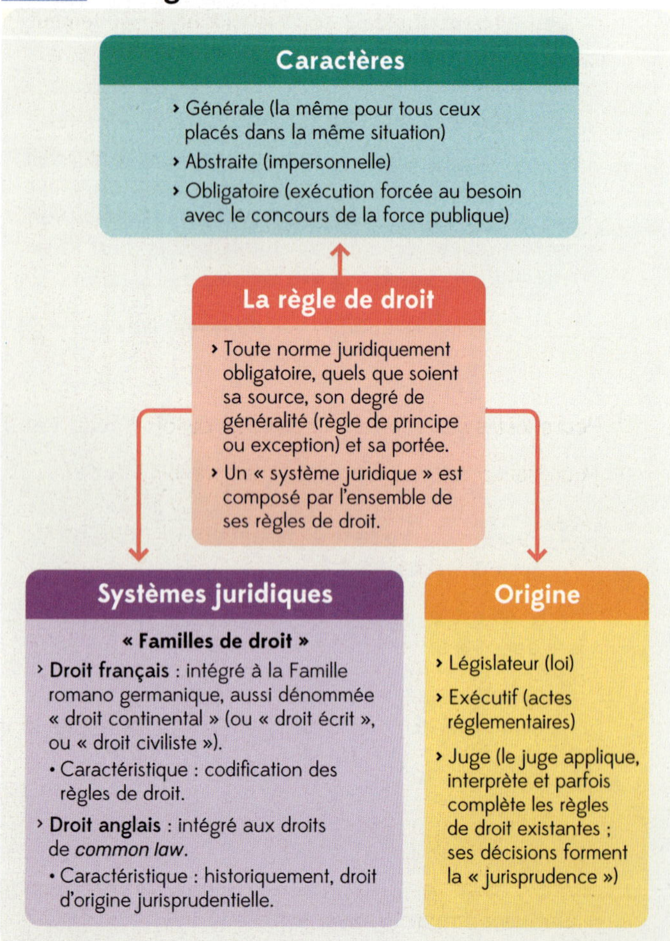

DOC 2 L'élaboration des lois

Les lois ne sont pas de purs actes de puissance ; ce sont des actes de sagesse, de justice et de raison. […] Il ne faut point de lois inutiles ; elles affaibliraient les lois nécessaires ; elles compromettraient la certitude et la majesté de la législation. Mais un grand État comme la France, qui est à la fois agricole et commerçant, qui renferme tant de professions différentes, et qui offre tant de genres divers d'industrie, ne saurait comporter des lois aussi simples que celles d'une société pauvre ou plus réduite. Les lois des XII Tables sont sans cesse proposées pour modèle : mais peut-on comparer les institutions d'un peuple naissant, avec celles d'un peuple parvenu au plus haut degré de richesse et de civilisation ? […]

Nous n'avons donc pas cru devoir simplifier les lois, au point de laisser les citoyens sans règle et sans garantie sur leurs plus grands intérêts.

Nous nous sommes également préservés de la dangereuse ambition de vouloir tout régler et tout prévoir. […]

Un code, quelque complet qu'il puisse paraître, n'est pas plutôt achevé, que mille questions inattendues viennent s'offrir aux magistrats. Car les lois une fois rédigées demeurent telles qu'elles ont été écrites. Les hommes, au contraire, ne se reposent jamais ; ils agissent toujours : et ce mouvement, qui ne s'arrête pas, et dont les effets sont diversement modifiés par les circonstances, produit, à chaque instant, quelque combinaison nouvelle, quelque nouveau fait, quelque résultat nouveau. Une foule de choses sont donc nécessairement abandonnées à l'empire de l'usage, à la discussion des hommes instruits, à l'arbitrage des juges.

L'office de la loi est de fixer, par de grandes vues, les maximes générales du droit : d'établir des principes féconds en conséquence, et non de descendre dans le détail des questions qui peuvent naître sur chaque matière.

Jean-Étienne-Marie Portalis, Discours préliminaire sur le projet de Code civil, 1801

DOC 3 L'adaptation à chaque situation individuelle

La règle de droit, faite dans l'abstrait, peut se trouver, dans le concret, injuste. Elle dit, par exemple, que l'auteur d'une faute, même légère, doit réparer entièrement le préjudice qu'il a causé à autrui. Mais s'il est pauvre et sa victime riche, faut-il l'accabler sous le poids d'une condamnation pécuniaire énorme ? L'équité[1] sera d'écarter partiellement la règle de droit, d'en modérer l'application par la considération des circonstances individuelles du cas.

La règle de droit elle-même aurait pu d'avance se vouloir souple et déléguer expressément au juge ce pouvoir d'accommodement. Mais, même si elle ne le lui a pas accordé, on peut prédire qu'il se l'arrogera. Car le juge est un homme, non pas une machine à syllogismes[2] : autant qu'avec sa connaissance des règles et sa logique, il juge avec son intuition et sa sensibilité.

Jean Carbonnier, *Droit civil. Introduction*, PUF, 1992

1. Justice fondée sur l'égalité, qui peut parfois devenir une justice du cas particulier, en dehors des règles de droit. C'est pourquoi l'équité est suspectée d'arbitraire.
2. Raisonnement logique rigoureux.

DOC 4 L'adaptation à la société

À ceux-ci je veux dire que, si la loi est générale et donc abstraite, elle est faite pour s'appliquer à des situations individuelles souvent angoissantes ; que si elle n'interdit plus, elle ne crée aucun droit à l'avortement et que, comme le disait Montesquieu : « la nature des lois humaines est d'être soumise à tous les accidents qui arrivent et de varier à mesure que les volontés des hommes changent. [...] Les lois humaines statuent sur le bien [...]. C'est bien dans cet esprit que depuis une dizaine d'années, grâce au président de votre commission des lois, avec lequel j'ai eu l'honneur de collaborer lorsqu'il était garde des Sceaux, a été rajeuni et transformé notre prestigieux Code civil. [...] pays peut s'honorer d'une législation civile désormais plus juste, plus humaine, mieux adaptée à la société dans laquelle nous vivons. Je sais que le problème dont nous débattons aujourd'hui concerne des questions infiniment plus graves et qui troublent beaucoup plus la conscience de chacun. Mais en définitive il s'agit aussi d'un problème de société.

Discours de Simone Veil dans l'hémicycle de l'Assemblée nationale, pour défendre le texte ouvrant l'accès à l'IVG, 26 novembre 1974

DOC 5 Droit naturel et droit positif

a. Supériorité du droit naturel sur le droit positif ?

Antigone est la nièce de Créon, roi de Thèbes.

J'ai désobéi à la loi car ce n'était pas Zeus qui l'avait proclamée, ce n'était pas la Justice [...] et je ne pensais pas que tes décrets à toi fussent assez puissants pour permettre à un mortel de passer outre à d'autres lois, aux lois non écrites, inébranlables des dieux. Elles ne datent, celles-là, ni d'aujourd'hui, ni d'hier et nul ne sait le jour où elles ont paru.

Sophocle, *Antigone*, vers 4420 avant J.-C.

Il existe une justice et une injustice dont tous les hommes ont comme la divination et dont le sentiment leur est naturel et commun, même quand il n'existe entre eux aucune communauté ni contrat.

Aristote, *Rhétorique* 1373b, IVᵉ s. avant J.-C.

b. Supériorité du droit positif sur le droit naturel ?

Le droit positif repose sur le droit naturel, qui lui sert tout ensemble de fondement, de mesure et de limite. La loi suprême de toute loi positive est qu'elle ne soit pas contraire à la loi naturelle.

Victor Cousin, Du vrai, du beau et du bien, 1853

c. Légitimité du seul droit naturel ?

[Si le droit naturel existait,] le droit positif serait véritablement superflu. L'élaboration d'un droit positif ne serait qu'une activité ridicule, comparable à un éclairage artificiel en plein soleil.

Hans Kelsen, *Théorie pure du droit*, trad. Henri Thévenaz, Éditions la Baconnière

? ANALYSE

1. Pourquoi les États doivent-ils se doter de lois ? **docs 1 et 2**
2. Pourquoi un code ne peut-il pas tout prévoir ? **doc 2**
3. Quelles sont les missions respectives du législateur et du juge ? **docs 1 à 4**
4. Vous êtes Créon, répondez à Antigone. **doc 5**
5. Choisissez une phrase du discours de Portalis et expliquez pourquoi elle vous paraît essentielle. **doc 2**

SYNTHÈSE

▶ Donnez des exemples d'actes justes et injustes. Pensez-vous que vos exemples sont universels ?

Le droit en pratique ! Le droit au lycée

Le règlement intérieur d'un lycée, comme celui de tous les établissements scolaires, définit l'ensemble des règles de vie dans l'établissement. Il fixe les droits et les devoirs de chaque membre de la communauté scolaire (enseignants et personnels, élèves et parents). D'autres règles s'appliquent, inscrites à tous les niveaux de la hiérarchie des normes.

DOC 1 La hiérarchie des règles de droit appliquée dans la vie scolaire

● Textes constitutionnels ● Loi ● Circulaires et règlement intérieur

Constitution de la Vᵉ République (1958)

Article Premier - La France est une République indivisible, laïque, démocratique et sociale. [...] Elle respecte toutes les croyances. [...]

Charte des droits fondamentaux de l'Union européenne (2000)

Art. 10-1 - Toute personne a droit à la liberté de pensée, de conscience et de religion [...]

↓

Code de l'éducation

Loi n°2004-228 du 15 mars 2004, inscrite dans le code de l'éducation

Art. L. 111-1 - Le service public de l'éducation fait acquérir à tous les élèves le respect de l'égale dignité des êtres humains, de la liberté de conscience et de la laïcité. [...]

Art. L. 141-5-1 - Dans les écoles, les collèges et les lycées publics, le port de signes ou tenues par lesquels les élèves manifestent ostensiblement une appartenance religieuse est interdit [...]

↓

Circulaire n° 2004-084 du 18 mai 2004 du Ministre de l'Éducation nationale

Elle précise les modalités d'application de la loi du 15 mars 2004 prise en application du principe constitutionnel de laïcité [qui repose] sur l'application de valeurs communes [...].

Règlement intérieur d'un lycée (extrait)

Loi n°2004-228 du 15 mars 2004, inscrite dans le code de l'éducation

Laïcité 4-1. - Conformément aux dispositions de l'article L. 141-5-1 du Code de l'éducation, le port de signes ou de tenues par lesquels les élèves manifestent ostensiblement une appartenance religieuse est interdit. Les convictions religieuses des élèves ne leur donnent pas le droit de s'opposer à un enseignement ni de s'absenter. Des autorisations d'absence peuvent être accordées pour les fêtes religieuses publiées au bulletin officiel.

VOCABULAIRE

- **Hiérarchie des normes** : classement hiérarchisé des règles de droit qui composent le système juridique d'un État de droit et en garantissent la cohérence et la rigueur. Elle est fondée sur le principe qu'une norme doit respecter celle du niveau supérieur et la mettre en œuvre en la détaillant.

C'est à vous ! ORAL

▶ **Découvrez quelles règles juridiques transposent les valeurs de la République au lycée.**

- Dans les établissements scolaires, les valeurs de la République, « Liberté, égalité, fraternité, solidarité, laïcité », doivent être respectées.
- Choisissez une de ces valeurs et recherchez des règles de droit qui s'y rattachent.
- N'hésitez pas à vous rapprocher du conseil des délégués pour la vie lycéenne (CAVL) : les élèves qui en font partie pourront vous aider !

Situations

Prenez connaissance des situations puis, à l'aide des documents, identifiez la ou les règles de droit applicables.

1 Une élève a été absente une semaine car elle a participé avec sa famille à la fête de Vesak, « jour de Bouddha ».

2 Des élèves de terminale ne sont pas allés en cours pendant une journée pour préparer l'organisation de la journée de la mémoire des génocides et de la prévention des crimes contre l'humanité.

3 Le Conseil des délégués pour la vie lycéenne se plaint de n'avoir pas été consulté par le CPE sur l'élaboration du nouveau règlement intérieur.

4 À la suite d'un conseil de discipline, un élève a été exclu définitivement du lycée. Un an plus tard, il a demandé que cette sanction soit effacée de son dossier administratif.

5 Une élève de nationalité brésilienne souhaite se présenter à l'élection des délégués de classe. Un professeur lui a dit qu'elle ne le pouvait pas, car elle est étrangère.

DOC 1

Art. R. 421-28, alinéa 1. [...] Deux délégués d'élèves sont élus [...] dans chaque classe [...]. Tous les élèves sont électeurs et éligibles. [...]

Art. R. 511-10 , alinéa 3. Le droit de réunion s'exerce en dehors des heures de cours prévues à l'emploi du temps des participants.

Art. R. 511-13. IV. [...] Le blâme et la mesure de responsabilisation sont effacés du dossier administratif de l'élève à l'issue de l'année scolaire suivant celle du prononcé de la sanction. Les autres sanctions, hormis l'exclusion définitive, sont effacées du dossier administratif de l'élève à l'issue de la deuxième année scolaire suivant celle du prononcé de la sanction.

Art. R. 421-44. Le conseil des délégués pour la vie lycéenne [...] est obligatoirement consulté a) [...] sur l'organisation du temps scolaire, sur l'élaboration du projet d'établissement et du règlement intérieur [...].

Code de l'éducation

DOC 2

Laïcité 4. 1. [...] Les convictions religieuses des élèves ne leur donnent pas le droit de s'opposer à un enseignement ni de s'absenter. Des autorisations d'absence peuvent être accordées pour les fêtes religieuses publiées au bulletin officiel.

Règlement intérieur d'un lycée

Conseils !

1. Lisez attentivement.
2. Identifiez les questions de droit qui se posent.
3. Analysez les règles de droit.
4. Choisissez et justifiez la règle de droit qui s'applique à chacune de ces situations.

C'est à vous ! ORAL

Organisez un jeu de rôles.

- Après des avertissements gradués pour indiscipline de la part de ses professeurs et du CPE, un élève est exclu du lycée pendant trois jours. De retour chez lui, il se filme et poste une vidéo sur les réseaux sociaux, dans laquelle il insulte sa professeure d'anglais et lance un appel à la violence contre elle. Le chef d'établissement du lycée en a rapidement connaissance et décide de réunir le conseil de discipline.
- Munissez-vous du règlement intérieur de votre lycée et des statuts du conseil de discipline.
- Répartissez-vous les rôles : le chef d'établissement, l'enseignante, les membres du conseil de discipline.
- Organisez le conseil de discipline. Justifiez vos décisions en vous appuyant sur les documents à votre disposition et sur les règles de droit.

Le droit en pratique ! La folle journée de Léa Thémis

Liens

Code de procédure pénale, art. 53 à 74-2

Découvrez la journée mouvementée de Léa Thémis et répondez aux questions posées à l'aide des documents. Vous pouvez aussi effectuer des recherches dans votre manuel (→ Sommaire p. 4) et sur Légifrance.

7 h 30

- Léa se rend dans un bar où elle commande un croissant et un café allongé. Au moment de partir, elle découvre l'addition : 10 euros.
Un contrat a-t-il été valablement formé entre Léa et le bar ?
Léa peut-elle refuser de payer au motif que le café et le croissant étaient infâmes ?
Que peut faire le bar si elle persiste dans son refus de payer ?

8 h

- Léa prend son vélo pour aller au travail, monte sur le trottoir et, au croisement d'une rue, renverse une dame âgée qui tombe et se casse le col du fémur.
La dame est-elle en droit de demander réparation du préjudice qu'elle a subi ?
Et si Léa ne peut pas payer ?

10 h

- À cause de ces événements, Léa arrive en retard sur son lieu de travail. Ce n'est, hélas, pas la première fois que cela se produit. Elle avait pourtant un rendez-vous particulièrement important ce matin. Son employeur la convoque à un entretien préalable à une procédure de licenciement.
Ce retard vous paraît-il pouvoir justifier le licenciement de Léa ?
Que peut faire Léa dans une telle situation ?

12 h

- En rentrant chez elle, Léa découvre que son voisin est en train de construire un deuxième étage à sa maison, qui aura pour effet de plonger l'appartement de Léa dans l'obscurité. Elle voit, sur le panneau d'affichage déposé devant la maison de son voisin, que ce projet de construction a été autorisé par un permis de construire, délivré par le maire de la commune le mois dernier.
Devant quelle juridiction Léa peut-elle contester ce permis de construire ? Pourquoi ?
Est-elle encore admise à agir en justice ?

12 h 30

- Après un échange de mots vifs avec ce voisin, Léa, furieuse, lui donne un coup de poing au visage. Celui-ci, surpris, perd l'équilibre et se casse le poignet en tombant. Son médecin constate que sa blessure entraîne une incapacité de travail de dix jours. Le voisin entend déposer plainte pour « coups et blessures ».
Que risque Léa ?

DOC 1

Art. L. 1232-1. Tout licenciement pour motif personnel […] est justifié par une cause réelle et sérieuse.

Art. L. 1235-1. En cas de litige, […] le juge, à qui il appartient d'apprécier la régularité de la procédure suivie et le caractère réel et sérieux des motifs invoqués par l'employeur, forme sa conviction au vu des éléments fournis par les parties après avoir ordonné, au besoin, toutes les mesures d'instruction qu'il estime utiles.

Il justifie dans le jugement qu'il prononce le montant des indemnités qu'il octroie.

Si un doute subsiste, il profite au salarié.

Art. L. 1235-3. Si le licenciement d'un salarié survient pour une cause qui n'est pas réelle et sérieuse, le juge peut proposer la réintégration du salarié dans l'entreprise, avec maintien de ses avantages acquis.

Si l'une ou l'autre des parties refuse cette réintégration, le juge octroie au salarié une indemnité à la charge de l'employeur, dont le montant est compris entre les montants minimaux et maximaux fixés dans le tableau ci-dessous.

Code du travail

DOC 2

Art. 222-11. Les violences ayant entraîné une incapacité totale de travail pendant plus de huit jours sont punies de trois ans d'emprisonnement et de 45 000 euros d'amende.

Code pénal

DOC 3

Art. 1240. Tout fait quelconque de l'homme, qui cause à autrui un dommage, oblige celui par la faute duquel il est arrivé à le réparer.

Art. 1241. Chacun est responsable du dommage qu'il a causé non seulement par son fait, mais encore par sa négligence ou par son imprudence.

Code civil

DOC 4

Art. 1101. Le contrat est un accord de volontés entre deux ou plusieurs personnes destiné à créer, modifier, transmettre ou éteindre des obligations.

Art. 1102. Chacun est libre de contracter ou de ne pas contracter, de choisir son cocontractant et de déterminer le contenu et la forme du contrat dans les limites fixées par la loi. […]

Art. 1103. Les contrats légalement formés tiennent lieu de loi à ceux qui les ont faits.

Code civil

DOC 5

a. Code de l'urbanisme

Art. L. 421-1. Les constructions, même ne comportant pas de fondations, doivent être précédées de la délivrance d'un permis de construire. [...]

Art. L. 422-1. L'autorité compétente pour délivrer le permis de construire, d'aménager ou de démolir […] est : a) Le maire, au nom de la commune, dans les communes qui se sont dotées d'un plan local d'urbanisme ou d'un document d'urbanisme en tenant lieu […].

b. Code de justice administrative

Art. R. 421-1. La juridiction ne peut être saisie que par voie de recours formé contre une décision, et ce, dans les deux mois à partir de la notification ou de la publication de la décision attaquée. [...]

Pour aller plus loin

- Lisez les articles 53 à 74-2 du Code de procédure pénale.
- En binômes, imaginez la suite des péripéties de Léa, du dépôt de plainte de son voisin à un éventuel jugement.

Conseils !

1. Lisez attentivement chaque situation.
2. Identifiez, pour chaque situation, les questions de droit qui se posent.
3. Analysez les règles de droit
4. Choisissez et justifiez la règle de droit qui s'applique à chacune de ces situations.

DÉCOUVRIR

Les qualités d'un bon juriste

Le terme « juriste » regroupe les acteurs du droit, quelle que soit leur profession. Toutefois, un professionnel du droit ne se présentera que rarement comme un « juriste », terme trop flou tant les métiers du droit sont variés. Il vous dira qu'il est magistrat, avocat, notaire, professeur (comme un médecin vous dira qu'il est cardiologue, ophtalmologiste, pédiatre…).

➔ Quelles sont les qualités requises pour exercer le droit ?

DOC 1 Les neuf atouts du « bon » juriste

- Savoir prendre le temps de lire chaque mot, chaque phrase, très attentivement.
- Aimer lire et rédiger.
- Comprendre le point de vue de ses interlocuteurs et des différentes parties à une discussion.
- Choisir ses mots en anticipant la manière dont ils seront reçus et compris par l'interlocuteur.
- Passer du caractère général nécessaire à toute règle aux particularités de son application concrète.
- Faire la pesée du pour et du contre dans chaque cas (mettre en balance).
- Ne pas être prisonnier d'un préjugé, se cultiver et savoir s'ouvrir aux autres cultures.
- En cas de difficulté, ne pas s'arrêter aux solutions convenues et qui paraissent évidentes.
- Faire preuve d'imagination pour trouver des manières nouvelles de poser et résoudre une question.

DOC 2 Conseils d'écrivains

a. Nicolas Boileau (1636-1711)

Selon que notre idée est plus ou moins obscure,
L'expression la suit, ou moins nette, ou plus pure.
Ce que l'on conçoit bien s'énonce clairement,
Et les mots pour le dire arrivent aisément. [...]

Nicolas Boileau, *L'Art poétique*, 1674

b. René Descartes (1596-1650)

Faire partout des démembrements si nombreux que je puisse assurer de ne rien omettre.

[...] Diviser chacune des difficultés que je rencontrerai en autant de parcelles qu'il se pourrait et qu'il serait requis pour les mieux résoudre.

Conduire mes pensées en commençant par les objets les plus simples, [...] jusques à la connaissance des plus composés.

René Descartes, *Discours de la méthode*, 1637

DOC 3 Connaître son pays, s'ouvrir aux autres

Le droit d'un pays fait partie du patrimoine national. Il est à certains égards, lui aussi, le bien commun des citoyens, fruit de la tradition, héritage des ancêtres et mode d'expression – miroir a-t-on dit souvent – de la société où il s'applique.

Depuis l'Antiquité, [...] on a toujours pensé que la connaissance des droits étrangers était de première importance pour le législateur. Quelle législation, aujourd'hui surtout, pourrait se permettre d'ignorer les autres ?

Marc Ancel, *Utilité et méthodes du droit comparé*, éditions Ides et Calendes, 1971

DOC 4 Imaginer des solutions

Le droit est la plus puissante des écoles de l'imagination. Jamais poète n'a interprété la nature aussi librement qu'un juriste la réalité.

Jean Giraudoux, *La Guerre de Troie n'aura pas lieu*, Bernard Grasset, 1935

DOC 5 Études de droit (L1-L2)[1]

En droit privé	En droit public	Autres matières
› introduction au droit	› droit constitutionnel	› questions économiques et contemporaines
› droit de la famille et des personnes	› droit administratif	› histoire du droit
› droit des contrats et de la responsabilité	› droit pénal	› relations internationales
› droit commercial	› droit international public	› science politique
› droit des biens	› droit européen	› langues vivantes
› procédure civile	› finances publiques	…
› institutions judiciaires…	› institutions politiques	

1. Ce schéma est indicatif (les programmes varient selon les universités) et non exhaustif.

Testez-vous !

→ Imprimez le test et complétez-le. Test à imprimer

A Parmi cette liste de qualités requises pour étudier le droit, lesquelles possédez-vous ?

	PAS DU TOUT	UN PEU	TOUT À FAIT
Aptitude à l'autonomie	☐	☐	☐
Aptitude à la rédaction	☐	☐	☐
Culture générale	☐	☐	☐
Curiosité intellectuelle	☐	☐	☐
Goût de l'étude	☐	☐	☐
Goût du mot juste	☐	☐	☐
Goût pour le raisonnement	☐	☐	☐
Goaût pour les énigmes	☐	☐	☐
Imagination	☐	☐	☐
Maîtrise de la langue	☐	☐	☐
Rigueur méthodologique	☐	☐	☐

D'après « Études de droit : présentation de la licence », Univ droit : portail universitaire du droit

B Au lycée, vous aimez...

	PAS DU TOUT	UN PEU	TOUT À FAIT
... construire un plan structuré dans certaines disciplines comme la philosophie, le français ou l'histoire-géographie ou résoudre des équations en mathématiques	☐	☐	☐
... rédiger	☐	☐	☐
... suivre l'actualité interne et internationale	☐	☐	☐
... organiser par vous-même votre travail personnel	☐	☐	☐

C Êtes-vous prêts à...

	PAS DU TOUT	UN PEU	TOUT À FAIT
... lire (beaucoup), écrire (bien), apprendre par cœur (pas tant que cela), réfléchir (à tout) ?	☐	☐	☐
... construire des plans et développer votre rigueur méthodologique ?	☐	☐	☐
... enrichir constamment votre culture générale ?	☐	☐	☐
... vous lancer dans des études longues et exigeantes ?	☐	☐	☐

Si vous choisissez de poursuivre des études de droit, vous apprendrez à dérouler un raisonnement juridique, à manier le « syllogisme juridique », à structurer votre argumentation en l'organisant selon un plan logique.

Le droit, comme le montre ce manuel, contribue à organiser la société, en définissant les règles qui régissent les rapports entre individus. Il aborde tous les aspects de la vie en société. Une bonne connaissance de l'histoire de la France, de la culture, mais aussi des grands débats contemporains qui traversent le monde vous aideront à exceller dans des études de droit.

La plupart des cursus de droit requièrent des études longues. Il existe quelques exceptions : découvrez-les p. 289.

→ Rendez-vous p. 258 pour découvrir les métiers du droit.

Vous avez l'impression de ne pas encore avoir toutes les qualités requises ? Ne vous inquiétez pas ! Vous allez continuer à les développer pendant votre année de Terminale lors de laquelle vous allez découvrir le droit et ses enjeux.

CHAPITRE 1

Les sources du droit

Le droit s'exprime par des règles obligatoires qui ont pour fonction d'assurer l'ordre social. Comment et par qui ces règles sont-elles établies, modifiées et adaptées ? L'expression « sources du droit », communément utilisée, désigne précisément les autorités et les instruments qui sont à la « source » de ces règles. Ces sources, de natures diverses (traités, lois, coutume, jurisprudence), ont un rang variable dans la hiérarchie des normes.

Qui crée le droit et comment ?

DOC 1

Une séance publique à l'Assemblée nationale

La loi est adoptée par les parlementaires (députés et sénateurs). Ils en débattent en séance publique, puis adoptent son texte définitif.

DOC 2

Une signature de contrat

Une fois signé, le contrat s'impose à ses parties.

Dans quelle mesure ces deux photographies illustrent-elles des manières différentes de créer du droit ?

Interview de CHANTAL ARENS

Première présidente de la Cour de cassation

Interview de BRUNO LASSERRE

Vice-président du Conseil d'État

Interview de LAURENT FABIUS

Président du Conseil constitutionnel

REPÈRES

Les sources du droit

Vu au lycée

EMC 2de
Des libertés pour la liberté
Les conditions juridiques de la liberté : le droit ; la primauté de la Constitution

Histoire 1re
Révolution française et Empire
Constitutions (1791, 1793), créations napoléoniennes (Code civil)

Philosophie Term
L'État

DOC 1 La pyramide des normes en droit français

INFO

La pyramide des normes

La notion de « pyramide des normes » a été inventée par le juriste autrichien Hans Kelsen dans les années 1930. Elle illustre le fait qu'il y a de plus en plus de normes à mesure que l'on descend dans la hiérarchie. Il s'agit cependant d'un simple modèle, qui vise à simplifier une réalité plus complexe, notamment lorsque l'on intègre les normes de droit international.

Constitution

- **Constitution de 1958,** art. 1 à 89
- **Déclaration des droits de l'homme et du citoyen** (1789)
- **Préambule de la Constitution de 1946**
- **Charte de l'environnement de 2004**
- **Principes fondamentaux reconnus par les lois de la République** (PFRLR)

Préambule, art. 13.
La Nation garantit l'égal accès de l'enfant et de l'adulte à l'instruction, à la formation professionnelle et à la culture. L'organisation de l'enseignement public gratuit et laïque à tous les degrés est un devoir de l'État.
Constitution de 1946

Traités et accords internationaux

- Convention européenne des droits de l'homme
- Traité sur l'Union européenne
- Traité sur le fonctionnement de l'Union européenne
- etc.

Art. 28-1. Les États parties reconnaissent le droit de l'enfant à l'éducation […] sur la base de l'égalité des chances.
Convention internationale des droits de l'enfant (1989)

Lois

- Lois organiques
- Lois ordinaires

Art. L333-1. Les cycles des lycées d'enseignement général et technologique et des lycées professionnels conduisent aux diplômes d'enseignement général, technologique et professionnel, notamment au baccalauréat.
Code de l'éducation

Règlements

- Décrets : président de la République, Premier ministre
- Arrêtés interministériels, ministériels, préfectoraux, municipaux

Art. 1. Pour la session 2020, le diplôme du baccalauréat général et celui du baccalauréat technologique sont délivrés conformément aux dispositions des arrêtés susvisés, sous réserve des dispositions du présent arrêté.
Arrêté ministériel du 27 mai 2020 relatif aux modalités d'organisation du baccalauréat dans les voies générale et technologique pour la session 2020, dans le contexte de l'épidémie de Covid-19

Art. D334-4. L'examen du baccalauréat général est composé d'épreuves portant sur des enseignements obligatoires et des enseignements optionnels.
Code de l'éducation

DOC 2 Les institutions de la Ve République

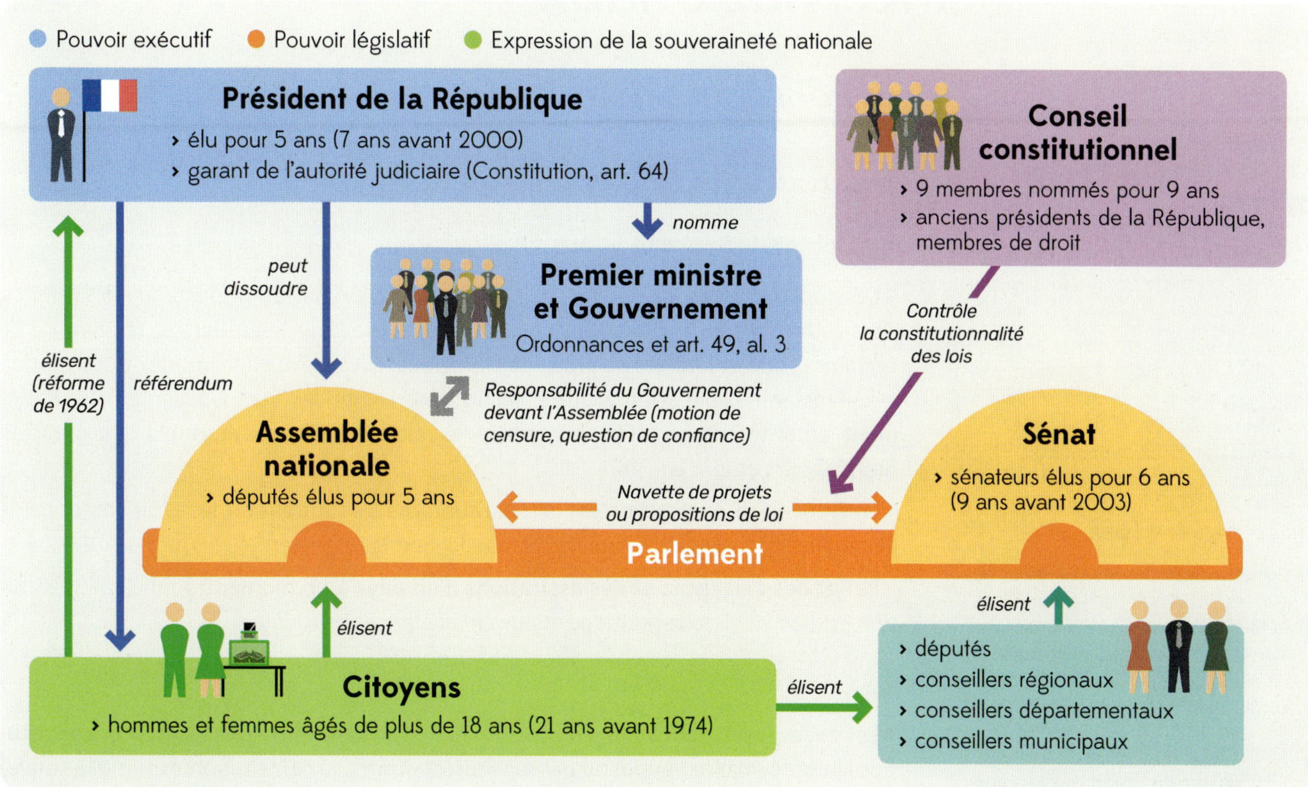

DOC 3 La jurisprudence

Audience solennelle d'installation à la Cour de cassation, 2018

[On] entend par « jurisprudence » la solution généralement donnée par les tribunaux à une question de droit. [...]

En présence d'une question [...] qui se reproduit fréquemment, les tribunaux prennent plus ou moins vite l'habitude de juger de manière semblable (ils assurent d'ailleurs, ce faisant, l'égalité entre les justiciables[1]). Aussi peut-on conjecturer que, dans l'avenir, un tribunal, saisi de cette même question, la jugera de même : il n'y est pas obligé, en droit, mais c'est une probabilité.

Jean Carbonnier, *Droit civil. Introduction*, PUF, 2002

1. Citoyens confrontés à un juge.

DOC 4 Le contrat

Art. 1103.
Les contrats légalement formés tiennent lieu de loi à ceux qui les ont faits.

Code civil

VOCABULAIRE

- **Constitution** : ensemble des normes placées au sommet de l'ordre juridique interne. Expression de la souveraineté nationale, elle organise les pouvoirs et garantit aux individus certaines libertés.
- **Pouvoir exécutif** : pouvoir de faire exécuter les lois sur l'ensemble du territoire.
- **Pouvoir législatif** : pouvoir de faire la loi.
- **Pouvoir judiciaire** : pouvoir de trancher des différends conformément à la loi.

QUESTIONS

1. Pour chacune des normes suivantes, indiquez sa place dans la hiérarchie des normes et l'autorité qui l'a créée : actes administratifs de portée locale, lois, traités internationaux, actes administratifs de portée nationale, Constitution, décrets. **doc 1**
2. Quelles règles de droit ne sont produites ni par le pouvoir législatif ni par le pouvoir exécutif ? **docs 1 à 4**

PARTIE 1

COURS

Constitution et traités internationaux

REPÈRES → p. 32
DOSSIER → p. 36
DOSSIER → p. 38
DOSSIER → p. 40
LE DROIT EN PRATIQUE → p. 42
COURS → p. 44

→ Pourquoi existe-t-il une hiérarchie des normes ?

I. À quoi sert une constitution ?

A L'objet des constitutions

• **Les constitutions ont deux principaux objets : l'organisation des pouvoirs publics**, c'est-à-dire l'attribution de pouvoirs à des organes et leur limitation, et la **garantie de certains droits et libertés au profit des individus**. Elles prévoient le mode de désignation et définissent le rôle des principales institutions – chef de l'État, Gouvernement, Parlement, autorité judiciaire. Elles organisent les relations entre ces autorités, la séparation des pouvoirs et leur équilibre.

• **En France, la Constitution est la règle suprême.** Les autres normes – lois votées par le Parlement, décisions du Gouvernement – doivent la respecter.

• **Reflet des exigences et des aspirations d'un pays à un moment donné**, la Constitution est liée à l'histoire politique et aux circonstances historiques.

B Constitution et démocratie

• **Les exemples américain et français révèlent les liens entre démocratie et constitution**. Adoptée par le **peuple** ou par ses représentants, la constitution exprime la **souveraineté de la nation**, qui se substitue à celle du roi, et elle fonde l'exercice démocratique du pouvoir.

• **Il n'y a toutefois pas de lien absolu entre constitution et démocratie**. D'un côté, une démocratie peut exister sans constitution écrite. C'est le cas du Royaume-Uni où aucune constitution formelle n'a été adoptée. Seuls certains textes affirment des droits fondamentaux – Grande Charte (*Magna Carta*, 1215), *Habeas Corpus* (1679), *Bill of Rights* (1689). Les pouvoirs du Parlement (Chambre des lords et Chambre des communes), du roi ou de la reine, du Gouvernement et des juges découlent pour l'essentiel de conventions consolidées au cours des siècles. D'un autre côté, une constitution ne suffit pas à garantir la démocratie : il y avait une constitution dans l'Allemagne nazie comme dans l'URSS de Staline.

II. L'application de la Constitution

A Les révisions de la Constitution

• **La Constitution de la Ve République, qui s'applique aujourd'hui en France, date du 4 octobre 1958.** Ce n'est pas une norme figée : son texte est l'objet de révisions afin de s'adapter aux évolutions politiques, juridiques, européennes et sociétales.

• **Pour ce faire, deux étapes sont prévues par son article 89.** Un projet de révision doit d'abord être adopté en termes identiques par l'Assemblée nationale et le Sénat. Le président de la République a ensuite le choix entre le recours au référendum ou le vote des deux assemblées réunies en Congrès. Une majorité des trois cinquièmes est alors nécessaire pour que la révision soit adoptée.

• **À plusieurs reprises, la construction européenne s'est accompagnée de révisions de la Constitution de 1958** afin de la rendre compatible avec des traités fondateurs de l'Union européenne (traité de Maastricht en 1992, traité de Lisbonne en 2008) et, ainsi, de rendre possible leur ratification.

VOCABULAIRE

- **Congrès** : sous la Ve République, réunion des deux chambres du Parlement : l'Assemblée nationale et le Sénat. Le Congrès se réunit au château de Versailles.
- **Constitution** : ensemble des normes placées au sommet de l'ordre juridique interne. Expression de la souveraineté nationale, elle organise les pouvoirs et garantit aux individus certaines libertés.
- **Question prioritaire de constitutionnalité (QPC)** : question par laquelle, au cours d'un procès, une personne conteste la constitutionnalité de la loi qui est appliquée à sa situation. La question peut alors être renvoyée au Conseil constitutionnel, qui a le pouvoir d'abroger la loi s'il la déclare contraire à la Constitution.
- **Séparation des pouvoirs** : principe constitutionnel consistant à distinguer les pouvoirs législatif, exécutif et judiciaire, ainsi qu'à garantir leur équilibre.
- **Souveraineté de la loi** : théorie selon laquelle la loi votée par le Parlement, lui-même élu par le peuple, représente l'expression suprême de la « volonté générale », si bien que nulle autorité ne saurait la contrecarrer, même au nom de la Constitution.

NOTIONS

- **Contrôle de constitutionnalité** → p. 280
- **Démocratie** → p. 280
- **Pouvoirs exécutif, législatif et judiciaire** → p. 280
- **Représentation** → p. 280
- **Séparation des pouvoirs** → vocabulaire et p. 280

B Les cours constitutionnelles

• Pour veiller au respect effectif de leur Constitution, un nombre croissant de pays ont institué une **cour constitutionnelle**.

• **Aux États-Unis, la Cour suprême** a jugé dès 1803, dans l'arrêt **Marbury contre Madison**, qu'il lui appartenait de veiller au respect par les lois américaines des principes énoncés par la Constitution de 1787.

• **En Europe, la tradition de souveraineté de la loi a rendu plus difficile une telle évolution.** Il faut attendre la fin de la Seconde Guerre mondiale pour que les cours constitutionnelles se multiplient dans le monde, dans le souci de mieux se prémunir contre les dictatures.

• **En France, la Constitution de la Ve République a institué le Conseil constitutionnel**, qui s'est progressivement imposé comme une juridiction constitutionnelle. Longtemps, sa compétence a été principalement limitée au **contrôle de constitutionnalité** des lois, qui est la vérification de leur conformité à la Constitution avant leur entrée en vigueur (a priori). Introduite en 2008, mise en place en 2010, la **question prioritaire de constitutionnalité (QPC)** permet à tout citoyen de contester, à l'occasion d'un litige porté devant une juridiction, la conformité d'une disposition législative à la Constitution, dans l'espoir d'en obtenir l'abrogation par le Conseil constitutionnel.

III. Les traités internationaux

A Des traités inscrits dans la Constitution

• **La France est également partie à de nombreux traités internationaux**, tels que la Charte de l'Organisation des Nations unies (1945), la Convention européenne des droits de l'homme (1950), la Convention internationale des droits de l'enfant (1989), les traités instituant l'Union européenne, ou encore de très nombreuses conventions bilatérales, qui organisent les relations entre la France et des pays tiers.

B Les traités, supérieurs aux lois

• **En vertu de l'article 55 de la Constitution, les traités internationaux ont une autorité supérieure à celle des lois.** Ils s'imposent donc aux lois comme à tous les actes administratifs, sous le contrôle des juges français. En revanche, ils n'ont pas une autorité supérieure à celle de la Constitution. L'article 54 de la Constitution prévoit que des traités internationaux qui seraient contraires à la Constitution par le Conseil constitutionnel ne pourraient pas être ratifiés, à moins que la Constitution ne soit elle-même révisée à cette fin.

INSTITUTIONS

▪ **Conseil constitutionnel** ➜ p. 280

▪ **Parlement** ➜ p. 280

DATES CLÉS

- 1787 — **Constitution des États-Unis d'Amérique** approuvée par la convention de Philadelphie
- 26 août 1789 — **Adoption de la Déclaration des droits de l'homme et du citoyen**, en France, par l'Assemblée nationale
- 3 sept. 1791 — **Première Constitution française**
- 4 octobre 1958 — Promulgation, à l'initiative du général de Gaulle, de la **Constitution de la Ve République**
- 23 juillet 2008 — **Révision de la Constitution** introduisant notamment la QPC

RÉVISER SON COURS

1 Quel est le rôle d'une constitution ?

2 Une démocratie peut-elle exister sans constitution écrite ?

3 Pourquoi la constitution doit-elle primer sur les lois ?

4 Quelles sont les relations entre la Constitution et les traités internationaux ?

RESSOURCES

Liens vers les ressources

DÉCLARATION

Déclaration des droits de l'homme et du citoyen, 1789

conseil-constitutionnel.fr

La Déclaration des droits de l'homme et du citoyen énonce une série de droits. Sa valeur constitutionnelle a été reconnue par le Conseil constitutionnel en 1971.

LOI

Constitution de la Ve République, 4 octobre 1958

conseil-constitutionnel.fr

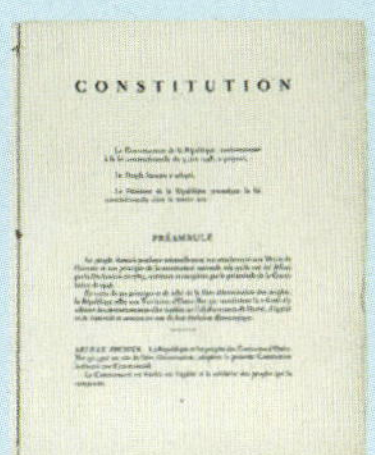
CONSTITUTION

PRÉAMBULE

L'onglet « la Constitution », sur le site du Conseil constitutionnel, présente ce texte fondateur de la Ve République ainsi que les autres textes auxquels renvoie son préambule et qui forment le « bloc de constitutionnalité ».

LIVRE

La Constitution, Guy Carcassonne et Marc Guillaume, Points, coll. « Essais », 15e édition, 2019

Ce livre commente la Constitution article par article, pour aider chacun à la comprendre.

DOSSIER

Pourquoi une constitution ?

REPÈRES → p. 32
COURS → p. 34

Depuis le mouvement des Lumières au XVIIIe siècle, l'idée selon laquelle le pouvoir de l'État devait être limité s'est répandue à travers le monde. Aujourd'hui, tous les États placent des normes au sommet de leur droit interne, souvent sous la forme d'une constitution.

→ Qu'est-ce qu'une constitution ?

DOC 1 Montesquieu et la séparation des pouvoirs

Le regard d'un PHILOSOPHE

La liberté politique ne se trouve que dans les gouvernements modérés. Mais elle n'est pas toujours dans les États modérés. Elle n'y est que lorsqu'on n'abuse pas du pouvoir : mais c'est une expérience éternelle, que tout homme qui a du pouvoir est porté à en abuser ; il va jusqu'à ce qu'il trouve des limites.

Montesquieu, *De l'Esprit des lois*, 1748

DOC 2 La Déclaration des droits de l'homme et du citoyen

Art. 16. Toute société dans laquelle la garantie des droits n'est pas assurée, ni la séparation des pouvoirs déterminée, n'a point de constitution.

INFO

- **Les révisions de la Constitution**
La Constitution de 1958 a été l'objet de 24 révisions constitutionnelles, notamment en 1962 (élection du président de la République au suffrage universel) ; 2000 (réduction du mandat présidentiel de sept à cinq ans); 2005 (Charte de l'environnement) ; 2007 (constitutionnalisation de l'interdiction de la peine de mort).

DOC 3 La Constitution de la Ve République (1958)

Art. 1er. La France est une République indivisible, laïque, démocratique et sociale. Elle assure l'égalité devant la loi de tous les citoyens sans distinction d'origine, de race ou de religion. Elle respecte toutes les croyances. Son organisation est décentralisée.

La loi favorise l'égal accès des femmes et des hommes aux mandats électoraux et fonctions électives, ainsi qu'aux responsabilités professionnelles et sociales.

Art. 3. [...] Le suffrage peut être direct ou indirect dans les conditions prévues par la Constitution. Il est toujours universel, égal et secret. [...]

Art. 6. Le président de la République est élu pour cinq ans au suffrage universel direct.

Nul ne peut exercer plus de deux mandats consécutifs. [...]

Art. 8. Le président de la République nomme le Premier ministre. Il met fin à ses fonctions sur la présentation par celui-ci de la démission du Gouvernement.

Sur la proposition du Premier ministre, il nomme les autres membres du Gouvernement et met fin à leurs fonctions.

Art. 24. Le Parlement vote la loi. Il contrôle l'action du Gouvernement. Il évalue les politiques publiques.

Il comprend l'Assemblée nationale et le Sénat. [...]

Art. 64. Le président de la République est garant de l'indépendance de l'autorité judiciaire. [...]

Les magistrats du siège sont inamovibles.

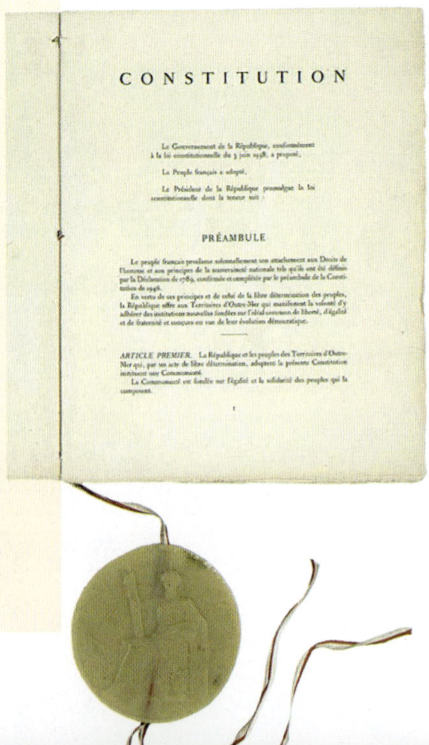

DOC 4 La révision constitutionnelle en France

Initiative de la révision de la Constitution	– Président de la République, sur proposition du Premier ministre ; – Membres du Parlement
Examen et vote en termes identiques	Parlement et Sénat
Adoption de la révision	– référendum – trois cinquième des suffrages exprimés au sein du Parlement convoqué en Congrès (réunion de l'Assemblée nationale et du Sénat)

Attention :
– une révision ne peut intervenir lorsqu'il est porté atteinte à l'intégrité du territoire ;
– une révision ne peut porter atteinte au caractère républicain du régime.

D'après l'article 89 de la Constitution de la Vᵉ République, 1958

DOC 5 L'État de droit, une caractéristique de la démocratie

L'État de droit suppose la réalisation de plusieurs conditions :
- l'égalité des sujets devant la loi ;
- le respect de la hiérarchie des normes de la part de l'administration ;
- le principe de légalité : soumission de l'administration au droit ;
- la séparation des pouvoirs ;
- l'indépendance de la justice : existence de juridictions indépendantes ;
- l'existence de recours : tout individu peut contester l'application d'une norme juridique.

D'après vie-publique.fr, 2018.

DOC 6 Des constitutions aux formes variables

Le Royaume-Uni est presque unique en ce qu'il ne possède pas de constitution écrite. [...] Toutefois nous avons au cours des huit cents dernières années développé des principes de droit constitutionnel et de droit administratif, de sorte que l'on dit parfois que nous avons une constitution non écrite. [...]

Au cœur de notre constitution, comme de toute constitution, est le principe de l'État de droit (« *the Rule of law* ») : l'existence et le respect de règles qui s'appliquent à tous les secteurs de la société. L'État de droit repose au Royaume-Uni sur le concept fondamental de la séparation des pouvoirs des trois branches de l'État, un principe que nous devons à la France. Le premier de ces pouvoirs est le pouvoir législatif, qui vote les lois. Le deuxième est le pouvoir exécutif, qui gouverne le pays dans le respect desdites lois. Le troisième est le pouvoir judiciaire, qui veille à l'application des lois votées par le pouvoir législatif.

Lord Philips of Worth Matravers, *Cahiers du Conseil constitutionnel*, novembre 2009

QUESTIONS

1. Quelle est la fonction d'une constitution ? **docs 1, 2, 3 et 5**
2. Comment les articles de la Constitution de 1958 montrent-ils que la France est une démocratie ? **docs 3 et 5**
3. Pourquoi les procédures de révision de la Constitution sont-elles spécifiques et contraignantes ? **doc 4**
4. Quelle est la singularité de la constitution britannique ? **doc 6**

Synthèse Dans quelle mesure la Constitution de 1958 garantit-elle les droits de l'homme ?

RESSOURCES

> **Le texte intégral de la Constitution de la Vᵉ République**
> **« Charles de Gaulle présente la Constitution, place de la République »**, INA, septembre 1958

Liens vers les ressources

C'est à vous ! ORAL

À l'occasion de l'anniversaire de la Constitution du 4 octobre 1958, vous prononcez un discours rappelant l'importance de la constitution dans l'édification d'un État de droit.

- Vous devez rappeler ses objectifs, les grands équilibres qu'elle instaure, la possibilité de l'adapter aux circonstances.

PARTIE 1

DOSSIER

La fabrique de la loi

REPÈRES → p. 32
COURS → p. 34
DOSSIER → p. 40
LE DROIT EN PRATIQUE → p. 42
COURS → p. 44
DOSSIER → p. 46

La Constitution prescrit la procédure d'adoption des lois. Celles-ci sont déposées à l'initiative du Gouvernement (projet de loi) ou du Parlement (proposition de loi), puis font l'objet d'une discussion, selon le principe de la navette, entre l'Assemblée nationale et le Sénat.

→ **Quels sont les acteurs qui interviennent lors de l'élaboration de la loi ?**

DOC 1 **La procédure normale d'adoption de la loi**

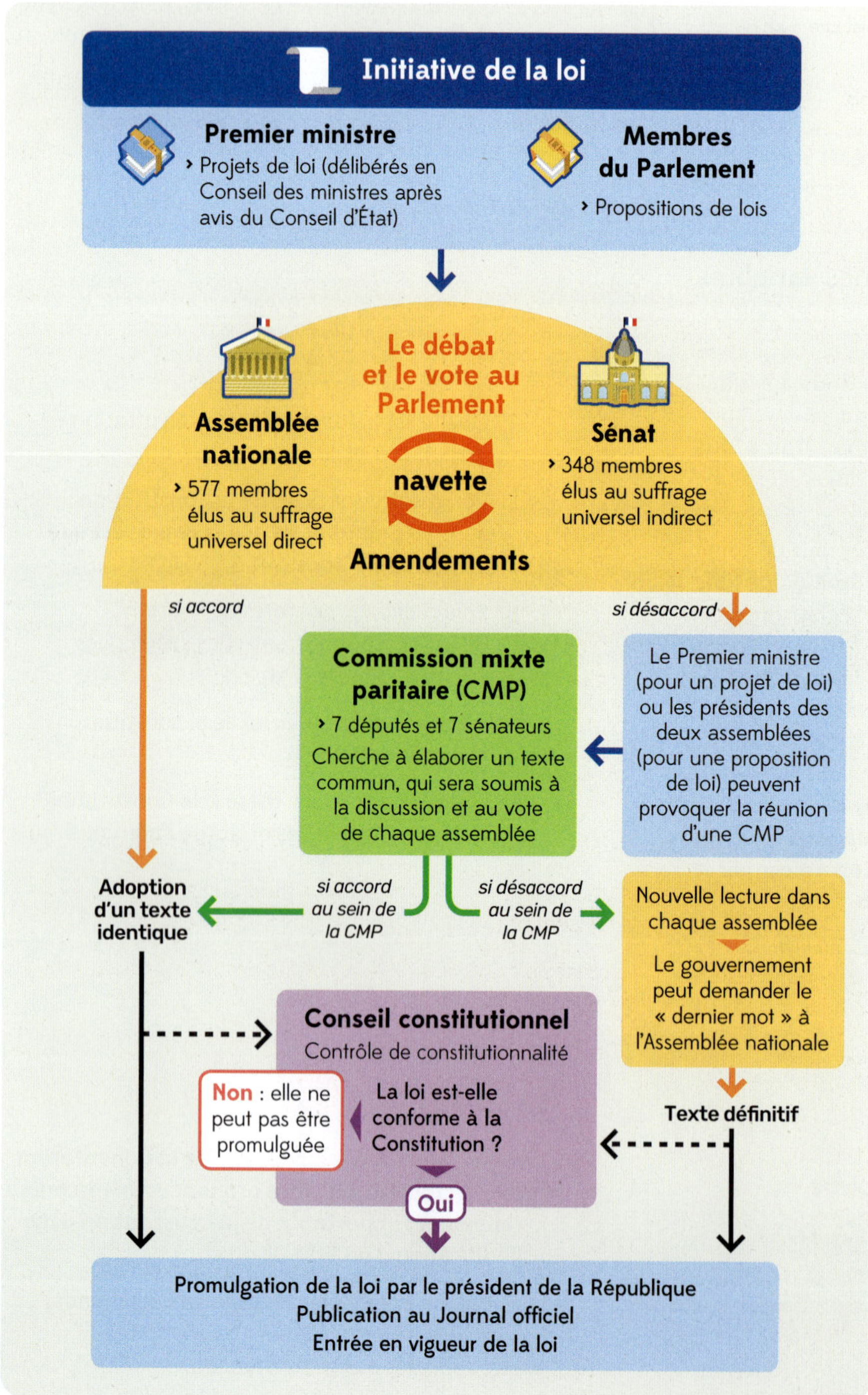

VOCABULAIRE

- **Amendement** : proposition, au cours de la discussion d'un texte à l'Assemblée nationale ou au Sénat, en vue de le modifier.
- **Bicamérisme** : système politique dans lequel le Parlement est composé de deux chambres.
- **Commission mixte paritaire** : commission, composée de députés et de sénateurs en nombre égal, chargée de résoudre les divergences entre les deux assemblées quant à la rédaction d'une loi à voter.
- **Promulgation** : acte du président de la République consistant à signer la loi après son vote par le Parlement, ce qui garantit la régularité de son élaboration et doit permettre de l'exécuter.

DOC 2 La loi contre la manipulation de l'information (« loi *fake news* »)

16 et 21 mars 2018 — Le député Richard Ferrand présente devant l'Assemblée nationale deux propositions de loi qui prévoient de permettre à la justice de se prononcer sous 48 h pour faire cesser la diffusion de fausses informations durant les trois mois précédant un scrutin national, et qui créent un délit en cas de non-respect des nouvelles obligations de transparence imposées aux plateformes numériques (Facebook, Twitter, etc.)

3 juil. — Les textes sont adoptés par l'Assemblée nationale en première lecture.

26 juil. — Le Sénat rejette les deux textes.

9 oct. — Les députés adoptent en nouvelle lecture les deux propositions de loi.

6 nov. — Le Sénat les rejette une seconde fois.

20 nov. — L'Assemblée nationale les adopte définitivement.

21 nov. — Le Conseil constitutionnel est saisi par près de 140 sénateurs qui estiment certaines dispositions de la loi contraires à la liberté d'expression et de communication.

20 déc. — Le Conseil constitutionnel déclare les deux lois conformes à la Constitution en précisant les conditions de leur application.

D'après senat.fr et vie-publique.fr, décembre 2018

DOC 4 Limiter le droit d'amendement

[La] réforme des institutions [...] prévoit notamment d'accélérer la procédure d'adoption des lois par le Parlement. Le président de l'Assemblée nationale, François de Rugy (LREM), a « revendiqué » [...] une réforme qui permet « un Parlement plus fort » [...].

Au contraire, le président du Sénat, Gérard Larcher (LR), a affirmé qu'il n'accepterait « jamais [une réforme] au détriment des droits du Parlement et de la démocratie représentative ». [...] Le texte prévoit « que les amendements [...] sans lien avec le texte discuté [...] seront déclarés systématiquement irrecevables ». Une mesure inacceptable pour Gérard Larcher, qui s'inquiète également de la limitation de « ce qui fait l'intérêt du bicamérisme, la navette parlementaire ». Cet aller-retour entre les deux chambres « n'est pas du temps perdu », défend le président du Sénat. « Depuis juin dernier plus de 50 % des amendements du Sénat se sont retrouvés dans la loi, c'est quand même qu'ils devaient être utiles. »

Mikael Corre, « La réforme des institutions divise le Parlement », *La Croix*, mai 2018

DOC 3 Les amendements

Le Président de l'Assemblée nationale, Jean-Louis Debré, et les amendements déposés par les députés s'opposant au projet loi « privatisation de GDF » (2006). Lors de la discussion de la loi, il arrive que l'opposition parlementaire cherche, par ce moyen, à ralentir le processus législatif.

? QUESTIONS

1. Retracez la procédure d'adoption de la loi contre la manipulation de l'information. **docs 1 et 2**
2. Expliquez la collaboration entre le Parlement et le Gouvernement dans l'élaboration de la loi. **docs 1 à 4**
3. Expliquez pourquoi le droit d'amendement est au cœur de débats concernant le fonctionnement du Parlement. **docs 3 et 4**

Synthèse En quoi la procédure d'élaboration de la loi fait-elle intervenir des organes non législatifs ?

C'est à vous ! ORAL

Présentez une séance publique à l'Assemblée nationale.

- En groupes, choisissez une séance publique sur le site de l'Assemblée nationale et regardez-en un extrait.
- Présentez les arguments des députés des différents partis politiques.

RESSOURCES

> **La Fabrique de la loi**, site collaboratif mené avec le soutien de Sciences Po

> **Captation des séances publiques de l'Assemblée nationale**, videos.assemblee-nationale.fr/seance-publique

> **Fiche de synthèse n° 36 : La séance plénière**, site de l'Assemblée nationale

Liens vers les ressources

DOSSIER Le contrôle de constitutionnalité *a priori*

REPÈRES → p. 32
COURS → p. 34
DOSSIER → p. 38
LE DROIT EN PRATIQUE → p. 42
COURS → p. 44
FICHE MÉTHODE → p. 276

Créé en 1958, le Conseil constitutionnel contrôle la conformité de certaines lois à la Constitution. Depuis 2010, il peut contrôler certaines dispositions législatives après leur entrée en vigueur, par le truchement de la question prioritaire de constitutionnalité (QPC).

→ **Quels sont les effets du contrôle de constitutionnalité *a priori* ?**

DOC 1 Dates clés

1958 **La Constitution de la Ve République** institue le Conseil constitutionnel.

1971 **Le Conseil constitutionnel** décide d'examiner la conformité des lois non plus seulement au corps de la Constitution, mais aux normes auxquelles renvoie son préambule.

1974 **Saisine du Conseil constitutionnel ouverte à 60 députés ou 60 sénateurs** avant la promulgation d'une loi. Forte augmentation du nombre de saisines.

1992 **Constitution révisée** pour y intégrer une référence à l'Union européenne et donner un fondement constitutionnel à son droit (→ doc 2).

2008 - 2010 **Création de la QPC :** le Conseil constitutionnel peut se prononcer sur une loi déjà promulguée (→ p. 42).

DOC 2 La construction européenne

Art. 88-1. La République participe à l'Union européenne constituée d'États qui ont choisi librement d'exercer en commun certaines de leurs compétences en vertu du traité sur l'Union européenne et du traité sur le fonctionnement de l'Union européenne, tels qu'ils résultent du traité signé à Lisbonne le 13 décembre 2007.

Constitution de la Ve République, 1958, révisée en 1992

DOC 3 Le contrôle de constitutionnalité

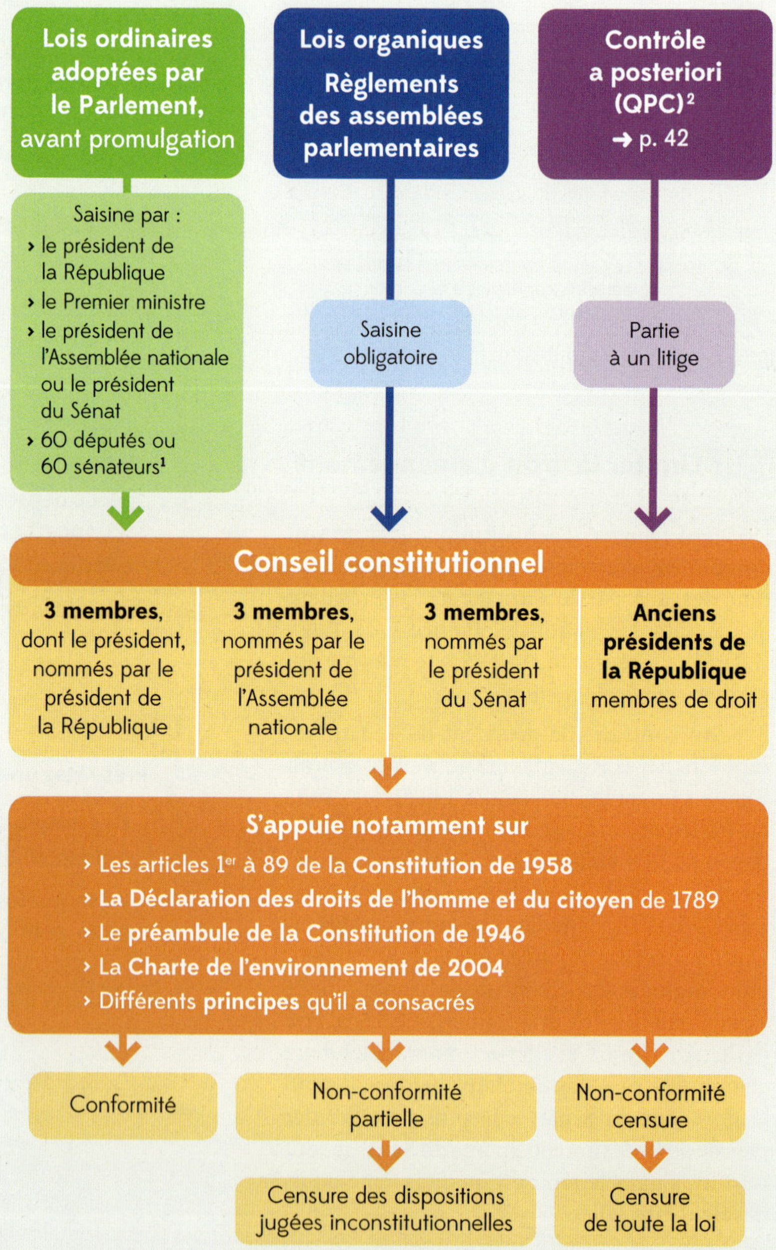

1. Depuis la révision constitutionnelle de 1974
2. Depuis 2010 (révision constitutionnelle de 2008, entrée en vigueur le 1er mars 2010).

DOC 4 Un contrôle de constitutionnalité *a priori*

Décision complète

En 2012, le législateur avait ajouté, dans la loi du 29 juillet 1881 sur la liberté de la presse, un nouvel article punissant d'un an d'emprisonnement et de 45 000 euros d'amende ceux qui « ont contesté ou minimisé de façon outrancière [...] l'existence d'un ou plusieurs crimes de génocide défini à l'article 211-1 du Code pénal et reconnus comme tels par la loi française ».

4. Considérant que, d'une part, aux termes de l'article 6 de la Déclaration de 1789 : « La loi est l'expression de la volonté générale... » ; qu'il résulte de cet article comme de l'ensemble des autres normes de valeur constitutionnelle relatives à l'objet de la loi que, sous réserve de dispositions particulières prévues par la Constitution, la loi a pour vocation d'énoncer des règles et doit par suite être revêtue d'une portée normative ;

5. Considérant que, d'autre part, aux termes de l'article 11 de la Déclaration de 1789 : « La libre communication des pensées et des opinions est un des droits les plus précieux de l'homme [...] » ; [qu'il] est loisible au législateur d'édicter des règles concernant l'exercice du droit de libre communication et de la liberté de parler, d'écrire et d'imprimer ; qu'il lui est également loisible, à ce titre, d'instituer des incriminations réprimant les abus de l'exercice de la liberté d'expression et de communication qui portent atteinte à l'ordre public et aux droits des tiers ; que, toutefois, la liberté d'expression et de communication est d'autant plus précieuse que son exercice est une condition de la démocratie et l'une des garanties du respect des autres droits et libertés ; que les atteintes portées à l'exercice de cette liberté doivent être nécessaires, adaptées et proportionnées à l'objectif poursuivi ;

6. Considérant qu'une disposition législative ayant pour objet de « reconnaître » un crime de génocide ne saurait, en elle-même, être revêtue de la portée normative qui s'attache à la loi ; que, toutefois, l'article 1er de la loi déférée réprime la contestation ou la minimisation de l'existence d'un ou plusieurs crimes de génocide « reconnus comme tels par la loi française » ; qu'en réprimant ainsi la contestation de l'existence et de la qualification juridique de crimes qu'il aurait lui-même reconnus et qualifiés comme tels, le législateur a porté une atteinte inconstitutionnelle à l'exercice de la liberté d'expression et de communication ; que, dès lors, et sans qu'il soit besoin d'examiner les autres griefs, l'article 1er de la loi déférée doit être déclaré contraire à la Constitution [...].

Conseil constitutionnel, décision n° 2012-647 DC du 28 février 2012

QUESTIONS

1. Comment et pourquoi le Conseil constitutionnel peut-il être saisi ? **docs 1 et 3**
2. Sur quelles normes juridiques le Conseil constitutionnel se fonde-t-il pour prendre ses décisions ? **docs 1 et 2**
3. Expliquez la décision du Conseil constitutionnel quant à la loi visant à punir la contestation ou la minimisation des crimes des génocide. **doc 4**

Synthèse Quelle est l'influence du contrôle de constitutionnalité sur l'écriture de la loi ?

C'est à vous ! ORAL

Recherchez sur le site du Conseil constitutionnel une décision récente par laquelle il exerce un contrôle de constitutionnalité *a priori*.

- Organisez-vous en petits groupes et choisissez une décision différente par groupe.
- Présentez les principaux enjeux de la décision et interrogez-vous sur ce qui a pu pousser le Conseil constitutionnel à juger ainsi. Pensez à présenter les normes auxquelles il se réfère.

RESSOURCE

> **Le site du Conseil constitutionnel**, pour trouver une décision

Lien vers la ressource

PARTIE 1

Le droit en pratique ! La QPC, instrument du contrôle de constitutionnalité *a posteriori*

Situation

- M. X réside dans la vallée de la Roya, dans les Alpes-Maritimes, à proximité de la frontière italienne. Dans cette zone montagneuse, des personnes migrantes cherchent à traverser la frontière, surveillée depuis juin 2015. Le 20 octobre 2016, M. X est arrêté et condamné pour en avoir aidé certaines à franchir la frontière depuis l'Italie et leur avoir fourni assistance pour établir un camp d'accueil dans une colonie de vacances désaffectée.
- À l'occasion de la procédure pénale, M. X pose une question prioritaire de constitutionnalité (QPC).
- ***Quel intérêt M. X a-t-il à poser une QPC ?***
- ***Selon le Conseil constitutionnel, la loi peut-elle réprimer l'aide de personnes migrantes à traverser la frontière et à séjourner en France illégalement ?***

DOC 1 Dates clés

Août 2016	M. X est arrêté. Le procureur de la République de Nice décide de ne pas poursuivre.
Oct. 2016	M. X est à nouveau arrêté, pour avoir aidé des personnes migrantes à s'installer.
Fév. 2017	Condamnation par le TGI de Nice. M. X fait appel.
Août 2017	Condamnation par la cour d'appel d'Aix-en-Provence à 4 mois de prison avec sursis.
Mai 2018	L'avocat de M. X dépose une QPC à l'occasion d'un pourvoi devant la Cour de cassation.
Juil. 2018	Décision du Conseil constitutionnel consacrant la valeur constitutionnelle du principe de fraternité
Mai 2020	M. X est relaxé par la cour d'appel de Lyon.

DOC 2 L'aide au séjour irrégulier

Art. L. 622-1, alinéa 1. Sous réserve des exemptions prévues à l'article L. 622-4, toute personne qui aura, par aide directe ou indirecte, facilité ou tenté de faciliter l'entrée, la circulation ou le séjour irréguliers, d'un étranger en France sera punie d'un emprisonnement de cinq ans et d'une amende de 30 000 euros.

Art. L. 622-4. [...] Ne peut donner lieu à des poursuites pénales sur le fondement des articles L. 622-1 à L. 622-3 l'aide au séjour irrégulier d'un étranger lorsqu'elle est le fait : [...]

3° De toute personne physique ou morale, lorsque l'acte reproché n'a donné lieu à aucune contrepartie directe ou indirecte et consistait à fournir des conseils juridiques ou des prestations de restauration, d'hébergement ou de soins médicaux destinées à assurer des conditions de vie dignes et décentes à l'étranger, ou bien toute autre aide visant à préserver la dignité ou l'intégrité physique de celui-ci.

Code de l'entrée et du séjour des étrangers et du droit d'asile (version en vigueur jusqu'au 12 septembre 2018)

DOC 3 Le jugement en première instance

Jugement complet

[M. X] ne peut [...] invoquer les cas d'exemption prévus à l'article L. 622-4 du Code de l'entrée et du séjour des étrangers et du droit d'asile, dans la mesure où les étrangers dont il a facilité le séjour et la circulation en les prenant en charge en Italie puis en les transportant à son domicile en France se trouvent sur le sol français du fait de sa propre action. [...]

Le tribunal, statuant publiquement, en premier ressort [...] :

Relaxe [M. X] pour les faits de : installation en réunion sur le terrain d'autrui, sans autorisation, en vue d'y habiter [...]

Déclare [M. X] coupable de : aide à l'entrée, à la circulation ou au séjour irréguliers d'un étranger en France [...]

Condamne [M. X] au paiement d'une(e) amende(s) de trois mille euros (3 000 euros).

Tribunal de grande instance (TGI) de Nice, février 2017

DOC 4 Le dépôt d'une QPC

Lors d'un procès devant une juridiction administrative ou judiciaire, si vous estimez qu'une disposition législative porte atteinte aux droits et libertés garantis par la Constitution, vous pouvez déposer une « question prioritaire de constitutionnalité » (QPC).

Je dépose une QPC devant un juge sous la forme d'un document écrit et motivé, distinct des autres mémoires.

- **Le juge rejette la QPC** : L'affaire reprend son cours
- **Le juge accepte la QPC** : Il la transmet :
  - › **à la Cour de cassation** (justice civile ou pénale)
  - › ou **au Conseil d'État** (justice administrative)

  Le juge attend avant de décider (l'affaire est suspendue).
  - **La Cour de cassation ou le Conseil d'État rejette la QPC** : L'affaire reprend son cours
  - **La Cour de cassation ou le Conseil d'État accepte la QPC** : Il la transmet **au Conseil constitutionnel**.
    - **Le Conseil constitutionnel rejette la QPC** : L'affaire reprend son cours
    - **Le Conseil constitutionnel accepte la QPC** : **La disposition législative est abrogée.** Le premier juge reprend ses travaux. Cette disposition ne peut plus être appliquée.

D'après la Direction de l'information légale et administrative (Premier ministre), 2016

DOC 5 La décision du Conseil constitutionnel

Décision complète

7. Aux termes de l'article 2 de la Constitution : « La devise de la République est "Liberté, Égalité, Fraternité" ». La Constitution se réfère également, dans son préambule et son article 72-3, à l'« idéal commun de liberté, d'égalité et de fraternité ». Il en ressort que la fraternité est un principe à valeur constitutionnelle.

8. Il découle du principe de fraternité la liberté d'aider autrui, dans un but humanitaire, sans considération de la régularité de son séjour sur le territoire national.

12. Il résulte des dispositions [citées dans le doc 1] que toute aide apportée à un étranger afin de faciliter ou de tenter de faciliter son entrée ou sa circulation irrégulières sur le territoire national est sanctionnée pénalement quelles que soient la nature de cette aide et la finalité poursuivie. Toutefois, l'aide apportée à l'étranger pour sa circulation n'a pas nécessairement pour conséquence, à la différence de celle apportée à son entrée, de faire naître une situation illicite.

13. Dès lors, en réprimant toute aide apportée à la circulation de l'étranger en situation irrégulière, y compris si elle constitue l'accessoire de l'aide au séjour de l'étranger et si elle est motivée par un but humanitaire, le législateur n'a pas assuré une conciliation équilibrée entre le principe de fraternité et l'objectif de valeur constitutionnelle de sauvegarde de l'ordre public. Par conséquent [...] les mots « au séjour irrégulier » figurant au premier alinéa de l'article L. 622-4 du Code de l'entrée et du séjour des étrangers et du droit d'asile doivent être déclarés contraires à la Constitution.

Conseil constitutionnel, décision n° 2018-717/718 QPC du 6 juillet 2018

PARTIE 1

Conseils !

1. Lisez attentivement la situation et les documents.
2. Identifiez dans la situation les questions de droit qui se posent.
3. Analysez les règles de droit.
4. Avant de les appliquer, assurez vous que la situation entre dans leur champ d'application.
5. Expliquez la décision du Conseil constitutionnel.

RESSOURCES

Liens vers les ressources

SITE

Site du Conseil constitutionnel

recherche.conseil-constitutionnel.fr

Grâce au moteur de recherche du Conseil constitutionnel, vous pourrez trouver les décisions en réponse à des QPC.

VIDÉO

« QPC 2020 – Dix ans de questions citoyennes », (du début à 2 min 15 s), Conseil constitutionnel

dai.ly/x7xvufe

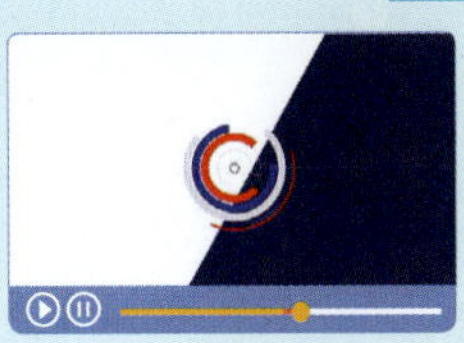

L'émission, qui fait intervenir de nombreuses personnalités du monde juridique, montre en quoi la QPC est une révolution pour les droits des citoyens.

ARTICLE

« Dix ans de questions prioritaires de constitutionnalité (QPC) », novembre 2020

vie-publique.fr

Un article qui présente la QPC, les dispositions susceptibles d'en faire l'objet et les conditions de saisine du Conseil constitutionnel.

COURS

Lois, décrets, ordonnances et arrêtés

REPÈRES → p. 32
COURS → p. 34
DOSSIER → p. 38
DOSSIER → p. 46
DOSSIER → p. 48
DÉBAT → p. 56

→ Quelle est la place des lois, des règlements et des ordonnances dans la hiérarchie des normes ?

I. La loi

A Le vote de la loi et le circuit législatif

- Dans le cadre déterminé par la Constitution, **la loi fixe les règles les plus importantes.**
- **La loi est adoptée par le Parlement**, composé en France de deux chambres : l'**Assemblée nationale** et le **Sénat**. L'initiative vient soit du **Gouvernement** qui dépose, après avoir consulté le **Conseil d'État**, un **projet de loi**, soit de députés ou de sénateurs qui présentent à leur assemblée une **proposition de loi**.
- En outre, le **président de la République** peut organiser un **référendum** pour adopter des lois relatives à l'organisation des pouvoirs publics, autorisant la ratification d'un traité international ayant des incidences sur le fonctionnement des institutions ou portant sur des réformes relatives à la politique économique, sociale ou environnementale.
- **Après son adoption, la loi est promulguée par le président de la République** puis publiée au Journal officiel. Elle entre normalement en vigueur le lendemain de cette publication et s'impose alors à tous : « **nul n'est censé ignorer la loi** ». En principe, la loi n'a d'effet que pour l'avenir : « la loi [...] n'a point d'effet rétroactif » (Code civil, art. 2).

B Le domaine de la loi et ses différentes catégories

- **Aucun sujet important ne peut être traité sans intervention du législateur.** Déterminé par l'article 34 de la Constitution, le **domaine de la loi** comprend notamment le régime des grandes libertés, l'état des personnes (mariage, Pacs, divorce, filiation), la détermination des crimes et des délits, la préservation de l'environnement, ou encore la fixation des impôts.
- Certaines lois, prévues par un article de la Constitution qu'elles prolongent pour en préciser les modalités d'application, sont appelées **lois organiques**. Les autres lois sont des **lois ordinaires**.
- **Des lois peuvent être regroupées dans un code qui les présente de manière ordonnée** et les rend plus facilement accessibles. Des codes ont été adoptés dès le Consulat et le Premier Empire, en particulier le Code civil, le Code pénal et le Code de commerce. D'autres sont plus récents, comme le Code du travail ou le Code de l'environnement.
- **De grandes lois ont été adoptées au début de la IIIe République** : liberté de réunion (30 juin 1881), liberté de la presse (29 juillet 1881), liberté syndicale (21 mars 1884), liberté d'association (1er juillet 1901), liberté religieuse et séparation des Églises et de l'État (9 décembre 1905). Ces lois ont joué un rôle si important dans la constitution de la République et la garantie des libertés publiques que les principes qu'elles affirment ont désormais une valeur constitutionnelle.
- **Dans la période récente, la loi a marqué de grandes étapes de l'évolution de la société** : interruption volontaire de grossesse (1975), abolition de la peine de mort (1981), Pacs (1999), loi ouvrant le mariage aux couples de même sexe (2013).

C Le contrôle de la loi

- **Le Conseil constitutionnel vérifie la conformité des lois à la Constitution.** Il a précisé que la loi « n'exprime la volonté générale que dans le respect de la Constitution ». Seules les lois adoptées par référendum échappent à son contrôle.

VOCABULAIRE

- **Conventionnalité** : conformité aux conventions internationales, c'est-à-dire à l'ensemble des traités et accords internationaux signés et ratifiés par la France.
- **Loi d'habilitation** : loi qui autorise le Gouvernement à intervenir par ordonnance dans le domaine législatif.
- **Loi de ratification** : loi qui entérine les mesures prises par ordonnance en leur conférant valeur législative.
- **Promulgation** : acte du président de la République consistant à signer la loi après son vote par le Parlement, ce qui garantit la régularité de son élaboration et doit permettre de l'exécuter.
- **Référendum** : procédure d'adoption de la loi consistant à consulter directement les citoyens en soumettant une question au suffrage universel direct.

NOTIONS

- **Arrêté** → p. 280
- **Décret** → p. 280
- **Domaine de la loi et domaine du règlement** → p. 280
- **Hiérarchie des normes** → p. 280
- **Loi organique** → p. 280
- **Ordonnance** → p. 280

• Les lois doivent aussi respecter les traités internationaux et les engagements européens. Sur ce point, un **contrôle de conventionnalité** est exercé par le juge.

II. Ordonnances et actes réglementaires

A Les ordonnances

• Dans le souci d'adopter plus rapidement certains textes, le Gouvernement peut demander au Parlement, en vertu de l'article 38 de la Constitution, l'autorisation de prendre par **ordonnance**, pendant un délai limité, des mesures qui sont normalement du domaine de la loi. Cette autorisation est donnée par une **loi d'habilitation**, qui précise l'objectif poursuivi par l'ordonnance.

• **L'ordonnance est soumise à l'avis du Conseil d'État.** Adoptée ensuite par le **Conseil des ministres**, elle est signée par le **président de la République**.

• **Après l'adoption de l'ordonnance, un projet de loi de ratification doit être soumis au Parlement.** Le dépôt de ce projet est obligatoire, à peine de caducité de l'ordonnance. Le Parlement peut ratifier l'ordonnance telle quelle ou la modifier.

B Les décrets

• Les **décrets** sont des **actes du président de la République ou du Premier ministre.**

• **Les décrets revêtent souvent un caractère réglementaire, c'est-à-dire qu'ils ont une portée générale.** Ils édictent les mesures nécessaires à l'application des lois ou fixent des règles que le Gouvernement a compétence pour déterminer seul, en matière notamment d'organisation des services de l'État ou de maintien de l'ordre public sur l'ensemble du territoire.

• **Les décrets les plus importants sont examinés, avant leur signature, par le Conseil d'État.** Ils ont une autorité juridique supérieure à celle des autres décrets, qui doivent les respecter.

• **Certains décrets ont une portée individuelle**, comme ceux qui nomment des hauts fonctionnaires, **préfets** ou ambassadeurs.

C Les arrêtés

• **Les différentes autorités administratives exercent leurs attributions en prenant des arrêtés.** À l'échelle nationale, les arrêtés sont signés par un ministre (arrêtés ministériels) ou conjointement par plusieurs d'entre eux (arrêtés interministériels). À l'échelon local, le préfet dans le département, le maire dans la commune, édictent des arrêtés préfectoraux ou municipaux.

INSTITUTIONS

- **Assemblée nationale ➜** p. 280
- **Conseil d'État** : institution indépendante composée de hauts fonctionnaires et de personnalités extérieures chargée, d'une part, d'attributions juridictionnelles (cour suprême de l'ordre administratif) et, d'autre part, d'attributions consultatives, qui consistent à conseiller le Gouvernement en donnant un avis sur les projets de loi, d'ordonnances et certains projets de décrets.
- **Conseil des ministres** : instance présidée par le président de la République et composée de l'ensemble des ministres du Gouvernement, qui se réunit pour délibérer des projets de loi, de la politique du Gouvernement et des nominations les plus importantes.
- **Gouvernement ➜** p. 280
- **Préfet** : haut fonctionnaire nommé par le président de la République et chargé, dans chaque département de France, de représenter l'État et de faire respecter les lois.
- **Sénat ➜** p. 280

RÉVISER SON COURS

1. Que recouvre le domaine de la loi ?
2. Pourquoi faut-il des règlements en plus des lois ?
3. Définissez les rôles respectifs du Conseil constitutionnel et du Conseil d'État dans le processus d'élaboration et de contrôle de la loi.

PARTIE 1

RESSOURCES

Liens vers les ressources

LOI

Constitution de la Ve République, article 34

conseil-constitutionnel.fr

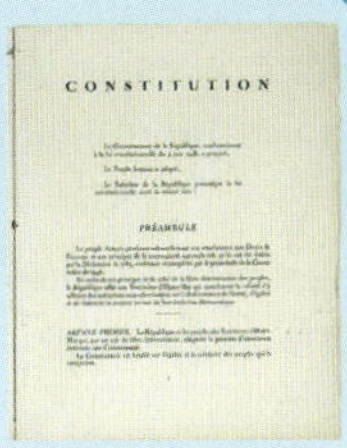

Cet article liste les domaines de la loi et leurs règles.

SITE

Légifrance

legifrance.gouv.fr

Site officiel du Gouvernement français, Légifrance permet d'avoir accès au contenu intégral des textes législatifs, dans leurs versions actuelles et antérieures, ainsi qu'à la jurisprudence.

SITE

Le Journal officiel

legifrance.gouv.fr/jorf/jo

Le Journal officiel publie les textes législatifs et réglementaires de la République française. Il est disponible sur le site Légifrance.

DOSSIER

La liberté de la presse, fondement d'une société démocratique

REPÈRES → p. 32
DOSSIER → p. 38
COURS → p. 44
DOSSIER → p. 194

Au début de la IIIe République, une grande loi a été adoptée pour consacrer la liberté d'expression. Cette loi, souvent modifiée, est toujours en vigueur. Elle a, pour l'essentiel, valeur constitutionnelle. Plus de 70 articles y définissent les modalités d'exercice de la liberté d'expression et ses limites.

→ **Comment la loi encadre-t-elle la liberté de la presse ?**

DOC 1 Dates clés

- 1789 **Déclaration des droits de l'homme et du citoyen :** libre communication des pensées et des opinions.
- 1857 **Procès de Baudelaire** pour « Les Fleurs du mal », condamné pour outrage à la morale à une lourde amende et à certaines censures.
- 1881 **Loi sur la liberté de la presse**
- 1898 **Procès d'Émile Zola**, condamné pour « J'accuse » (affaire Dreyfus)
- 1972 **Loi relative à la lutte contre le racisme** (dite « loi Pleven ») : criminalise l'injure ou la diffamation à caractère raciste et la provocation à la haine ou à la violence raciale.
- 1982 **Loi sur la communication audiovisuelle** : abrogation du monopole de l'État et création du **Conseil supérieur de l'audiovisuel** (CSA).
- 1990 **Loi tendant à réprimer tout acte raciste, antisémite ou xénophobe** (dite « loi Gayssot ») : interdit la contestation de l'existence des crimes contre l'humanité.
- 2004 **Loi pour la confiance dans l'économie numérique :** libre communication dans le respect de la dignité de la personne et du pluralisme de l'expression.
- 2014 Introduction dans le Code pénal du **délit d'apologie du terrorisme** (art. 421-2-5).
- 2018 **Loi contre la manipulation de l'information** (dite « loi fake news »)

DOC 2 La libre communication des pensées et des opinions

Art. 11. La libre communication des pensées et des opinions est un des droits les plus précieux de l'homme : tout citoyen peut donc parler, écrire, imprimer librement, sauf à répondre à l'abus de cette liberté dans les cas déterminés par la loi.

Déclaration des droits de l'homme et du citoyen, 1789

DOC 3 Loi du 29 juillet 1881

Art. 1. L'imprimerie et la librairie sont libres.

Art. 2, alinéa 1. Le secret des sources des journalistes est protégé dans l'exercice de leur mission d'information du public.

Art. 5. Tout journal ou écrit périodique peut être publié sans déclaration ni autorisation préalable, ni dépôt de cautionnement.

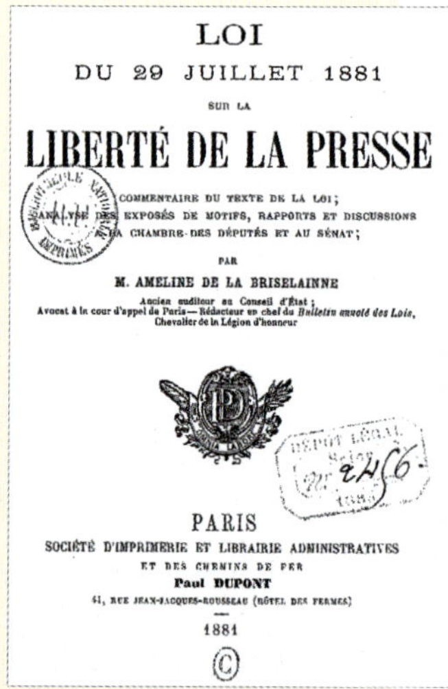
LOI
DU 29 JUILLET 1881
SUR LA
LIBERTÉ DE LA PRESSE
COMMENTAIRE DU TEXTE DE LA LOI ;
ANALYSE DES EXPOSÉS DE MOTIFS, RAPPORTS ET DISCUSSIONS
À LA CHAMBRE DES DÉPUTÉS ET AU SÉNAT ;
PAR
M. AMELINE DE LA BRISELAINNE
Ancien auditeur au Conseil d'État ;
Avocat à la cour d'appel de Paris — Rédacteur en chef du *Bulletin annoté des Lois*,
Chevalier de la Légion d'honneur
PARIS
SOCIÉTÉ D'IMPRIMERIE ET LIBRAIRIE ADMINISTRATIVES
ET DES CHEMINS DE FER
Paul DUPONT
41, RUE JEAN-JACQUES-ROUSSEAU (HÔTEL DES FERMES)
1881

Art. 13, alinéa 1. Le directeur de la publication sera tenu d'insérer dans les trois jours de leur réception, les réponses de toute personne nommée ou désignée dans le journal ou écrit périodique quotidien sous peine de 3 750 euros d'amende sans préjudice des autres peines et dommages-intérêts auxquels l'article pourrait donner lieu.

Art. 29. Toute allégation ou imputation d'un fait qui porte atteinte à l'honneur ou à la considération de la personne ou du corps auquel le fait est imputé est une diffamation. La publication directe ou par voie de reproduction de cette allégation ou de cette imputation est punissable, même si elle est faite sous forme dubitative ou si elle vise une personne ou un corps non expressément nommés, mais dont l'identification est rendue possible par les termes des discours, cris, menaces, écrits ou imprimés, placards ou affiches incriminés.

Toute expression outrageante, termes de mépris ou invective qui ne renferme l'imputation d'aucun fait est une injure.

Art. 32, alinéa 1. La diffamation commise envers les particuliers [...] sera punie d'une amende de 12 000 euros.

DOC 4 Liberté d'expression : quels risques et quelles limites dans le cyberespace ?

À l'occasion du projet de loi renforçant les dispositions relatives à la lutte contre le terrorisme, une réflexion s'est engagée sur les risques de l'internet, devenu l'un des principaux moyens d'exercice par les individus de leur droit à la liberté d'expression et d'information, ainsi que le « vecteur principal de la propagande, du recrutement et de l'incitation au terrorisme ».

Cette utilisation néfaste du cyberespace par des individus ou groupe rattachés au terrorisme impose la définition de nouvelles stratégies et moyens de lutte destinés à empêcher que la liberté d'expression ne dégénère en apologie du terrorisme ou en appel à celui-ci. Pour la CNCDH[1], une réflexion générale portant sur l'internet et les droits fondamentaux, ainsi que sur l'éventuelle définition d'un « ordre public numérique » doit être engagée. La Cour de Strasbourg[2] n'a-t-elle pas énoncé en ce sens que « l'internet [...] n'est pas et ne sera peut-être jamais soumis aux mêmes règles et ni au même contrôle [que la presse écrite]. Assurément, les communications en ligne et leur contenu risquent bien plus que la presse de porter atteinte à l'exercice et à la jouissance des droits et libertés fondamentaux ».

Commission nationale consultative des droits de l'homme, « Avis sur le projet de loi renforçant les dispositions relatives à la lutte contre le terrorisme »[3], septembre 2014

1. Commission nationale consultative des droits de l'homme.
2. Cour européenne des droits de l'homme.
3. La loi a été promulguée le 13 novembre 2014. Elle introduit dans le Code pénal un nouvel article (421-2-5) qui réprime le fait de provoquer directement à des actes de terrorisme ou de faire publiquement l'apologie de ces actes.

DOC 5 La loi du 22 décembre 2018 relative à la lutte contre la manipulation de l'information

Pourquoi ?

Agir contre la diffusion massive de fausses nouvelles via les réseaux sociaux et médias.

Dans quel but ?

Agir principalement **pendant les périodes électorales**, contre les tentatives d'influence des résultats électoraux avant et pendant les élections.

Comment ?

Obligation de transparence pour les plateformes numériques (signaler des contenus sponsorisés, rendre publics les algorithmes...)

Création d'une action judiciaire en urgence devant le juge des référés qui, en cas de « fausse nouvelle », s'appuie sur la définition inscrite dans la loi de 1881 sur la liberté de la presse : elle doit être manifeste, diffusée massivement et de manière artificielle, et conduire à troubler la paix publique ou la sincérité d'un scrutin.

D'après « Contre la manipulation de l'information », gouvernement.fr, septembre 2020

DOC 6 Le point de vue de journalistes

L'année 2019 a été marquée par une hausse très inquiétante d'attaques et de pressions contre les journalistes. Nombre d'entre eux ont été blessés par les tirs de LBD (lanceurs de balles de défense) ou de gaz lacrymogène des forces de l'ordre, et agressés par des manifestants en colère pendant le mouvement des Gilets jaunes puis lors des manifestations contre la réforme des retraites. Ils ont souvent été entravés dans leur couverture, empêchés de filmer ou ont vu leur matériel confisqué.

Autre forme de pression inquiétante, le nombre croissant de cas d'intimidations judiciaires visant les journalistes d'investigation afin d'identifier leurs sources. Plusieurs d'entre eux enquêtant sur des sujets sensibles [...] ont été convoqués par les services de renseignement. Si le procureur de Paris a classé sans suite l'enquête pénale qui visait certains journalistes, il a néanmoins estimé que l'infraction de violation du secret-défense était caractérisée et enjoint aux reporters de se conformer à la loi à l'avenir.

L'indépendance éditoriale des médias n'est pas assez assurée [...], les groupes de médias étant de plus en plus détenus par des gens qui ont des intérêts extérieurs et peuvent, le cas échéant, utiliser ces médias dans une logique d'influence.

« France. Défiance et violence à l'égard des journalistes », Reporters sans frontières, 2020

? QUESTIONS

1. Selon vous, pourquoi la loi sur la liberté de la presse du 29 juillet 1881 a-t-elle été souvent modifiée ? **docs 1, 4 et 5**
2. En quoi les publications sur Internet modifient-elles notre conception de la liberté d'expression telle que définie par la loi avant les années 2000 ? **docs 1 à 5**
3. Quelles atteintes à la liberté de la presse sont dénoncées par les journalistes de Reporters sans frontières ? **docs 3 et 6**

Synthèse Que protège la loi sur la liberté de la presse du 29 juillet 1881 ?

C'est à vous ! ORAL

Réalisez une infographie.

- Présentez, avec un schéma et des visuels, la façon dont la liberté de la presse est garantie par le droit en France.
- Vous pourrez réaliser cette infographie en groupe, puis la présenter à la classe.

La diversité des actes réglementaires

REPÈRES → p. 32
COURS → p. 44
DÉBAT → p. 56
FICHE MÉTHODE → p. 276

Les actes réglementaires sont pris par de nombreuses autorités administratives. En vertu du principe de légalité, ils doivent être conformes aux lois et à toutes les normes juridiques de valeur supérieure.

→ **Quelle place les règlements occupent-ils dans la hiérarchie des normes juridiques ?**

DOC 1 La Constitution et les actes réglementaires

Président de la République

Signe les **ordonnances** et les **décrets** délibérés en conseil des ministres.

Nomme [par décret] aux emplois civils et militaires de l'État.

art. 13

Premier ministre

Assure **l'exécution des lois.**

Sous réserve des dispositions de l'article 13, il exerce le pouvoir réglementaire et nomme aux emplois civils et militaires [par décret].

art. 21

Collectivités territoriales

(communes, départements, régions, collectivités à statut particulier, collectivités d'outre-mer régies par l'article 74)

Dans les conditions prévues par la loi, elles s'administrent librement par des conseils élus et disposent d'un pouvoir réglementaire pour l'exercice de leurs compétences.

art. 72

Conseil d'État (dans sa fonction consultative)

Examine les projets d'ordonnances, de décrets les plus importants et de lois avant leur passage en Conseil des ministres.

Peut être saisi pour avis par le Gouvernement sur tout texte réglementaire ou question juridique.

Peut être saisi pour avis par le président de l'Assemblée nationale ou celui du Sénat sur toute proposition de loi.

art. 37 à 39

D'après la Constitution de la Ve République, 1958

1. Dispositifs rétroréfléchissants. Règles en vigueur en mars 2021.

DOC 2 Un décret du Premier ministre

Un décret [...] intègre les trottinettes électriques et autres « engins de déplacement personnels motorisés » au Code de la route, afin d'encadrer une pratique qui a explosé ces dernières années. [...]

« Il y avait un besoin fondamental de poser des règles. Ces véhicules existaient, roulaient sur la voie publique sans statut juridique », souligne le délégué interministériel à la sécurité routière, Emmanuel Barbe.

« Les trottinettes électriques entrent dans le Code de la route », SudOuest.fr avec AFP, 25 octobre 2019

DOC 3 Un arrêté ministériel

Arrêté complet

Art. 1. Afin de ralentir la propagation du virus covid-19, les établissements [...] figurant ci-après ne peuvent plus accueillir du public jusqu'au 15 avril 2020 : salles d'auditions, de conférences, de réunions, de spectacles ou à usage multiple ; centres commerciaux ; restaurants et débits de boissons ; salles de danse et salles de jeux ; bibliothèques, centres de documentation ; salles d'expositions ; établissements sportifs couverts ; musées.

Arrêté du 14 mars 2020 portant diverses mesures relatives à la lutte contre la propagation du virus covid-19

DOC 4 Un arrêté municipal

Arrêté complet

En 1991, le maire de Morsang-sur-Orge a pris un arrêté pour interdire les spectacles de « lancer de nains ». Cet arrêté a été attaqué en justice par la société Fun Production.

Considérant qu'il appartient à l'autorité investie du pouvoir de police municipale de prendre toute mesure pour prévenir une atteinte à l'ordre public ; que le respect de la dignité de la personne humaine est une des composantes de l'ordre public ; que l'autorité investie du pouvoir de police municipale peut, même en l'absence de circonstances locales particulières, interdire une attraction qui porte atteinte au respect de la dignité de la personne humaine ;

Considérant que l'attraction de « lancer de nain » consistant à faire lancer un nain par des spectateurs conduit à utiliser comme un projectile une personne affectée d'un handicap physique et présentée comme telle ; que, par son objet même, une telle attraction porte atteinte à la dignité de la personne humaine ; que l'autorité investie du pouvoir de police municipale pouvait, dès lors, l'interdire même en l'absence de circonstances locales particulières et alors même que des mesures de protection avaient été prises pour assurer la sécurité de la personne en cause et que celle-ci se prêtait librement à cette exhibition, contre rémunération [...].

Les demandes de la société Fun Production et de M. X... sont rejetées.

Conseil d'État, décision n°136727 du 27 octobre 1995, Morsang-sur-Orge

DOC 5 Un arrêté municipal suspendu

Le tribunal administratif de Lille a décidé de suspendre ce lundi matin l'arrêté anti-mendicité pris fin mai par la municipalité d'Hénin-Beaumont. [...]

Le tribunal administratif avait été saisi par la Ligue des droits de l'homme. Le juge, dans sa décision, estime que « l'interdiction prononcée par cet arrêté n'est ni nécessaire ni proportionnée aux atteintes portées à la liberté d'aller et venir et à celle d'utiliser le domaine public ». Une pétition signée par cinquante-deux commerçants avait pourtant été versée au dossier, mais le juge indique que cette pétition « ne permet pas de démontrer, en l'absence de tout élément circonstancié, l'existence d'une mendicité agressive sur les espaces et voies publiques concernés ».

« Hénin-Beaumont : l'arrêté anti-mendicité pris par le maire annulé », France 3 Nord-Pas-de-Calais Web, juillet 2014

? QUESTIONS

1. Quelles autorités administratives tiennent leur pouvoir réglementaire directement de la Constitution ? **docs 1 à 5**
2. Expliquez la décision du Conseil d'État et celle du tribunal administratif de Lille. **docs 4 et 5**

Synthèse Quelles relations y a-t-il entre les actes réglementaires et la Constitution ?

C'est à vous ! ORAL

Présentez un acte réglementaire.

- Effectuez une recherche sur le site officiel du Journal officiel de la République française, de la préfecture d'un département ou de la mairie d'une commune.
- Choisissez un acte réglementaire significatif de la vie en société.
- Présentez-le à vos camarades : nature, objet, acteurs, territoire d'application.

COURS

Sources extérieures à la loi : jurisprudence et contrat

REPÈRES → p. 32
LE DROIT EN PRATIQUE → p. 52
DOSSIER → p. 54

VOCABULAIRE

- **Cassation** : ultime voie de recours juridictionnelle, devant la Cour de cassation ou le Conseil d'État selon les affaires ; permet seulement de soulever des questions de droit.
- **Clause** : phrase ou ensemble de phrases contenues dans un contrat.
- **Droit des obligations** : il trouve sa source dans le Code civil. Il inclut le droit des contrats (obligations résultant d'un contrat) et la responsabilité civile.
- **Nullité** : la nullité est prononcée (en général par le juge), lorsqu'un contrat ne remplit pas les conditions requises pour sa validité. Elle conduit à ce que le contrat soit regardé comme n'ayant jamais existé.
- **Ordre public** : règles fondamentales relatives à l'organisation de la société, aux libertés fondamentales, à la sécurité des citoyens et à la protection de la partie la plus faible (consommateur, salarié, locataire…).
- **Revirement de jurisprudence** : décision d'une juridiction par laquelle elle renverse la solution qu'elle retenait jusqu'alors sur une question donnée.
- **Sécurité juridique** : principe général du droit selon lequel les lois et réglementations doivent être suffisamment claires et prévisibles.

NOTIONS

- **Accord de volontés** → p. 280
- **Déni de justice** → p. 280
- **Force obligatoire** → p. 280
- **Juridictions** → p. 280
- **Liberté contractuelle** → p. 280
- **Obligation contractuelle** → p. 280
- **Revirement de jurisprudence** → vocabulaire et p. 280

→ ***En dehors des lois et règlements, quelles sont les autres sources de droit ?***

I. La jurisprudence et le rôle des juges

A Définition de la jurisprudence

• **Si le droit est largement écrit dans les textes, il résulte aussi de la jurisprudence.** Les juges ne sont pas chargés d'édicter les règles. Mais par des décisions répétées, ils interprètent et complètent les règles énoncées par la Constitution, la loi ou le règlement. Lorsque la loi est silencieuse, le juge a l'obligation de se prononcer, sinon il est coupable de **déni de justice**. Par référence à ce qui a été jugé dans des affaires précédentes, la **jurisprudence** indique ce qui peut être attendu dans un cas analogue.

B Autorité de la jurisprudence

• **L'autorité de la jurisprudence résulte** de la multiplication de **décisions** analogues (constance des solutions : une décision isolée ne fait pas jurisprudence) et de **la hiérarchie des juridictions** (des décisions sont rendues par une juridiction de niveau élevé, plus l'autorité de la jurisprudence qui en résulte est forte). Cela permet aux juges d'imposer l'unité du droit.

• **En France**, la jurisprudence est véritablement consacrée lorsqu'une **cour suprême** (**Conseil d'État**, **Cour de cassation**, **Conseil constitutionnel**) s'est prononcée. Leurs décisions font autorité.

• La **Cour de justice de l'Union européenne** (CJUE) et la **Cour européenne des droits de l'homme** (CEDH) construisent, par leur jurisprudence, le droit européen.

C Stabilité et évolution de la jurisprudence

• **Il revient aux cours suprêmes de veiller à la cohérence des solutions et d'assurer l'unité de jurisprudence** (c'est l'« unification »). L'égalité devant la justice et la **sécurité juridique** en dépendent. Mais le droit n'est pas figé. Des évolutions sont nécessaires. Les cours suprêmes ont un devoir d'adaptation aux évolutions de la société, et de créativité. Ainsi, elles peuvent décider, après réflexion et lorsque cela leur paraît nécessaire, des **revirements de jurisprudence**.

II. Le contrat

A Liberté contractuelle et force obligatoire

• Le principe de la **liberté contractuelle** est fondateur du droit des contrats. Selon le Code civil (art. 1101) « le contrat est un **accord de volontés** entre deux ou plusieurs personnes, destiné à créer, modifier, transmettre ou éteindre des **obligations** ». Chacun est libre de contracter ou non, et les parties au contrat en déterminent en principe librement les **clauses** qui définissent leurs engagements réciproques. Le droit des contrats fait ainsi partie du « **droit des obligations** ».

• **La liberté contractuelle ne permet cependant à chacun de nouer des liens avec les autres que dans le cadre général fixé par la loi** : le contrat doit être « légalement formé » (art. 1103) pour que cet acte juridique produise des effets de droit que les parties doivent alors respecter. C'est le principe de la **force obligatoire** du contrat, que fonde celui de la liberté contractuelle.

- Toutefois, si le **consentement** de l'une des parties a été donné par erreur ou sous l'effet d'une tromperie (dol) ou d'une violence, ce **vice** entraîne la **nullité du contrat** et les parties sont déliées de leurs obligations.

- **Certains contrats sont très encadrés par la loi**, comme les contrats de prêt ou les contrats de travail, pour protéger la plus faible partie (l'emprunteur, le salarié). Cependant, même des contrats entre professionnels avertis peuvent contenir des clauses abusives que le juge a le pouvoir de sanctionner (Code civil, art. 1171).

B Respect de l'ordre public

- **La liberté contractuelle ne peut conduire à méconnaître l'ordre public.** Par exemple, un contrat qui préparerait une opération terroriste ou organiserait la corruption de fonctionnaires serait ainsi atteint de nullité. Un contrat de travail ne peut imposer au salarié de choisir une religion ou de renoncer à se marier. Il ne peut pas non plus priver un salarié des droits que lui assurent des règles impératives (droits aux congés payés, par exemple).

- **La conception de l'ordre public évolue avec le temps.** Ainsi, un contrat dit « de courtage matrimonial », qui aide à chercher un conjoint, jugé contraire aux bonnes mœurs au XIXe siècle, est aujourd'hui admis.

C La diversité des contrats

- **La vie quotidienne est faite de multiples contrats** : contrat de bail pour louer son logement, contrat de travail avec son employeur, contrats d'achat de matériaux ou de prestations de services…

- **Certains contrats**, tels les contrats d'abonnement à l'électricité ou de téléphonie mobile **ne font pas l'objet d'une négociation**. On les qualifie de **contrats d'adhésion,** car l'une des parties y adhère, sans en négocier le contenu.

- **Le Code civil fixe le régime de droit commun des contrats.** Ce régime s'applique si les parties n'ont pas précisé autre chose dans leur contrat (dans la limite de ce qui leur est permis).

- En raison de leurs liens avec l'intérêt général, les **contrats administratifs** obéissent à un régime de droit public. Un contrat passé entre deux personnes publiques (ex. : un lycée public et une commune) est en principe un contrat administratif. Un contrat passé entre une personne publique et une personne privée est un contrat administratif lorsque le cocontractant de l'administration est associé à l'exécution du service public, ou lorsque le contrat comprend des clauses qui donnent à l'administration des pouvoirs de direction ou de sanction.

INSTITUTIONS

- **Conseil d'État** ➜ p. 280
- **Conseil constitutionnel** ➜ p. 280
- **Cour de cassation** ➜ p. 280

DROIT COMPARÉ

- **Les droits de *common law* (inspirés par le droit anglais)**

En droit anglais, la jurisprudence tient un rôle majeur. Les décisions des plus hautes juridictions forment des précédents. Les juges, confrontés à une situation qui a déjà fait l'objet d'un précédent, devront s'y conformer, sauf à se démarquer des faits ou, exceptionnellement, à effectuer un revirement de jurisprudence. Ainsi, tandis qu'en droit français la règle de droit constitue le point de départ du raisonnement (déductif), en *common law*, le raisonnement part des faits (inductif) pour se conformer à une solution déjà établie (raisonnement par analogie), ou s'en éloigner.

RÉVISER SON COURS

1. Qu'est-ce que la jurisprudence ?
2. À quelles conditions la jurisprudence fait-elle autorité ?
3. Sur quels principes se fonde le droit des contrats ?
4. Montrez comment les contrats sont au cœur de la vie quotidienne.

RESSOURCES

Liens vers les ressources

LOI

Code civil, articles 4 et 5

legifrance.gouv.fr

Ces articles, qui suivent ceux sur la loi, définissent l'office du juge, tenu de trancher le litige mais non autorisé à se prononcer par des dispositions générales et réglementaires.

LOI

Code civil, articles 1101 à 1104, 1107, 1109, 1128 et 1199

legifrance.gouv.fr

Ces dispositions portent sur le droit des contrats.

LOI

La réforme du droit des contrats

legifrance.gouv.fr

En 2016, les textes du Code civil sur le contrat ont été profondément remaniés par la voie d'une ordonnance puis, dans une moindre mesure, par la loi de ratification adoptée en 2018 (➜ cours p. 44).

Le droit **en pratique** !

La jurisprudence, source de droit

Situation

- Mme P. alors qu'elle est enceinte, présente les symptômes de la rubéole. Suite à un test sanguin, le laboratoire lui dit par erreur qu'elle est immunisée. Elle donne naissance à un enfant lourdement handicapé en raison de cette rubéole non détectée.
- M. et Mme P. décident d'engager la responsabilité du médecin et du laboratoire. C'est le début d'un long contentieux, aux multiples rebonds.

Montrez comment le droit pour l'enfant né handicapé d'être indemnisé de son propre préjudice a été consacré par la jurisprudence.

DOC 1 M. et Mme P. gagnent devant la Cour de cassation

Arrêté complet

En 1996, la Cour de cassation a jugé que M. et Mme P. devaient être indemnisés du préjudice, subi par leur enfant du fait de la rubéole de sa mère, et a renvoyé l'affaire à la cour d'appel d'Orléans. En 1999, celle-ci a au contraire estimé que le préjudice de l'enfant n'était pas dû aux fautes du laboratoire et du médecin, mais à l'infection rubéolique intra-utérine. Les parents ont formé un nouveau pourvoi en cassation.

Attendu qu'un arrêt rendu le 17 décembre 1993 par la cour d'appel de Paris a jugé, de première part, que M. Y…, médecin, et le laboratoire de biologie médicale de Yerres […] avaient commis des fautes contractuelles à l'occasion de recherches d'anticorps de la rubéole chez Mme P. alors qu'elle était enceinte, de deuxième part, que le préjudice de cette dernière, dont l'enfant avait développé de graves séquelles consécutives à une atteinte in utero par la rubéole, devait être réparé dès lors qu'elle avait décidé de recourir à une interruption volontaire de grossesse en cas d'atteinte rubéolique et que les fautes commises lui avaient fait croire à tort qu'elle était immunisée contre cette maladie, de troisième part, que le préjudice de l'enfant n'était pas en relation de causalité avec ces fautes [...].

Attendu, cependant, que dès lors que les fautes commises par le médecin et le laboratoire dans l'exécution des contrats formés avec Mme P. avaient empêché celle-ci d'exercer son choix d'interrompre sa grossesse afin d'éviter la naissance d'un enfant atteint d'un handicap, ce dernier peut demander la réparation du préjudice résultant de ce handicap et causé par les fautes retenues […].

Cour de cassation, arrêt n° 99-13.701 rendu par l'assemblée plénière le 17 novembre 2000

DOC 2 Le législateur combat l'arrêt P.

Nul ne peut se prévaloir d'un préjudice du seul fait de sa naissance.

La personne née avec un handicap dû à une faute médicale peut obtenir la réparation de son préjudice lorsque l'acte fautif a provoqué directement le handicap ou l'a aggravé, ou n'a pas permis de prendre les mesures susceptibles de l'atténuer. […]

Lorsque la responsabilité d'un professionnel ou d'un établissement de santé est engagée vis-à-vis des parents d'un enfant né avec un handicap non décelé pendant la grossesse à la suite d'une faute caractérisée, les parents peuvent demander une indemnité au titre de leur seul préjudice. Ce préjudice ne saurait inclure les charges particulières découlant, tout au long de la vie de l'enfant, de ce handicap. La compensation de ce dernier relève de la solidarité nationale.

[Ces dispositions] sont applicables aux instances en cours à l'exception de celles où il a été irrévocablement statué sur le principe de l'indemnisation.

Loi n° 2002-303 du 4 mars 2002 (désormais art. L114-5 du Code de l'action sociale et des familles)

1. Cet article distingue différents types de préjudices. L'indemnisation des parents pour leur propre préjudice en raison de la faute commise par les médecins ou le laboratoire résulte du droit commun de la responsabilité civile (ancien article 1382 du Code civil, devenu l'article 1240).

DOC 3 La responsabilité d'un dommage

Art. 1240. Tout fait quelconque de l'homme, qui cause à autrui un dommage, oblige celui par la faute duquel il est arrivé à le réparer.

Code civil

DOC 4 Condamnation de la France

Arrêté complet

Deux couples ayant donné naissance à des enfants lourdement handicapés suite à des erreurs de diagnostic se sont vus refuser l'indemnisation qu'ils sollicitaient, en raison de la loi du 4 mars 2002, entrée en application alors que leur affaire était en cours. Ils ont saisi la Cour européenne des droits de l'homme.

70. De l'avis de la Cour, avant l'intervention de la loi litigieuse, les requérants détenaient une créance qu'ils pouvaient légitimement espérer voir se concrétiser, conformément au droit commun de la responsabilité pour faute, et donc un « bien » au sens de la première phrase de l'article 1 du Protocole n° 1, lequel s'applique dès lors en l'espèce

80. La Cour relève que, en l'espèce, dans la mesure où la loi contestée concerne les instances engagées avant le 7 mars 2002 et pendantes à cette date, telles que celles des requérants, cette ingérence s'analyse en une privation de propriété au sens de la seconde phrase du premier alinéa de l'article 1 du Protocole n° 1. Il lui faut donc rechercher si l'ingérence dénoncée se justifie sous l'angle de cette disposition.

Cour européenne des droits de l'homme (Grande Chambre),
M. c. France, 6 octobre 2005, requête n° 11810/03 ;
D. c. France, 6 octobre 2005, requête n° 1513/03

Note : L'article 1er du Protocole n° 1 à la Convention européenne des droits de l'homme énonce que « toute personne physique ou morale a droit au respect de ses biens ». Le terme « biens » inclut les actions, brevets, licences, baux, prestations sociales et créances, s'ils résultent d'un droit prévu par la loi.

INFO

- **L'entrée en vigueur d'une loi**

Un texte de loi entre en vigueur le lendemain de sa publication au *Journal officiel*. En principe, il n'est pas applicable aux instances en cours, sauf si le législateur le prévoit expressément, par une disposition transitoire.

- **La Cour européenne des droits de l'homme (CEDH)**

La CEDH est chargée de veiller au respect de la Convention européenne de sauvegarde des droits de l'homme (CESDH) par les États membres de l'Union européenne. Elle ne peut être saisie qu'après épuisement des voies de recours internes. Sauf exception (au pénal, surtout), elle ne peut casser les décisions internes, mais seulement condamner l'État à des indemnités.

INSTITUTIONS

- **La mise en conformité de la jurisprudence**

La Cour de cassation (arrêt n° 136 du 24 janvier 2006) et le Conseil d'État (arrêt n° 250704 du 24 février 2006) ont suivi le raisonnement de la Cour européenne des droits de l'homme.

PARTIE 1

Conseils !

1. Lisez attentivement la situation et les documents.
2. Identifiez dans la situation les questions de droit qui se posent.
3. Analysez les règles de droit.
4. Avant de les appliquer, assurez-vous que la situation entre dans leur champ d'application.

RESSOURCES

Liens vers les ressources

ARRÊTS

Arrêts de la Cour européenne des droits de l'homme,
requêtes n° 11810/03 et n° 1513/03,
6 octobre 2005

echr.coe.int

Les deux arrêts complets de la Cour européenne des droits de l'homme.

ARRÊTS

Arrêts de la Cour de cassation,
24 janvier 2006, n° 02-13.775,
et du Conseil d'État,
24 février 2006, n° 250704

legifrance.gouv

Les deux arrêts à consulter.

LOI

Protocole n° 1 à la Convention européenne des droits de l'homme (CEDH)

www.coe.int

La Convention européenne des droits de l'homme a évolué avec des protocoles qui ajoutent des droits et libertés au texte initial. Au même titre que les traités, ils doivent être signés et ratifiés par les États.

DOSSIER

Qu'est-ce que la force obligatoire du contrat ?

REPÈRES → p. 32
COURS → p. 50

Les personnes sont libres de s'engager, ou non, par un contrat. Une fois qu'elles se sont engagées, par oral ou par écrit, elles deviennent parties au contrat et sont liées par cet acte juridique. C'est la force obligatoire du contrat. Elles doivent alors exécuter leurs obligations contractuelles.

→ **Pourquoi le contrat oblige-t-il les parties contractantes ?**

DOC 1 Principes directeurs du droit des contrats

Art. 1101. Le contrat est un accord de volontés entre deux ou plusieurs personnes destiné à créer, modifier, transmettre ou éteindre des obligations.

Art. 1102. Chacun est libre de contracter ou de ne pas contracter, de choisir son cocontractant et de déterminer le contenu et la forme du contrat dans les limites fixées par la loi.

La liberté contractuelle ne permet pas de déroger aux règles qui intéressent l'ordre public.

Art. 1103. Les contrats légalement formés tiennent lieu de loi à ceux qui les ont faits.

Art. 1104. Les contrats doivent être négociés, formés et exécutés de bonne foi.

Cette disposition est d'ordre public.

Art. 1217. La partie envers laquelle l'engagement n'a pas été exécuté, ou l'a été imparfaitement, peut :

- refuser d'exécuter ou suspendre l'exécution de sa propre obligation ;
- poursuivre l'exécution forcée en nature de l'obligation[1] ;
- obtenir une réduction du prix ;
- provoquer la résolution[2] du contrat ;
- demander réparation des conséquences de l'inexécution.

Les sanctions qui ne sont pas incompatibles peuvent être cumulées ; des dommages et intérêts peuvent toujours s'y ajouter.

Art. 1224. La résolution résulte soit de l'application d'une clause résolutoire soit, en cas d'inexécution suffisamment grave, d'une notification du créancier au débiteur ou d'une décision de justice

Code civil

1. Exiger que ce qui a été prévu par les parties au contrat soit exécuté (par exemple, que le bien soit remis à l'acheteur).
2. Mettre fin au contrat (voir art. 1224).

DOC 2 Variété des obligations contractuelles

Contrat	Obligations principales	Exemples d'autres obligations
Vente	• Vendeur : livrer un bien conforme • Acheteur : payer le prix convenu	• Vendeur : garantir les vices cachés
Bail (location)	• Bailleur : garantir un usage paisible du bien • Preneur : payer le loyer	• Bailleur : effectuer les grosses réparations
Contrat de travail	• Employeur : verser le salaire convenu • Salarié : exécuter la prestation due	• Employeur : garantir la sécurité du salarié

DOC L'encadrement des clauses abusives

a. Code civil

Art. 1171. Dans un contrat d'adhésion, toute clause non négociable, déterminée à l'avance par l'une des parties, qui crée un déséquilibre significatif entre les droits et obligations des parties au contrat est réputée non écrite[1].

L'appréciation du déséquilibre significatif ne porte ni sur l'objet principal du contrat ni sur l'adéquation du prix à la prestation.

1. Nulle.

b. Code de la consommation

Art. L. 132-1. Dans les contrats conclus entre professionnels et consommateurs, sont abusives les clauses qui ont pour objet ou pour effet de créer, au détriment du consommateur, un déséquilibre significatif entre les droits et obligations des parties au contrat. […]

DOC L'avantage fourni en contrepartie de celui procuré

a. Code civil

Art. 1107. Le contrat est à titre onéreux lorsque chacune des parties reçoit de l'autre un avantage en contrepartie de celui qu'elle procure.

Il est à titre gratuit lorsque l'une des parties procure à l'autre un avantage sans attendre ni recevoir de contrepartie.

Jugement complet

b. Exemple de contrepartie autre qu'une somme d'argent

Le tribunal de grande instance (TGI) de Paris a condamné Twitter à supprimer plus de 250 clauses présentes notamment dans ses « Conditions d'utilisation » et à verser 30 000 € de dommages et intérêts à l'association UFC-Que choisir qui l'avait assigné en justice, « en réparation du préjudice moral ayant été occasionné à l'intérêt collectif des consommateurs ».

Selon la société Twitter, le contrat d'utilisation du réseau social étant un contrat gratuit, cette gratuité devait exclure l'application des dispositions du droit de la consommation. [...]

[La] fourniture de données collectées gratuitement puis exploitées et valorisées par Twitter doit s'analyser en un « avantage » au sens de l'article 1107 du Code civil, qui constitue la contrepartie de celui que Twitter procure à l'utilisateur, de sorte que le contrat conclu avec Twitter est un contrat à titre onéreux. [...]

Tribunal de grande instance (TGI) de Paris, n° 14/0730, 7 août 2018.

DOC Un exemple de contrat

Contrat de location saisonnière

Entre le propriétaire :	**Et le locataire :**
Nom : .... Prénom :	Nom : .... Prénom : ....
Adresse : .... Tél. :	Adresse : .... Tél. : ....

Il a été convenu d'une location saisonnière pour la période du .... au ......

Adresse de la location : ....

Prix du séjour : .... charges comprises

Un acompte de .... % a été versé par le locataire.

Le solde de .... ainsi qu'un dépôt de garantie de .... devront être versés à la remise des clés, soit le ....

Ci-joint les conditions générales de location (dont un exemplaire est à retourner signé) et le descriptif des lieux loués.

Fait en deux exemplaires à .... le ....

Le Propriétaire Le locataire

Conditions générales de location

a. Obligation d'occuper les lieux personnellement et de les entretenir. Toutes les installations sont en état de marche et toutes les réclamations les concernant, survenant plus de 24 heures après l'entrée en jouissance des lieux, ne pourront être admises.

b. Obligation de veiller à ce que la tranquillité du voisinage ne soit pas troublée par le fait du locataire ou de sa famille.

c. Les locaux sont loués meublés avec matériel de cuisine, couvertures et oreillers, tels qu'ils sont dans l'état (descriptif ci-joint). S'il y a lieu, le propriétaire ou son représentant sera en droit de réclamer au locataire, à son départ, le prix du nettoyage des locaux loués (fixé forfaitairement à ..... euros), la valeur totale du prix de remplacement des objets, mobiliers ou matériels cassés ou détériorés et ceux dont l'usure dépasserait la normale pour la durée de la location.

d. Le locataire s'engage à s'assurer contre les risques locatifs (incendie, dégât des eaux). Le défaut d'assurance, en cas de sinistre, donnera lieu à des dommages et intérêts. Le propriétaire s'engage à assurer le logement contre les risques locatifs pour le compte du locataire.

? QUESTIONS

1. Comment un contrat se forme-t-il ? Quel est son contenu ? **docs 1, 2 et 5**
2. Pour quels types de contrats l'article 1171 du Code civil s'applique-t-il ? **docs 1, 3 et 4**
3. Pourquoi le contrat entre Twitter et les utilisateurs de la plateforme a-t-il été qualifié de contrat à titre onéreux ? **doc 4**
4. Dans le cadre d'un contrat de location saisonnière, quelles sont les obligations principales des contractants ? **docs 2 et 5**

Synthèse Quels liens peut-on établir entre le principe de la liberté contractuelle et celui de la force obligatoire d'un contrat ?

C'est à vous ! ORAL

Choisissez un contrat que vous avez conclu récemment.

- Indiquez de quel type de contrat il s'agit : abonnement (téléphonique, plateforme de *streaming*...), achat, bail, inscription à un réseau social...
- Présentez-en les principales caractéristiques à vos camarades : types de contractants, types d'obligations contractées, sanctions prévues – par le contrat ou par la loi — en cas d'inexécution par l'une des parties.

DÉBAT ORAL

Les ordonnances

→ Les ordonnances constituent-elles un empiétement légitime du pouvoir exécutif sur le pouvoir législatif ?

DOC 1 La délégation du pouvoir législatif au Gouvernement

Art. 38. Le Gouvernement peut, pour l'exécution de son programme, demander au Parlement l'autorisation de prendre par ordonnances, pendant un délai limité, des mesures qui sont normalement du domaine de la loi.

Les ordonnances sont prises en Conseil des ministres après avis du Conseil d'État. Elles entrent en vigueur dès leur publication mais deviennent caduques si le projet de loi de ratification n'est pas déposé devant le Parlement avant la date fixée par la loi d'habilitation. Elles ne peuvent être ratifiées que de manière expresse.

À l'expiration du délai mentionné au premier alinéa du présent article, les ordonnances ne peuvent plus être modifiées que par la loi dans les matières qui sont du domaine législatif.

Constitution de la Ve République, 1958

DOC 3 Critiques de juristes

La loi n'apparaît plus comme le mode normal de législation ; elle est de plus en plus remplacée par des ordonnances. Leur multiplication est un signe de changement et même de dérèglement juridique et politique. Elles entraînent une modification du système dans lequel elles s'insèrent. [...]

Par leur nombre et la diversité des domaines qu'elles couvrent, elles soulignent le déclin de la loi. Il ne s'agit plus seulement d'une législation par ordonnances ; le mécanisme de ratification [...] n'arrive pas à restaurer le rôle de la loi. Ce n'est pas la première fois qu'on dénonce le système.

Il s'agit peut-être d'une nécessité. Des droits étrangers connaissent aussi la législation déléguée. Quant au fond, il y a sûrement des réformes à entreprendre. La procédure parlementaire, les obstructions qu'elle comporte ne permettent pas de les réaliser en temps utile. [...]

La restitution au Parlement de son rôle législatif passe sans doute par la rénovation de sa procédure.

Pierre Delvolvé, « L'été des ordonnances », *Revue française de droit administratif*, Dalloz, 2005

DOC 2 La procédure des ordonnances

Vidéo « Un dessin pour comprendre - "Gouverner par ordonnances, ça veut dire quoi ?" » (1 min 56 s)

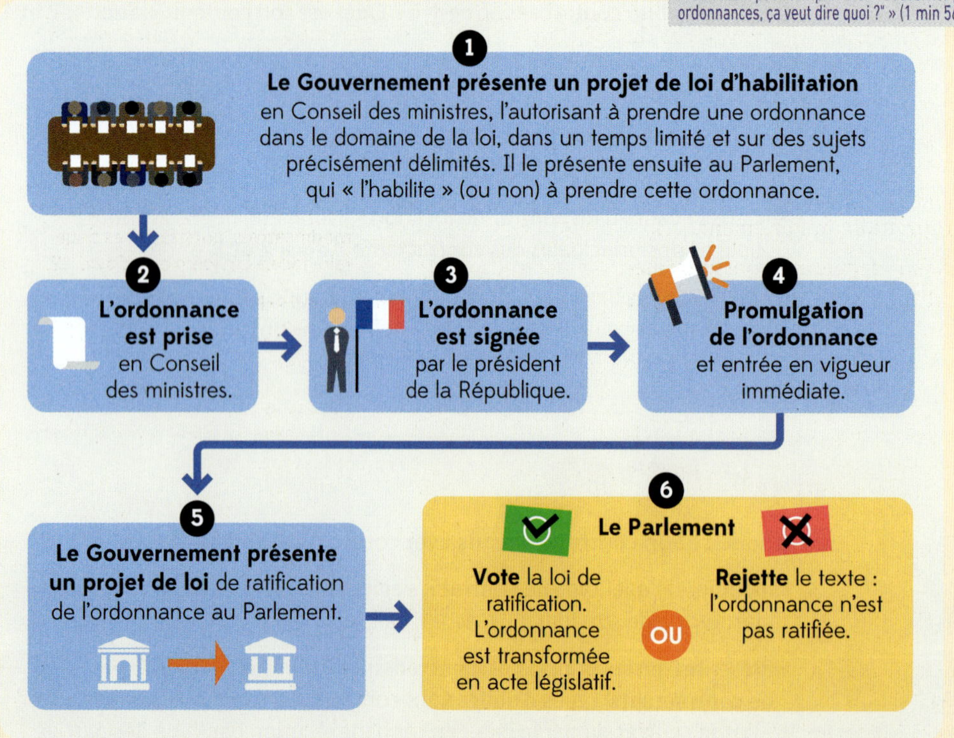

D'après vie-publique.fr

VOCABULAIRE

- **Domaine de la loi** : matières réservées au législateur par l'article 34 de la Constitution.
- **Loi d'habilitation** : loi qui autorise le Gouvernement à intervenir par ordonnance dans le domaine législatif.
- **Loi de ratification** : loi qui entérine les mesures prises par ordonnance en leur conférant valeur législative.

DOC 4 L'utilisation des ordonnances pour réformer le Code du travail

L'Assemblée nationale a approuvé mardi à une très large majorité, par 463 voix contre 74, avec 20 abstentions, la ratification des ordonnances réformant le Code du travail, première grande réforme sociale du quinquennat Macron, décrié par les syndicats et à gauche.

Le projet de loi de ratification, dont le vote a été applaudi debout par les députés de la majorité, doit permettre aux cinq ordonnances, en vigueur depuis septembre, d'avoir force de loi et ne pas devenir caduques. Il doit encore être examiné au Sénat, ce qui n'aura pas lieu avant janvier.

« Réforme du Code du travail. Les députés approuvent la ratification des ordonnances », *Ouest-France*, 28 novembre 2017

Une manifestation contre la réforme du Code du travail et l'utilisation des ordonnances,

DOC 5 Les ordonnances, un outil à manier avec parcimonie ?

La garde des Sceaux, lors d'une séance publique à l'Assemblée nationale relative au projet de loi d'habilitation pour la réforme du Code civil (réforme des articles datant de 1804 relatifs au droit des contrats), a défendu avec force le recours à l'ordonnance. L'ordonnance a été adoptée en 2016. Les parlementaires ont ensuite introduit des modifications, dans une loi de ratification adoptée en 2018.

Mme Christiane Taubira, garde des Sceaux, ministre de la Justice. [...] S'il m'est arrivé de me battre avec intensité contre les ordonnances, il m'est aussi arrivé – tout en continuant à contester le procédé – d'en reconnaître l'opportunité.

[…] Face aux parlementaires responsables que vous êtes, je le dis clairement : l'ambition du Gouvernement est aujourd'hui plus grande. Ce texte de loi vise à répondre à l'engagement du président de la République de simplifier le droit à chaque fois que c'est nécessaire, de le clarifier, de le moderniser, afin de rendre nos administrations et nos institutions plus efficaces, et de faciliter la vie des citoyens en les rapprochant de services publics qui doivent, effectivement, rester à leur service. Par conséquent, il ne s'agit pas là d'un acte d'expropriation du Parlement. […]

Indiscutablement, les débats parlementaires sont extrêmement utiles pour enrichir les textes. L'ancienne parlementaire que je suis sait à quel point la navette entre les deux chambres sert à les améliorer, à en préciser l'écriture, à les éclaircir. Je ne sous-estime donc pas le travail parlementaire.

Je rappelle que légiférer par ordonnances est un acte provisoire : les ordonnances conservent leur caractère réglementaire tant qu'un projet de loi de ratification n'a pas été soumis au Parlement. Or le Parlement peut ne pas se contenter de ratifier : il a parfaitement le droit de retoucher l'écriture des ordonnances, et il y a des précédents ! Vous aurez donc toute liberté de modifier le texte de ces ordonnances si vous estimez que c'est nécessaire.

Compte rendu de la séance publique, à l'Assemblée nationale, de discussion du projet de loi d'habilitation pour la réforme du Code civil, séance du 21 janvier 2014

DOC 6 L'article 49-3, une alternative aux ordonnances ?

Art. 49, alinéa 3. Le Premier ministre peut, après délibération du Conseil des ministres, engager la responsabilité du Gouvernement devant l'Assemblée nationale sur le vote d'un projet de loi de finances ou de financement de la sécurité sociale. Dans ce cas, ce projet est considéré comme adopté, sauf si une motion de censure, déposée dans les vingt-quatre heures qui suivent, est votée dans les conditions prévues à l'alinéa précédent. Le Premier ministre peut, en outre, recourir à cette procédure pour un autre projet ou une proposition de loi par session.

Constitution de la Ve République, 1958

CHIFFRES CLÉS

- **Au 17 juin 2020**

62 ordonnances, dont certaines modificatives, ont été prises pour faire face à l'épidémie de Covid-19.

Elles portent sur le chômage partiel, des aides exceptionnelles, le temps de travail, les élections, la justice…

D'après « Les ordonnances Covid-19, mars-juin 2020 », vie-publique.fr

C'est à VOUS !

C'est à vous !

DÉBAT

Les ordonnances constituent-elles un empiètement légitime du pouvoir exécutif sur le pouvoir législatif ?

ÉTAPE 1 Comprendre et préparer le débat

AVANT LE DÉBAT

1 Citez les acteurs concernés par les ordonnances.

2 Les ordonnances relèvent-elles du pouvoir exécutif, du pouvoir législatif ou de ces deux pouvoirs ?

3 Dans chaque document, identifiez le ou les principaux arguments qui permettront de répondre à la question du débat.

4 Analysez les arguments et classez-les de manière à différencier les points de vue des acteurs concernés par le débat.

ÉTAPE 2 Participer au débat

AVANT LE DÉBAT

5 Mettez-vous à la place des acteurs concernés par l'objet du débat. Pour chacun d'eux, élaborez des arguments en prenant appui sur les informations des documents.

6 Notez vos arguments dans un tableau.

PENDANT LE DÉBAT

7 Présentez vos arguments et notez les arguments des autres élèves.

Conseils

- Anticipez les points de vue différents afin de construire une contre-argumentation.
- Écoutez et respectez la parole des autres.
- Pour convaincre, il est important d'associer des idées générales à des exemples précis (faits, acteurs, ce que dit le droit...).
- Relisez vos notes avant de prendre la parole.
- Présentez vos arguments, sans lire vos notes, en regardant l'auditoire.

	Les ordonnances : un empiètement légitime du pouvoir exécutif sur le pouvoir législatif	Les ordonnances : un empiètement illégitime du pouvoir exécutif sur le pouvoir législatif
Les arguments des acteurs des documents	• • •	• • •
Mes arguments	• • •	• • •
Les arguments des autres élèves	• • •	• • •

ÉTAPE 3 Conclure le débat

APRÈS LE DÉBAT

8 À l'écrit, exprimez votre point de vue personnel et argumenté sur la légitimité ou l'illégitimité des ordonnances.

9 Les arguments échangés lors du débat ont-ils fait évoluer votre position initiale ? Expliquez pourquoi.

GRAND ORAL

Les sources du droit

Les questions du Grand oral portent sur vos spécialités, mais n'hésitez pas à mettre en valeur vos connaissances juridiques : cela ne pourra que valoriser votre prestation.

Dans ce chapitre, vous avez étudié la variété des sources du droit et leur complémentarité.

Voici quelques exemples de questions dont vous pouvez vous inspirer.

Humanité, littérature et philosophie (HLP) Term

› Semestre 2 – L'humanité en question ; Histoire et violence

EXEMPLE DE QUESTION

- Peut-on soumettre la guerre au droit ?

LE + DU DROIT

La France a ratifié des traités supranationaux, dont certains légifèrent sur le droit fondamental de la guerre. La France est partie à l'ONU, à la CPI… et a été partie prenante de la construction d'un droit supranational de la guerre, auquel elle se soumet. ➜ Chapitre 3 p. 98

Histoire-Géographie-Géopolitique-Science politique 1re

› Thème 1 – Comprendre un régime politique : la démocratie ; Introduction : la démocratie, les démocraties : quelles caractéristiques aujourd'hui ?

EXEMPLE DE QUESTION

- En quoi l'édification d'une constitution est-elle nécessaire à la réalisation d'une démocratie ?

LE + DU DROIT

À partir du XVIIIe siècle, les Constitutions sont pensées comme des outils juridiques permettant de protéger les droits de l'individu face aux empiétements du pouvoir. Cette source suprême du droit poursuit un objectif défini précédemment par Montesquieu : que, pour qu'on ne « puisse abuser du pouvoir […], le pouvoir arrête le pouvoir ». Vous pourrez ainsi vous questionner sur l'impératif de séparation des pouvoirs et de hiérarchie des normes au sein d'un État de droit.

Anglais monde contemporain Term

› Thématique 1 – Faire société ; axe d'étude 2 – Libertés publiques et libertés individuelles

EXEMPLE DE QUESTION

- Comment la Constitution américaine protège-t-elle les libertés publiques et individuelles ?

LE + DU DROIT

La Constitution américaine, adoptée le 17 septembre 1787, pose comme but dans son préambule « de développer le bien-être général et d'assurer les bienfaits de la liberté à nous-mêmes et à notre postérité ». Ainsi, la question des libertés publiques et individuelles est centrale dans ce fondement du droit étasunien, puis dans ses évolutions (amendements).

L'ESSENTIEL

Les sources du droit

• On appelle sources du droit les instruments qui créent les règles de droit. Il en existe plusieurs, qui n'ont pas toutes la même autorité, d'où une hiérarchie entre elles, dite « hiérarchie des normes ».

1 La Constitution

• **La Constitution** est en quelque sorte le pacte social et politique de la Nation. Elle fonde les autres normes juridiques approuvée par le peuple (celle de 1958, toujours en vigueur, l'a été par référendum), elle organise l'ensemble des pouvoirs publics (législatif, juridictionnel) et ne peut être modifiée que par une procédure spéciale.

• Le conseil constitutionnel contrôle son respect, en censurant les lois inconstitutionnelles dont il est saisi et en veillant à la régularité des élections.

2 Les traités internationaux

• Bipartites ou multipartites, les **traités internationaux** ne peuvent lier la France s'ils portent atteinte à la Constitution. Ils ont une valeur supérieure à celle des lois : ces dernières ne peuvent les renier. Parmi les plus importants, on trouve la Charte des Nations unies (ONU), le Traité sur l'Union européenne (TUE) et la Convention européenne des droits de l'homme (CEDH).

3 Les lois

• Votées par le Parlement (Assemblée nationale et Sénat), souvent dans des codes, les lois doivent respecter la Constitution et les traités internationaux. Elles ont une valeur supérieure à celle des autres normes internes.

4 Les règlements (décrets, arrêtés et ordonnances)

• **Les règlements** émanent du pouvoir exécutif (gouvernement, préfets, maires). Ils sont pris soit sur le fondement de la Constitution, soit sur celui d'une loi, pour la compléter. Ils ne peuvent pas les méconnaître, sous peine d'être annulés.

5 La jurisprudence

• **La jurisprudence** est constituée de l'ensemble des décisions des tribunaux dont se dégagent des règles dominantes, applique concrètement les textes, complète leurs lacunes et articule leur mise en œuvre, voire leurs contradictions. À ce titre, elle joue souvent un rôle créateur envers les questions nouvelles, mais doit s'incliner dès qu'intervient un texte contraire, de valeur supérieure.

6 Les contrats

• Conclus entre toutes personnes, physiques ou morales, privées ou publiques, les **contrats** créent spontanément des règles de droit qui ne s'imposent cependant qu'à leurs signataires. Le principe de la liberté contractuelle permet leur libre création, à condition toutefois de ne pas porter atteinte aux règles dites d'ordre public, garantissant les valeurs sociales fondamentales (comme la liberté d'expression ou la libre concurrence) et la protection des plus faibles (comme les travailleurs ou les consommateurs).

MOTS CLÉS

- **Constitution → p. 280**
- **Contrat → p. 280**
- **Jurisprudence → p. 280**
- **Loi → p. 280**
- **Traité international → p. 280**

TEXTES CLÉS

- **Déclaration des droits de l'homme et du citoyen** (1789)
- **Code civil** (1804)
- **Constitution de la Ve République** (1958)

EXO Exercices interactifs

Entraînez-vous avec des QCM pour retenir les éléments essentiels du chapitre.

SCHÉMA DE SYNTHÈSE

Les sources du droit

La Constitution

- Constitution de 1958
- Préambule de la Constitution de 1946
- Déclaration des droits de l'homme et du citoyen de 1789
- Charte de l'environnement de 2004

Objet

- organisation des **pouvoirs publics** / séparation des pouvoirs
- garantie de **droits et libertés** des personnes

Application

- **Révisions** : adaptation aux évolutions politiques, sociétales, européennes…
- **Conseil constitutionnel** : contrôle, QPC

Les traités internationaux

- Charte de l'organisation des **Nations unies** (1945)
- Convention internationale des **droits de l'enfant** (1989)
- Convention européenne des **droits de l'homme** (1950)
- traités de l'**Union européenne**

Les lois

- **Lois organiques, lois ordinaires, référendum**
- **Domaine**
  Libertés, crimes et délits, impôts, environnement…
- **Conformité à la Constitution et aux traités**

Les ordonnances

- **Domaine de la loi**
  - adoption plus rapide de certaines lois.
  - autorisation demandée par le Gouvernement au Parlement
  - loi d'habilitation
  - adoption de l'ordonnance, valeur réglementaire
  - loi de ratification, valeur législative

La jurisprudence

- **Décisions des juges**
  Interprétation et application des règles de droit
  - Juridictions nationales : Conseil d'État, Cour de cassation, Conseil constitutionnel
  - Juridictions supranationales : Cour de justice de l'Union européenne, Cour européenne des droits de l'homme

Décrets, arrêtés

- **Décrets**
  - Président de la République et Premier ministre
  - portée générale ou individuelle
  - examen possible par le Conseil d'État
- **Arrêtés**
  - échelle nationale : ministériels, interministériels
  - échelle locale : préfectoraux, municipaux

Le contrat

- **Principes**
  - liberté contractuelle, force obligatoire
- **Respect de l'ordre public**
- **Diversité**
  - contrats civils et commerciaux
  - contrats administratifs

Actu

Rendez-vous sur le site **lyceen.nathan.fr/dgemc** pour découvrir de nouveaux documents en fonction de l'actualité juridique !

Pour aller plus loin

FILM

Nous le peuple, Claudine Bories et Pascal Chagnard, 2019

Des citoyens, dont un groupe de détenus et des lycéens, se lancent le pari fou d'écrire une nouvelle Constitution.

BD

Palais Bourbon, les coulisses de l'Assemblée Nationale, Kokopello, Dargaud, 2021

Pendant 2 ans, Kokopello a assisté régulièrement aux séances publiques de l'Assemblée nationale. Il met en scène la fabrique de la loi dans cette bande dessinée.

LIVRE

D'autres vies que la mienne, Emmanuel Carrère, POL, 2009

Dans ce roman, l'auteur évoque le parcours d'une magistrate au TI de Vienne, qui s'est battue pour faire annuler des contrats abusifs de crédit à la consommation.

CHAPITRE 2

L'organisation de la justice en France

En France, l'organisation de la justice se caractérise par un dualisme juridictionnel, qui distingue l'ordre judiciaire et l'ordre administratif, l'un et l'autre composés de juridictions propres.
Ces juridictions rendent la justice « au nom du peuple français ».

En France, quel est le juge compétent pour régler les différents litiges ?

DOC 1

Une audience au tribunal correctionnel

Le tribunal correctionnel juge, en collégialité ou à juge unique, les auteurs de délit.

Procès d'un match de handball truqué, Montpellier, 2015

?

Quels acteurs identifiez-vous sur cette photographie ?

DOC 2

Tribunal judiciaire de Paris

Haut de 38 étages, le nouveau tribunal de Paris, où prédomine le verre, s'éloigne des symboles habituels des palais de justice (pierre, colonnes, marches...).

?

Donnez trois adjectifs pour qualifier le nouveau tribunal judiciaire de Paris.

Interview de François Molins

Procureur général près la Cour de cassation

Vidéo

PARTIE 1

REPÈRES ▶ La justice en France

Vu au collège et au lycée

EMC 3e	SES 2de	Philosophie Term
L'organisation de la justice en France Les acteurs de la justice	**Comment s'organise la vie politique ?** La séparation des pouvoirs sous la Ve République	**La justice**

DOC 1 Les principales étapes du dualisme juridictionnel

- 1790 **Création du Tribunal de cassation** (renommé « Cour » de cassation en 1804)
- 1799 **Création du Conseil d'État** (missions : préparer les projets de lois et décrets ; résoudre les litiges impliquant l'administration)
- 1872 **Création du Tribunal des conflits : naissance de l'ordre juridictionnel administratif indépendant ;** le Conseil d'État tranche désormais les litiges au nom du « peuple français ».
- 1980 **Affirmation de l'indépendance de la juridiction administrative** par le Conseil constitutionnel
- 1987 **Contrôle de légalité des actes administratifs** : consécration du domaine réservé à la juridiction administrative
- 2008 **Inscription du dualisme juridictionnel dans la Constitution** (article 61-1) par la loi de modernisation des institutions de la Ve République

DOC 2 La répartition des litiges en France

Décisions en matières judiciaire et administrative
(affaires terminées en 2019)

- Justice judiciaire 3 062 466 dont :
  - Justice civile et commerciale 2 250 217
  - Justice pénale 812 249
- Justice administrative 267 809

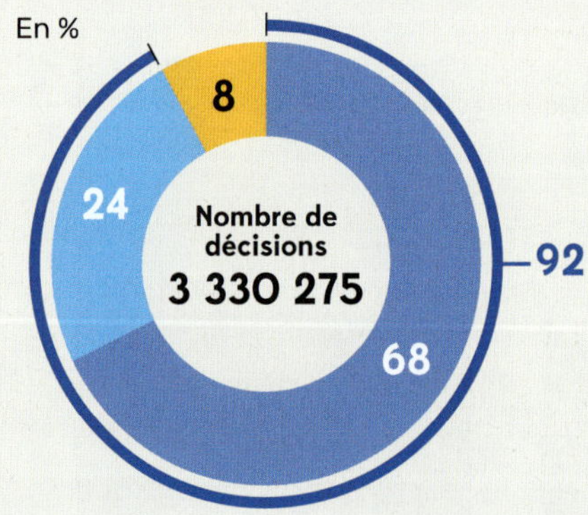

D'après « Les chiffres-clés de la Justice 2020 », ministère de la Justice, 2020

DOC 3 L'organisation juridictionnelle en France

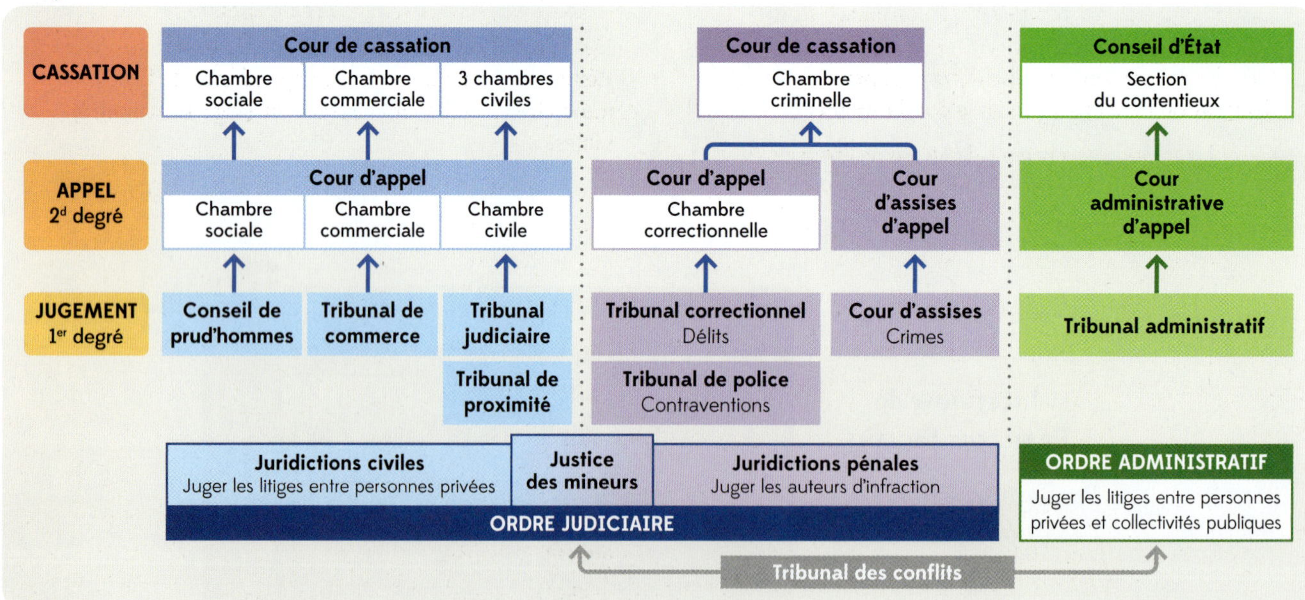

D'après le ministère de la Justice, février 2020

DOC 4 L'autorité judiciaire, garante des droits du justiciable

a. La justice, un service public

Art. L. 111-1. Les juridictions judiciaires rendent leurs décisions au nom du peuple français.

Art. L. 111-2. La gratuité [du service de la justice] est assurée [...].

Art. L. 111-4. La permanence et la continuité du service public de la justice demeurent toujours assurées.

Code de l'organisation judiciaire

b. Le principe d'égalité

Art. 1er. [La France] assure l'égalité devant la loi de tous les citoyens, sans distinction d'origine, de race ou de religion.

Constitution de la Ve République, 1958

c. Le principe de légalité

Art. 66. Nul ne peut être arbitrairement détenu. L'autorité judiciaire, gardienne de la liberté individuelle, assure le respect de ce principe dans les conditions prévues par la loi.

Constitution de la Ve République, 1958

d. Le principe de non-rétroactivité de la loi pénale et de proportionnalité des peines

Art. 8. La loi ne doit établir que des peines strictement et évidemment nécessaires, et nul ne peut être puni qu'en vertu d'une loi établie et promulguée antérieurement au délit, et légalement appliquée.

Déclaration des droits de l'homme et du citoyen, 1789

DOC 5 La déesse Thémis, symbole de la justice

e. Le droit à un procès équitable

Art. 6. 1. Toute personne a droit à ce que sa cause soit entendue équitablement, publiquement et dans un délai raisonnable, par un tribunal indépendant et impartial. [...]

Convention européenne des droits de l'homme, 1950

f. La présomption d'innocence

Art. 9. Tout homme [est] présumé innocent jusqu'à ce qu'il ait été déclaré coupable [...].

Déclaration des droits de l'homme et du citoyen, 1789

g. Le droit à un double degré de juridiction

Art. 2. 1. Toute personne déclarée coupable d'une infraction pénale par un tribunal a le droit de faire examiner par une juridiction supérieure la déclaration de culpabilité ou la condamnation.

Convention européenne des droits de l'homme, protocole n° 7

h. Le principe de la séparation des pouvoirs

De l'autorité judiciaire. Art. 64. Le président de la République est garant de l'indépendance de l'autorité judiciaire. [...] Les magistrats du siège sont inamovibles.

Constitution de la Ve République, 1958

VOCABULAIRE

- **Tribunal des conflits** : juridiction chargée de dire si un litige relève de l'ordre judiciaire ou administratif.
- **Justiciable** : toute personne, sans distinction de nationalité, d'âge, de sexe, de revenu, peut recourir à la justice. Le justiciable peut être auteur d'une infraction, victime d'une infraction ou partie à un litige.

QUESTIONS

1. Qu'est-ce qui distingue l'ordre judiciaire de l'ordre administratif ? **docs 1, 2 et 3**
2. Les statistiques présentées correspondent-elles à la représentation que se fait l'opinion publique de la justice ? **doc 2**
3. En quoi les principes de la justice sont-ils une garantie contre l'arbitraire ? **docs 4 et 5**

PARTIE 1

COURS Les juridictions judiciaires

REPÈRES → p. 64
DOSSIER → p. 70
DOSSIER → p. 72
LE DROIT EN PRATIQUE → p. 76
DÉBAT → p. 78

→ Quelles sont les différentes juridictions judiciaires en France ?

I. L'organisation des juridictions judiciaires

A La hiérarchie des juridictions judiciaires

Les juridictions judiciaires comportent **trois échelons.**

- **1er échelon : les juridictions de première instance** (premier **degré**) devant lesquelles les litiges doivent être portés en premier lieu.
- **2e échelon** : si les **justiciables** ou le procureur ne sont pas satisfaits par le premier jugement, ils peuvent en principe (sauf lorsque la demande est inférieure ou égale à 5 000 euros) soumettre leur litige à une **cour d'appel** (juridiction de second degré) **qui rejuge les affaires**. Il en existe 36 sur l'ensemble du territoire français.
- **3e échelon : la Cour de cassation**. Toute décision rendue en dernier ressort par une juridiction judiciaire inférieure est susceptible d'un **pourvoi** devant cette cour. Cette juridiction ne rejuge pas une troisième fois l'affaire mais a pour mission de vérifier que le tribunal judiciaire ou la cour d'appel ont fait une exacte application du droit. Elle veille ainsi à garantir une application uniforme de la loi sur l'ensemble du territoire.

B Deux catégories de juridictions

- **Les juridictions de l'ordre judiciaire se divisent en deux grandes catégories : les juridictions civiles**, qui **connaissent des** litiges entre des personnes privées (individus, associations, sociétés), et les **juridictions pénales**, qui ont pour mission de juger les auteurs présumés d'infractions pénales.

II. Les juridictions civiles

A Les juridictions civiles de droit commun

- **Les juridictions civiles de droit commun** ont vocation à connaître des litiges pour lesquels la loi n'a pas attribué la compétence à une autre juridiction. Elles ont aussi la particularité d'être composées de **magistrats** du **siège** et du **parquet**, qui sont des juges professionnels, recrutés sur concours et formés par l'École nationale de la magistrature.
- **La plus importante est le tribunal judiciaire**, fruit de la fusion des anciens tribunaux de grande instance et des tribunaux d'instance. En Outre-mer (Saint-Pierre-et-Miquelon, Wallis-et-Futuna, Polynésie française, Nouvelle-Calédonie), cette juridiction est dénommée « tribunal de première instance ». Ce tribunal connaît des affaires de divorce, de filiation, de succession, ou encore des litiges relatifs à la propriété immobilière (ex. : problèmes de construction d'un immeuble).
- **Pour certains litiges, l'affaire en première instance doit être portée devant un tribunal de proximité.** Il s'agit des « petits » litiges pour lesquels le demandeur sollicite une somme inférieure à 10 000 euros, ou des affaires qui concernent la tutelle (désignation d'un tuteur pour un majeur incapable), le logement (paiement du loyer, expulsion) ou les crédits à la consommation (problèmes de remboursement).

B Les juridictions civiles spécialisées

- **Aux côtés de ces tribunaux judiciaires, qui sont des juridictions civiles de droit commun, il existe des juridictions spécialisées** qui présentent la particularité d'être, soit entièrement soit en partie, composées de juges élus non professionnels.

VOCABULAIRE

- **Action publique** : action exercée au nom de la société par le ministère public qui a pour objet l'application de la loi pénale et la réparation du dommage causé à la société.
- **Connaître de** : terme utilisé pour désigner la nature des affaires pour lesquelles une juridiction est compétente.
- **Contraventions** : infractions les moins graves, punies d'amendes.
- **Crimes** : infractions les plus graves, caractérisées par des peines d'emprisonnement, pouvant principalement aller de 10 ans à la perpétuité.
- **Délits** : infractions passibles d'amendes et de peines pouvant aller jusqu'à 10 ans d'emprisonnement.
- **Justiciable** : toute personne, sans distinction de nationalité, d'âge, de sexe, de revenu, peut recourir à la justice. Le justiciable peut être auteur d'une infraction, victime d'une infraction ou partie à un litige.
- **Magistrat** : juge professionnel. Parmi ceux-ci, on distingue les magistrats « du siège » (chargés de juger) et le ministère public, composé des magistrats du « parquet » (chargés d'exercer l'action publique et qui ont le pouvoir de faire appel).
- **Pourvoi** : recours formé devant la Cour de cassation (ou le Conseil d'État).

NOTIONS

- **Appel** → p. 280
- **Cassation** → p. 280
- **Degrés de juridiction** → p. 280
- **Parquet** → p. 280
- **Ordre judiciaire** → p. 280
- **Référé** → Info et p. 280
- **Siège** → p. 280

- Ainsi, les **litiges entre commerçants ou sociétés commerciales sont jugés par les tribunaux de commerce**, dont les juges sont élus par les commerçants.
- **Les litiges en matière de contrat de travail, entre les salariés et leurs employeurs, sont de la compétence des conseils de prud'hommes**. Les juges sont élus par les employeurs et les salariés.
- Les **tribunaux paritaires des baux ruraux** jugent les litiges entre propriétaires et exploitants de terre ou de bâtiments agricoles.

INFO

Le référé

Le référé est une procédure juridictionnelle d'urgence, de caractère contradictoire, tendant à obtenir d'un juge des mesures qui ne se heurtent à aucune contestation sérieuse.

III. Les juridictions pénales

A La punition des infractions à la loi

- **Les affaires pénales sont jugées par des juridictions pénales** qui sont différentes selon la gravité de l'infraction : pour les **contraventions** et les **délits**, c'est le **tribunal judiciaire** qui statue, soit comme **tribunal de police** (pour les contraventions), soit comme **tribunal correctionnel** (pour les délits).
- **Si l'infraction commise est un crime**, l'auteur présumé est jugé en première instance par la cour d'assises qui présente la particularité d'être composée de trois magistrats qui siègent avec un jury de six citoyens tirés au sort.

B La procédure pénale

- **Les affaires criminelles, et les affaires délictuelles les plus graves, sont instruites par un juge spécialement désigné : le juge d'instruction.** Son rôle est de diriger l'enquête afin de vérifier s'il existe des preuves suffisantes pour qu'une personne soit mise en examen. Si, à l'issue de l'instruction, il considère les charges suffisantes, il renvoie cette personne devant une formation de jugement (tribunal ou cour d'assises). Sinon, il rend une décision de « non-lieu » qui met fin à la poursuite.
- **Devant les juridictions pénales, le ministère public (le « parquet ») exerce l'action publique.** Par la voix de son représentant, le **procureur de la République**, il a pour rôle de poursuivre les auteurs d'infractions et de requérir une peine à l'audience, au nom de la société.

C La justice pénale des mineurs

- Les infractions commises par des mineurs sont jugées, selon leur gravité, **par le juge des enfants, les tribunaux pour enfants (contraventions ou délits) ou la cour d'assises des mineurs (crimes)**.
- **Le mineur ne peut être condamné à plus de la moitié de la peine encourue par un majeur**, sauf s'il a plus de 16 ans et uniquement sur décision spécialement motivée du tribunal. C'est l'**excuse de minorité**.

PARTIE 1

RÉVISER SON COURS

1. Combien existe-t-il de degrés de juridiction ?
2. Quelle différence existe-t-il entre la justice civile et la justice pénale ?
3. Quel est le rôle de la Cour de cassation ?

RESSOURCES

Liens vers les ressources

SITE

« L'ordre judiciaire », ministère de la Justice :
www.justice.gouv.fr

Le site du ministère de la Justice précise l'organisation de l'ordre judiciaire par la présentation des compétences de ses différentes juridictions.

SITE

Le site Légifrance :
www.legifrance.gouv.fr

Site de service public publié par le Gouvernement, Légifrance rassemble les textes législatifs et la jurisprudence français.

SITE

Le site Justimémo :
justimemo.justice.gouv.fr /JustiMemo.php?id=113

Site de service public publié par le ministère de la Justice, Justimémo propose de nombreuses ressources autour de cinq thèmes : la justice aujourd'hui ; les acteurs de la justice ; les structures de la justice : organisation et fonctionnement de la justice ; histoire et patrimoine.

COURS

Les juridictions administratives

REPÈRES → p. 64
DOSSIER → p. 72
LE DROIT EN PRATIQUE → p. 76
DÉBAT → p. 78

→ Qui juge les actes de l'administration ?

I. L'organisation des juridictions administratives

A Compétences et composition des juridictions administratives

• **Les litiges mettant en cause une personne de droit public** (l'État, l'administration, un lycée public…) sont portés devant les juridictions administratives.

• **Peuvent ainsi être contestés, par la voie du recours pour excès de pouvoir, les actes émanant de ces autorités administratives**, qu'ils soient réglementaires (actes ayant un caractère général et impersonnel) ou individuels (actes nominatifs).

• **Les juridictions de l'ordre administratif sont composées de magistrats administratifs ou de membres du Conseil d'État** (recrutés, pour la plupart d'entre eux, à la sortie de l'École nationale d'administration). Elles présentent la particularité de désigner l'un de leurs membres comme « rapporteur public », qui a pour mission d'exposer publiquement et en toute indépendance son opinion sur les requêtes et sur les solutions qu'elles appellent.

B Les trois échelons de l'ordre administratif

• **1er échelon : les tribunaux administratifs interviennent en première instance.** Ils sont notamment chargés de trancher les litiges relatifs à la fiscalité (ex. : impôt sur le revenu), à la responsabilité de la puissance publique, ou aux autorisations administratives prises en matière d'urbanisme (ex. : un recours contre un refus de délivrer un permis de construire).

• **2e échelon : les cours administratives d'appel interviennent en cas de recours.** Elles sont compétentes pour rejuger les affaires, notamment dans les matières qui concernent la fiscalité, les marchés publics et la responsabilité de la puissance publique.

• **3e échelon : le Conseil d'État** qui est alors, à l'instar de la Cour de cassation pour l'ordre judiciaire, la plus haute juridiction de l'ordre administratif.

C Les juridictions administratives spécialisées

• Aux côtés de ces juridictions administratives de droit commun, il existe des **juridictions administratives spécialisées pour certaines matières.**

• **En matière financière, la Cour des comptes** a pour mission de s'assurer du bon emploi de l'argent public et statue notamment sur la responsabilité d'un comptable public, en cas de manquement constaté.

• **En matière disciplinaire, le Conseil supérieur de la magistrature** est notamment chargé de statuer sur les manquements disciplinaires des magistrats de l'ordre judiciaire.

• **En matière d'asile, la Cour nationale du droit d'asile** est compétente pour connaître des décisions relatives aux demandes d'asile et à l'attribution de la qualité de réfugié et statue sur les recours formés contre les décisions de l'Office français de protection des réfugiés et apatrides (OFPRA).

II. Le Conseil d'État

A La mission juridictionnelle du Conseil d'État

• Selon l'article L. 111-1 du Code de la justice administrative, **« le Conseil d'État est la juridiction administrative suprême ».** À la différence de la Cour de cassation, il présente la particularité d'intervenir, selon les cas, comme juge de première instance, juge d'appel ou juge de cassation.

VOCABULAIRE

- **Déni de justice** : ici, refus de toutes les juridictions de se reconnaître compétentes pour trancher un litige.
- **Puissance publique** : ensemble des pouvoirs que se donne l'État pour assurer la sécurité du territoire, des citoyens et l'application des lois et règlements. Ses acteurs se situent à tous les échelons du pays, national (services publics telle la justice) et local (maire, préfet…).
- **Rapporteur public** : l'un des membres de la formation de jugement d'une juridiction administrative, qui est chargé d'exposer son opinion sur les questions posées par un dossier et les solutions qu'elles appellent, mais qui n'a pas de voix délibérative.
- **Recours pour excès de pouvoir** : recours qui tend à l'annulation d'une décision administrative pour violation d'une règle de droit.
- **Sections administratives** : sections du Conseil d'État dont la mission est de donner des avis juridiques au Gouvernement.

NOTIONS

- Appel → p. 280
- Cassation → p. 280
- Ordre administratif → p. 280

• **Il statue comme juge de premier ressort,** ou « première instance » pour les recours dirigés contre les ordonnances et décrets du président de la République, les recours dirigés contre les actes réglementaires des ministres ou pour les litiges relatifs aux élections régionales et à l'élection des représentants français au Parlement européen.

• **Il statue comme juge d'appel** des décisions des tribunaux administratifs qui ne relèvent pas de la cour d'appel administrative, par exemple pour le contentieux des élections municipales ou départementales.

• **Il statue enfin comme juge de cassation** (plus de 70 % de ses décisions) sur les pourvois formés contre les arrêts rendus par les cours administratives d'appel et contre les jugements rendus dans certaines matières par les tribunaux administratifs en dernier ressort.

B La mission de conseil au Gouvernement du Conseil d'État

• **En plus de sa mission juridictionnelle, le Conseil d'État comprend aussi des sections administratives** qui ont pour mission de conseiller le Gouvernement sur les projets de décrets les plus importants et les projets de loi. Le Conseil d'État s'assure que le texte qui lui est soumis est conforme à la loi ou à une convention internationale qui lie l'État français.

III. Le Tribunal des conflits

A Ses attributions

• **Le Tribunal des conflits** est composé, à parité, de membres du Conseil d'État et de membres de la Cour de cassation. Il **tranche les conflits de compétences** entre les juridictions de l'ordre judiciaire et celles de l'ordre administratif (entre 30 et 40 par an environ). Il **prévient le déni de justice** quand deux tribunaux, administratif et judiciaire, ont rendu des décisions de justice contradictoires sur la compétence de l'ordre juridictionnel compétent.

B Un exemple de question tranchée

• La ville de Cannes gère le Palais des festivals et a une mission de service public. Le personnel embauché est assimilé au personnel communal. Un individu est licencié et ne sait vers quelle juridiction se tourner : juridiction administrative ou juridiction judiciaire (le conseil des prud'hommes).

• Le Tribunal des conflits renvoie l'individu vers une juridiction administrative, considérant qu'en raison de sa mission culturelle, le Palais des festivals est un service public administratif.

CHIFFRES CLÉS

Les juridictions administratives en 2019

1 220 magistrats membres des tribunaux administratifs et des cours administratives d'appel

232 membres du Conseil d'État en activité

42 tribunaux administratifs

8 cours administratives d'appel

34 260 affaires réglées par les cours administratives d'appel

10 320 affaires jugées par le Conseil d'État

Chiffres clés de la justice 2020, ministère de la justice ; « Chiffres clés 2020 » www.conseil-etat.fr

RÉVISER SON COURS

1. Qu'est-ce qu'un recours pour excès de pouvoir ?
2. Quelles sont les missions du Conseil d'État ?
3. Quel est le rôle du Tribunal des conflits ?

RESSOURCES

Liens vers les ressources

VIDÉO

« La fonction de conseil du Conseil d'État »
(3 min 20 s), ministère de la Justice
www.mediatheque.justice.gouv.fr

Une courte vidéo pour comprendre la fonction du Conseil d'État.

VIDÉO

« La procédure devant le juge administratif »
(5 min 36 s), ministère de la Justice
www.mediatheque.justice.gouv.fr

Une vidéo pour comprendre en quelques minutes la procédure devant les juridictions administratives.

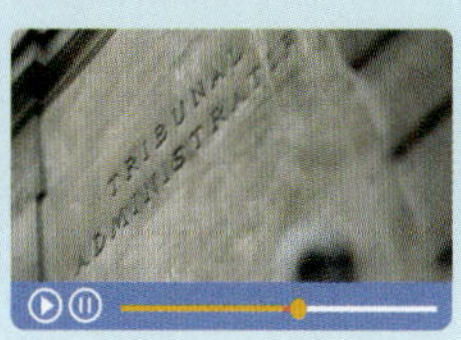

SITE

« L'ordre administratif », ministère de la Justice
www.justice.gouv.fr

Des articles sur les juridictions de l'ordre administratif.

PARTIE 1

DOSSIER

REPÈRES → p. 64
COURS → p. 66
LE DROIT EN PRATIQUE → p. 76
FICHE MÉTHODE → p. 273
FICHE MÉTHODE → p. 276

Quelle est la mission des juridictions pénales ?

Les juridictions pénales jugent les personnes soupçonnées d'avoir commis un acte interdit par la loi, une infraction passible d'une peine. Selon leur gravité et les peines encourues, les infractions sont jugées par des juridictions différentes.

→ **Pourquoi et comment punir ?**

DOC 1 Punir, selon un philosophe du droit des Lumières

Le regard d'un PHILOSOPHE

[Le] but des peines n'est, ni de tourmenter ou d'affliger un être sensible, ni d'empêcher qu'un crime déjà commis ne le soit effectivement. Cette inutile cruauté, funeste instrument de la fureur et du fanatisme ou de la faiblesse des tyrans, pourrait-elle être adoptée par un corps politique, qui, loin d'agir par passion, n'a pour objets que de réprimer celles des hommes ? Croirait-on que les cris d'un malheureux rappellent du passé qui ne revient plus, une action déjà commise ? Non, le but des châtiments n'est autre que d'empêcher le coupable de nuire encore à la société et de détourner ses concitoyens de tenter des crimes semblables. Parmi les peines et la manière de les infliger, il faut donc choisir celle qui, proportion gardée, doit faire l'impression la plus efficace et la plus durable sur l'esprit des hommes et la moins cruelle sur le criminel.

Beccaria, *Des délits et des peines*, 1764, trad. Chaillou de Lisy, 1773

BIOGRAPHIE

Cesare Beccaria
1738-1794

Juriste et philosophe, Beccaria énonce le principe de légalité et la nécessité de la peine. Il établit les bases et les limites du droit de punir et recommande de proportionner la peine à l'infraction commise.

INSTITUTION

- **Le procureur de la République**

Magistrat qui a le pouvoir, face à des faits relevant d'une infraction, de décider s'il est opportun soit d'engager des poursuites, soit de mettre en œuvre une alternative aux poursuites, soit de classer sans suite la procédure.

DOC 2 Punir : ce que dit la loi

Art. 130-1. Afin d'assurer la protection de la société, de prévenir la commission de nouvelles infractions et de restaurer l'équilibre social, dans le respect des intérêts de la victime, la peine a pour fonctions :

1) De sanctionner l'auteur de l'infraction ;

2) De favoriser son amendement, son insertion ou sa réinsertion.

Code pénal

DOC 3 Constituer une infraction

Pour qu'une infraction soit constituée, il faut

Un élément légal (la loi)

L'infraction n'existe que si elle est prévue par la loi, conformément au principe de la légalité des délits et des peines.

Un élément matériel (la preuve)

L'infraction doit être matérialisée par un comportement qui s'est traduit par un résultat réprimé par la loi.

Par exemple, l'élément matériel du vol est le fait d'avoir soustrait la chose d'autrui.

La preuve de l'intention doit être rapportée par l'autorité de poursuite, en vertu de la présomption d'innocence.

Un élément moral (la responsabilité)

L'infraction doit émaner du comportement de son auteur : c'est son intention ou son imprudence coupable que la loi punit.

Les mobiles de l'auteur sont indifférents : un délit commis, en toute conscience, par générosité ou altruisme, demeure un délit.

DOC 4 À chaque infraction sa juridiction

INFRACTIONS

Contraventions
- Indisciplines à l'égard de la vie en commun : non-respect du Code de la route, incivilités, violences légères...

Délits
- Infractions dites « de moyenne gravité » : coups et blessures, vol, conduite sans permis, agressions sexuelles...

Crimes
- Violations des interdits fondamentaux de la société : vol à main armée, meurtre, viol, actes de torture...

JURIDICTIONS ET PEINES

Tribunal de police

Un juge unique
- Amendes de 38 à 1 500 €
- Suspension du permis de conduire
...

Tribunal correctionnel

Un juge unique (délits les moins graves) ou **en collégialité**
- Amendes jusqu'à 3 750 €
- Emprisonnement jusqu'à 10 ans
- Travaux d'intérêt général

Cour d'assises

3 juges et 6 jurés
- Peines d'emprisonnement et de réclusion (de 15 ans à la perpétuité)

DOC 5 Juger les infractions délictuelles et criminelles

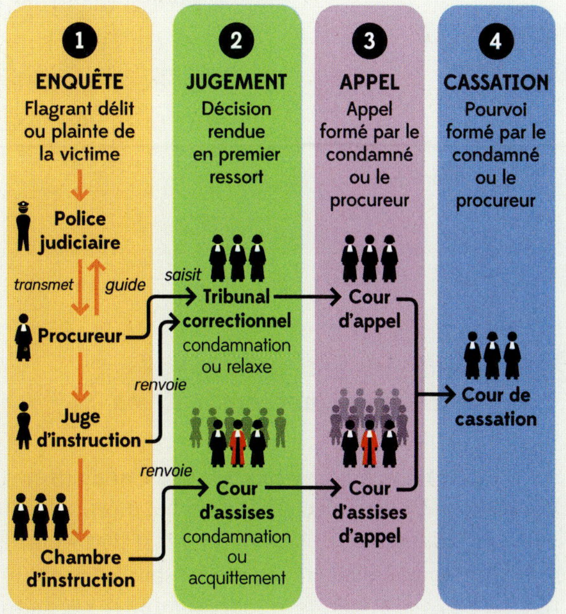

DOC 6 Une condamnation pour tapage nocturne

Arrêt complet

Faits et procédure

2. Le 7 mai 2016, vers une heure du matin, les policiers, requis par un voisin, M. Y…, ont constaté que depuis l'intérieur du domicile de ce dernier, ils pouvaient entendre de nombreux cris, rires et hurlements de jeunes gens et que ces cris provenaient du domicile de M. X…

3. Par jugement contradictoire […], le tribunal de police […] a déclaré M. X… coupable de complicité de tapage nocturne et l'a condamné à une amende de 300 euro. […] M. X... a été condamné à payer [à M. Y...] la somme de 150 euros au titre des dommages et intérêts[1].

Énoncé du moyen

6. Le moyen critique l'arrêt attaqué « […] la complicité de tapage nocturne ne peut se déduire d'une simple abstention et doit résulter de faits personnels, positifs et conscients ; que dès lors, la cour d'appel ne pouvait déclarer M. X… coupable de complicité après avoir seulement relevé qu'il n'avait pas usé de son autorité pour faire cesser le bruit ».

Réponse de la Cour

7. […] L'arrêt attaqué relève que les policiers, requis par un voisin, ont constaté, vers 1 h 10, qu'à l'intérieur du domicile de M. Y…, ils entendaient de nombreux cris, rires et hurlements de jeunes gens, […] susceptibles d'importuner de nombreux riverains […].

8. Les juges ajoutent que ce dernier a laissé les personnes présentes sous son toit commettre ces désordres, alors que, étant à son domicile, il lui appartenait d'user de son autorité en tant que propriétaire et père de famille pour faire cesser le tapage [...] causant un trouble pour la tranquillité d'autrui.

9. Ils en concluent qu'il s'est rendu complice de l'infraction. […]

Par ces motifs, la Cour : Rejette le pourvoi […].

Cour de cassation, Chambre criminelle, arrêt n° 56 du 26 février 2020

1. Ce jugement a été confirmé par la cour d'appel. M. X... a formé un pourvoi contre l'arrêt de la cour d'appel.

QUESTIONS

1 Quelles sont les finalités de la peine ? docs 1 et 2

2 Le délit de tapage nocturne est-il constitué ? docs 3, 4 à 6

Synthèse Prononcer une peine, qu'est-ce que cela signifie ?

C'est à vous ! ORAL

Préparez une plaidoirie en groupes.
- Vous êtes l'avocat de M. X… Préparez votre plaidoirie pour défendre votre client.
- Confrontez votre plaidoirie à celles des autres groupes de la classe.

RESSOURCES

- **Code pénal,** articles R623-2, alinéas 1 et 3, et 121-7
- **Code de procédure pénale,** articles 591 et 593

Liens vers les ressources

PARTIE 1

DOSSIER

Quel juge pour l'état d'urgence ?

REPÈRES → p. 64
COURS → p. 66
COURS → p. 68
DOSSIER → p. 126
FICHE MÉTHODE → p. 276

L'état d'urgence a été décrété en 2015, à la suite des attentats commis en France. Il a pour effet d'étendre les pouvoirs de police de l'administration dont le contrôle relève du juge administratif. Ses mesures visent à restreindre les libertés, dont le juge judiciaire est le garant.

→ **À qui confier le contrôle de l'état d'urgence : au juge judiciaire, au juge administratif ou aux deux ?**

DOC 1 Fonctions judiciaires et fonctions administratives

Art. 13. Les fonctions judiciaires sont distinctes et demeureront toujours séparées des fonctions administratives. Les juges ne pourront, à peine de forfaiture[1], troubler, de quelque manière que ce soit, les opérations des corps administratifs, ni citer devant eux les administrateurs pour raison de leurs fonctions.

Loi des 16 et 24 août 1790 sur l'organisation judiciaire

1. Crime commis par un fonctionnaire dans l'exercice de ses fonctions.

DOC 2 L'état d'urgence ou la légalité de mesures d'exception

Art. 1er. L'état d'urgence peut être déclaré sur tout ou partie du territoire [...] en cas de péril imminent résultant d'atteintes graves à l'ordre public [...].

Art. 5. La déclaration de l'état d'urgence donne pouvoir au préfet [...] dans le but de prévenir des troubles à la sécurité et à l'ordre publics :

1° D'interdire la circulation des personnes ou des véhicules dans les lieux et aux heures fixés par arrêté ; [...]

3° D'interdire le séjour dans tout ou partie du département à toute personne à l'égard de laquelle il existe des raisons sérieuses de penser que son comportement constitue une menace pour la sécurité et l'ordre publics. [...]

Art. 11-I. Le décret déclarant ou la loi prorogeant l'état d'urgence peut, par une disposition expresse, conférer aux autorités administratives mentionnées à l'article **8** [ministre de l'Intérieur ou préfets] le pouvoir d'ordonner des perquisitions en tout lieu, y compris un domicile, sauf dans un lieu affecté à l'exercice d'un mandat parlementaire ou à l'activité professionnelle des avocats, des magistrats ou des journalistes, lorsqu'il existe des raisons sérieuses de penser que ce lieu est fréquenté par une personne dont le comportement constitue une menace pour la sécurité et l'ordre publics.

Loi n° 55-385 du 3 avril 1955 (modifiée) relative à l'état d'urgence

DOC 3 Juge judiciaire ou juge administratif ?

Si on faisait entrer toutes les dimensions de la liberté personnelle dans la notion de « liberté individuelle » ainsi définie par l'article 66 de la Constitution1, le juge judiciaire serait constamment requis dans la conduite d'opérations administratives.

[La police administrative] se distingue donc de la police judiciaire non en ce qu'elle peut affecter la liberté, mais en ce qu'elle n'a pour objet ni la constatation d'une infraction pénale particulière, ni la recherche de ses auteurs, ni le rassemblement de preuves, missions assignées à la police judiciaire [...].

La liberté individuelle (au sens de l'article 66 de la Constitution) s'entend de la liberté de ne pas être arbitrairement détenu [...]. Les autres composantes de la liberté personnelle (aller et venir, liberté du mariage, vie privée, etc.) sont protégées par d'autres normes constitutionnelles et, au premier chef, par les articles 2 et 4 de la Déclaration des droits de l'homme et du citoyen de 1789[1].

Commentaire de la décision n° 2005-532 DC du 19 janvier 2006, *Les Cahiers du Conseil constitutionnel* n° 20, 2006

1. → p. 16

DOC 4 État d'urgence et État de droit

En France, la défense des libertés [...] est une mission partagée entre le juge administratif et le juge judiciaire, chacun ayant des compétences exclusives à base constitutionnelle – la protection de la liberté individuelle pour le juge judiciaire, le contrôle des mesures prises pour la sauvegarde de l'ordre public pour le juge administratif. Cette division des tâches est [...] opérationnelle et protectrice pour nos concitoyens. Elle est l'un des acquis de notre État de droit.

Jean-Marc Sauvé, intervention lors du colloque organisé pour les dix ans de l'Association française pour la recherche en droit administratif (AFDA), université d'Auvergne, 16 juin 2016

DOC 5 Les perquisitions pendant l'état d'urgence

Décision complète

Cette décision du Conseil Constitutionnel fait suite à une question prioritaire de constitutionnalité posée par l'association Ligue des droits de l'homme, relative à la conformité aux droits et libertés que la Constitution garantit de l'article 11 de la loi du 3 avril 1955 relative à l'état d'urgence.

[Le Conseil constitutionnel considère que] ces mesures de perquisition, qui relèvent de la seule police administrative, y compris lorsqu'elles ont lieu dans un domicile, ne peuvent avoir d'autre but que de préserver l'ordre public et de prévenir les infractions ; que, d'autre part, ces mesures n'affectent pas la liberté individuelle au sens de l'article 66 de la Constitution ; que, par suite, ces perquisitions administratives n'ont pas à être placées sous la direction et le contrôle de l'autorité judiciaire […].

Décision n° 2016-536 QPC du 19 février 2016

DOC 6 L'état d'urgence : témoignage d'une défiance à l'égard de l'autorité judiciaire ?

Quelles défaillances ou quels risques l'autorité judiciaire présente-t-elle qui justifieraient que l'État préfère l'éviter lorsqu'il s'agit de la défense de ses intérêts supérieurs ? Le premier président de la Cour de cassation se doit de poser loyalement cette question dans les circonstances dramatiques que notre pays traverse avec un accompagnement législatif qui ne s'est pas tourné spontanément vers l'autorité judiciaire lorsque l'on a mis en place le contrôle de l'application, aussi bien de la loi sur le renseignement que de celle sur l'état d'urgence, textes qui intéressent pourtant au premier chef la garantie des droits fondamentaux.

Bertrand Louvel, premier président de la Cour de cassation, discours prononcé lors de la rentrée solennelle de la Cour de cassation le 14 janvier 2016

RESSOURCES

> **Le référé administratif**, site du Conseil d'État

> **Le référé judiciaire**, site du ministère de la Justice

Liens vers les ressources

CHIFFRES CLÉS

Bilan de l'état d'urgence (2015-2017)

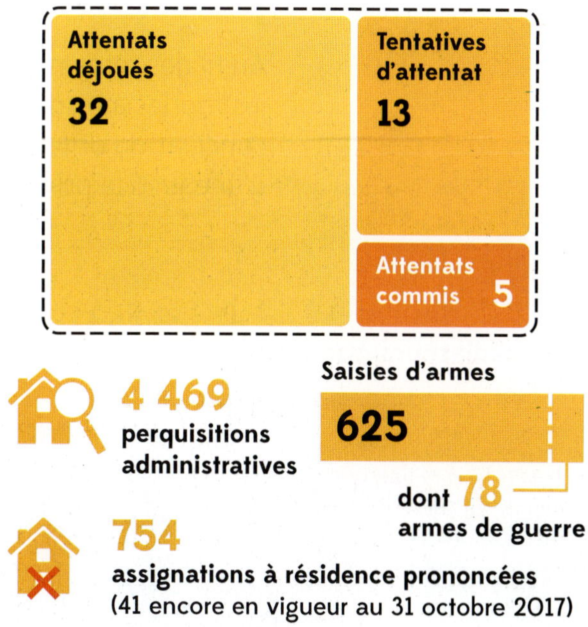

D'après ministère le l'Intérieur, 14 novembre 2015 – 31 octobre 2016

VOCABULAIRE

- **Police administrative** : activité qui vise à prévenir les troubles à l'ordre public.
- **Police judiciaire** : activité qui a pour mission de découvrir les infractions, d'en rechercher les auteurs et de les confier aux tribunaux.

QUESTIONS

1. Pour quelles raisons l'instauration de l'état d'urgence pose-t-elle la question du juge compétent ? **docs 1 à 6**
2. Quelle est la différence entre une mesure de police administrative et une mesure de police judiciaire ? **doc 3**
3. À quelles conditions une perquisition peut-elle être conforme l'article 66 de la Constitution ? **doc 3**

Synthèse Dans le cadre de l'état d'urgence, l'autorité judiciaire a-t-elle sa place ?

C'est à vous ! ORAL

Présentez les résultats d'une recherche.

- Dans le cadre de la mise en œuvre de l'état d'urgence, la problématique du conflit entre la défense des libertés et leur limitation exceptionnelle peut conduire les citoyens à engager une procédure en référé.
- Recherchez ce qui définit la procédure de référé de l'ordre administratif et de l'ordre judiciaire.
- Appliquez-la à l'état d'urgence sanitaire et présentez vos recherches à l'oral.

PARTIE 1

DOSSIER

Le juge est-il indispensable pour résoudre les litiges ?

LE DROIT EN PRATIQUE → p. 76

Au fil des réformes de la justice, le législateur a souhaité développer les modes alternatifs de règlements des litiges. La médiation et la conciliation ont en commun la recherche d'un accord. L'arbitrage relève d'une justice privée.

→ **Pourquoi existe-t-il des modes alternatifs de règlement des litiges ?**

DOC 1 Médiateurs, conciliateurs et arbitres

MÉDIATEURS	CONCILIATEURS	ARBITRES
Qui ? Tiers qualifiés	Qui ? Tiers qualifiés	Qui ? Tiers qualifiés
Mission : organiser les débats pour parvenir à un accord amiable entre les parties	Mission : proposer un accord aux parties	Mission : rendre une sentence qui tranche le litige et qui s'impose aux parties
Payant	Gratuit	Payant

D'après le centre de médiation et d'arbitrage de Paris et le Code de procédure civile

DOC 2 Le Code de procédure civile

Art. 21. Il entre dans la mission du juge de concilier les parties.

Art. 1478. Le tribunal arbitral tranche le litige conformément aux règles de droit à moins que les parties lui aient confié la mission de statut en amiable composition.

Art. 1528. Les parties à un différend peuvent, à leur initiative et dans les conditions prévues par le présent livre, tenter de le résoudre de façon amiable avec l'assistance d'un médiateur, d'un conciliateur de justice [...].

Code de procédure civile

DOC 3 Conciliation et médiation

[Dans] le processus de conciliation, le conciliateur part d'une situation donnée – l'objet du litige[1] [...], – cherche à rapprocher les points de vue de façon à dégager une solution qui soit acceptée et acceptable par tous, mais toujours dans le cadre de référence donné par le droit applicable et la procédure de conciliation applicable [...]. Puisqu'il s'agit de rechercher une solution acceptable, rien n'empêche le conciliateur (comme le juge d'ailleurs) de faire une proposition de solution à partir des éléments qui se dégagent du débat et de l'échange. [...]

La médiation est une notion protéiforme dont les applications sont multiples (que l'on songe à la médiation interculturelle, diplomatique, scolaire, etc.) et les pratiques variées, au point qu'il faut parler *des* médiations. [La] singularité du processus de médiation [est de mettre] plus l'accent sur la communication entre les parties que la recherche de l'accord. Le médiateur va plus en profondeur que le conciliateur dans l'analyse de la situation conflictuelle car est en jeu le rétablissement ou la reconstruction d'un lien social entre les parties, souvent appelées à poursuivre des relations dans le futur. La médiation suppose du temps et, donc, implique parfois plusieurs séances.

Jean-Claude Magendie, Jean-François Thony, « Célérité et qualité de la justice. Les conciliateurs de justice », rapport issu du groupe de travail sur les conciliateurs de justice, avril 2010

1. Trouver un accord au sujet du règlement d'une assurance, d'un différend au sein d'une famille...

DOC 4 Conciliation et médiation, un processus en plusieurs temps

1. **Convaincre** › Inviter à participer à l'initiative
2. **Analyser** › Recueillir les besoins
3. **Échanger** › Compréhension mutuelle
4. **Résoudre** › Formuler les solutions
5. **Évaluer** › Mettre en œuvre › Observer le suivi
6. **Finaliser** › Constater l'accord des parties, qui peut être homologué par le juge ou l'échec de la conciliation / médiation

DOC 5 La médiation pénale, une alternative au procès pénal

Le procureur de la République saisi d'une plainte peut faire procéder à une mission de médiation pénale si cette mesure peut permettre :
— la réparation du dommage de la victime,
— et de mettre fin au trouble causé par l'infraction,
— ou de contribuer la réinsertion sociale de l'auteur des faits.

Pour que la médiation ait lieu, il faut que l'auteur des faits et la victime soient identifiés et que les faits soient simples, clairement établis, peu graves et reconnus par leur auteur.

La médiation peut viser tant les majeurs que les mineurs.

Elle peut concerner des contraventions et certains délits, à l'exception des atteintes à l'intégrité physique comme par exemple les agressions sexuelles.

Elle peut ne pas être possible si l'auteur des faits a déjà été condamné ou s'il y a risque de renouvellement des faits ; c'est le cas par exemple si l'auteur des faits est vindicatif.

Ainsi, une médiation pénale peut avoir lieu dans les cas suivants :

— injures, menaces, tapage nocturne, troubles de voisinage ;
— violences légères, vol simple, recel d'objets ;
— dégradation de biens ;
— non-paiement de pension alimentaire et non-présentation[1] d'enfant.

« Médiation pénale », service-public.fr, août 2020

1. En cas de séparation des parents et de non-respect du partage de la garde des enfants.

DOC 6 Le médiateur de l'Éducation nationale

Vous êtes : un parent d'élève ; un élève ; un adulte en formation ; un personnel de l'éducation nationale.

Vous contestez une décision de l'administration ou vous êtes en conflit avec un membre de l'administration ? Vous pouvez faire appel au médiateur. [...]

Les questions les plus fréquemment posées au médiateur à propos des examens et concours :

« Je ne suis pas satisfait de la note obtenue à l'épreuve écrite de français du baccalauréat, qui me paraît très injuste. [...] Vous serait-il possible de faire procéder à une nouvelle correction de ma copie ? » [...]

« Je viens de recevoir le relevé de mes notes et je constate qu'il m'a manqué seulement 6 centièmes de points pour être reçu. [...] Pouvez-vous faire preuve d'indulgence à mon égard et m'accorder le diplôme ? »

education.gouv.fr

? QUESTIONS

1. Qu'est-ce qui distingue la conciliation, la médiation et l'arbitrage ? **docs 1 à 6**
2. Pour quels types d'infractions et à quelles conditions la médiation pénale peut-elle être proposée ? **doc 5**

Synthèse Quel est l'intérêt des modes alternatifs de règlement des litiges par rapport à un procès ?

C'est à vous ! ORAL

En groupes, organisez une médiation fictive.

- M. Bambin a loué à M. Dali un appartement durant 11 ans. M. Dali a perdu son emploi et ne parvient plus à payer ses loyers. M. Bambin souhaite mettre fin au bail de M. Dali. Il propose de recourir à une médiation, et d'éviter ainsi de saisir le juge civil.
- En vous appuyant sur les documents du dossier, organisez la médiation pour résoudre ce litige.

Le droit en pratique ! Quelle juridiction pour quelle situation ?

Indiquez par quel ordre de juridiction chaque situation sera jugée. Dans le cas de l'ordre judiciaire, précisez s'il s'agit du civil ou du pénal.

Situation 1

- M. et Mme Burlanges divorcent. Leur divorce est conflictuel : la médiation a échoué.

Situation 2

- Mme Pierrot travaille dans une société de nettoyage. Ses heures supplémentaires ne lui ont pas été payées depuis deux mois.

Situation 3

- Maître Chemli doit plaider pour défendre son client, M. Martin, mis en cause pour excès de vitesse sur l'autoroute.

Situation 4

- M. Germain est responsable de l'urbanisme à la mairie de Doux. Il a refusé un permis de construire à M. et Mme Numérobis. Ils estiment que ce refus n'est pas motivé.

Situation 5

- Dimitri Daghilov, originaire de Biélorussie, a fait une demande de régularisation de sa situation auprès de la préfecture. Il a reçu une réponse négative, avec obligation de quitter le territoire français (OQTF). Sa vie est menacée en Biélorussie ; il décide donc de former un recours contre cette décision.

Situation 6

- Maryam Naouri, 19 ans, est harcelée sur les réseaux sociaux. Elle porte plainte. Les enquêteurs retrouvent le responsable.

Situation 7

M. et Mme Durand se sont endettés auprès d'amis. Pour rembourser cette dette, ils ont emprunté de l'argent à une société de crédit. Ils ne parviennent plus à rembourser leurs mensualités. La société porte l'affaire en justice pour obtenir remboursement de la somme impayée (8 300 euros).

Situation 8

Mme Blandin a fait un stage de six mois dans un centre d'appels téléphoniques. Son chef de service lui a envoyé chaque jour plusieurs SMS à connotation sexuelle. Elle a porté plainte et le procureur a engagé des poursuites.

Situation 9

Mme Hermione, 92 ans, a perdu la mémoire. Sa fille demande sa mise sous tutelle.

Situation 10

M. Xu, employé de banque, a reçu une lettre de licenciement : son employeur lui reproche ses retards et un manque de motivation. M. Xu conteste ces reproches.

Situation 11

Alors qu'elle circulait à vélo sur la voie publique, Mme Petri a été victime d'une chute due à la présence, sur la voie publique, de câbles électriques détachés d'un poteau téléphonique. Elle décide d'agir contre la société privée responsable des câbles pour voir engager sa responsabilité.

PARTIE 1

RESSOURCES

Liens vers les ressources

ARTICLE

« Quelles sont les différences entre le droit civil et le droit pénal ? »

https://sketchlex.com

Une infographie pour distinguer droit civil et droit pénal.

ARTICLE

« Comprendre l'organisation judiciaire », Cour de cassation

www.courdecassation.fr

Un tableau synthétique qui détaille les différentes juridictions.

SITE

Justimémo

https://justimemo.justice.gouv.fr/ JustiMemo.php?id=113

Un site du ministère de la Justice pour s'informer sur le fonctionnement de la justice française et ses acteurs, notamment les différentes juridictions.

DÉBAT ORAL

Dans un État de droit, qui est légitime pour juger ?

DOC 1 Comment juger ?

La science du législateur consiste à trouver dans chaque matière les principes les plus favorables au bien commun ; la science du magistrat est de mettre ces principes en action, de les ramifier, de les étendre, par une application sage et raisonnée, aux hypothèses privées ; d'étudier l'esprit de la loi quand la lettre ne suffit pas.

Jean-Étienne-Marie Portalis,
Discours préliminaire au Code civil, 1801

DOC 2 Le serment des magistrats

Art. 6. Tout magistrat, lors de sa nomination à son premier poste, et avant d'entrer en fonctions, prête serment en ces termes :

« Je jure de bien et fidèlement remplir mes fonctions, de garder le secret des délibérations et de me conduire en tout comme un digne et loyal magistrat. »

Il ne peut, en aucun cas, être relevé de ce serment.

Ordonnance n° 58-1270 du 22 décembre 1958 portant loi organique relative au statut de la magistrature

DOC 3 Profession juge : magistrats du siège et du parquet

Vidéo
Témoignage d'élèves magistrats (3 min 38 s)

Les magistrats du siège tranchent les conflits entre les personnes et sanctionnent les auteurs d'infractions pénales. […] Ils prennent leurs décisions après avoir étudié un dossier et entendu les personnes concernées par une affaire. Le travail de juge est réparti entre l'instruction des dossiers, la prise de décision, l'écoute et l'arbitrage. Les décisions sont rendues « au nom du peuple français ».

Les magistrats du parquet défendent les intérêts de la société et veillent au respect de l'ordre public. Procureurs ou substituts du procureur interviennent surtout en matière pénale. Lorsqu'une infraction est commise, ils apprécient les suites à donner aux plaintes et aux procès-verbaux. Ils assurent la direction des enquêtes de police et veillent à l'exécution des peines. Leur travail est aussi d'assurer la protection des personnes vulnérables ou fragiles et plus généralement de veiller à l'intérêt collectif. À l'audience, ils représentent la société et proposent une décision aux juges.

« Un métier de décision »,
École nationale de la magistrature (ENM)

DOC 4 Les obligations déontologiques du magistrat

Rendre la justice est une fonction essentielle dans un État de droit. Les magistrats ont entre les mains la liberté, l'honneur, la sûreté et les intérêts matériels de ceux qui vivent sur le territoire de la République. Ce rôle éminent fonde les exigences que chacun peut avoir à leur égard et appelle des moyens humains, budgétaires et matériels adaptés. […]

Le magistrat, membre de l'autorité judiciaire, tire sa légitimité de la loi qui l'a voulu indépendant et impartial, principes qui s'imposent aux autres pouvoirs. La méconnaissance de ces impératifs compromettrait la confiance du public.

Le magistrat démontre, par son intégrité, qu'il est digne de décider de l'exercice des droits essentiels des individus. Plus que tout autre, il est tenu à la probité et à la loyauté.

Par sa connaissance, en permanence renouvelée, des textes et des principes applicables, et par son souci de ne jamais renoncer à la protection des libertés individuelles dont il est gardien, le magistrat affirme la prééminence du droit.

La justice est rendue au nom du peuple français. Le magistrat se doit de prêter attention à ceux qu'il juge, comme à ceux qui l'entourent, sans jamais attenter à la dignité de quiconque, en préservant l'image de la justice et en respectant le devoir de réserve.

Préambule du recueil des obligations déontologiques du magistrat

Note : des sanctions disciplinaires sont prévues en cas de manquement aux obligations déontologiques. Le Conseil supérieur de la magistrature, organe constitutionnel, assure leur respect.

DOC 5 Des juges non-professionnels

a. Les juges élus du tribunal de commerce

Les juges du tribunal de commerce sont élus parmi les commerçants ou dirigeants de sociétés. Bénévoles, ils n'en sont pas moins soumis aux obligations qui incombent aux magistrats.

C'est dans les modes de désignation des juges que s'exprime d'abord sa légitimité. […]

Élu, le magistrat consulaire est choisi pour juger : l'élection lui confère ce droit de par la volonté des justiciables. […]

La démocratie ne se satisfait pas de mandats électifs à vie. […] La communauté économique, qui est le corps électoral du juge consulaire, ne manque pas d'exercer sa vigilance et la sanction du non-renouvellement du mandat est plus fréquente qu'on ne le croit. […]

Le juge doit [...] satisfaire, aujourd'hui plus qu'hier sans doute, aux revendications du corps social à propos de la justice et donc des juges : ce sont les exigences d'indépendance et d'impartialité, bref d'éthique.

Jacques Raibaut, « Être juge et légitime », *La légitimité des juges* (dir. Jacques Krynen, Jacques Raibaut), Presses de l'université Toulouse I Capitole, et LGDJ - Lextenso Éditions, 2004

b. Les juges nommés du conseil de prud'hommes

Avant 2017, [les conseillers prud'hommes] étaient élus respectivement par les salariés et les employeurs. […] Désormais, [ils] sont désignés conjointement par le ministre de la Justice et le ministre chargé du Travail, tous les quatre ans, sur proposition des organisations syndicales et professionnelles. […] Aucune connaissance en droit, aucune qualification juridique quelconque ne sont exigées […].

Hermann Martial Ndjoko, « L'incompétence juridique des conseillers prud'hommes en question », village-justice.com, octobre 2020

DOC 6 Les jurés d'assises

a. Pourquoi des jurés d'assises ?

On se pose souvent la question de savoir pourquoi les affaires les plus graves que la justice a à connaître, sont confiées à des non-professionnels et à des personnes qui n'ont aucune expérience judiciaire. La réponse est que le législateur a souhaité réserver à la souveraineté populaire, incarnée par le jury, la connaissance des crimes, de manière à permettre à la population de participer au fonctionnement de sa justice, et de ne pas en faire un domaine réservé à des techniciens du droit.

« Les jurés de cour d'assises », Les Guides de la justice, ministère de la Justice, 1998

b. Témoignage d'une jurée d'assises à Rennes

Pour délibérer, la présidente de la cour d'assises, ses deux assesseurs et nous, jurés, nous nous retirons, à huis clos. L'affaire étant jugée en appel, nous sommes neuf jurés. Les magistrats nous donnent leur connaissance du droit et nous devons prendre, ensemble, une décision. Chaque voix compte. La décision est collégiale mais nous nous retrouvons seul, au moment du vote, avec notre intime conviction, c'est-à-dire notre conscience et notre raison.

Notre avis de citoyen juré vient en complément du professionnalisme des magistrats. [...] Nous ne sommes pas des spécialistes, mais nous votons au nom du peuple français. Dans un cadre clair, celui de la loi.

« Témoignage. Marie-France a été jurée à la cour d'assises de Rennes », ouest-France, septembre 2018

PARTIE 1

DOC 7 L'intelligence artificielle

Des sentiments mitigés, c'est ce qui ressort de l'avis des justiciables, mais aussi des professions du droit sur l'avenir et la numérisation, voire la « robotisation » de la justice. À la recherche de la « décision juste », de la « décision efficiente », qui est le meilleur, le magistrat ou le logiciel ?

Ainsi, si le robot est jugé meilleur sur les critères de la transparence, de la vitesse, de la cohérence ou du coût, le juge humain l'est sur les critères de la conscience, de l'indépendance ou de l'écoute.

« Qu'un robot aide à déterminer la solution d'un conflit par des techniques nouvelles, on ne peut que s'en réjouir. Mais à la condition qu'il n'oublie pas sa condition de valet », Antoine Garapon, auteur de *Justice digitale*.

D'après « Oui, l'intelligence artificielle peut être aux côtés du justiciable et du juge… », village-justice.com, février 2019

INFO

- **Un juré** est un citoyen d'au moins 23 ans, tiré au sort sur les listes électorales pour siéger à la cour d'assises. Il participe, aux côtés des magistrats professionnels, au procès des personnes accusées de crime. Il exerce la fonction de juge. Il n'a pas le droit de refuser cette fonction, sauf pour motif grave.

VOCABULAIRE

- **État de droit** : → doc 5 p. 37
- **Magistrat** : juge professionnel. Parmi ceux-ci, on distingue les magistrats « du siège » (chargés de juger) et le ministère public, composé des magistrats du « parquet » (chargés d'exercer l'action publique et qui ont le pouvoir de faire appel).

C'est à VOUS !

C'est à vous !

DÉBAT

Dans un État de droit, qui est légitime pour juger ?

ÉTAPE 1 Comprendre et préparer le débat

AVANT LE DÉBAT

1 Nommez et définissez les catégories de juges citées dans les documents.

2 Qualifiez les compétences juridiques et les obligations déontologiques des juges.

3 Expliquez pourquoi la Justice est rendue « au nom du peuple français ».

4 L'intelligence artificielle peut-elle rendre justice à la place du juge ?

ÉTAPE 2 Participer au débat

AVANT LE DÉBAT

6 Prélevez et classez les arguments issus des documents. Reportez-les dans un tableau.

7 En prenant appui sur les documents et votre point de vue personnel, notez vos arguments dans le tableau.

PENDANT LE DÉBAT

8 Présentez vos arguments et notez ceux des autres élèves.

Conseils

- Anticipez les points de vue différents afin de construire une contre-argumentation.
- Écoutez et respectez la parole des autres.
- Pour convaincre, il est important d'associer des idées générales à des exemples précis (faits, acteurs, ce que dit le droit…).
- Relisez vos notes avant de prendre la parole.
- Présentez vos arguments, sans lire vos notes, en regardant l'auditoire.

	Seule une personne est légitime		Outre les personnes, l'intelligence artificielle est aussi légitime pour juger
	Seuls les juges professionnels sont légitimes pour juger	Les juges élus, nommés et les jurés sont eux aussi légitimes pour juger	
Arguments des acteurs des documents	• • •	• • •	
Mes arguments	• • •	• • •	
Les arguments des autres élèves	• • •	• • •	

ÉTAPE 3 Conclure le débat

APRÈS LE DÉBAT

9 À l'écrit, exprimez votre point de vue personnel et argumenté sur la légitimité à juger.

10 Les arguments échangés lors du débat ont-ils fait évoluer votre position initiale ? Expliquez pourquoi.

GRAND ORAL

L'organisation de la justice en France

Les questions du Grand oral portent sur vos spécialités, mais n'hésitez pas à mettre en valeur vos connaissances juridiques : cela ne pourra que valoriser votre prestation.

Dans ce chapitre, vous avez étudié la division française en deux ordres de juridiction, administratif et judiciaire. Vous avez également découvert l'essor récent des modes alternatifs de règlement des conflits.

Voici quelques exemples de questions dont vous pouvez vous inspirer.

SES 1re

› Chapitre 8 : Quels sont les processus sociaux qui contribuent à la déviance ?

EXEMPLE DE QUESTION

- Les lois et les institutions judiciaires peuvent-elles être à l'origine de la déviance ?

LE + DU DROIT

Vous serez capables de préciser quel type de juridiction sanctionne les manquements aux normes juridiques. Vous pourrez également expliquer pourquoi les manquements aux normes sociales (par exemple, le fait d'être impoli) ne font pas l'objet d'une intervention de la part de l'ordre judiciaire.

Anglais monde contemporain Term

› Thématique 1 – Faire société ; axe d'étude 2 – Libertés publiques et libertés individuelles

EXEMPLE DE QUESTION

- En quoi les droits Miranda, aux États-Unis, répondent-ils à l'exigence d'une justice égalitaire, respectueuse des droits de toutes et tous ?

LE + DU DROIT

Vous montrerez que la procédure pénale, aux États-Unis, repose sur le respect de droits fondamentaux, notamment de la défense, garantis par la Constitution américaine, ainsi que ses amendements (Bill of Rights), complétés par la jurisprudence de la Cour Suprême fédérale. Parmi ces droits fondamentaux, dans le cadre d'une procédure pénale, figurent l'impératif selon lequel « nul ne peut être forcé à témoigner contre lui-même » et le droit à être assisté par un avocat lors d'un procès.

Humanité, littérature et philosophie (HLP) 1re

› Semestre 1 – Les pouvoirs de la parole ; L'autorité de la parole

EXEMPLE DE QUESTION

- La parole peut-elle faire du coupable un innocent ?

LE + DU DROIT

L'oralité joue un rôle prépondérant lors du procès d'assises : le président du tribunal a accès au dossier complet de l'affaire. Les juges assesseurs et les jurés ne prennent leur décision concernant la culpabilité et la peine qu'au regard des échanges, des réquisitoires et des plaidoiries. Le pouvoir de la parole y est premier, et l'éloquence peut l'emporter sur la vérité judiciaire.

PARTIE 1

L'ESSENTIEL

L'organisation de la justice en France

1 La distinction entre ordres judiciaire et administratif

- Les juridictions sont réparties au sein de deux ordres juridictionnels distincts : l'**ordre judiciaire** et l'**ordre administratif**. Chaque ordre comporte trois échelons (première instance, appel, cassation), garantissant la possibilité pour une partie de voir réexaminer son affaire.
- À la tête de l'ordre judiciaire se trouve la **Cour de cassation** ; à la tête de l'ordre administratif, le **Conseil d'État**.
- En cas de difficulté, il appartient au **Tribunal des conflits** de décider si un litige relève de l'ordre administratif ou de l'ordre judiciaire.

2 L'ordre judiciaire

- Les juridictions de l'ordre judiciaire traitent des litiges qui opposent les personnes et les entreprises privées (juridictions civiles) et les affaires pénales (juridictions pénales).
- La principale juridiction civile est le tribunal judiciaire. Les juridictions pénales sont le tribunal de police (qui juge les contraventions), le tribunal correctionnel (qui juge les délits) et la Cour d'assises (qui juge les crimes).

3 L'ordre administratif

- Les juridictions de l'ordre administratif traitent des litiges opposant les particuliers à l'administration ou les administrations entre elles (collectivité territoriale, établissement public...).
- Les tribunaux administratifs sont les juridictions de première instance.
- Les juridictions de l'ordre administratif (tribunal administratif, cour administrative d'appel et Conseil d'État) désignent toutes un rapporteur public, qui a pour mission d'exposer en toute indépendance son opinion sur les affaires.

4 Les modes alternatifs de règlement des litiges

- La loi offre la possibilité de recourir à un **conciliateur** ou à un **médiateur** pour tenter de trouver une solution amiable au différend et éviter de recourir au juge.
- Il est aussi possible de recourir à **l'arbitrage** : il s'agit de faire trancher un litige par un tribunal composé d'arbitres choisis par les parties. La justice arbitrale est une justice privée et payante.

5 Dualisme juridictionnel et état d'urgence

- En période d'**état d'urgence**, la question s'est posée de savoir à quel juge confier le contrôle des mesures privatives de liberté : le juge judiciaire ou le juge administratif ?
- Le choix a été fait de confier ce contrôle aux deux ordres de juridiction : la protection de la liberté individuelle pour le juge judiciaire, le contrôle des mesures prises pour la sauvegarde de l'ordre public pour le juge administratif.

MOTS CLÉS

- **Arbitrage** ➜ p. 74
- **Conseil d'État** ➜ p. 280
- **Conciliateur** ➜ p. 74
- **Cour de cassation** ➜ p. 280
- **État d'urgence** ➜ p. 72
- **Médiateur** ➜ p. 74
- **Ordre judiciaire** ➜ p. 280
- **Ordre administratif** ➜ p. 280
- **Tribunal des conflits** ➜ p. 280

TEXTES CLÉS

- **Déclaration des droits de l'homme et du citoyen,** 1789 (art. 9)
- **Loi des 16 et 24 août 1790** sur l'organisation judiciaire (art. 13 sur la séparation des fonctions judiciaires et administratives)
- **Loi du 24 mai 1872** (acte de naissance de l'ordre juridictionnel administratif)
- **Constitution de la Vᵉ République,** 1958 (art. 66)

EXO Exercices interactifs

Entraînez-vous avec des QCM pour retenir les éléments essentiels du chapitre.

SCHÉMA DE SYNTHÈSE

L'organisation judiciaire en France

L'ordre judiciaire

Litiges opposant des **personnes privées** : individus, sociétés, associations

- **Juridictions civiles**
  Tribunal judiciaire
  Juridictions spécialisées
- **Juridictions pénales**
  Tribunal de police (contraventions)
  Tribunal correctionnel (délits)
  Cour d'assises (crimes)
- **Cour d'appel**
- **Cour de cassation**
  Juridiction suprême

Tribunal des conflits

En cas de doute sur l'ordre compétent

3 échelons de juridictions

- **Première instance**
- **Appel**
- **Cour de cassation**
- **Conseil d'État**

L'ordre administratif

Litiges opposant des individus à une administration ou des administrations entre elles

- **Juridictions administratives**
  Tribunal administratif
  Cour administrative d'appel
  Juridictions spécialisées
- **Conseil d'État**
  Juridiction suprême

Modes alternatifs de règlement des litiges

Au civil

- Conciliation
- Médiation
- Arbitrage

Au pénal

- Médiation pénale

Le dualisme juridictionnel

Ordre judiciaire / ordre administratif

L'exemple de l'**état d'urgence**

- **Juge judiciaire** : protection de la liberté individuelle
- **Juge administratif** : sauvegarde de l'ordre public

Actu

Rendez-vous sur le site **lyceen.nathan.fr/dgemc** pour découvrir de nouveaux documents en fonction de l'actualité juridique !

Pour aller plus loin

BD

Les arrêts illustrés, Astrid Boyer, Enrick B. Éditions, 2017

Des décisions de justice de la Cour de cassation, du Conseil d'État ou du Tribunal des conflits en bande dessinée afin de découvrir des arrêts du droit en s'amusant.

DOCUMENT

Coups de barre, Justice et injustice en France, Dominique Simonnot, Éd. du Seuil, 2019

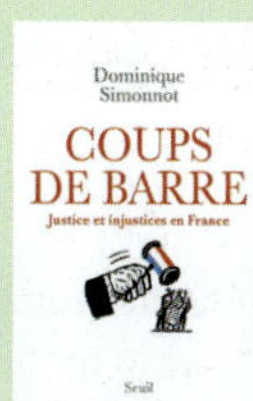

Dominique Simonnot a été chroniqueuse judiciaire à *Libération* puis au *Canard Enchaîné*. Elle reprend dans ce livre des récits d'audiences de comparution immédiate.

SÉRIE

Engrenages, Alexandra Clert 2005-2020

Cette série s'inspire et traduit au plus près le travail de la police judiciaire et des magistrats de la justice pénale.

CHAPITRE 3

Droit de l'Union européenne et droit international

Depuis le XIXe siècle, le droit s'internationalise : les États se regroupent au sein d'organisations internationales et signent entre eux des traités. Ratifiés à l'échelle nationale, ils donnent parfois lieu, dans l'ordre interne, à une révision de la Constitution. Le droit de l'Union européenne est quant à lui une source directe de droit dans les États membres.

Quelles sont les places respectives du droit de l'Union européenne et du droit international dans les systèmes juridiques des États ?

DOC 1
Signature de la Déclaration universelle des droits de l'homme (Paris, 10 décembre 1948)

Adopté par l'Organisation des Nations unies, ce texte proclame les droits fondamentaux de toute personne humaine comme « idéal commun à atteindre par tous les peuples et toutes les nations ».

3e session de l'ONU au palais de Chaillot, 1948

DOC 2
La Cour de justice de l'Union européenne (Luxembourg)

Créée en 1952, la Cour de justice de l'Union européenne (CJUE) veille au respect du droit de l'Union dans les États membres.

?

Que disent ces photographies de l'internationalisation et de l'européanisation du droit ? (docs 1 et 2)

Interview de Koen Lenaerts

Président de la Cour de justice de l'Union européenne

Vidéo

Interview de Mattias Guyomar

Juge à la Cour européenne des droits de l'homme

Vidéo

REPÈRES ▸ Le droit de l'Union européenne

Vu au lycée

EMC 2de

Des libertés pour la liberté
Les institutions européennes garantes des libertés

EMC Term

Fondements et expériences de la démocratie
L'Europe, espace de production du droit

Histoire Term

La construction européenne
Les évolutions, les avancées et les crises de la construction européenne

DOC 1 L'Union européenne

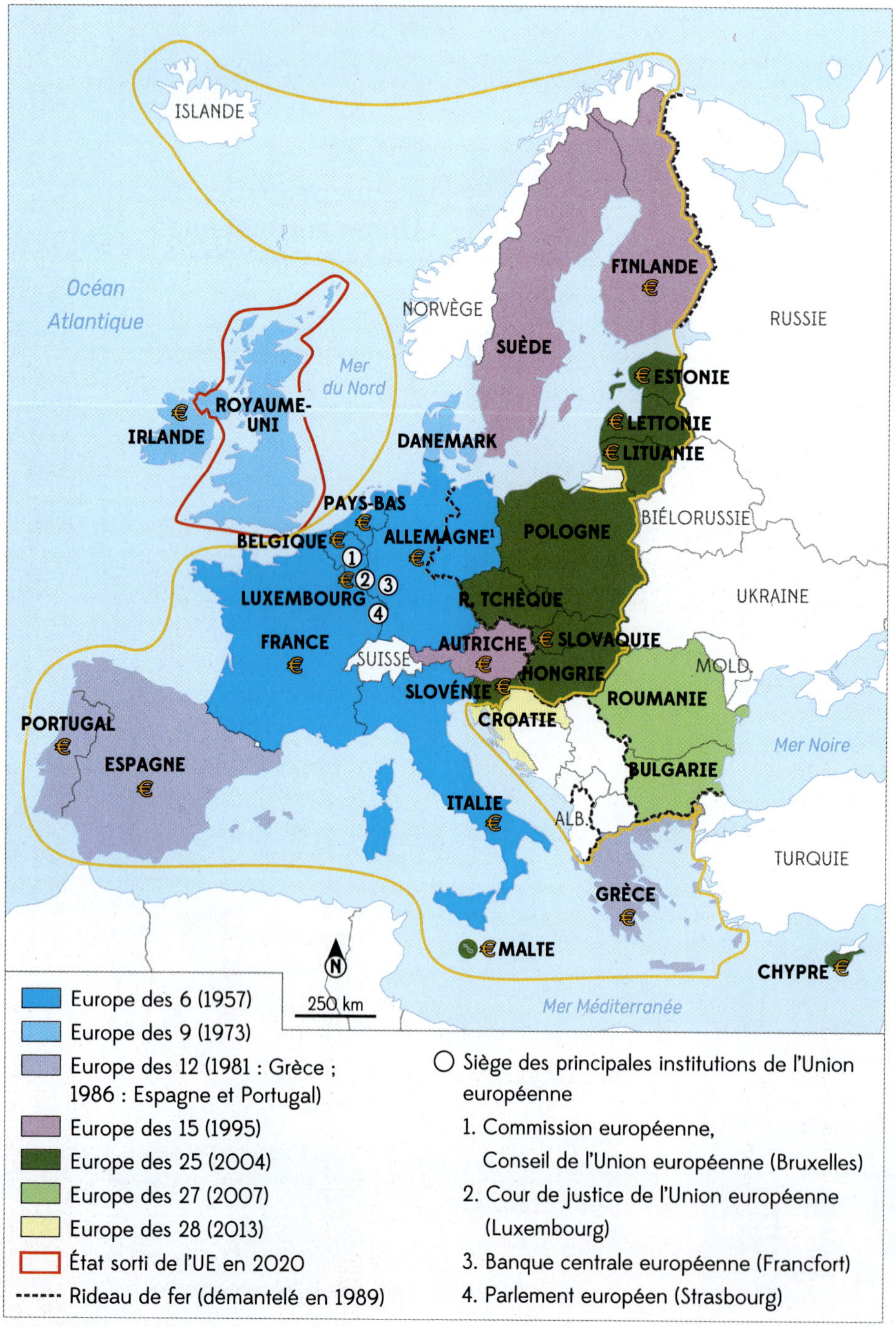

DOC 2 Dates clés et traités fondateurs de l'Union européenne

- 1948 **Congrès de La Haye**
- 1951 **Traité de Paris :** création de la Communauté européenne du charbon et de l'acier (CECA)
- 1957 **Traités de Rome :** création de la Communauté économique européenne (CEE) et de la Communauté européenne de l'énergie atomique (CEEA, Euratom)
- 1979 **1re élection du Parlement européen**
- 1985 **Accords de Schengen :** abolition des contrôles aux frontières intérieures
- 1986 **Acte unique** : préparation du marché intérieur
- 1992 **Traité de Maastricht :** première version du traité sur l'Union européenne
- 1997 **Traité d'Amsterdam :** création de l'espace de liberté, de sécurité et de justice
- 2001 **Traité de Nice :** réformes institutionnelles
- 2002 **Mise en circulation de l'euro**
- 2007 **Traité de Lisbonne :** contient la version actuelle du **traité sur l'Union européenne (TUE)** et du **traité sur le fonctionnement de l'Union européenne (TFUE).** Il accorde à la **Charte des droits fondamentaux de l'Union européenne (CDF)** la même valeur juridique qu'à ces traités.

DOC 3 Les institutions de l'Union européenne

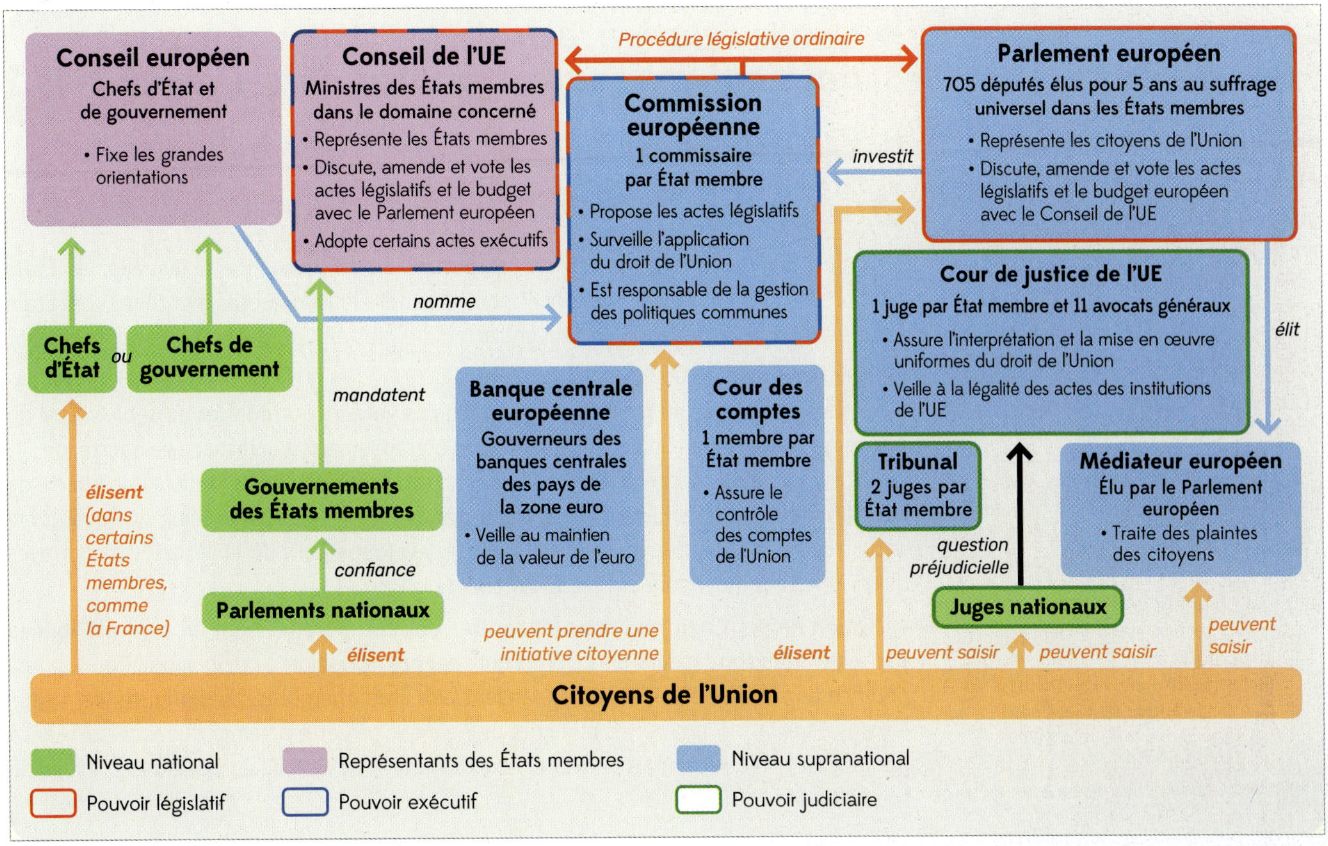

DOC 4 La primauté du droit de l'Union

a. Déclaration relative à la primauté

La Conférence rappelle que, selon une jurisprudence constante de la Cour de justice de l'Union européenne, les traités et le droit adopté par l'Union sur la base des traités priment le droit des États membres, dans les conditions définies par ladite jurisprudence.

Déclaration 17, annexée à l'acte final de la Conférence intergouvernementale qui a adopté le traité de Lisbonne

b. Règlements, directives et décisions

Art. 288. [...] Le règlement a une portée générale. Il est obligatoire dans tous ses éléments et il est directement applicable dans tout État membre. La directive lie tout État membre destinataire quant au résultat à atteindre, tout en laissant aux instances nationales la compétence quant à la forme et aux moyens. La décision est obligatoire dans tous ses éléments.

Traité sur le fonctionnement de l'Union européenne (TFUE)

DOC 5 La démocratie

Art. 10. 1. Le fonctionnement de l'Union est fondé sur la démocratie représentative.

2. Les citoyens sont directement représentés, au niveau de l'Union, au Parlement européen. [...]

3. Tout citoyen a le droit de participer à la vie démocratique de l'Union. Les décisions sont prises aussi ouvertement et aussi près que possible des citoyens.

Traité sur l'Union européenne (TUE)

QUESTIONS

1. En quoi le droit de l'Union est-il une source directe du droit français ? **docs 1 à 4**
2. Quelles sont les institutions qui participent à la création du droit de l'Union ? **doc 3**
3. Comment les citoyens de l'Union peuvent-ils faire entendre leur voix auprès des institutions de l'Union européenne ? **docs 3 et 5**
4. Comment la Cour de justice de l'UE assure-t-elle l'effectivité du droit de l'Union ? **doc 3**

COURS Le droit de l'Union européenne

REPÈRES → p. 86
DOSSIER → p. 90
LE DROIT EN PRATIQUE → p. 92
DOSSIER → p. 94

VOCABULAIRE

- **Citoyen de l'Union** : toute personne ayant la nationalité d'un État membre. La citoyenneté de l'Union s'ajoute à la citoyenneté nationale et ne la remplace pas.
- **Directive** : acte qui lie les États membres en leur fixant un objectif à atteindre mais leur laisse le choix quant à la forme et aux moyens mis en œuvre pour atteindre cet objectif. Les États membres transposent la directive dans leur droit national.
- **Question préjudicielle** : question posée par un juge national à la Cour de justice de l'UE sur la validité ou l'interprétation d'une règle de droit de l'Union, avant de statuer dans l'affaire pendante (affaire dont ce juge a été saisi, mais qu'il n'a pas encore tranchée). Elle vise à assurer une interprétation uniforme du droit de l'Union dans tous les États membres, afin de garantir l'égalité des États membres devant le droit de l'Union.
- **Règlement** : acte de portée générale, obligatoire dans tous ses éléments et directement applicable dans chaque État membre.

NOTIONS

- **Directive** → vocabulaire et p. 280
- **Règlement** → vocabulaire et p. 280

INSTITUTIONS

- **Commission européenne** → Repères p. 87 et p. 280
- **Conseil de l'Union européenne** → Repères p. 87 et p. 280
- **Cour de justice de l'Union européenne** → Repères p. 87 et p. 280
- **Parlement européen** → Repères p. 87 et p. 280

→ *Quelle relation le droit de l'Union et le droit national des États membres entretiennent-ils ?*

I. Objectifs et valeurs de l'Union européenne

A Les objectifs

- **L'Union européenne (UE) est une structure de gouvernance** à laquelle les États membres attribuent des compétences pour atteindre leurs objectifs communs. Ces États estiment que de cette façon ils peuvent atteindre plus efficacement les objectifs des politiques qu'ils entendent mener.
- **L'Union a pour but de promouvoir la paix, des valeurs communes et le bien-être de ses peuples.** Parmi ses objectifs se trouvent l'établissement d'un espace de liberté, de sécurité et de justice sans frontières intérieures ; le marché intérieur, fondé sur la liberté de circulation des marchandises, des services, des capitaux et des personnes ; une économie sociale de marché hautement compétitive ; le développement durable ; la lutte contre les discriminations ou encore contre la criminalité.
- **L'Union ne peut agir que dans les limites des compétences qui lui sont attribuées par les traités fondateurs de l'Union européenne** (principe d'attribution). Toute compétence non attribuée à l'Union appartient aux États membres. L'Union intervient seulement dans la mesure où les objectifs ne peuvent pas être atteints de façon suffisante par les États membres, mais peuvent l'être davantage à l'échelle européenne (principe de subsidiarité).

B Les valeurs

- **Le droit de l'Union repose sur la prémisse fondamentale que les États membres partagent les valeurs sur lesquelles l'Union est fondée** : respect de la dignité humaine et des droits de l'homme, liberté, démocratie, égalité, État de droit, pluralisme, tolérance, justice, solidarité (art. 2 TUE).
- **Ces valeurs sont confirmées par la Charte des droits fondamentaux de l'Union européenne.** Elles font partie de l'identité de l'Union, et tout État candidat à l'entrée dans l'Union européenne doit témoigner de leur application dans son territoire.

II. Le droit de l'Union

A Le droit primaire

- Il est composé par :
— **le traité sur l'Union européenne** (TUE) ;
— **le traité sur le fonctionnement de l'Union européenne** (TFUE) ;
— **la Charte des droits fondamentaux de l'Union européenne** (CDF), qui a la même valeur juridique que les traités.
- **Le TUE et le TFUE constituent plus que de simples accords internationaux qui ne créeraient que des obligations entre États** ; ils engendrent des droits et des obligations pour les **citoyens de l'Union**. Par ces traités fondateurs, les États membres ont aussi créé les **institutions de l'Union** et leur ont donné le pouvoir d'adopter le **droit dérivé**.

B Le droit dérivé

- Pour exercer les compétences de l'Union, les institutions adoptent des **règlements**, des **directives**, des **décisions**, des **recommandations** et des **avis**.
- **Les actes législatifs** (en général, des règlements ou des directives) **sont adoptés conjointement par le Parlement européen et le Conseil de l'Union européenne, sur**

proposition de la Commission européenne (procédure législative ordinaire). Ils doivent être approuvés par la majorité des députés au Parlement européen et par la majorité qualifiée du Conseil : au moins 55 % des membres du Conseil, soit au moins quinze membres et représentant des États membres qui, ensemble, réunissent au moins 65 % de la population de l'Union.

C Droit de l'Union et droit national

• **Le droit de l'Union est une source directe de normes juridiques dans chaque État membre.** Les dispositions claires, précises et inconditionnelles des traités et des règlements, produisent un effet direct : elles accordent des droits aux citoyens et leur imposent des obligations, indépendamment du droit national. Ainsi les citoyens de l'Union peuvent se prévaloir de leur droit de circuler et de séjourner librement dans les États membres (art. 21 TFUE) ou de leur droit de ne pas être discriminés en raison de leur nationalité (art. 18 TFUE). Le travailleur peut invoquer son droit à une période annuelle de congés payés (art. 31 CDF).

• **Le droit de l'Union jouit de la primauté sur le droit national.** En effet, si une règle de droit national est contraire au droit de l'Union, elle ne peut être appliquée. Le principe de primauté procède de l'égalité des États membres devant le droit de l'Union : tous doivent respecter les obligations qui découlent de ce droit.

TEXTE CLÉ

Arrêt Costa, Cour de justice de l'UE — Arrêt complet

« [...] Issu d'une source autonome, le droit né du traité ne pourrait donc, en raison de sa nature spécifique originale, se voir judiciairement opposer un texte interne quel qu'il soit, sans perdre son caractère communautaire et sans que soit mise en cause la base juridique de [l'Union] elle-même [...]. »

CJUE Costa 6/64, 25 juillet 1964

III. Quels juges pour l'application du droit de l'Union ?

A Les juges nationaux

• **Les citoyens peuvent saisir un juge national pour faire respecter les droits que l'Union leur accorde.** Il appartient à ce juge national de garantir la pleine application du droit de l'Union, qui constitue un ensemble de règles communes aux 27 États membres, intégré au droit de ces États.

• **Si le juge national s'interroge sur l'interprétation du droit de l'Union ou la validité du droit dérivé de l'Union,** il pose une question préjudicielle à la Cour de justice de l'UE. Ensuite, il met en œuvre la réponse dans sa décision.

B La Cour de justice de l'Union européenne

• **La Cour de justice de l'UE (CJUE)** veille à ce que le droit de l'Union soit interprété dans tous les États membres de manière uniforme et donc égale.

• **La Cour est composée** d'un juge par État membre et de onze avocats généraux. Elle répond aux **questions préjudicielles**, juge les **manquements** des États membres et **contrôle la légalité des actes des institutions de l'UE**. Cette dernière tâche est partagée avec le Tribunal de l'UE, qui décide en première instance d'un grand nombre d'affaires.

RÉVISER SON COURS

1. Quels sont les objectifs et les valeurs de l'Union ?
2. Comment le droit de l'Union est-il créé ?
3. Que signifie la « primauté » du droit de l'Union ?
4. Quelle institution représente directement les citoyens de l'Union ?

PARTIE 1

RESSOURCES — Liens vers les ressources

LOI

Traités en vigueur depuis le traité de Lisbonne

(modifiant le traité sur l'Union européenne et le traité instituant la Communauté européenne), signé le 13 décembre 2007 et ratifié par les 27 États membres conformément à leurs règles constitutionnelles respectives.

> Traité sur l'Union européenne (TUE)
> Traité sur le fonctionnement de l'Union européenne (TFUE)
> Charte des droits fondamentaux de l'Union européenne (CDF)

eur-lex.europa.eu

SITE

« Institutions et autres organes de l'UE »

Le site europa.eu, site officiel de l'UE, propose une présentation des institutions et des organes de l'Union européenne.

europa.eu

DOSSIER

REPÈRES → p. 86
COURS → p. 88
COURS → p. 238
FICHE MÉTHODE → p. 276

Quel est le rôle du citoyen de l'Union dans la défense de ses droits fondamentaux ?

Au cœur du droit de l'Union figurent les droits fondamentaux reconnus par la Charte des droits fondamentaux de l'Union européenne. Les arrêts Schrems démontrent que le citoyen est un acteur important à cet égard. Ainsi, M. Schrems, un étudiant, a pu avoir un impact sur le système de gouvernance de l'UE et le commerce transatlantique.

→ **Comment le citoyen de l'Union européenne peut-il faire reconnaître ses droits fondamentaux garantis par la Charte ?**

DOC 1 Les droits fondamentaux garantis par l'UE

Art. 7. Toute personne a droit au respect de sa vie privée et familiale, de son domicile et de ses communications.

Art. 8. 1. Toute personne a droit à la protection des données à caractère personnel la concernant.

2. Ces données doivent être traitées loyalement, à des fins déterminées et sur la base du consentement de la personne concernée ou en vertu d'un autre fondement légitime prévu par la loi. Toute personne a le droit d'accéder aux données collectées la concernant et d'en obtenir la rectification.

3. Le respect de ces règles est soumis au contrôle d'une autorité indépendante.

Art. 47. Toute personne dont les droits et libertés garantis par le droit de l'Union ont été violés a droit à un recours effectif devant un tribunal dans le respect des conditions prévues au présent article. […]

Charte des droits fondamentaux de l'Union européenne (CDF)

VOCABULAIRE

- **Question préjudicielle** : question posée par un juge national à la Cour de justice sur la validité ou l'interprétation d'une règle de droit de l'Union, avant de statuer dans l'affaire pendante (affaire dont ce juge a été saisi, mais qu'il n'a pas encore tranchée).

DOC 2 L'arrêt Schrems I (2015)

Arrêt complet

M. Maximillian Schrems, un citoyen autrichien, utilise Facebook depuis 2008. Comme pour les autres abonnés résidant dans l'Union, les données fournies par M. Schrems à Facebook sont transférées, en tout ou partie, à partir de la filiale irlandaise de Facebook, sur des serveurs situés sur le territoire des États-Unis, où elles font l'objet d'un traitement. M. Schrems a déposé une plainte [en 2013] auprès de l'autorité irlandaise de contrôle, considérant […] que le droit et les pratiques des États-Unis n'offrent pas de protection suffisante contre la surveillance, par les autorités publiques, des données transférées vers ce pays.

L'autorité irlandaise a rejeté la plainte, au motif que, dans sa décision du 26 juillet 2000, la Commission [européenne] a considéré que […] les États-Unis assurent un niveau adéquat de protection aux données à caractère personnel transférées[1]. […]

[La] Cour [de justice de l'Union européenne considère] qu'une réglementation permettant aux autorités publiques d'accéder de manière généralisée au contenu de communications électroniques doit être considérée comme portant atteinte au contenu essentiel du droit fondamental au respect de la vie privée.

De même, la Cour relève qu'une réglementation ne prévoyant aucune possibilité pour le justiciable d'exercer des voies de droit [aux États-Unis] afin d'avoir accès à des données à caractère personnel le concernant, ou d'obtenir la rectification ou la suppression de telles données, porte atteinte au contenu essentiel du droit fondamental à une protection juridictionnelle effective, une telle possibilité étant inhérente à l'existence d'un État de droit.

[La] Cour déclare la décision de la Commission [européenne] du 26 juillet 2000 invalide.

Communiqué de presse de la CJUE, Schrems, C-362/14, 6 octobre 2015

1. Après ce rejet, M. Schrems a introduit un recours devant la *High Court of Ireland* qui a posé une question préjudicielle à la CJUE.

Maximillian Schrems

DOC 3 Le litige dans l'affaire Schrems I

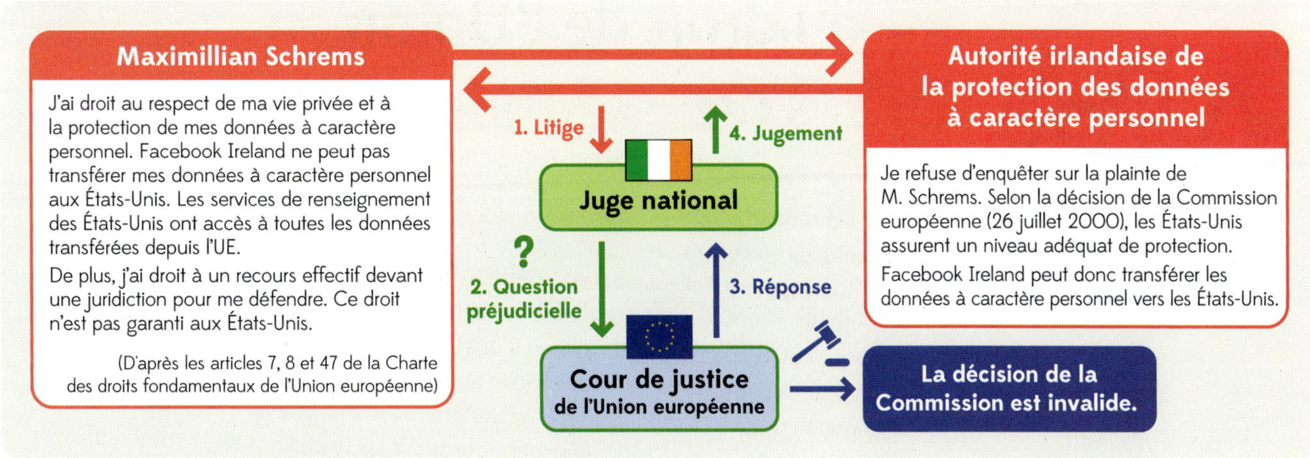

DOC 4 L'arrêt Schrems II (2020)

Arrêt complet

Dans sa plainte reformulée [en décembre 2015], M. Schrems maintient que les États-Unis n'offrent pas de protection suffisante des données transférées vers ce pays. [...]

Le règlement général relatif à la protection des données (ci-après le « RGPD ») dispose que le transfert de telles données vers un pays tiers ne peut, en principe, avoir lieu que si le pays tiers en question assure un niveau de protection adéquat à ces données. [La] Commission a adopté la décision (UE) 2016/1250 [déclarant adéquate la réglementation modifiée par les États-Unis suite à l'arrêt Schrems I] [...].

La Cour procède [...] à l'examen de la validité de la décision 2016/1250 au regard des exigences découlant du RGPD, lu à la lumière des dispositions de la Charte [...].Selon la Cour, les limitations de la protection des données à caractère personnel qui découlent de la réglementation interne des États-Unis ne [répondent pas] à des exigences substantiellement équivalentes à celles requises, en droit de l'Union, par le principe de proportionnalité, en ce que les programmes de surveillance fondés sur cette réglementation ne sont pas limités au strict nécessaire [pour atteindre l'objectif de protection de la sécurité nationale]. Quant à l'exigence de protection juridictionnelle, la Cour juge que [...] le mécanisme de médiation visé par cette décision ne fournit pas à ces personnes une voie de recours devant un organe [aux États-Unis] offrant des garanties substantiellement équivalentes à celles requises en droit de l'Union [...]. La Cour déclare la décision 2016/1250 invalide.

Communiqué de presse de la CJUE, Schrems et Facebook Ireland, C-311/18, 16 juillet 2020

TEXTE CLÉ

Le règlement n° 2016/679, dit « règlement général sur la protection des données » (RGPD)

Règlement de l'UE issu du Parlement européen et du Conseil. Il est le texte européen de référence en matière de protection des données à caractère personnel.

PARTIE 1

RESSOURCES

- **La presse en France autour de l'affaire Schrems**, Europe Media monitor
- **None of Your Business**, le site de l'association cofondée par Maximillian Schrems
- **« La Cour de justice dans le monde numérique »** (1 min. 48 s), vidéo de la CJUE

Liens vers les ressources

QUESTIONS

1. Quels sont les droits fondamentaux au cœur de l'affaire Schrems ? **docs 1 à 4**
2. Au sujet de ces droits, comment le droit de l'UE et celui des États-Unis s'opposent-ils? **docs 1, 2 et 4**
3. Quels sont les rôles du citoyen, de la Commission européenne et de la CJUE dans la protection des droits fondamentaux des citoyens ? **docs 1 à 4**

Synthèse Pourquoi peut-on affirmer qu'au sein de l'UE, les citoyens sont acteurs de la protection de leurs droits fondamentaux ?

C'est à vous ! ORAL

Fiches de rôles

En prenant appui sur l'affaire Schrems, organisez un jeu de rôle.

- Répartissez-vous les rôles suivants : un lycéen français qui a un compte sur un réseau social et se plaint d'une violation de ses droits ; un représentant de la Commission européenne ; un membre d'une association européenne qui veille à la protection de la vie privée des citoyens ; un responsable du réseau social ; un juge de la CJUE ; un juge d'un tribunal national.

Le droit **pratique!**

L'interprétation du droit de l'Union

Situation

- M. Schmidberger dirige une société allemande de transport.
- Il conclut un contrat avec une entreprise italienne pour transporter du bois d'Allemagne en Italie. Le bois doit être livré à un moment précis pour que la rémunération soit complète. Mais ses camions sont bloqués pendant près de trente heures par la manifestation d'une association sur l'autoroute du col du Brenner, à la frontière entre l'Autriche et l'Italie. L'association veut protéger la région des Alpes et la santé de ses habitants, menacées par l'augmentation constante de la circulation des poids lourds sur cette autoroute. De plus, après la réouverture de l'autoroute, les camions sont à l'arrêt à cause de l'interdiction autrichienne faite aux poids lourds de circuler les samedis et dimanches.
- La livraison ayant pris beaucoup de retard, M. Schmidberger subit des pertes et un manque à gagner. Il demande au juge autrichien de condamner l'Autriche à lui verser des dommages et intérêts : selon lui, cet État, membre de l'Union européenne, aurait dû empêcher la manifestation et garantir la libre circulation des marchandises.
- Le juge constate que le droit autrichien a été respecté, mais pose des questions préjudicielles à la Cour de justice sur l'interprétation du droit de l'Union, afin de déterminer si la libre circulation prévaut sur les droits fondamentaux tels que les libertés d'expression et de réunion.
- ***Mettez-vous à la place de la Cour de justice de l'UE : au regard de cette situation, quelle serait votre réponse au juge autrichien ?***

VOCABULAIRE

- **Question préjudicielle** : question posée par un juge national à la Cour de justice sur la validité ou l'interprétation d'une règle de droit de l'Union, avant de statuer dans l'affaire pendante (affaire dont ce juge a été saisi, mais qu'il n'a pas encore tranchée). Elle vise à assurer une interprétation uniforme du droit de l'Union dans tous les États membres, afin de garantir l'égalité des États membres devant le droit de l'Union.

DOC 1 Le marché intérieur et les quatre libertés

Art. 26. 2. Le marché intérieur comporte un espace sans frontières intérieures dans lequel la libre circulation des marchandises, des personnes, des services et des capitaux est assurée selon les dispositions des traités.

Traité sur le fonctionnement de l'Union européenne (TFUE)

DOC 2 La libre circulation des marchandises

Initialement, la libre circulation des marchandises était considérée comme s'inscrivant dans le cadre d'une union douanière entre les États membres, comportant la suppression des droits de douane, des restrictions quantitatives aux échanges et des mesures d'effet équivalent, ainsi que la création d'un tarif douanier commun pour l'Union. Ultérieurement, l'accent a été mis sur la suppression de tous les obstacles restants à la libre circulation des marchandises [...].

« Libre circulation des marchandises », fiches thématiques sur l'Union européenne, Parlement européen, europarl.europa.eu

DOC 3 Les droits fondamentaux garantis par la Charte des droits fondamentaux de l'UE

Art. 11. Liberté d'expression et d'information – 1. Toute personne a droit à la liberté d'expression. Ce droit comprend la liberté d'opinion et la liberté de recevoir ou de communiquer des informations ou des idées sans qu'il puisse y avoir ingérence d'autorités publiques et sans considération de frontières.

Art. 12. Liberté de réunion et d'association – 1. Toute personne a droit à la liberté de réunion pacifique et à la liberté d'association à tous les niveaux, notamment dans les domaines politique, syndical et civique, ce qui implique le droit de toute personne de fonder avec d'autres des syndicats et de s'y affilier pour la défense de ses intérêts.

Charte des droits fondamentaux de l'Union européenne (CDF)

DOC 4 Le litige

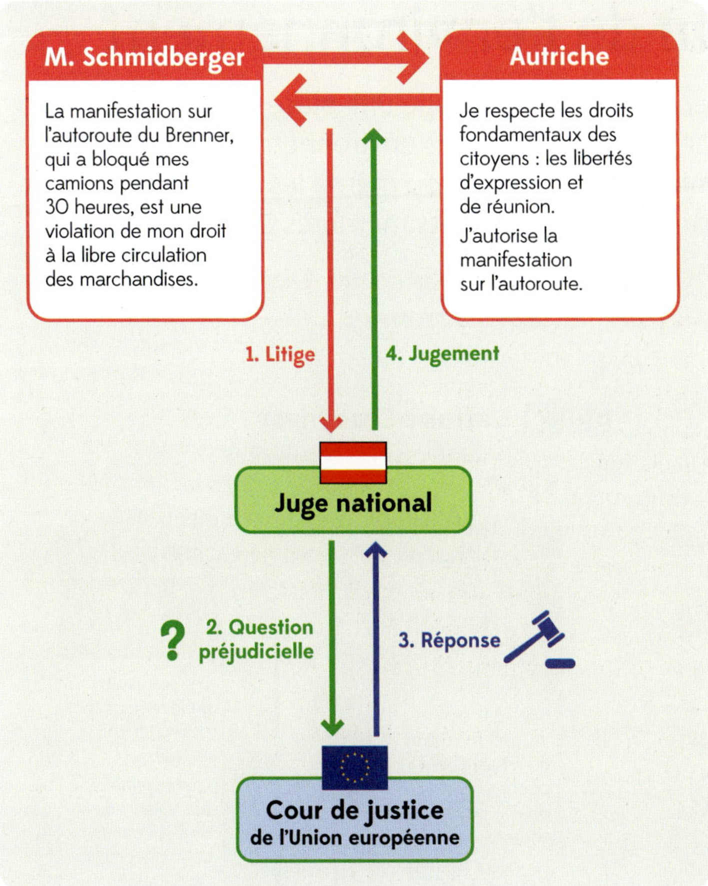

Conseils !

1. Lisez attentivement la situation et les documents.
2. Identifiez les libertés en cause.
3. Analysez l'arrêt de la CJUE.

DOC 5 L'arrêt Schmidberger

Arrêt complet

Sur l'existence d'une entrave à la libre circulation des marchandises : [...]

— Est en cause un axe routier de première importance, tel que l'autoroute du Brenner, qui constitue l'une des principales voies de communication terrestres pour les échanges entre l'Europe septentrionale et le nord de l'Italie. [...]

Sur la justification éventuelle de l'entrave : [...]

— Les autorités autrichiennes ont été inspirées par des considérations liées au respect des droits fondamentaux des manifestants en matière de liberté d'expression et de liberté de réunion. [...]

— La présente affaire soulève ainsi la question de la conciliation nécessaire des exigences de la protection des droits fondamentaux dans [l'Union] avec celles découlant d'une liberté fondamentale consacrée par le [TFUE] et, plus particulièrement, la question de la portée respective des libertés d'expression et de réunion [...] et de la libre circulation des marchandises, lorsque les premières sont invoquées en tant que justification d'une restriction à la seconde. [...]

— [...] Il convient de mettre en balance les intérêts en présence et de déterminer, eu égard à l'ensemble des circonstances de chaque cas d'espèce, si un juste équilibre a été respecté entre ces intérêts. [...]

— [...] Une vaste campagne d'information avait été lancée par les médias et les automobile-clubs, tant en Autriche que dans les pays limitrophes, et divers itinéraires de contournement avaient été prévus, si bien que les opérateurs économiques concernés étaient dûment informés des restrictions à la circulation applicables à la date et au lieu du rassemblement prévu [...] .

CJUE Schmidberger, C-112/00, 12 juin 2003

RESSOURCES

Liens vers les ressources

SITE

« Le marché intérieur : principes généraux »,
Parlement européen, 2020

Le Parlement européen propose des fiches thématiques sur l'Union européenne, notamment sur le marché intérieur et la libre circulation.

www.europarl.europa.eu

SITE

« Libre circulation des marchandises »,
Parlement européen, 2020

Une fiche thématique du Parlement européen sur la libre circulation des marchandises.

www.europarl.europa.eu

GUIDE

« L'Union européenne : sa fonction et ses activités »,
Commission européenne, 2020

Un guide complet sur l'Union européenne et ses activités. Vous pouvez notamment consulter la partie « Justice et droits fondamentaux » de la section 2, intitulée « Ce que fait l'Union européenne ».

op.europa.eu

DOSSIER

L'Union européenne et la protection de l'environnement

REPÈRES → p. 86
COURS → p. 88
FICHE MÉTHODE → p. 276

La protection de l'environnement occupe une place grandissante dans le droit de l'UE. Face aux manquements environnementaux des États membres, la Commission européenne ou même les citoyens prennent des initiatives pour contraindre les États membres à y mettre fin.

→ Comment l'Union européenne s'impose-t-elle comme acteur majeur de la protection de l'environnement ?

VOCABULAIRE

- **Directive** : acte qui lie les États membres en leur fixant un objectif à atteindre mais leur laisse le choix quant à la forme et aux moyens mis en œuvre pour atteindre cet objectif.

DOC 1 Le droit de l'Union européenne

a. Les objectifs de la politique environnementale de l'UE

Art. 191. 1. La politique de l'Union [...] contribue à [...] la promotion, sur le plan international, de mesures destinées à faire face aux problèmes régionaux ou planétaires de l'environnement, et en particulier la lutte contre le changement climatique.

2. La politique de l'Union dans le domaine de l'environnement vise un niveau de protection élevé, en tenant compte de la diversité des situations dans les différentes régions de l'Union. Elle est fondée sur les principes de précaution et d'action préventive, sur le principe de la correction, par priorité à la source, des atteintes à l'environnement et sur le principe du pollueur-payeur. [...]

Traité sur le fonctionnement de l'Union européenne (TFUE)

b. La directive Qualité de l'air

Directive complète

Article premier. La présente directive établit des mesures visant :

1) à définir et à fixer des objectifs concernant la qualité de l'air ambiant, afin d'éviter, de prévenir ou de réduire les effets nocifs pour la santé humaine et pour l'environnement dans son ensemble ;

2) à évaluer la qualité de l'air ambiant dans les États membres sur la base de méthodes et de critères communs ;

3) à obtenir des informations sur la qualité de l'air ambiant afin de contribuer à lutter contre la pollution de l'air et les nuisances et de surveiller les tendances à long terme[...] ;

4) à faire en sorte que ces informations sur la qualité de l'air ambiant soient mises à la disposition du public [...].
[...]

Directive 2008/50/CE du Parlement européen et du Conseil du 21 mai 2008 concernant la qualité de l'air ambiant et un air pur pour l'Europe

DOC 2 L'affaire Craeynest

a. Le litige

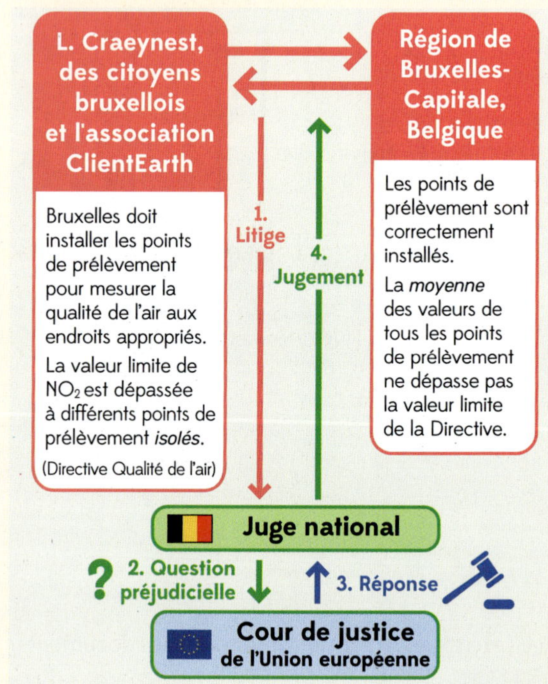

b. L'arrêt de la Cour de justice de l'UE

Arrêt complet

Parmi les dispositions de la directive [...], certaines prévoient des obligations claires, précises et inconditionnelles de telle sorte qu'elles peuvent être invoquées par les particuliers à l'encontre de l'État. Tel est notamment le cas de l'obligation d'installer des points de prélèvement de manière à ce qu'ils fournissent des informations sur la pollution des endroits les plus pollués [...].

[La] juridiction [nationale] est [...] compétente pour prendre, à l'égard de l'autorité nationale concernée, toute mesure nécessaire [...] afin d'assurer que ces points soient placés conformément aux critères prévus par cette directive [...].

[Pour] constater le dépassement d'une valeur limite [...], il suffit qu'un niveau de pollution supérieur à cette valeur soit mesuré à un point de prélèvement isolé.

CJUE Craeynest, C–723/17, 26 juin 2019

DOC 3 L'affaire Commission/France

Arrêt complet

[La] Cour déclare et arrête :

1) En dépassant de manière systématique et persistante la valeur limite annuelle pour le dioxyde d'azote (NO_2) depuis le 1er janvier 2010 dans douze agglomérations et zones de qualité de l'air françaises[1] [...], la République française a continué de manquer [...] aux obligations qui lui incombent en vertu [...] de la directive 2008/50/CE [...] concernant la qualité de l'air ambiant et un air pur pour l'Europe [...].

La République française a manqué, depuis le 11 juin 2010, [...] à l'obligation [...] de veiller à ce que la période de dépassement soit la plus courte possible.

2) La République française est condamnée aux dépens[2,3].

CJUE Commission européenne contre République française, C-636/18, 24 octobre 2019

1. Marseille, Toulon, Paris, Auvergne-Clermont-Ferrand, Montpellier, Toulouse Midi-Pyrénées, zone urbaine régionale (ZUR) Reims Champagne-Ardenne, Grenoble Rhône-Alpes, Strasbourg, Lyon Rhône-Alpes, ZUR Vallée de l'Arve Rhône-Alpes et Nice.

2. Être condamné, au terme d'une procédure judiciaire, à payer tout ou partie du coût du procès supporté par un adversaire (frais liés aux instances, actes et procédures d'exécution).

3. Le 30 octobre 2020, la Commission européenne a décidé de saisir de nouveau la Cour de justice de l'UE contre la France, en s'appuyant sur l'article 260 du TFUE (➜ doc 4).

Pic de pollution à Marseille, 15 février 2019

QUESTIONS

1. Quels sont les objectifs et les principes de l'Union en matière de protection de l'environnement ? **doc 1**
2. De quels moyens d'action le citoyen dispose-t-il face aux manquements environnementaux des États membres ? **doc 2**
3. De quels moyens d'action la Commission européenne dispose-t-elle face aux manquements environnementaux des États membres ? **docs 3 et 4**

Synthèse En quoi l'Union européenne et les citoyens européens sont-ils des acteurs majeurs de la protection de l'environnement ?

DOC 4 Qu'advient-il lorsqu'un État membre manque à ses obligations ?

Art. 260. 1. Si la Cour de justice de l'Union européenne reconnaît qu'un État membre a manqué à une des obligations qui lui incombent en vertu des traités, cet État est tenu de prendre les mesures que comporte l'exécution de l'arrêt de la Cour.

2. Si la Commission estime que l'État membre concerné n'a pas pris les mesures que comporte l'exécution de l'arrêt de la Cour, elle peut saisir la Cour, après avoir mis cet État en mesure de présenter ses observations. Elle indique le montant de la somme forfaitaire ou de l'astreinte à payer par l'État membre concerné qu'elle estime adapté aux circonstances.

Si la Cour reconnaît que l'État membre concerné ne s'est pas conformé à son arrêt, elle peut lui infliger le paiement d'une somme forfaitaire ou d'une astreinte.

Traité sur le fonctionnement de l'Union européenne (TFUE)

C'est à vous ! ORAL

En groupes, préparez un exposé sur le sujet suivant : « L'Union européenne est-elle plus efficace que les États dans la lutte contre la pollution et le dérèglement climatique ? »

- Chaque groupe pourra traiter l'une des parties suivantes, avant d'échanger avec les autres :
  I. Les objectifs et les principes de l'UE en matière de protection de l'environnement
  II. La compétence de la Cour de justice de l'UE face aux manquements environnementaux des États membres
  III. Les moyens d'action des citoyens

RESSOURCES

> **Décret français n° 2010-1250 du 21 octobre 2010 relatif à la qualité de l'air**, transposant la directive Qualité de l'air

> **« Vers une Europe plus verte et plus durable »**, europa.eu

Liens vers les ressources

PARTIE 1

Le droit international

Vu au lycée

Histoire 1re	Géographie Term	EMC Term
Sortir de la guerre Les traités de paix signés lors de la conférence de Paris (1919-1923)	**Mers et océans : au cœur de la mondialisation** La convention de Montego Bay (1982) relative au droit international de la mer	**Repenser et faire vivre la démocratie** Conventions internationales et droits de l'homme ; justice internationale

DOC 1 Quelques organisations et juridictions internationales majeures

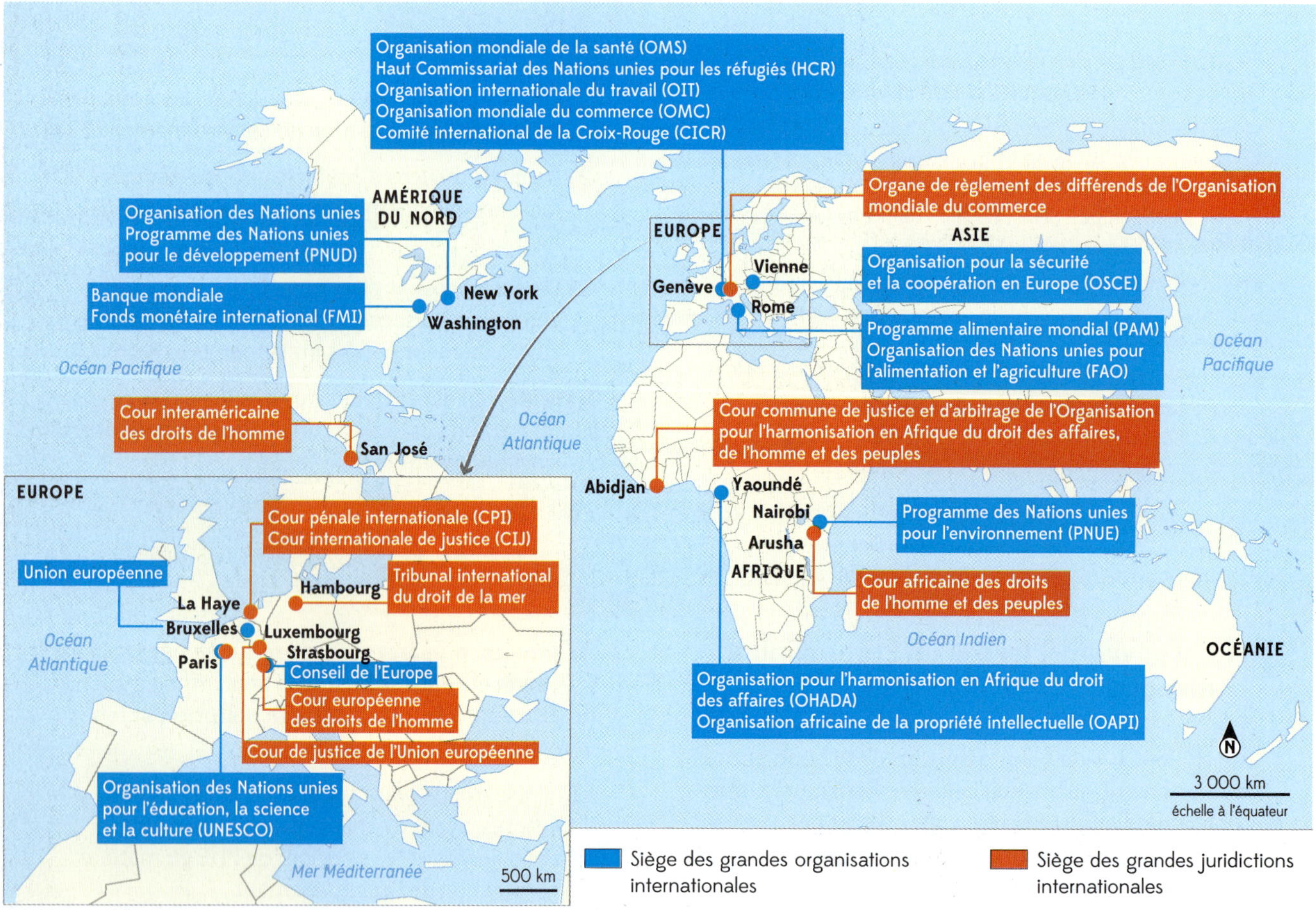

DOC 2 L'autorité des traités en droit français

a. Préambule de la Constitution de la IVe République (1946)

Art. 14. La République française, fidèle à ses traditions, se conforme aux règles du droit public international. [...]

Art. 15. Sous réserve de réciprocité, la France consent aux limitations de souveraineté nécessaires à l'organisation et à la défense de la paix.

b. Constitution de la Ve République (4 octobre 1958)

Art. 55. Les traités ou accords régulièrement ratifiés ou approuvés ont, dès leur publication, une autorité supérieure à celle des lois, sous réserve, pour chaque accord ou traité, de son application par l'autre partie.

DOC 3 Deux organisations régionales

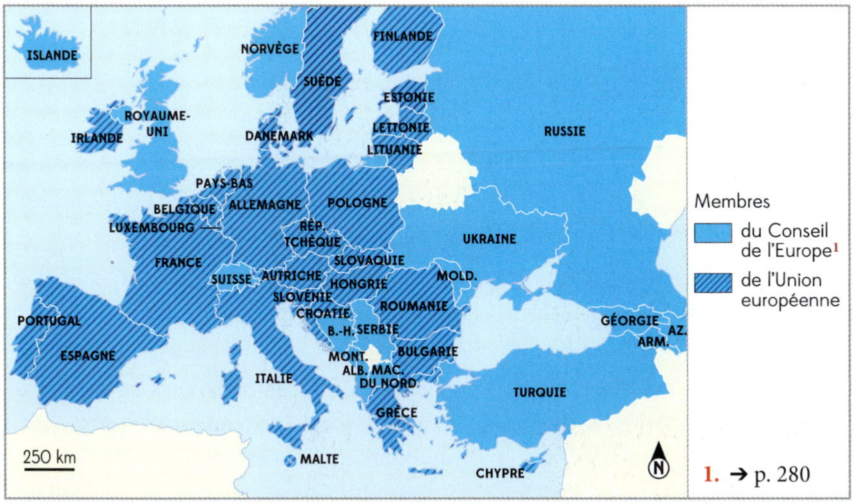

1. → p. 280

DOC 4 Droits de l'homme et Conseil de l'Europe

Art. 1. Obligation de respecter les droits de l'homme / **Art. 2.** Droit à la vie / **Art. 4.** Interdiction de l'esclavage et du travail forcé / **Art. 9.** Liberté de pensée, de conscience et de religion / **Art. 14.** Interdiction de la discrimination / **Art. 19.** Afin d'assurer le respect des engagements [...], il est institué une Cour européenne des droits de l'homme. [...]

Convention européenne des droits de l'homme et des libertés fondamentales, 1950

DOC 5 L'Organisation des Nations unies

MAINTENIR LA PAIX

Drapeau de l'ONU (1946)

Le secrétaire général (élu pour cinq ans renouvelables)
- Il est un médiateur entre les États.
- Il négocie pour résoudre pacifiquement les conflits.

Conseil de sécurité
- **5 membres permanents** (droit de veto) : Chine, États-Unis, France, Royaume-Uni, Russie
- **+ 10 membres élus pour deux ans**
- Il vote les résolutions pour résoudre les conflits.

Casques bleus (soldats de la paix)
- Ils s'interposent entre les belligérants.
- Ils protègent les civils.

Le Conseil de sécurité *envoie* les Casques bleus ; il *élit* (avec l'Assemblée générale) les juges de la Cour internationale de justice ; il *peut saisir* la Cour pénale internationale.

Assemblée générale de l'ONU
- 193 États • 1 État = 1 voix
- Elle adopte le budget de l'ONU.

L'Assemblée générale *élit* le secrétaire général, les membres élus du Conseil de sécurité, les juges de la Cour internationale de justice et le Conseil économique et social.

FAIRE RESPECTER LES DROITS DE L'HOMME, AIDER AU DÉVELOPPEMENT

Justice internationale

Cour internationale de justice
- Créée en 1946
- **5 juges** (mandat de neuf ans)
- Elle tranche les conflits juridiques entre États.

Cour pénale internationale
- **Non créée par l'ONU**, mais liée à elle par le Statut de Rome signé en 1998 (entré en vigueur en 2002)
- **18 juges** élus par les 120 États qui ont reconnu la Cour (mandat de neuf ans)
- Elle juge les crimes contre l'humanité, les crimes de guerre et les crimes de génocide.

Solidarité internationale

Agences de l'ONU
- **FAO** (Organisation des Nations unies pour l'alimentation et l'agriculture)
- **OMS** (Organisation mondiale de la santé)
- **UNESCO** (Organisation des Nations Unies pour l'éducation, la science et la culture)
- **UNICEF** (Fonds des Nations unies pour l'enfance)

Coopération économique internationale

Agences de l'ONU
- **OIT** (Organisation internationale du travail)
- **OMPI** (Organisation mondiale de la propriété intellectuelle)
- **CNUDCI** (Commission des Nations unies pour le droit du commerce international)

Conseil économique et social (*coordonne* les agences de l'ONU)
- **54 membres** (mandat de trois ans)
- Il est chargé de la coopération économique et sociale.

VOCABULAIRE

- **Organisation internationale** : association d'États créée par un traité international pour coordonner des actions relevant de ses statuts.
- **Juridiction internationale** : organe chargé de trancher des litiges internationaux, en application de conventions internationales.

? QUESTIONS

1. Quelle est la place des normes internationales dans les systèmes juridiques nationaux ? **doc 2**
2. Pourquoi une cour européenne des droits de l'homme ? **docs 3 et 5**
3. Comment l'Organisation des Nations Unies est-elle structurée ? **doc 5**
4. Quels sont les objectifs du droit international ? **docs 1 à 5**

COURS Le droit international

REPÈRES → p. 96
DOSSIER → p. 100
LE DROIT EN PRATIQUE → p. 102
DÉBAT → p. 104

→ Comment le droit international est-il créé et par qui est-il appliqué ?

I. L'élaboration du droit international

A Les accords internationaux

• Les traités ou conventions internationales sont des accords conclus entre sujets du droit international (États, organisations internationales). Ils obligent ces derniers à se soumettre aux engagements internationaux contractés.

• **L'objet des traités s'est diversifié.** Aux traités de paix ou de commerce se sont ajoutés, en particulier, des traités relatifs à l'environnement, aux investissements, ainsi qu'aux droits et libertés fondamentaux. De nombreux domaines du droit interne sont aujourd'hui influencés par le droit international, notamment par les grandes conventions relatives aux droits et libertés.

B La diversité des sources du droit international

• **Outre les traités, les principales sources du droit international sont la coutume, les principes généraux du droit** (règles non écrites qui, dégagées par le juge et consacrées par lui, s'imposent à l'administration et à l'État), **la jurisprudence et la doctrine** (opinions juridiques formulées par des universitaires, auxquelles le droit international confère – pour certaines d'entre elles – une portée juridique).

• **Les organisations internationales adoptent aussi des instruments de « droit souple »** qui ne sont ni signés ni ratifiés par les États (lois modèles, guides pratiques, recommandations, etc.).

• **Le pacte mondial des Nations unies**, par exemple, est un cadre d'engagement volontaire par lequel des entreprises, associations ou organisations non gouvernementales sont invitées à respecter dix principes universellement acceptés en matière de droits de l'homme, de travail, d'environnement et de lutte contre la corruption. Presque 10 000 entreprises y ont adhéré.

II. États souverains et organisations internationales

A La souveraineté des États

• **Pour pouvoir produire des effets dans les ordres juridiques internes des États « parties »**, les conventions doivent être signées puis, le plus souvent, ratifiées par eux.

• **Un État ne peut pas se voir imposer d'obligations auxquelles il n'aurait pas consenti.** Longtemps, on a conçu le droit international comme le seul fruit de la volonté des États qui limitaient librement leur propre souveraineté, en s'engageant par de telles conventions. Toutefois, on considère aujourd'hui que certaines règles s'imposent aux États indépendamment de leur volonté : les **normes indérogeables** (ou **impératives**) du ***jus cogens***, comme l'interdiction de la traite des esclaves, de la piraterie ou des génocides.

B Les organisations internationales

• **L'Organisation des Nations unies (ONU), établie en 1945, a pour objet de maintenir la paix et la sécurité dans le monde.** Elle regroupe des institutions ou agences spécialisées, telles que l'Organisation internationale du travail (OIT), l'Organisation mondiale de la propriété intellectuelle (OMPI), l'Organisation des Nations unies pour l'éducation, la science et la culture (UNESCO), ou la Commission des Nations unies pour le droit du commerce international.

VOCABULAIRE

- **Contrôle de conventionnalité** : contrôle de la compatibilité d'une loi avec une convention internationale.
- **Juridiction internationale** : organe chargé de trancher des litiges internationaux, en application de conventions internationales (ex. : Cour internationale de justice, Tribunal international du droit de la mer).
- ***Jus cogens*** : en latin « droit contraignant » ; expression utilisée pour désigner une norme impérative, de droit international général, acceptée et reconnue par la communauté internationale, à laquelle aucune dérogation n'est permise.
- **Organisation internationale** : association d'États créée par un traité international pour coordonner des actions relevant de ses statuts (ex. : Organisation des Nations unies, Organisation mondiale du commerce, Union européenne).
- **Ratification** : acte par lequel l'État, après avoir obtenu l'approbation d'un traité dans son ordre juridique interne, indique son consentement à être lié par un traité dans l'ordre juridique international.
- **Traité ou convention internationale** : accord conclu sous forme écrite entre États.

NOTIONS

- **Convention internationale** → vocabulaire et p. 280
- **Organisation internationale** → vocabulaire et p. 280
- **Juridiction internationale** → vocabulaire et p. 280
- **Droit international public et droit international privé** →Ne pas confondre et p. 280

• **L'Organisation mondiale du commerce (OMC) est une organisation au sein de laquelle les gouvernements négocient des accords commerciaux.** Son objectif est de favoriser le commerce international et de trancher les différends entre États, susceptibles de naître lors de l'application de ces accords.

III. Quels juges pour appliquer le droit international ?

A Les juges nationaux

• **Les juridictions nationales sont constamment confrontées au droit international et européen.** Certaines peuvent écarter les lois de leur pays qui ne seraient pas compatibles avec ces derniers, au terme du **contrôle de conventionnalité**.

• Ainsi, en France, une partie à un litige peut soutenir que la loi qui lui est applicable méconnaît un traité international. Si le juge en est convaincu, il écarte cette loi dans le cadre de ce litige, puis en tire toutes les conséquences pour résoudre ce dernier.

B Les juges internationaux

• Des **juridictions internationales spécialisées** garantissent le respect du droit international.

• **La Cour internationale de justice (CIJ) est le principal organe juridictionnel des Nations unies.** Elle tranche les litiges entre États, ou entre États et organisations internationales, à propos, par exemple, de différends frontaliers ou d'incidents maritimes. En outre, les organes de l'ONU peuvent lui demander de formuler un avis, dépourvu de force exécutoire, dont l'influence est surtout politique et morale. En 2004, elle a ainsi considéré que la décision israélienne de construire un mur de sécurité dans les territoires occupés était contraire au droit international. Plus récent, le Tribunal international du droit de la mer tranche des litiges relatifs à l'application de la convention de Montego Bay de 1982 sur le droit de la mer.

• **La Cour pénale internationale (CPI) est une juridiction pénale universelle** chargée, depuis 2002, de juger les personnes accusées de génocide, de crime contre l'humanité, de crime d'agression et de crime de guerre. Organe permanent, elle s'inscrit dans le sillon de juridictions temporaires créées en réaction à des violations flagrantes du droit humanitaire international : procès de Nuremberg et de Tokyo après la Seconde Guerre mondiale, puis tribunaux pénaux internationaux pour le Rwanda et l'ex-Yougoslavie.

• **La Cour européenne des droits de l'homme, qui siège à Strasbourg, est l'organe juridictionnel du Conseil de l'Europe**, qui est distinct du Conseil de l'Union européenne. Elle est chargée de garantir la bonne application de la Convention européenne de sauvegarde des droits de l'homme et libertés fondamentales (généralement dite « Convention européenne des droits de l'homme ») à laquelle elle donne une effectivité particulière. Elle ne doit pas être confondue avec la Cour de justice de l'Union européenne.

INSTITUTIONS

- **Organisation des Nations unies**
  → Repères p. 97 et p. 280
- **Conseil de l'Europe**
  → Repères p. 97 et p. 280
- **Cour européenne des droits de l'homme (CEDH)**
  → p. 97 et et p. 280

NE PAS CONFONDRE

- **Droit international public et droit international privé**
  Le droit international privé permet de régler les relations entre personnes physiques ou personnes morales en déterminant le juge compétent et la loi applicable lorsque la situation présente un caractère international. Dans l'Union européenne, ces règles sont en large partie unifiées par des règlements européens (règlements de Rome et de Bruxelles). Au niveau international, c'est la Conférence de la Haye qui assure ce rôle unificateur.

PARTIE 1

RÉVISER SON COURS

1. Qu'est-ce qu'un traité international ?
2. À quoi sert l'Organisation des Nations unies ?
3. Expliquez les rôles de la Cour européenne des droits de l'homme, de la Cour pénale internationale et de la Cour internationale de justice.

RESSOURCES

Liens vers les ressources

NORME

Déclaration universelle des droits de l'homme, Assemblée générale des Nations unies

Adoptée le 10 décembre 1948, elle n'a pas de portée effective en droit international. Elle a inspiré de nombreux autres textes (pactes internationaux, Convention internationale des droits de l'enfant...)

www.un.org/fr

NORME

Convention européenne des droits de l'homme (CEDH)

Ce traité international, signé par les États membres du Conseil de l'Europe en 1950, a pour but de protéger les droits de l'homme et les libertés fondamentales.
La Cour européenne des droits de l'homme contrôle leur respect par ces États.

www.echr.coe.int

SITE

Site de la conférence de La Haye

www.hcch.net

DOSSIER

Comment le droit international s'applique-t-il ?

REPÈRES → p. 96
COURS → p. 98
DÉBAT → p. 104

De longue date, des conventions internationales, bilatérales ou multilatérales, ont contribué à régler les rapports entre États. Depuis la fin de la Seconde Guerre mondiale, un droit international à vocation universelle s'est progressivement imposé pour garantir les droits et libertés.

→ **Pourquoi les États consentent-ils à abandonner une part de leur souveraineté ?**

BIOGRAPHIE

René Cassin
1887-1976

Prix Nobel de la paix en 1968, il a mené un long combat en faveur des droits de l'homme. Professeur de droit, principal auteur de la Déclaration universelle des droits de l'homme en 1948, il a été vice-président du Conseil d'État, membre du Conseil constitutionnel et juge à la Cour européenne des droits de l'homme.

DOC 1 Les États, fondement du droit international

Le fondement historique et juridique du droit international est qu'il régit des rapports entre États. Il disparaîtrait si apparaissait un État mondial. […] C'est dire que la conclusion d'accords internationaux n'est pas, par elle-même, contraire à la souveraineté des États. Elle en est une composante. La Charte de l'ONU, qui est un traité, indique dans son article 2-1 : « L'Organisation est fondée sur le principe de l'égalité souveraine de tous ses membres ». […]

De cela découle un statut international de l'État qui repose sur la souveraineté qu'il exerce sur son territoire, des compétences souveraines qu'il détient à l'égard de ses nationaux, de sa liberté en matière d'organisation interne, de relations internationales, de traités, d'organisation de sa défense […].

Des contestations peuvent survenir entre les États, qui concernent les espaces terrestres ou maritimes. Elles doivent être résolues sur la base de règles internationales qui déterminent l'attribution des territoires entre États […].

Longtemps le droit international était droit de la paix et de la guerre, du commerce, de la sécurité. Nombre d'autres domaines ont depuis été saisis par le droit international, qui traditionnellement ne s'en souciait pas, l'environnement, les droits de l'homme en particulier.

Serge Sur, *Questions internationales*, n° 49, La Documentation française, mai-juin 2011

DOC 2 Une application du droit international par les juges français : la « cristallisation des pensions »

- 1937 — **Amadou Diop**, ressortissant sénégalais, est engagé dans l'armée française.
- 1959 — Il prend sa retraite de l'armée française. Une **pension militaire de retraite** lui est attribuée.
- 1960 — **Le Sénégal devient indépendant.** Amadou Diop perd la nationalité française.
- 1974 — **La France devient partie à la Convention européenne des droits de l'homme (CEDH)**, dont l'article 14 prohibe la discrimination.
- 1975 — **La pension d'Amadou Diop est remplacée par une indemnité** insusceptible d'être revalorisée (« cristallisation des pensions »).
- Fin des années 1990 — Il demande au ministère français de la Défense de **revaloriser sa pension militaire** à la hauteur de ce dont il aurait bénéficié s'il avait conservé la nationalité française.
- 2001 — **Le Conseil d'État** juge que la loi au titre de laquelle ses pensions ont été cristallisées est incompatible avec l'article 14 de la CEDH, dès lors qu'elle instaure une différence de traitement, parmi les anciens militaires français, exclusivement fondée sur leur nationalité. La pension d'Amadou Diop est revalorisée.

D'après l'arrêt du Conseil d'État, Diop, 30 novembre 2001

INFO

Depuis 1985, plus de 700 anciens combattants sénégalais ont dénoncé la cristallisation de leurs pensions, imposée par la France. Ils ont déposé une plainte auprès du Comité des droits de l'Homme des Nations unies, qui leur a donné raison, au nom de la violation par la France du Pacte international relatif aux droits civils et politiques (1966), qu'elle avait ratifiée. La France n'ayant pas modifié sa législation, ils ont également saisi le Conseil d'État (1996, 2001, 2006), la Cour de justice de l'Union européenne (2006) et le Conseil constitutionnel (2010).

DOC 3 Un cas d'esclavage moderne devant la Cour européenne des droits de l'homme

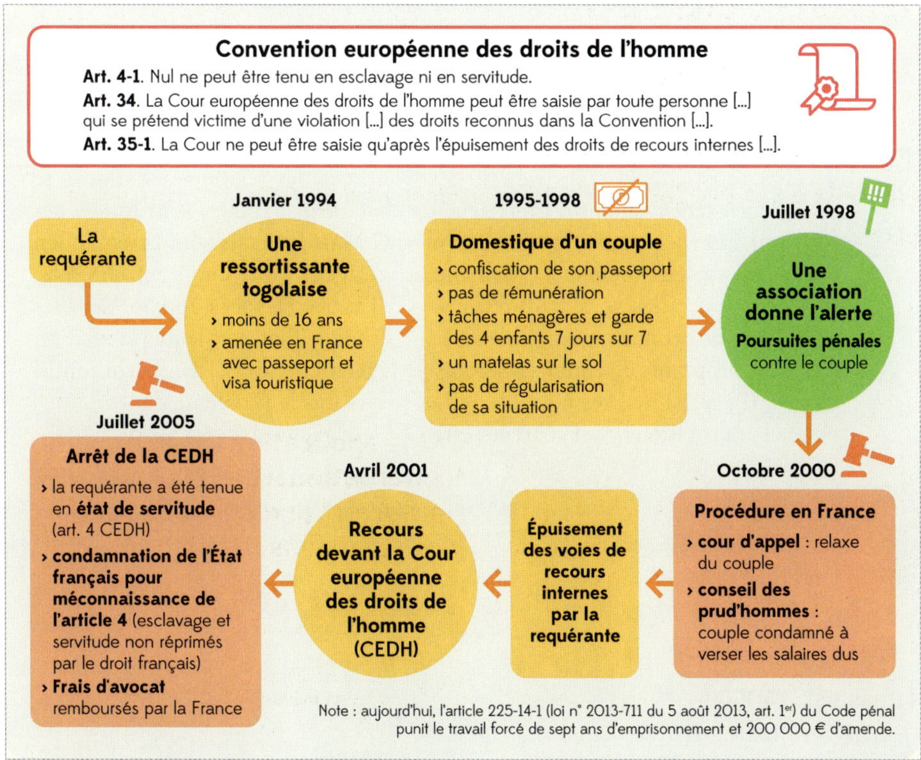

D'après l'arrêt de la Cour européenne des droits de l'homme (CEDH) Siliadin c. France, 26 juillet 2005

INSTITUTIONS

- **Cour internationale de justice, La Haye**
  Principal organe juridictionnel de l'ONU. Elle a une double compétence : régler les différends qui lui sont soumis par les États et donner des avis consultatifs sur des questions juridiques posées par les organes des Nations unies et ses institutions spécialisées.
- **Cour européenne des droits de l'homme, Strasbourg**
  Juridiction du Conseil de l'Europe chargée de veiller au respect de la Convention européenne de sauvegarde des droits de l'homme et des libertés fondamentales, ratifiée par 47 États européens.

RESSOURCE

› **Site de la Cour internationale de justice**

Liens vers la ressource

PARTIE 1

DOC 4 Un différend entre États devant la CIJ

La Cour internationale de justice, La Haye

La Cour internationale de justice avait été saisie en 2010 par l'Australie, qui accusait le Japon de pratiquer [dans l'Antarctique] une chasse [à la baleine] à l'échelle commerciale sous couvert d'un programme de recherche scientifique. L'Australie demandait à la CIJ d'ordonner au Japon de mettre fin à son programme de recherche. [La Cour s'est estimée compétente pour connaître de l'affaire].

Bien que le Japon ait rejeté ces accusations et rétorqué que son programme de recherche scientifique JARPA II était conforme à ses obligations conventionnelles, douze des seize juges de la Cour ont conclu que le pays violait trois dispositions de l'annexe à la Convention internationale pour la réglementation de la chasse à la baleine (CIRCB).

Les juges ont ordonné que le pays révoque toute autorisation, permis ou licence de tuer des baleines dans le cadre de JARPA II, et de s'abstenir d'accorder d'autres autorisations au titre de ce programme. […]

Les jugements rendus par la CIJ sont définitifs et obligatoires pour les parties.

« La CIJ ordonne au Japon de cesser la chasse à la baleine dans l'Antarctique », ONU Info, mars 2014

? QUESTIONS

1. En quoi les États sont-ils au cœur de l'élaboration du droit international ? **doc 1**
2. Dans quelle mesure les citoyens sont-ils des acteurs du droit international ? **docs 2 et 3**
3. Par quels juges le droit international est-il appliqué ? **docs 2 à 4**

Synthèse Comment le droit international s'impose-t-il aux États ?

C'est à vous ! ORAL

Vous représentez un État acceptant la compétence obligatoire de la Cour internationale de justice.

- Lors d'une assemblée générale de l'ONU, vous tentez de convaincre les autres États que la soumission des États au droit international est garante de l'intérêt général des nations.
- Présentez vos arguments en 5 minutes.

Le droit en pratique !

Le droit international privé

À vous de résoudre ces situations en trouvant la bonne règle de droit.

DOC 1 À quoi sert le droit international privé ?

Le monde est divisé en États souverains et indépendants. Lorsque les individus s'abstiennent d'en franchir les frontières, les relations juridiques se déroulent exclusivement à l'intérieur de chacun d'eux, elles sont toutes des relations internes soumises au droit interne. Mais les États sont rarement en total repli sur eux-mêmes. Les personnes voyagent, voire émigrent, des relations commerciales se nouent d'un pays à l'autre. Dès lors apparaissent les problèmes de droit international privé : [...] chaque État avec lequel la relation présente des points de contact a ses lois [...] ; il faut donc choisir, c'est le conflit de lois. Il a aussi [...] ses juges, ce qui pose à la fois le problème de leur compétence internationale, et celui des effets de leurs actes dans les autres États[1].

Pierre Mayer, Vincent Heuzé, Benjamin Remy,
Droit international privé, 12e édition, Lextenso, 2019

1. C'est le conflit de juridiction.

Situation 1

- Louise est australienne. Lucas est français. Le couple veut se marier à Venise, en Italie, avant de partir vivre quelque temps aux États-Unis.
Quelles sont les lois susceptibles de s'appliquer à ce mariage ?

Situation 2

- Lucas et Louise vivent désormais en France. Lucas donne des conseils juridiques à des entreprises américaines et chinoises. Dans un des contrats qu'il a rédigés, il précise que, en cas de litige, les tribunaux français sont compétents et le droit suisse s'applique.
Cette clause du contrat est-elle valable ?

Situation 3

- Lucas et Louise, après avoir vécu dix ans en France, envisagent de se séparer, en bonne entente.
Ils se demandent s'ils peuvent désigner la loi applicable pour régir leur divorce (par exemple, la loi italienne).

Situation 4

- Lors de vacances en Espagne, en garant son scooter, Lucas a endommagé le véhicule d'un vacancier qui réside lui aussi en France. Celui-ci menace de le poursuivre en justice s'il ne lui verse pas, sur-le-champ, la somme de 10 000 euros.
Quel est le juge compétent ?
Quel droit appliquera-t-il ?

Situation 5

- Lucas, qui a vieilli, rédige son testament. Il vit depuis vingt ans à San Francisco avec sa compagne américaine, Samantha, à qui il décide de transmettre tout son patrimoine, comme le permet la loi californienne. À sa mort, sa fille Maud, née de son mariage avec Louise et qui vit à Lyon, réclame une part de la succession. Elle saisit le juge français pour qu'il applique la loi française qui lui permet d'obtenir une part de la succession grâce à la réserve héréditaire (→ Dossier p. 162).
Maud a-t-elle une chance d'obtenir gain de cause ?

DOC 2

Art. 5 – Choix de la loi applicable par les parties.

1. Les époux peuvent convenir de désigner la loi applicable au divorce et à la séparation de corps, pour autant qu'il s'agisse de l'une des lois suivantes :

a) la loi de l'État de la résidence habituelle des époux au moment de la conclusion de la convention ; ou

b) la loi de l'État de la dernière résidence habituelle des époux, pour autant que l'un d'eux y réside encore au moment de la conclusion de la convention ; ou

c) la loi de l'État de la nationalité de l'un des époux au moment de la conclusion de la convention ; ou

d) la loi du for[1].

Règlement (CE) n° 1259/2010 du Conseil du 20 décembre 2010 mettant en œuvre une coopération renforcée dans le domaine de la loi applicable au divorce et à la séparation de corps

1. Loi du juge saisi.

DOC 3

Art. 4. 1. [La] loi applicable à une obligation non contractuelle résultant d'un fait dommageable est celle du pays où le dommage survient [...].

2. Toutefois, lorsque la personne dont la responsabilité est invoquée et la personne lésée ont leur résidence habituelle dans le même pays au moment de la survenance du dommage, la loi de ce pays s'applique.

Règlement (CE) n° 864/2007 du 11 juillet 2007 sur la loi applicable aux obligations non contractuelles

DOC 4

Art. 4. 1. [Les] personnes domiciliées sur le territoire d'un État membre sont attraites[1], quelle que soit leur nationalité, devant les juridictions de cet État membre.

Art. 7. Une personne domiciliée sur le territoire d'un État membre peut être attraite dans un autre État membre :

[...] 2. [...] en matière délictuelle[2] [...], devant la juridiction du lieu où le fait dommageable s'est produit ou risque de se produire. [...]

Art. 25. 1. Si les parties, sans considération de leur domicile, sont convenues d'une juridiction ou de juridictions d'un État membre pour connaître des différends nés ou à naître à l'occasion d'un rapport de droit déterminé, ces juridictions sont compétentes [...].

Règlement (UE) n° 1215/2012 du 12 décembre 2012 concernant la compétence judiciaire, la reconnaissance et l'exécution des décisions en matière civile et commerciale

1. Amenées à se présenter devant la justice.

2. Par « matière délictuelle », on entend ce qui est relatif à la responsabilité civile et non pénale.

DOC 5 Arrêt complet

[Après] avoir énoncé que la loi applicable à la succession de Maurice X... est celle de l'État de Californie, qui ne connaît pas la réserve, l'arrêt relève [...] que le dernier domicile du défunt est situé dans l'État de Californie, que ses unions, à compter de 1965, ont été contractées aux États-Unis, où son installation était ancienne et durable et, [...] que les parties ne soutiennent pas se trouver dans une situation de précarité économique ou de besoin ; que la cour d'appel en a exactement déduit qu'il n'y avait pas lieu d'écarter la loi californienne au profit de la loi française.

Cour de cassation , Arrêt n° 1005 du 27 septembre 2017 (16-17. 198)

DOC 6

Art. 3. 1. Le contrat est régi par la loi choisie par les parties. [...]

Règlement (CE) n° 593/2008 du 17 juin 2008 sur la loi applicable aux obligations contractuelles (Rome I)

DOC 7

Art. 202-1, alinéa 1. Les qualités et conditions requises pour pouvoir contracter mariage sont régies, pour chacun des époux, par sa loi personnelle[1]. Quelle que soit la loi personnelle applicable, le mariage requiert le consentement des époux [...].

Art. 202-2. Le mariage est valablement célébré s'il l'a été conformément aux formalités prévues par la loi de l'État sur le territoire duquel la célébration a eu lieu.

Code civil

1. Loi du pays dont la personne a la nationalité.

Conseils !

1. Lisez attentivement les situations et les documents.
2. Identifiez, pour chaque situation, les questions de droit qui se posent.
3. Analysez les règles de droit.
4. Avant de les appliquer, assurez vous que la situation entre dans leur champ d'application.

PARTIE 1

DÉBAT ORAL

La submersion de l'intégralité du territoire d'un État

→ **Comment le droit international pourrait-il appréhender la submersion de l'intégralité du territoire d'un État ?**

DOC 1 L'État en droit international

L'État est communément défini comme une collectivité qui se compose d'un territoire et d'une population soumis à un pouvoir politique organisé.

Avis n° 1 de la Commission d'arbitrage de la Conférence sur l'ex-Yougoslavie (« Commission Badinter »), 29 novembre 1991

DOC 2 Des États sans territoire ?

a. Le territoire, élément secondaire de l'État ?

On peut à la rigueur douter si c'est le pouvoir ou le peuple qui peuvent être considérés comme l'élément essentiel [de l'État]. Mais il est certain, en tout cas, que ce ne peut être le territoire, amorphe dans sa matérialité, même si l'on en fait une chose sacrée ou un objet de culte. [...]

L'État n'est pas le propriétaire du territoire. Il n'en est que l'utilisateur et le gère, dans un but déterminé ; gouvernements et agents n'exercent sur lui que des fonctions [...]. Le territoire ne peut donc être ni sujet de droit en tant que membre d'un corps étatique supposé, ni objet en tant que propriété d'une personne fictive.

George Scelle, « Obsession du territoire. Essai d'étude réaliste de droit international », *Symbolae J.H.W. Verzijl*, Nijhoff, 1958

b. Le territoire en droit international

L'État en droit international se définit [...] comme une entité abstraite [...] ; il se présente comme une notion fonctionnelle insensible aux dégradations. Égal et souverain par hypothèse, cet État va tirer de son caractère abstrait son utilité pratique puisque c'est sur ce postulat que va naître le droit international tel qu'il fonctionne aujourd'hui. Parce que le territoire est en droit international l'un des éléments constitutifs de cet État abstrait, il participe du même caractère. Il est l'espace de souveraineté dont dispose à titre exclusif tout État.

Maurice Flory, « Le couple État-territoire en droit international contemporain », *Cultures & Conflits*, vol. 21-22, 1996

DOC 3 Des États menacés de submersion

L'archipel de Kiribati, dans l'océan Pacifique

[…] Le principe d'État souverain est fondamental en relations internationales. Toute menace à la souveraineté d'une nation pourrait avoir des répercussions sans précédent sur la gouvernance mondiale.

[La] République de Kiribati a déclaré en 2015 que les effets des changements climatiques menacent son existence même en tant que nation. […] Kiribati est particulièrement vulnérable […] car elle est entièrement composée d'atolls, c'est-à-dire d'îles coralliennes ayant la forme d'un anneau fermé, de faible altitude. […]

Sur les petites îles, les mouvements exigeront bientôt que les communautés et les individus traversent les frontières. Ces facteurs pourraient menacer un critère fondamental du statut d'État tel que défini par la Convention de Montevideo : une population permanente.

L'ancien président de Kiribati, Anote Tong, a dit un jour que « nos îles, nos maisons, ne seront peut-être plus habitables – ou même n'existeront plus – au cours de ce siècle ». Cela indique que le deuxième critère du statut d'État, un territoire, est menacé. Alors que les changements climatiques s'accélèrent et que les pays commencent à ressentir les effets de l'érosion des rives, les chercheurs réfléchissent à des solutions.

Parmi celles-ci, le mécanisme du « gouvernement en exil » a été proposé. Cet outil permet à un gouvernement de fonctionner à l'extérieur de son territoire, mais nécessite le maintien d'une population. Elle a également besoin qu'une autre nation souveraine lui donne un morceau de territoire. […]

En cas de disparition d'un pays, il n'est pas certain qu'il conserverait sa souveraineté aux yeux de la communauté internationale. Cependant, les Nations Unies laissent entendre qu'il est improbable qu'un État cesse tout simplement d'exister […].

Sarah M. Munoz, « Changements climatiques : qu'arriverait-il si un pays était englouti par les eaux ? », theconversation.com, 22 juillet 2019

DOC 4 Le statut de réfugié

Art. premier [...] A. Aux fins de la présente Convention, le terme « réfugié » s'appliquera à toute personne :

[...] (2) Qui [...] craignant avec raison d'être persécutée du fait de sa race, de sa religion, de sa nationalité, de son appartenance à un certain groupe social ou de ses opinions politiques, se trouve hors du pays dont elle a la nationalité et qui ne peut ou, du fait de cette crainte, ne veut se réclamer de la protection de ce pays ; ou qui, si elle n'a pas de nationalité et se trouve hors du pays dans lequel elle avait sa résidence habituelle à la suite de tels événements, ne peut ou, en raison de ladite crainte, ne veut y retourner. [...]

Convention de Genève de 1951 relative au statut des réfugiés et Protocole de 1967 relatif au statut des réfugiés

DOC 5 La préservation des droits maritimes des États submergés

218. [...] d) La préservation des droits maritimes pour les îles qui ne se prêtent plus à l'habitation humaine ou à une vie économique propre en raison de l'élévation du niveau de la mer n'implique pas la création de nouveaux droits [pour les États insulaires en voie de submersion] : il s'agirait seulement de maintenir les droits existants. Cela permettrait de conserver l'équilibre entre les droits des États côtiers et ceux des États tiers ;

e) Si l'île est définie comme une « étendue naturelle de terre », il n'existe pas, dans la Convention des Nations Unies sur le droit de la mer [...] ni dans d'autres sources de droit international codifié, de critères généralement acceptés définissant ce qu'est une île « artificielle ». [...]

Il est généralement admis que le recours à des moyens artificiels [...] est acceptable en droit international, comme le montre la pratique de nombreux États. Toutefois, l'ampleur et le coût des travaux nécessaires porte à se demander si cette possibilité est envisageable pour tous les États.

Assemblée générale des Nations unies, Commission du droit international, 72e session concernant l'élévation du niveau de la mer au regard du droit international, Bogdan Aurescu, Nilüfer Oral, 2020

CHIFFRES CLÉS

L'élévation du niveau des mers

Cette élévation pourrait atteindre à la fin du siècle **2,4 mètres**.

70 % de la population mondiale pourrait, à terme, être affectée par cette élévation.

PARTIE 1

DOC 6 Maldives : un conseil des ministres immergé

Le 17 octobre 2009, le conseil des ministres des Maldives s'est tenu sous l'eau pour témoigner, aux yeux du monde, du risque encouru par l'État.

INFO

Les États atolliens qui risquent une submersion totale

Dans l'océan Pacifique : Îles Marshall, Kiribati, Tuvalu

Dans l'océan Indien : Maldives

C'est à vous !

C'est à vous !

DÉBAT

Comment le droit international pourrait-il appréhender la submersion de l'intégralité du territoire d'un État ?

ÉTAPE 1 Comprendre et préparer le débat

AVANT LE DÉBAT

1 Comment le droit international définit-il l'État et ses fonctions ?

2 À quels risques juridiques l'État de Kiribati est-il confronté du fait de l'élévation globale du niveau des mers ?

3 Que deviendrait la population d'un État intégralement submergé : des apatrides, des déplacés environnementaux ?

4 Quelles actions diplomatiques pourraient être envisagées pour adapter le droit international à une telle situation ?

VOCABULAIRE

- **Apatride** : personne qu'aucun État ne considère comme son ressortissant, qui ne bénéficie donc de la protection d'aucun État.
- **Déplacé environnemental** : personne qu'une dégradation majeure de son environnement force à le quitter.

ÉTAPE 2 Participer au débat

AVANT LE DÉBAT

5 Identifiez les arguments formulés dans les documents.

6 Notez ces arguments puis imaginez-en d'autres.

PENDANT LE DÉBAT

7 Notez les arguments des autres élèves.

Conseils

- Anticipez les points de vue différents afin de construire une contre-argumentation.
- Écoutez et respectez la parole des autres.
- Pour convaincre, il est important d'associer des idées générales à des exemples précis (faits, acteurs, ce que dit le droit...).
- Relisez vos notes avant de prendre la parole.
- Présentez vos arguments, sans lire vos notes, en regardant l'auditoire.

	Le droit international doit créer une nouvelle forme d'État sans territoire	Le droit international doit créer un statut spécifique pour les populations dont l'État a été submergé	Le droit international doit obliger les États émergés à céder un territoire aux États submergés
Les arguments des acteurs des documents	• • •	• • •	• • •
Mes arguments	• • •	• • •	• • •
Les arguments des autres élèves	• • •	• • •	• • •

ÉTAPE 3 Conclure le débat

APRÈS LE DÉBAT

8 À l'écrit, exprimez votre point de vue argumenté sur la manière dont le droit international pourrait appréhender la situation d'un État dont le territoire serait intégralement submergé.

9 Les arguments échangés lors du débat ont-ils fait évoluer votre position ? Expliquez pourquoi.

GRAND ORAL

Droit de l'UE et droit international

Les questions du Grand oral portent sur vos spécialités, mais n'hésitez pas à mettre en valeur vos connaissances juridiques : cela ne pourra que valoriser votre prestation.

Dans ce chapitre, vous avez étudié la façon dont le droit est mis en œuvre à l'échelle européenne et internationale.

Voici quelques exemples de questions dont vous pouvez vous inspirer.

Histoire-Géographie-Géopolitique-Science politique 1re

› Thème 1 – Comprendre un régime politique : la démocratie ; objet de travail conclusif : Le fonctionnement de l'Union européenne

EXEMPLE DE QUESTION

- En quoi l'Union européenne s'est-elle construite par le droit ?

LE + DU DROIT

La construction européenne repose sur des traités régulièrement complétés, depuis le traité de Rome en 1957. Par ces engagements, les États confient à l'UE une quantité croissante de compétences, mais ce processus ne se fait pas sans difficultés : des désaccords surgissent fréquemment.

SES Term

› Chapitre 2 – Quels sont les fondements du commerce international et de l'internationalisation de la production ?

EXEMPLE DE QUESTION

- Le traité de libre-échange transatlantique est-il favorable à l'économie européenne ?

LE + DU DROIT

Vous pourrez montrer que les échanges internationaux sont rendus possibles par les relations internationales. Vous pourrez également mobiliser votre connaissance du droit pour mieux présenter le traité et insister sur la dimension formelle de ce type d'accords internationaux.

Anglais monde contemporain Term

› Thématique 3 : Relation au monde ; axe d'étude 1 : Puissance et influence

EXEMPLE DE QUESTION

- Comment le Brexit modifie-t-il la relation du Royaume-Uni au continent européen ?

LE + DU DROIT

Vous saurez expliquer la législation de l'Union européenne et l'impact du Brexit sur la législation du Royaume-Uni. Vous pourrez préciser en quoi l'accord de libre-échange engage les parties.

SVT Term

› Enjeux planétaires contemporains ; Comprendre les conséquences du changement climatique et les possibilités d'actions

EXEMPLE DE QUESTION

- En quoi la signature d'accords internationaux sur le climat, comme le protocole de Kyoto ou la Cop 21, peuvent-ils avoir une influence sur les actions menées pour limiter le réchauffement climatique ?

LE + DU DROIT

Vous connaissez le rôle des institutions internationales dans l'application des traités conclus entre États, notamment dans la lutte contre le changement climatique. Vous pourrez présenter le rôle de la Cour pénale internationale dans la répression des atteintes graves à l'environnement. Il est aussi possible de discuter des stratégies d'évitement de certains pays.

Droit de l'Union européenne et droit international

1 Le droit de l'Union européenne

- L'**Union européenne** est une structure de gouvernance à laquelle les États membres attribuent des compétences pour atteindre leurs objectifs communs. Elle a pour but de promouvoir la paix et des valeurs communes. Elle vise aussi à créer un espace de liberté, de sécurité et de justice entre les **États membres**. Elle agit dans la limite des compétences qui lui ont été attribuées par les traités.
- Le droit de l'Union est composé du droit primaire et du droit dérivé – dont les **règlements** et **directives**. Il s'impose aux États membres, en vertu du principe de primauté.
- La Commission européenne a l'initiative des textes. Le Parlement européen et le Conseil les adoptent. La Cour de justice de l'Union européenne veille à ce que le droit de l'Union soit appliqué et interprété de manière uniforme par les États membres. Saisis d'une question délicate relative à l'interprétation du droit de l'Union, les juges nationaux lui posent une **question préjudicielle**.
- L'Union européenne assure notamment le respect des droits fondamentaux reconnus par la Charte des droits fondamentaux de l'Union européenne.

2 Le droit international

- Lorsque les **États souverains** signent et **ratifient** des traités internationaux (ou « conventions internationales »), ils consentent à respecter certains engagements. En droit français, ces traités ont une autorité supérieure à celle des lois, en vertu de l'article 55 de la Constitution. Sur le fondement de ce dernier, les juges peuvent contrôler la conventionnalité des lois.
- Ces traités sont le plus souvent élaborés au sein d'**organisations internationales**, à l'image de l'Union européenne, du Conseil de l'Europe, de l'Organisation des Nations unies ou de l'Organisation mondiale du commerce.
- Les juges nationaux appliquent le droit international. L'effectivité de ce dernier peut aussi être assurée par des **juridictions internationales** spécialisées, à l'image de la **Cour européenne des droits de l'homme** (organe juridictionnel du Conseil de l'Europe, chargé d'appliquer la Convention européenne des droits de l'homme) ou de la **Cour internationale de justice** (organe de l'Organisation des Nations unies).
- Les **États** et organisations internationales élaborent également des règles encadrant les relations internationales entre personnes physiques ou morales : le **droit international privé**, qui permet notamment de déterminer la loi applicable à ces relations et, en cas de litige, de déterminer quel est le juge compétent pour les trancher.
- En droit international, l'État est généralement identifié par trois indices : un territoire, une population et un gouvernement effectif et indépendant. L'élévation globale du niveau des mers, à cause du réchauffement de la planète, risque de conduire à la submersion de l'intégralité du territoire de certains États. Cela constituerait un défi inédit pour le droit international.

MOTS CLÉS

- **Droit international privé** → p. 280
- **Juridictions internationales** → p. 280
- **Question préjudicielle** → p. 280
- **Organisations internationales** → p. 280
- **Ratification** → p. 280
- **Règlements, directives** → p. 280
- **Union européenne** → p. 280

TEXTES CLÉS

- **Traité sur l'Union européenne** (13 décembre 2007, initialement traité de Maastricht, 7 février 1992)
- **Traité sur le fonctionnement de l'Union européenne** (13 décembre 2007, initialement traité de Rome, 25 mars 1957)
- **Charte des droits fondamentaux de l'Union européenne** (12 décembre 2007, initialement proclamée à Nice, 7 décembre 2000)
- **Déclaration universelle des droits de l'homme** (10 décembre 1948)
- **Convention européenne des droits de l'homme** (4 novembre 1950)

EXO Exercices interactifs

Entraînez-vous avec des QCM pour retenir les éléments essentiels du chapitre.

SCHÉMA DE SYNTHÈSE

Le droit de l'Union européenne

Ses fondements

Une structure de gouvernance
- Institutions européennes
- 27 États membres

Des compétences législatives
- Principe d'attribution
- Principe de subsidiarité

Des valeurs partagées
Paix, dignité, droits de l'homme, liberté, démocratie, égalité, justice, solidarité...

Le droit de l'Union européenne

Droit primaire
- Traité sur l'Union européenne
- Traité sur le fonctionnement de l'Union européenne
- Charte des droits fondamentaux de l'Union européenne

Droit dérivé
Actes législatifs
- Règlements
- Directives

Primauté du droit européen sur le droit national
Source directe de normes juridiques dans chaque État membre

Son application

Les citoyens de l'Union
- Des droits et des obligations

Les juges nationaux
- Faire respecter le droit de l'Union
- Poser une question préjudicielle

La Cour de justice de l'Union européenne (CJUE)
- Veiller à l'interprétation uniforme et égale du droit de l'Union dans les États membres
- Répondre aux questions préjudicielles

Le droit international

Sources
- **Traités et conventions internationales**
  Ex. : Convention européenne des droits de l'homme
- **Jurisprudence**
- **Principes généraux du droit**
- **Coutume**
- **Doctrine**
- **Droit souple**

Acteurs
- **États**
- **Organisations internationales**
  Ex. : Organisation des Nations unies, Organisation mondiale du commerce, Conseil de l'Europe
- **Organisations non gouvernementales**
- **Personnes physiques et morales**

Juridictions
- **Juges nationaux**
  Ex. : juges administratifs et judiciaires français (contrôle de conventionnalité des lois)
- **Juges internationaux**
  Ex. : Cour internationale de justice, Cour pénale internationale, Cour européenne des droits de l'homme, Tribunal international du droit de la mer

Actu

Rendez-vous sur le site **lyceen.nathan.fr/dgemc** pour découvrir de nouveaux documents en fonction de l'actualité juridique !

Pour aller plus loin

FILM

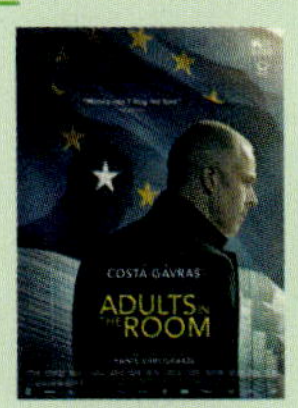

Adults in the Room, Costa-Gavras, 2019

Un nouveau ministre des finances grec doit négocier avec les institutions européennes et internationales pour sortir son pays de la crise.

FILM

L'interprète, Sydney Pollack, 2005

Une interprète de l'ONU découvre un complot contre le président de la République (fictive) du Matobo.

FILM

Jugement à Nuremberg, de Stanley Kramer, 1961

Inspiré du procès de Nuremberg, ce film dépeint le procès de hauts fonctionnaires du régime nazi.

CHAPITRE 4

Personnes et citoyens

Avoir des droits, répondre de ses actes, c'est être sujet de droit. La notion de citoyenneté, elle, emporte des droits et des obligations de nature politique. Si l'attribution de la qualité de sujet de droit à toutes les personnes physiques n'est plus discutée, les droits peuvent varier selon la qualité des personnes – nationaux et non-nationaux – tandis que la conciliation entre les droits fondamentaux et la préservation de l'ordre public est complexe dans les sociétés qui se réclament de l'État de droit.

À quelles conditions une entité est-elle investie de droits et d'obligations ?
Qu'est-ce qu'être citoyen ?
Comment la citoyenneté s'articule-t-elle avec l'exercice des droits fondamentaux et l'ordre public ?

DOC 1

Manifestation pour la journée internationale des droits des femmes

Paris, 2020

?

En quoi une manifestation permet-elle de faire entendre des revendications citoyennes ?

DOC 2

Une cérémonie d'accueil dans la nationalité française

Cérémonie organisée pour accueillir ceux qui viennent d'acquérir la nationalité française.

Tourcoing, 2018

?

Quels symboles relevez-vous sur cette photographie ?

Interview de CLAIRE HÉDON

Défenseure des droits

Vidéo

REPÈRES

La personnalité juridique

Vu au lycée

Histoire 1re

La France – La difficile entrée dans l'âge démocratique

Affirmations fondamentales et fondatrices (suffrage universel masculin, abolition de l'esclavage…)

Histoire Term

Un tournant social, politique et culturel, la France de 1974 à 1988

IVG, droits des femmes, abolition de la peine de mort

Philosophie Term

La liberté ; le devoir ; la conscience

DOC 1 Le décret d'abolition de l'esclavage

Art. 1. L'esclavage sera entièrement aboli dans toutes les colonies et possessions françaises, deux mois après la promulgation du présent décret dans chacune d'elles. À partir de la promulgation du présent décret dans les colonies, tout châtiment corporel, toute vente de personnes non libres, seront [...] interdits.

Décret de l'abolition de l'esclavage dans les colonies françaises, 27 avril 1848

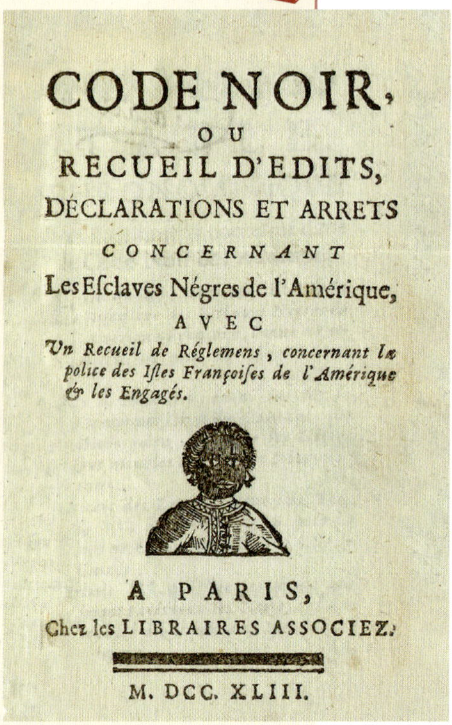
CODE NOIR,
OU
RECUEIL D'EDITS,
DÉCLARATIONS ET ARRETS
CONCERNANT
Les Esclaves Négres de l'Amérique,
AVEC
Un Recueil de Réglemens, concernant la police des Isles Françoises de l'Amérique & les Engagés.
A PARIS,
Chez les LIBRAIRES ASSOCIEZ.
M. DCC. XLIII.

Couverture du Code noir

DOC 2 Les bornes temporelles de la personnalité juridique

Simple superposition d'une qualification juridique sur un donné naturel, la personne physique trouve dans le début et la fin de la vie humaine les bornes de son existence […].

L'article 55 du Code civil prévoit que les déclarations de naissance doivent être faites dans les cinq jours auprès de l'officier d'état civil du lieu de naissance […]. La loi ne fait ici que constater l'existence d'une personne advenue au monde des hommes à qui la personnalité juridique est acquise, du seul fait de la naissance […].

Depuis l'abolition de la mort civile, la fin de la personnalité juridique ne peut correspondre, pour les personnes physiques, qu'à la fin de la vie, c'est-à-dire la mort. […] La mort est constatée dans un acte de décès, dressé, conformément à l'article 78 du Code civil, par l'officier de l'état civil de la commune où le décès a eu lieu […].

Bernard Beignier, Jean-René Binet, *Droit des personnes et de la famille*, LGDJ, 4e édition, 2019

INFO

Le statut de l'esclave

Le Code noir, édicté en 1685, organise la vie des esclaves dans les plantations. L'esclave y est considéré comme un être humain sans personnalité juridique, largement assimilable à un « bien meuble », vis-à-vis duquel le maître a des droits mais aussi des obligations. Il peut le soumettre à des châtiments, des mutilations, voire le tuer. Il peut aussi le vendre ou le transmettre. Il doit le nourrir et le vêtir. Il lui donne, ou non, le droit de se marier. L'esclave reçoit le baptême catholique.

DOC 3 La primauté de la personne

Art. 16. La loi assure la primauté de la personne, interdit toute atteinte à la dignité de celle-ci et garantit le respect de l'être humain dès le commencement de sa vie.

Code civil

DOC 4 Personne physique et personne morale

a. Personne physique

Au sens du droit français, une personne physique est un être humain doté, en tant que tel, de la personnalité juridique. Pour jouir directement et pleinement de sa capacité [...] juridique, une personne physique doit être majeure [...] et ne pas être en incapacité partielle ou totale [...] ; sinon cette capacité est exercée en son nom par un représentant légal.

« Personne physique », Insee, 2016

b. Personne morale

Les personnes morales sont des groupements de personnes physiques qui sont dotées en elles-mêmes de la personnalité juridique. Elles ont donc tous les attributs de la personnalité juridique : un nom (appelé dénomination ou raison sociale pour les sociétés), un domicile (un siège social), un patrimoine, une nationalité, la capacité juridique (par exemple de conclure des contrats), le droit d'ester[1] en justice, etc.

La doctrine s'est longtemps interrogée pour savoir si les personnes morales relevaient de la fiction ou de la réalité.

Muriel Fabre-Magnan, *Introduction au droit*, PUF, Que sais-je ?, 2016

1. Droit d'agir en justice.

DOC 5 Les personnes morales

Les personnes morales de droit public	Les personnes morales de droit privé
› **L'État**	› **Sociétés (immatriculées au registre des sociétés et du commerce)**
› **Les collectivités territoriales** : communes, départements, régions, collectivités d'outre-mer...	› **Associations**
› **Les établissements publics** (ex. : lycées, musées, ministères, hôpitaux... publics) ; santé...	› **Groupements d'intérêt économique**
	› **Syndicats professionnels**
	› **Fondations**

DOC 6 Responsabilités pénale, civile et administrative

L'expression « responsabilité civile » désigne, dans le langage juridique actuel, l'ensemble des règles qui obligent l'auteur ou celui qui contribue à la réalisation d'un dommage causé à autrui à le réparer en offrant à la victime une compensation. [...]

Mais la forme de responsabilité la plus connue du grand public est évidemment la responsabilité pénale qui se distingue nettement de la responsabilité civile par sa fonction essentiellement répressive. [...]

Une autre forme de responsabilité juridique se rapproche, quant à elle, davantage de la responsabilité civile car elle assume, comme celle-ci, une fonction de réparation et exige la désignation d'un responsable ainsi qu'un lien de rattachement du dommage au responsable. Il s'agit de la responsabilité administrative [...] [Elle] a conduit [...] à donner compétence, pour trancher les litiges opposant les particuliers à l'administration, à un ordre juridictionnel autonome qui ne s'estime lié ni par les textes ni par les principes du droit civil. De là est née une branche nouvelle du droit, le droit administratif, dont l'autonomie s'est manifestée dans le domaine de la responsabilité comme ailleurs [...].

Geneviève Viney, *Introduction à la responsabilité*, LGDJ, 4e édition, 2019

PARTIE 2

VOCABULAIRE

- **Capacité juridique** : aptitude qu'a une personne juridique à exercer elle-même ses droits.
- **Mort civile** : extinction légalement prononcée de la personnalité juridique d'un individu, ce qui emporte une privation générale de ses droits. Cette notion a été abolie en 1854.
- **Responsabilité** : obligation juridique consistant à répondre des conséquences dommageables de ses actes.

? QUESTIONS

1. Que signifie l'expression « personne non libre » ? **doc 1**
2. À quelles conditions une entité est-elle investie de la personnalité juridique ? **docs 2 à 4**
3. De quelle personne est-il question dans le **doc 3** ?
4. Quelles différences existe-t-il entre la personne physique et la personne morale ? **docs 4 et 5**
5. À quoi sert la responsabilité ? **doc 6**

COURS

Les sujets de droit

REPÈRES → p. 112
LE DROIT EN PRATIQUE → p. 116
DOSSIER → p. 118
DÉBAT → p. 142
COURS → p. 164

VOCABULAIRE

- **Bien** : toute chose, corporelle ou incorporelle, susceptible d'appropriation. On distingue les biens meubles (que l'on peut déplacer d'un endroit à un autre sans les modifier ni les détruire) des biens immeubles.
- **Capacité juridique** : aptitude qu'a une personne juridique à exercer elle-même ses droits.
- **Personnalité juridique** : technique du droit consistant à doter une entité de droits et d'obligations.
- **Personne morale** : groupement d'individus doté, en tant que tel, de la personnalité juridique.
- **Représentation** : technique juridique consistant à ce qu'un représentant agisse au nom et pour le compte d'un représenté.

NOTIONS

- **Bien** → Vocabulaire et p. 280
- **Capacité juridique** → Vocabulaire et p. 280
- **Droits des animaux** → p. 280
- **Patrimoine** → p. 280
- **Personnalité juridique** → Vocabulaire et p. 280
- **Personne morale** → Vocabulaire et p. 280
- **Personne physique** → p. 280
- **Responsabilité civile, pénale et administrative** → Repères et p. 280

TEXTE CLÉ

Le Code noir (1685)

Art. 44. « Déclarons les esclaves être meubles et comme tels entrer dans la communauté [du maître], se partager également entre les cohéritiers [...]. »

→ La distinction juridique traditionnelle entre personnes et choses est-elle apte à rendre compte de la complexité des rapports de droit aujourd'hui ?

I. Quel intérêt pour les juristes de distinguer personnes et choses ?

A L'enjeu de la distinction entre les personnes et les choses

• **Depuis le droit romain, le juriste a pris l'habitude de diviser le monde en deux catégories étanches** *(summa divisio)* : d'un côté, les **personnes**, à qui sont conférés des droits et sur qui pèsent des obligations ; de l'autre, les choses, qui sont des objets de droit.

• C'est parce que l'on est un **sujet de droit** que l'on peut être titulaire d'un **patrimoine**, exercer une **action en justice** pour faire valoir ses droits ou, inversement, être attrait en justice. Le cas échéant, un sujet de droit peut être tenu **responsable** d'un acte et, pour cette raison, il peut devoir payer des dommages et intérêts, subir une peine de prison ou encore s'acquitter d'une amende.

• C'est parce qu'une entité est **objet de droit**, qu'elle peut être vendue, louée, échangée, donnée, etc.

• Mais si **la notion d'objet de droit est relativement simple à comprendre**, quand bien même elle correspond à des types de **biens** variés (une table, de l'argent, une œuvre protégée par un droit d'auteur...), celle de **personne** est beaucoup plus complexe.

B L'hétérogénéité des personnes juridiques

• Si le langage courant associe « personne » et « individu », **en droit, l'expression « personne juridique » (ou « sujet de droit ») désigne deux réalités différentes.**

• **Aujourd'hui, toutes les personnes physiques**, c'est-à-dire les personnes en chair et en os, depuis leur naissance jusqu'à leur mort, **sont des personnes juridiques**, même si certaines d'entre elles – les mineurs et les majeurs protégés – ne disposent pas de la **capacité juridique** et ont besoin d'être assistées ou représentées pour exercer leurs droits et être redevables d'obligations.

• Le fait, pour la personne physique, de disposer de la **personnalité juridique** n'a pas toujours existé. Jusqu'à l'abolition de l'esclavage en 1848, on pouvait être un être humain, né et vivant, et malgré tout ne pas disposer de la personnalité juridique. D'après le Code noir, l'esclave était considéré comme un meuble appartenant à son maître, même s'il jouissait de certains droits, comme celui de se marier. Avec le choc de l'extermination des juifs d'Europe, durant la Seconde guerre mondiale, on a pris conscience du danger mortel qu'il y avait à hiérarchiser les humains. Ainsi la personnalité juridique est-elle devenue elle-même l'objet d'un droit comme l'énonce l'article 6 de la Déclaration universelle des droits de l'homme (1948) : « Chacun a le droit à la reconnaissance en tous lieux de sa personnalité juridique ».

• **Depuis le Moyen Âge, disposer de la personnalité juridique ne s'applique plus aux seules personnes physiques, mais s'étend aux personnes morales** (ex. : l'État, un hôpital, une société commerciale...). Ce sont des entités que le droit envisage de manière **abstraite**, indépendamment des individus qui les composent. Elles n'en sont pas moins des **personnes juridiques**, dotées de droits et d'obligations, car elles jouent un rôle déterminant dans notre vie. Sans elles, les personnes physiques ne pourraient pas se nourrir, voyager, se soigner, faire reconnaître leurs droits, etc. Puisqu'elles sont utiles aux individus, le système juridique leur confère des **attributs** (un nom, un domicile...), des **droits** (acheter des biens, conclure des contrats…) et les rend **responsables** des dommages que leur activité provoque et des infractions que leurs membres commettent, en leur nom et pour leur compte.

> **INFO**
>
> **L'université**
>
> Les universités françaises sont des personnes morales de droit public, précisément des établissements publics nationaux d'enseignement supérieur et de recherche. Même si des institutions d'enseignement existent depuis l'Antiquité, l'originalité de l'*universitas*, née entre les XIe et XIIIe siècles, à Paris, à Bologne ou Oxford, c'est qu'elle constitue un groupe de personnes qui apprennent et enseignent, une personne morale capable de s'opposer au pouvoir royal, urbain et ecclésiastique.

II. Les limites de la catégorisation juridique en personnes et choses

A L'apparition d'entités hybrides

- Sous l'effet d'évolutions techniques et sociales complexes, certaines entités s'intègrent mal dans ces catégories figées du droit. La dépénalisation de l'interruption volontaire de grossesse, la naissance d'enfants conçus in vitro, le maintien de cadavres en état de mort cérébrale pour en prélever des organes, la montée en puissance de revendications liées à la nécessité de protéger les **animaux**, la création de robots de plus en plus autonomes, la destruction massive des ressources naturelles, le dérèglement climatique… soulèvent des questions ardues. Ainsi, l'embryon, qu'il soit porté par une femme ou dans un tube à essai, n'est ni véritablement une chose (si c'était le cas, on pourrait procéder à un avortement sans restriction ou le vendre, ce qui est interdit par la loi française), ni une personne (sinon, les expériences sur les embryons ou l'avortement seraient illégaux, ce qui, en France, n'est pas le cas).

B La personnification, une technique de protection controversée

- Face aux bouleversements que connaissent nos sociétés, certains juristes pensent qu'**attribuer la personnalité juridique à une entité** (un animal, un fleuve, un cadavre…) est une solution judicieuse pour la **protéger**.
- Or, outre le fait qu'il s'agit là d'utiliser une notion technique (la personnalité juridique) à des fins morales ou politiques, **cela ne peut se faire sans changer bon nombre d'équilibres profonds.** Par exemple, si l'on dit que l'animal est une personne, alors nous serions contraints de cesser de manger des animaux et même d'interdire à ces derniers de se manger entre eux. Mais surtout, puisqu'un animal ne peut pas aller seul devant un tribunal, il faudrait organiser sa **représentation** en justice. Donc, la reconnaissance de la personnalité animale exigerait forcément la médiation d'une personne humaine.
- Finalement, même si elle révèle que la *summa divisio* personnes/choses a vécu, la **reconnaissance d'entités hybrides,** qui ne seraient ni des personnes ni des choses, se révèle moins perturbatrice qu'une généralisation de la personnification.

RÉVISER SON COURS

1. Quelles distinctions le droit fait-il entre les personnes et les choses ?
2. Que signifie être une personne juridique ?
3. La personnification d'entités que l'on souhaite protéger est-elle une solution concevable et opportune ?

RESSOURCES

Liens vers les ressources

LOI

Code civil, art. 16
www.legifrance.gouv.fr

Cet article, de valeur constitutionnelle, pose le principe de la primauté de la personne.

VIDÉO

« Bicentenaire de Victor Schœlcher qui a fait abolir définitivement l'esclavage en 1848 », Soir 3 journal, France 3, juillet 2004
www.ina.fr

Cette vidéo présente les raisons pour lesquelles Victor Schœlcher a voulu l'abolition de l'esclavage et les obstacles qu'il a dû vaincre pour y parvenir.

VIDÉO

« Animaux déclarés êtres sensibles », 12/13, France 3 Paris, janvier 2015
www.ina.fr

Une vidéo pour comprendre l'influence du combat contre les souffrances infligées aux animaux sur l'évolution de la qualification de leur statut (1804 à 2015).

Le droit en pratique ! Incapacité des personnes et protection juridique

VOCABULAIRE

- **Incapacité** : situation de la personne mineure ou majeure mais ne pouvant exprimer valablement sa volonté et qui a besoin d'être assistée ou représentée pour accomplir des actes juridiques.
- **Mesure de protection juridique** : elle est décidée par un juge pour protéger les intérêts d'une personne dont les facultés sont altérées par une maladie, un handicap, ou un accident, la rendant incapable de les défendre elle-même.

Situation

- Mme Bélier, âgée de 80 ans et veuve depuis peu, a pris la décision d'entrer dans une maison de retraite où elle mène une vie agréable. Elle a noué une relation d'affection avec une résidente, Mme Dupont, qui, quoique plus jeune qu'elle, souffre de troubles de mémoire et a été mise sous tutelle voici six mois. Les deux femmes souhaitent se marier. ***Le peuvent-elles ?***
- Par ailleurs, les enfants de Mme Dupont ont confié à Mme Bélier leur inquiétude : la maison de retraite est très onéreuse et il faudrait que Mme Dupont vende un studio qui lui appartient pour financer le coût de l'hébergement. ***Est-ce possible étant donné son état ?***
- Une employée de la maison de retraite informe les enfants de Mme Dupont qu'elle a retrouvé, dans la poubelle de sa chambre, le brouillon d'un testament, rédigé avec l'aide de son tuteur, dans lequel elle lègue son studio à ce dernier. ***Le tuteur avait-il le droit d'aider Mme Dupont à rédiger son testament ?***
- Les élections approchent et Mme Bélier tient absolument à voter, car elle s'est toujours intéressée à la politique. Elle pense que se rendre au bureau de vote serait aussi une façon de distraire sa compagne. ***Mme Dupont a-t-elle le droit de voter ?***
- Alors qu'elles se dirigeaient vers la salle de repas, Mme Dupont a accidentellement bousculé Mme Bélier, qui est tombée et s'est cassé le col du fémur. ***Mme Dupont doit-elle dédommager Mme Bélier ?***

DOC 1 Tutelle d'une personne majeure

La tutelle est une mesure judiciaire destinée à protéger une personne majeure et/ou tout ou partie de son patrimoine si elle n'est plus en état de veiller sur ses propres intérêts du fait de l'altération de ses facultés mentales, ou lorsqu'elle est physiquement incapable d'exprimer sa volonté. Un tuteur la représente dans les actes de la vie civile. Il établit chaque année un compte de gestion. L'ouverture d'une tutelle peut être demandée au juge des contentieux de la protection par la personne à protéger, la personne qui vit en couple avec la personne à protéger, un parent, une personne entretenant des liens étroits et stables avec la personne, la personne qui exerce (déjà) la mesure de protection juridique, ou le procureur de la République.

Lorsque aucun membre de la famille ou aucun proche ne peut assumer la tutelle, le juge désigne un mandataire judiciaire à la protection des majeurs.

D'après « Tutelle d'une personne majeure » et « Qui peut être nommé curateur, tuteur ou mandataire spécial ? », service-public.fr

DOC 2 La personne sous tutelle

Art. 473. Sous réserve des cas où la loi ou l'usage autorise la personne en tutelle à agir elle-même, le tuteur la représente dans tous les actes de la vie civile.

Toutefois, le juge peut, dans le jugement d'ouverture ou ultérieurement, énumérer certains actes que la personne en tutelle aura la capacité de faire seule ou avec l'assistance du tuteur.

Art. 474. La personne en tutelle est représentée dans les actes nécessaires à la gestion de son patrimoine [...].

Art. 475. La personne en tutelle est représentée en justice par le tuteur. [...]

Art. 476. La personne en tutelle peut, avec l'autorisation du juge ou du conseil de famille s'il a été constitué, être assistée ou au besoin représentée par le tuteur pour faire des donations.

Elle ne peut faire seule son testament après l'ouverture de la tutelle qu'avec l'autorisation du juge ou du conseil de famille s'il a été constitué, à peine de nullité de l'acte. Le tuteur ne peut ni l'assister ni la représenter à cette occasion.

Toutefois, elle peut seule révoquer le testament fait avant ou après l'ouverture de la tutelle.

Le testament fait antérieurement à l'ouverture de la tutelle reste valable à moins qu'il ne soit établi que, depuis cette ouverture, la cause qui avait déterminé le testateur à disposer a disparu.

Code civil

DOC 3 La protection des « incapables »

Art. 414. La majorité est fixée à 18 ans accomplis ; à cet âge, chacun est capable d'exercer les droits dont il a la jouissance.

Art. 415. Les personnes majeures reçoivent la protection de leur personne et de leurs biens que leur état ou leur situation rend nécessaire selon les modalités prévues au présent titre.

Cette protection est instaurée et assurée dans le respect des libertés individuelles, des droits fondamentaux et de la dignité de la personne.

Elle a pour finalité l'intérêt de la personne protégée. Elle favorise, dans la mesure du possible, l'autonomie de celle-ci.

Elle est un devoir des familles et de la collectivité publique.

Art. 425. Toute personne dans l'impossibilité de pourvoir seule à ses intérêts en raison d'une altération, médicalement constatée, soit de ses facultés mentales, soit de ses facultés corporelles de nature à empêcher l'expression de sa volonté peut bénéficier d'une mesure de protection juridique prévue au présent chapitre.

S'il n'en est disposé autrement, la mesure est destinée à la protection tant de la personne que des intérêts patrimoniaux de celle-ci. Elle peut toutefois être limitée expressément à l'une de ces deux missions.

Art. 460. La personne chargée de la mesure de protection est préalablement informée du projet de mariage du majeur qu'il assiste ou représente.

Art. 1145, alinéa 1. Toute personne physique peut contracter sauf en cas d'incapacité prévue par la loi.

Art. 1146. Sont incapables de contracter, dans la mesure définie par la loi :

1° Les mineurs non émancipés ;

2° Les majeurs protégés au sens de l'article 425.

Code civil

DOC 4 La responsabilité

Art. 414-3. Celui qui a causé un dommage à autrui alors qu'il était sous l'empire d'un trouble mental n'en est pas moins obligé à réparation.

Art. 1240. Tout fait quelconque de l'homme, qui cause à autrui un dommage, oblige celui par la faute duquel il est arrivé à le réparer.

Art. 1241. Chacun est responsable du dommage qu'il a causé non seulement par son fait, mais encore par sa négligence ou par son imprudence.

Code civil

DOC 5 Le droit de vote des personnes sous tutelle

Art. L. 72-1. Le majeur protégé exerce personnellement son droit de vote pour lequel il ne peut être représenté par la personne chargée de la mesure de protection le concernant.

Code électoral, article inséré par la loi n° 2019-222 du 23 mars 2019 de programmation 2018-2022 et de réforme pour la justice

Conseils !

1. Lisez attentivement la situation et les documents.
2. Identifiez, pour chaque partie de la situation, les questions de droit qui se posent.
3. Analysez les règles de droit.
4. Avant de les appliquer, assurez vous que la situation entre dans leur champ d'application.

PARTIE 2

RESSOURCES

Liens vers les ressources

SITE

« Protection juridique (tutelle, curatelle...) », service public
www.service-public.fr

Les caractéristiques des différentes mesures de protection juridique ainsi que les conditions pour les demander, les prononcer et les appliquer.

SITE

« Saisir le juge des contentieux de la protection », service public
www.service-public.fr

Origine, fonctions et conditions de saisine du juge des contentieux de la protection.

ARTICLE

« La justice confirme une mise sous tutelle », *Le Monde* avec AFP, janvier 2012
www.lemonde.fr

Le récit d'une mise sous tutelle.

DOSSIER

En droit, qu'est-ce qu'un animal ?

REPÈRES → p. 112
COURS → p. 114

Longtemps appréhendé par le droit civil comme un simple bien meuble, l'animal est aujourd'hui reconnu par le Code civil comme un être vivant doué de sensibilité. Il reste pourtant soumis au régime des biens, même si d'autres branches du droit organisent sa protection.

→ **Est-il opportun de faire de l'animal un sujet de droit pour le protéger ?**

Xavier Delucq , *Huffington Post*, 21 avril 2014

VOCABULAIRE

- **Bien** : toute chose, corporelle ou incorporelle, susceptible d'appropriation. On distingue les biens meubles (que l'on peut déplacer d'un endroit à un autre sans les modifier ni les détruire) des biens immeubles.

DOC 1 Le statut juridique de l'animal

Art. 515-14. Les animaux sont des êtres vivants doués de sensibilité. Sous réserve des lois qui les protègent, les animaux sont soumis au régime des biens.

Code civil

DOC 2 La punition des actes de cruauté envers les animaux

Art. 521-1. Le fait, publiquement ou non, d'exercer des sévices graves, ou de nature sexuelle, ou de commettre un acte de cruauté envers un animal domestique, ou apprivoisé, ou tenu en captivité, est puni de deux ans d'emprisonnement et de 30 000 euros d'amende. [...]

Les dispositions du présent article ne sont pas applicables aux courses de taureaux lorsqu'une tradition locale ininterrompue peut être invoquée.

Elles ne sont pas non plus applicables aux combats de coqs dans les localités où une tradition ininterrompue peut être établie.

Est punie des peines prévues au présent article toute création d'un nouveau gallodrome.

Est également puni des mêmes peines l'abandon d'un animal domestique, apprivoisé ou tenu en captivité, à l'exception des animaux destinés au repeuplement.

Code pénal

DOC 3 Les limites de la protection de l'animal

Le regard d'une PHILOSOPHE

[Avoir] choisi d'ouvrir ce code par la « protection pénale des animaux » magnifie le meilleur de cette législation, à savoir que lorsqu'ils sont protégés, les animaux le sont pour eux-mêmes et non plus pour quelque autre fin, quoi qu'ils ne le soient que de très peu de choses.

Une dignité, cette valeur intrinsèque qui est indissociable d'un être et qui commande son respect, est reconnue aux animaux. Pourtant, d'autres intérêts écrasent invariablement les leurs. Telle est la contradiction qui travaille en profondeur le droit animalier : reconnaître que les animaux disposent de la qualité qui fonde des droits fondamentaux (la sensibilité, comme l'a montré Jean-Jacques Rousseau), qu'ils ont « une valeur intrinsèque », quelque chose, donc, qui ne se négocie pas, qu'ils sont sujets non seulement à « la douleur » mais encore à « la souffrance, à la détresse et à l'angoisse » et, dans le même temps, les soumettre au régime des biens, c'est-à-dire les traiter comme des ressources disponibles pour les usages qui nous agréent.

Florence Burgat, philosophe et directrice de recherche à l'INRA, préface au *Code de l'animal*, Fondation 30 millions d'amis, 2018

DOC 4 La corrida, spectacle ou torture ?

La corrida est un spectacle qui consiste à infliger au taureau des tortures savantes, de manière à retarder le moment fatal. Les harpons des banderilles plantées sur son dos l'ensanglantent et entament ses muscles un peu plus à chacun de ses mouvements mais les blessures n'en sont pas mortelles. C'est au bout de vingt minutes que, les poumons remplis de sang, tombant à genoux – et non debout ! –, il reçoit l'estocade, laquelle ne met pas fin à son supplice puisqu'il faut encore que l'achèvent les *puntilleros* armés de couteaux : dans l'arène mais à l'abri des regards.

Si Hugo et Schœlcher ont jugé capital de porter au nombre de leurs combats l'opposition à la corrida, c'est bien qu'il y a quelque chose de politique au cœur de cet engagement contre la magie du sang, de la volupté et de la mort. « Je suis absolument contraire, écrivait Zola, aux courses de taureaux, qui sont des spectacles dont la cruauté imbécile est, pour les foules, une éducation de sang et de boue. »

Élisabeth de Fontenay, « Apologie de la corrida : retour sur une maltraitance festive », *Libération*, novembre 2007

DOC 5 L'éléphant Happy : bien ou personne ?

Le 19 novembre [2020], la Cour suprême de New York s'est penchée sur le cas de Happy, un éléphant femelle du zoo du Bronx. Les défenseurs de l'animal espéraient que le pachyderme soit légalement reconnu comme une personne, et non comme un bien, afin qu'il soit libéré. Une option que les juges ont finalement rejetée.

L'argument partisan

Dans une époque où l'écologie et le bien-être animal sont des préoccupations de plus en plus communes, il faut cesser de penser que l'être humain est le seul à pouvoir bénéficier de droits, estime le Nonhuman Rights Project[1] [qui] estime que le pachyderme, dont « la liberté est violée », souffre de solitude depuis dix ans dans son petit enclos.

L'argument juridique

Généralement considérés comme des biens, de rares animaux ont été vus comme des personnalités juridiques. En 2014, une femelle orang-outan a pu quitter un zoo, la justice argentine lui ayant reconnu le droit de vivre en liberté en tant que « personne ». [...]

L'argument scientifique

Pour appuyer le cas de Happy, des experts ont procédé à une expérience comportementale. En 2005, trois psychologues ont placé un miroir géant dans son enclos. Au bout de trois jours, ils ont peint une croix sur le front de l'animal. Face au miroir, le pachyderme a frotté la marque avec sa trompe, comme pour l'enlever. Happy est devenu le premier éléphant à réussir le test de reconnaissance de soi dans un miroir. Une capacité seulement prêtée jusque-là aux humains, chimpanzés et dauphins.

Robin Richardot, « L'éléphant Happy est-il une personne ? », *M Le Mag*, novembre 2020

1. Organisation américaine à but non lucratif dont le but est la reconnaissance du droit à la liberté de certains animaux, ce qui passe par une transformation de leur statut de celui de choses à celui de personnes.

? QUESTIONS

1. À quelle condition la corrida est-elle autorisée en France ? **doc 2**
2. Quels sont les arguments de ceux qui sont hostiles à la corrida ? **doc 4**
3. Quelles difficultés traversent le droit animalier ? **docs 1 à 5**
4. La décision prise par les juges au sujet de l'éléphant Happy aurait-elle pu être différente ? Pourquoi ? **docs 1, 2, 3 et 5**

Synthèse La personnalité juridique est-elle une qualité intrinsèque à l'être humain ou un outil du droit permettant de conférer un statut à une entité, tel l'animal ?

C'est à vous ! ORAL

Vous êtes député(e).

- Vous devez prendre la parole 5 mn à l'Assemblée nationale pour soutenir votre proposition de loi destinée à créer un Défenseur des droits des animaux, comme le suggérait Robert Badinter en 2019.

RESSOURCES

> **Robert Badinter**, conclusion du colloque « Droits et personnalité juridique de l'animal », 2019, fondation-droit-animal.org

> **Le site du Défenseur des droits**

Liens vers les ressources

PARTIE 2

REPÈRES ▸ Liberté, égalité, fraternité

Vu au lycée

EMC 2de
Des libertés pour la liberté
Les libertés de l'individu ; les libertés collectives ; la défense et la sécurité ; l'égalité des citoyens devant la loi

Histoire Term
Un tournant social, politique et culturel, la France de 1974 à 1988
Immigration et intégration

Philosophie Term
La liberté ; la justice

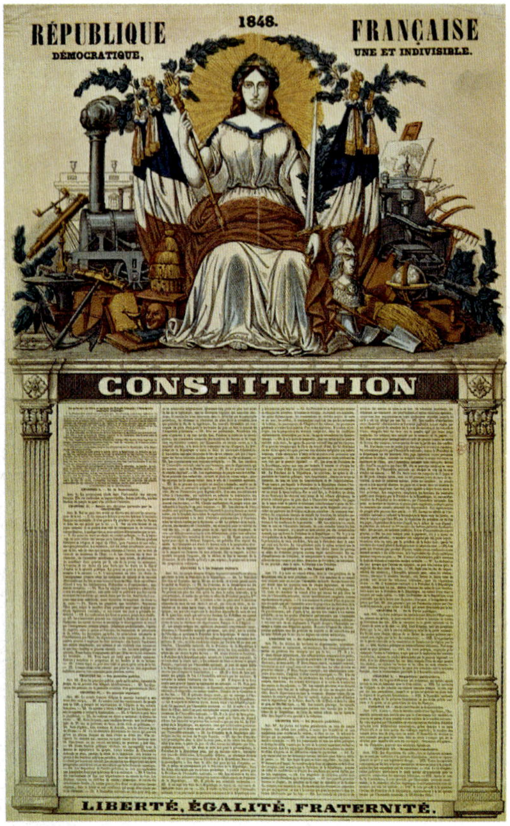

DOC 1 La République et ses valeurs

Constitution de la IIe République, lithographie de 1848, Bibliothèque nationale de France

DOC 2 La liberté, un principe constitutionnel

Art. 4. La liberté consiste à pouvoir faire tout ce qui ne nuit pas à autrui : ainsi, l'exercice des droits naturels de chaque homme n'a de bornes que celles qui assurent aux autres membres de la société la jouissance de ces mêmes droits. Ces bornes ne peuvent être déterminées que par la loi.

Déclaration des droits de l'homme et du citoyen, 1789

DOC 3 L'égalité en droit

a. La Déclaration des droits de l'homme et du citoyen (1789)

Art. 1er. Les hommes naissent et demeurent libres et égaux en droits. Les distinctions sociales ne peuvent être fondées que sur l'utilité commune.

b. La Convention européenne des droits de l'homme (1950)

Art. 14 – Interdiction de discrimination. La jouissance des droits et libertés reconnus dans la présente Convention doit être assurée, sans distinction aucune, fondée notamment sur le sexe, la race, la couleur, la langue, la religion, les opinions politiques ou toutes autres opinions, l'origine nationale ou sociale, l'appartenance à une minorité nationale, la fortune, la naissance ou toute autre situation.

c. La Constitution de la Ve République (1958)

Art. 1er. La France est une République indivisible, laïque, démocratique et sociale. Elle assure l'égalité devant la loi de tous les citoyens sans distinction d'origine, de race ou de religion. Elle respecte toutes les croyances. Son organisation est décentralisée.

La loi favorise l'égal accès des femmes et des hommes aux mandats électoraux et fonctions électives, ainsi qu'aux responsabilités professionnelles et sociales.

Liens
Décision n° 2018-738 QPC

d. Le principe d'égalité devant la loi

[Le] principe d'égalité devant la loi ne s'oppose ni à ce que législateur règle de façon différente des situations différentes, ni à ce qu'il déroge à l'égalité pour des raisons d'intérêt général, pourvu que, dans l'un et l'autre cas, la différence de traitement qui en résulte soit en rapport direct avec l'objet de la loi qui l'établit ([...] décision n° 2018-738 QPC du 11 octobre 2018).

« L'égalité », conseil-constitutionnel.fr

DOC 4 Égalité et discrimination

Défenseur des droits, 2018

DOC 6 Les grandes dates du droit concernant les étrangers

Dans la seconde moitié du XIXe siècle, la France devient un pays d'immigration.

- 1851 Instauration du « **double droit du sol**[1] » qui facilite l'accès à la nationalité
- 1917 Institution de la **carte de séjour** pour les étrangers résidant en France
- 1945 **Ordonnance sur l'entrée et le séjour** des étrangers en France
- 1951 **Convention de Genève** relative au statut des réfugiés
- 1974 **Suspension de l'immigration de travail** avec la crise économique
- 1978 Consécration du droit des étrangers au **regroupement familial**

1. Cours ➜ p. 134

DOC 5 La fraternité, un principe constitutionnalisé

Décision complète

Saisi d'une QPC concernant le délit dit de « solidarité » à l'égard des personnes migrantes, le Conseil constitutionnel a, par sa décision le 6 juillet 2018, constitutionnalisé le principe de fraternité. ➜ p. 42

7. Aux termes de l'article 2 de la Constitution : « La devise de la République est "Liberté, Égalité, Fraternité" ». La Constitution se réfère également, dans son préambule et dans son article 72-3, à l'« idéal commun de liberté, d'égalité et de fraternité ». Il en ressort que la fraternité est un principe à valeur constitutionnelle.

8. Il découle du principe de fraternité la liberté d'aider autrui, dans un but humanitaire, sans considération de la régularité de son séjour sur le territoire national.

9. Toutefois, aucun principe non plus qu'aucune règle de valeur constitutionnelle n'assure aux étrangers des droits de caractère général et absolu d'accès et de séjour sur le territoire national. En outre, l'objectif de lutte contre l'immigration irrégulière participe de la sauvegarde de l'ordre public, qui constitue un objectif de valeur constitutionnelle.

10. Dès lors, il appartient au législateur d'assurer la conciliation entre le principe de fraternité et la sauvegarde de l'ordre public.

Décision n° 2018-717/718 QPC du 6 juillet 2018

VOCABULAIRE

- **État de droit** : ➜ doc 5 p. 37
- **Liberté constitutionnellement protégées** : elles découlent de la Déclaration de 1789 (égalité, sûreté, vie privée, liberté d'opinion, d'expression, de réunion, de culte, liberté syndicale, droit de propriété, présomption d'innocence, respect des droits de la défense), du préambule de la Constitution de 1946 (protection de la santé, gratuité de l'enseignement public) et de la Charte de l'environnement (principe de précaution).

QUESTIONS

1. Quels symboles essentiels de la République française retrouve-t-on dans cette représentation ? **doc 1**
2. Qu'est-ce qui peut limiter la liberté de l'individu ? **doc 2**
3. Quelles discriminations l'État interdit-il au nom de l'égalité ? **docs 3 et 4**
4. Comment le principe de fraternité est-il défini ? **doc 5**
5. Les étrangers peuvent-ils venir librement en France ? **doc 6**

PARTIE 2

COURS

Liberté et sécurité

COURS → p. 66
DOSSIER → p. 72
REPÈRES → p. 120
DOSSIER → p. 124
DOSSIER → p. 126

VOCABULAIRE

- **Autorité judiciaire** : elle est composée de magistrats du siège (les juges, qui placent en détention provisoire et se prononcent sur la culpabilité des personnes mises en examen) et de magistrats du parquet (qui dirigent la police judiciaire – et donc les enquêtes – et décident de l'opportunité de lancer des poursuites contre une personne).
- **État de droit** → doc 5 p. 37
- **Liberté individuelle** : droit de ne pas être détenu arbitrairement.
- **Police judiciaire** : activité qui a pour objet la recherche et la poursuite des auteurs d'infractions pénales. Elle a une finalité répressive. La police judiciaire est exercée, sous la direction du procureur de la République, par des agents des services de police et de gendarmerie spécialement habilités.
- **Sûreté** : pour toute personne, garantie du droit de ne pas être arrêtée ni détenue arbitrairement.

NOTIONS

- **Dignité de la personne humaine** → p. 280
- **Ordre public** → p. 280
- **Salubrité publique** → p. 280
- **Sécurité publique** → p. 280

→ *Jusqu'où peut-on porter atteinte aux libertés pour préserver la sécurité des citoyens ?*

I. Quelles limites une société démocratique peut-elle apporter à la liberté ?

A La liberté est la règle, sa restriction l'exception

- Les **libertés** fondamentales, comme la **liberté individuelle**, la **liberté d'aller et venir**, la **liberté d'expression et de communication ou le droit à la vie privée**, ne peuvent se voir apporter de restrictions que pour préserver un autre droit, liberté ou objectif à valeur constitutionnelle, comme la protection de l'**ordre public** ou la recherche des auteurs d'infraction ou pour un motif d'intérêt général. Ces restrictions ne sont possibles que si elles sont nécessaires, adaptées et proportionnées au but poursuivi (ex. : portiques de sécurité dans les aéroports).
- **Des garanties fortes pour le citoyen encadrent ces restrictions** : l'enfermement d'une personne ne peut être autorisé que par un magistrat judiciaire, indépendant de la police. Toute atteinte à une liberté doit pouvoir faire l'objet d'un recours effectif devant une juridiction indépendante. Le Conseil constitutionnel exerce un contrôle étroit des lois qui régissent ces domaines.

B Des garanties particulières en matière pénale

- La **police judiciaire** est ainsi placée sous le contrôle de l'**autorité judiciaire**.
- Les grands principes de la justice pénale ont émergé progressivement depuis le mouvement des Lumières (XVIIIe siècle): **toute personne mise en cause a droit à un procès équitable**. Ce n'est pas à la personne mise en cause de prouver qu'elle est innocente, mais à l'autorité judiciaire d'établir la culpabilité : c'est la **présomption d'innocence**.
- La loi doit définir avec précision l'infraction et la nature des sanctions encourues. Les peines prononcées doivent être proportionnées et individualisées.

II. La prévention des atteintes à l'ordre public

A La police administrative

- **La police administrative permet de prévenir les atteintes à l'ordre public**. Elle a pour objet d'assurer le bon ordre, la **sûreté**, la **sécurité** et la **salubrité publiques**. Elle est dirigée par l'autorité administrative : le Premier ministre sur le plan national, le préfet ou le maire au niveau local. Une mesure de police doit toujours fondée sur des circonstances locales particulières (par exemple : risques étayés de violences graves, justifiant l'interdiction d'une manifestation ou d'une réunion).
- **L'ordre public comprend également le respect de la dignité de la personne humaine**, y compris en l'absence de circonstances locales particulières. C'est pour ce motif, par exemple, que le Conseil d'État a jugé que pouvait être interdit un spectacle de « lancer de nain ».
- Saisi par un citoyen, une association ou une entreprise, **le juge administratif vérifie si les mesures de police adoptées sont adaptées, nécessaires et proportionnées**. Si des libertés fondamentales sont en cause, il peut suspendre la mesure contestée. Il statue en 48 heures (référé liberté).

B Les libertés de réunion et de manifestation

- **Les réunions publiques ou privées sont libres.** Elles ne peuvent être interdites que s'il s'agit de la seule manière pour prévenir un trouble à l'ordre public. Si une présence policière suffit à assurer l'ordre aux alentours, la réunion ne peut être interdite.
- **La liberté de manifester bénéficie de la même protection.** Une manifestation doit être déclarée en amont, mais le défaut de déclaration ne rend pas la manifestation illégale pour autant. En 2018-2019, le mouvement des « Gilets jaunes » a renouvelé le débat sur l'étendue des mesures qu'il est légitime, ou pas, de prendre pour éviter des violences : contrôles d'identité, fouilles de véhicules, interdiction de se couvrir le visage…

III. Lutte contre le terrorisme et État de droit

A Des pouvoirs accrus confiés à l'autorité judiciaire

- **Le terrorisme** se définit comme la réalisation d'infractions de droit commun – comme le meurtre ou l'acquisition illégale d'armes – en vue « **de troubler gravement l'ordre public par l'intimidation ou la terreur** ».
- Créée en 1986, **la législation antiterroriste** a connu un renforcement significatif dû aux conséquences, en France, de la guerre en Syrie commencée en 2011.
- Sont permises à l'**autorité judiciaire** des **gardes à vue de 96 heures** (contre 48 heures habituellement), des **perquisitions à toute heure** et l'accès le plus large aux techniques numériques d'enquête (ex. : accès à l'activité téléphonique et internet d'une personne). Les **peines** sont renforcées. L'autorité administrative peut **geler des avoirs financiers**, **expulser** des étrangers ou **interdire de sortie du territoire** les Français voulant rejoindre l'État islamique.

B Une réforme profonde du droit du renseignement

- **Depuis 1991, les services de renseignement pouvaient être autorisés par le Premier ministre à écouter une conversation téléphonique.** La révolution numérique rendait nécessaire l'adaptation de la législation.
- La **loi du 24 juillet 2015**, adoptée après les attentats contre Charlie Hebdo et l'Hyper Casher (janvier 2015), énumère les motifs qui légitiment le recours à des techniques de renseignement et encadre leur mise en œuvre, en imposant une obligation de motivation des demandes, une autorisation limitée dans le temps et des conditions précises de conservation et de destruction des données collectées. La **Commission nationale de contrôle des techniques de renseignement** exerce une action continue de surveillance. Une garantie nouvelle est offerte au citoyen : le contrôle juridictionnel de ces mesures est confié au Conseil d'État.

CHIFFRES CLÉS

Bilan de la loi du 30 octobre 2017 renforçant la sécurité intérieure et la lutte contre le terrorisme (dite loi « SILT »)

Cette loi a complété la liste des instruments préventifs de lutte contre le terrorisme et les atteintes aux intérêts fondamentaux de la Nation.

528 périmètres de protection (zones à l'accès restreint ou interdit à titre temporaire pour des motifs de sécurité)

8 fermetures de lieux de culte

349 mesures individuelles de contrôle administratif et de surveillance

514 visites domiciliaires

97 saisies

Assemblée nationale, chiffres au 3 mars 2021 (cumul depuis le 1er novembre 2017)

RÉVISER SON COURS

1. Dans quelles circonstances peut-on restreindre les libertés au nom de la sécurité ?
2. Quel est le rôle de l'autorité judiciaire en matière de protection des libertés ?
3. Lutter contre le terrorisme suppose-t-il de sortir de l'État de droit ?

PARTIE 2

RESSOURCES

Liens vers les ressources

LOI

La Déclaration des droits de l'homme et du citoyen (1789)

legifrance.gouv.fr

La loi doit respecter la DDHC de 1789, qui fait de la liberté, le principe et de l'interdiction, l'exception.

LOI

La Constitution de la Ve République (1958), article 66

conseil-constitutionnel.fr

Les détentions arbitraires sont interdites. Seule l'autorité judiciaire peut maintenir une personne en détention.

LOIS

> **Le Code général des collectivités territoriales** (art. L. 2212-2)
> **Le Code de la sécurité intérieure** (art. L. 211-4)
> **Le Code de la sécurité intérieure** (Livre VIII : Du renseignement)

legifrance.gouv.fr

Ces articles portent sur l'étendue des pouvoirs du maire et du préfet, les manifestations sur la voie publique et l'usage des techniques de renseignement.

DOSSIER Le droit de manifester

DOSSIER → p. 40
REPÈRES → p. 120
COURS → p. 122
FICHE MÉTHODE → p. 276

Au début de la IIIe République, dans les années 1880, des lois consacrent de grandes libertés (presse, réunion, syndicats), mais pas le droit de manifestation. Ce droit a été explicitement garanti tardivement, et l'équilibre entre liberté de manifester et respect de l'ordre public fait toujours débat.

→ **La démocratie peut-elle s'accommoder d'une restriction du droit de manifester ?**

DOC 1 La manifestation, une histoire française

Ce tableau représente le soulèvement populaire parisien des 27, 28 et 29 juillet 1830 (les « Trois Glorieuses ») qui a entraîné la chute du roi Charles X. Devenu plus tard un symbole républicain, il témoigne de l'idée, très présente dans la mythologie politique française, que le peuple est légitime à demander dans la rue les droits que le pouvoir en place lui refuse.

La Liberté guidant le peuple, Eugène Delacroix, 1830, 260 x 325 cm, musée du Louvre, Paris

DOC 2 Un droit « tardif et fragile » ?

Le regard d'une HISTORIENNE

Revenons au début des années 1880. Les républicains victorieux édictent alors un certain nombre de libertés démocratiques, dont celles de presse et de réunion, mais s'attachent d'autant plus à conserver la totale maîtrise de l'espace public qu'ils le conçoivent comme un espace d'ordre et l'érigent en instrument de leur hégémonie.

La loi du 30 juin 1881 relative à la liberté de réunion précise que ces réunions ne peuvent se tenir sur la voie publique [...]. [La] loi relative à l'organisation municipale du 5 avril 1884 [...] charge les maires d'assurer « la sûreté et la commodité du passage dans les rues », leur confie « le soin de réprimer, de punir les délits contre la tranquillité » [...] et d'assurer « le maintien du bon ordre dans les endroits où il se fait de grands rassemblements ». [...]

Un décret-loi d'octobre 1935 [...] rappelle, quant à lui, que les réunions sur la voie publique sont et demeurent interdites et soumet « tous cortèges, défilés et rassemblements de personnes, et, d'une façon générale, toutes manifestations sur la voie publique » à l'obligation d'une déclaration préalable [...]. [Il] édicte des peines d'amende ou de prison pour les organisateurs qui ne se conformeraient pas aux dispositions légales ou passeraient outre l'interdiction, la simple participation à une manifestation interdite n'exposant le contrevenant qu'à des peines de simple police, sauf en cas de port d'armes. Ce texte [...] confère du même coup à la manifestation, quelque nom qu'on lui donne, le statut dont elle était jusqu'alors dépourvue.

Danielle Tartakowsky, « La liberté de manifester, droit tardif et fragile », *Hommes & Libertés*, n° 191, septembre 2020

DOC 3 L'encadrement de la liberté de manifester

a. Code de la sécurité intérieure

Art. L. 211-1. Sont soumis à l'obligation d'une déclaration préalable tous cortèges, défilés et rassemblements de personnes, et, d'une façon générale, toutes manifestations sur la voie publique.

Toutefois, sont dispensées de cette déclaration les sorties sur la voie publique conformes aux usages locaux. [...]

Art. L. 211-4. Si l'autorité investie des pouvoirs de police estime que la manifestation projetée est de nature à troubler l'ordre public, elle l'interdit par un arrêté qu'elle notifie immédiatement aux signataires de la déclaration au domicile élu. [...]

Articles inchangés depuis le décret-loi du 23 octobre 1935

b. Dans le Code pénal

Art. 431-1. Le fait d'entraver, d'une manière concertée et à l'aide de menaces, l'exercice de la liberté d'expression, du travail, d'association, de réunion ou de manifestation est puni d'un an d'emprisonnement et de 15 000 euros d'amende.

Code pénal

DOC 4 Liberté de manifester et ordre public

Décision complète

Dans sa décision du 4 avril 2019, le Conseil constitutionnel examine la proposition de la loi visant à renforcer et à garantir le maintien de l'ordre public lors des manifestations, dite « loi anti-casseurs », dans le débat public.

18. L'article 3 insère au sein du Code de la sécurité intérieure un article L. 211-4-1 permettant à l'autorité administrative, sous certaines conditions, d'interdire à une personne de participer à une manifestation sur la voie publique. Le quatrième alinéa de cet article L. 211-4-1 lui permet également, dans certains cas, d'interdire à une personne de prendre part à toute manifestation sur l'ensemble du territoire national pour une durée d'un mois.

23. Or, la menace d'une particulière gravité pour l'ordre public nécessaire au prononcé de l'interdiction de manifester doit résulter, selon les dispositions contestées, soit d'un « acte violent » soit d'« agissements » commis à l'occasion de manifestations au cours desquelles ont eu lieu des atteintes graves à l'intégrité physique des personnes ou des dommages importants aux biens. Ainsi, le législateur n'a pas imposé que le comportement en cause présente nécessairement un lien avec les atteintes graves à l'intégrité physique ou les dommages importants aux biens ayant eu lieu à l'occasion de cette manifestation. Il n'a pas davantage imposé que la manifestation visée par l'interdiction soit susceptible de donner lieu à de tels atteintes ou dommages. En outre, l'interdiction peut être prononcée sur le fondement de tout agissement, que celui-ci ait ou non un lien avec la commission de violences. Enfin, tout comportement, quelle que soit son ancienneté, peut justifier le prononcé d'une interdiction de manifester. Dès lors, les dispositions contestées laissent à l'autorité administrative une latitude excessive dans l'appréciation des motifs susceptibles de justifier l'interdiction.

26. Il résulte de tout ce qui précède que, compte tenu de la portée de l'interdiction contestée, des motifs susceptibles de la justifier et des conditions de sa contestation, le législateur a porté au droit d'expression collective des idées et des opinions une atteinte qui n'est pas adaptée, nécessaire et proportionnée. Par conséquent, sans qu'il soit besoin d'examiner les autres griefs, l'article 3 est contraire à la Constitution.

Décision n° 2019-780 DC du 4 avril 2019

VOCABULAIRE

- **Ordre public** : l'ordre public comprend notamment le bon ordre, la sûreté, la sécurité, la salubrité publique et le respect de la dignité humaine. Il est assuré par la police administrative.
- **Sûreté** : pour toute personne, garantie du droit de ne pas être arrêtée (privée de liberté) en dehors des cas prévus par la loi.
- **Tranquillité publique** : désigne principalement un état, celui du repos public ou, autrement dit, un état non perturbé de l'ordre public. Le maire est le garant de la tranquillité publique.

DOC 5 La protection européenne du « droit de manifester »

Art. 1. 1. Toute personne a droit à la liberté de réunion pacifique et à la liberté d'association, y compris le droit de fonder avec d'autres des syndicats et de s'affilier à des syndicats pour la défense de ses intérêts.

2. L'exercice de ces droits ne peut faire l'objet d'autres restrictions que celles qui, prévues par la loi, constituent des mesures nécessaires, dans une société démocratique, à la sécurité nationale, à la sûreté publique, à la défense de l'ordre et à la prévention du crime, à la protection de la santé ou de la morale, ou à la protection des droits et libertés d'autrui.

Le présent article n'interdit pas que des restrictions légitimes soient imposées à l'exercice de ces droits par les membres des forces armées, de la police ou de l'administration de l'État.

Convention européenne des droits de l'homme, 1950

? QUESTIONS

1. Pourquoi peut-on dire que la manifestation a été légitimée avant d'être légalisée ? **docs 1 à 3**
2. À quelles conditions une manifestation est-elle légale ? **docs 3 à 5**
3. Pourquoi le Conseil constitutionnel censure-t-il l'interdiction individuelle de manifester prévue à l'article 3 de la proposition de loi « anti-casseurs » ? **doc 4**

Synthèse Pensez-vous que, dans une démocratie, le droit de manifester puisse admettre des limites ?

C'est à vous ! ORAL

Vous êtes juriste.

- En 2003, Jean-Pierre Raffarin, alors Premier ministre, déclarait : « ce n'est pas la rue qui gouverne ».
- Vous conseillez une émission de télévision qui envisage de recevoir l'ancien Premier ministre. Vous devez rédiger une note, à l'adresse du présentateur, pour faire le point sur le droit de manifester et ses limites.

DOSSIER

La police administrative, entre liberté et sécurité

DOSSIER → p. 72
REPÈRES → p. 120
COURS → p. 122
FICHE MÉTHODE → p. 276

Si l'état d'urgence – terroriste ou sanitaire – peut justifier des mesures spécifiques de restriction de nos libertés, dans une démocratie, la question de l'arbitrage entre liberté et sécurité se pose constamment aux trois pouvoirs (législatif, exécutif et judiciaire).

→ Renforcer la sécurité, est-ce porter atteinte à la liberté ?

VOCABULAIRE

- **Police administrative** : elle a pour objet d'assurer l'ordre public (bon ordre ; sûreté, sécurité et salubrité publiques ; dignité) et de prévenir un trouble général (manifestation ou réunion violente). Elle est mise en œuvre par l'autorité administrative : le Premier ministre (échelle nationale), le préfet ou le maire (échelle locale).

DOC 1 Une jurisprudence constante[1] du Conseil d'État

Arrêt complet

Considérant que, s'il incombe au maire, en vertu de l'article 97 de la loi du 5 avril 1884, de prendre les mesures qu'exige le maintien de l'ordre, il doit concilier l'exercice de ses pouvoirs avec le respect de la liberté de réunion garantie par les lois des 30 juin 1881 et 28 mars 1907 ;

Considérant que, pour interdire les conférences du sieur René Benjamin, figurant au programme de galas littéraires organisés par le syndicat d'initiative de Nevers, et qui présentaient toutes deux le caractère de conférences publiques, le maire s'est fondé sur ce que la venue du sieur René Benjamin à Nevers était de nature à troubler l'ordre public ;

Considérant qu'il résulte de l'instruction que l'éventualité de troubles, alléguée par le maire de Nevers, ne présentait pas un degré de gravité tel qu'il n'ait pu, sans interdire la conférence, maintenir l'ordre en édictant les mesures de police qu'il lui appartenait de prendre ; que, dès lors, sans qu'il y ait lieu de statuer sur le moyen tiré du détournement de pouvoir, les requérants sont fondés à soutenir que les arrêtés attaqués sont entachés d'excès de pouvoir ;

DÉCIDE :

Article 1er : L'intervention de la Société des gens de lettres est admise.

Article 2 : Les arrêtés susvisés du maire de Nevers sont annulés.

Conseil d'État, arrêt Benjamin, n° 17413 17520 du 19 mai 1933

1. Jurisprudence inchangée depuis cette date et dont le juge administratif fait application tous les jours.

DOC 2 Restriction de la liberté d'aller et venir

Art. L. 132-8. Le représentant de l'État dans le département ou, à Paris, le préfet de police peut décider, dans leur intérêt, une mesure tendant à restreindre la liberté d'aller et de venir des mineurs de treize ans[1] lorsque le fait, pour ceux-ci, de circuler ou de stationner sur la voie publique entre vingt-trois heures et six heures sans être accompagnés de l'un de leurs parents ou du titulaire de l'autorité parentale les expose à un risque manifeste pour leur santé, leur sécurité, leur éducation ou leur moralité. La décision énonce la durée, limitée dans le temps, de la mesure, les circonstances précises de fait et de lieu qui la motivent ainsi que le territoire sur lequel elle s'applique.

Code de la Sécurité intérieure

1. Mineur de moins de treize ans.

DOC 3 Le régime juridique de l'état d'urgence

Le Président, en Conseil des ministres
- impose l'état d'urgence
- dissout les associations portant gravement atteinte à l'ordre public

Le ministre de l'Intérieur peut
- **Assigner à résidence** toute personne dont le comportement constitue une menace sérieuse pour la sécurité.
- **Ordonner**
  - La fermeture de lieux de réunion et de culte.
  - La remise d'armes et munitions détenues légalement.
- **interdire** les réunions de nature à provoquer ou entretenir le désordre

Les préfets de département peuvent
- **interdire** la circulation dans les lieux et aux heures fixés par arrêtés.
- **interdire** le séjour dans tout ou partie du département à toute personne cherchant à entraver l'action des pouvoirs publics.
- **Instituer par arrêté** des zones de protection ou de sécurité où le séjour des personnes est règlementé.
- **faire procéder à des perquisitions administratives**

DOC 4 L'assignation à résidence pendant l'état d'urgence

Décision complète

Le ministre de l'Intérieur a astreint M. B... à résider sur le territoire de sa commune du 25 novembre au 12 décembre 2015, alors que se réunissait à Paris la COP 21. M. B... a saisi le juge des référés du Conseil d'État.

Considérant que, pour prendre cette décision, le ministre de l'Intérieur s'est fondé sur la gravité de la menace terroriste sur le territoire national et sur la nécessité de prendre des mesures afin d'assurer la sécurité de la conférence des Nations unies sur les changements climatiques, dite « COP 21 ». [...] ;

Considérant qu'il résulte de l'instruction, notamment des documents versés au dossier par le ministre de l'Intérieur dans le cadre du débat contradictoire devant le Conseil d'État, que M. A... B... a participé à des actions revendicatives violentes, dont celle visant le site d'enfouissement de déchets de Bure de l'Agence nationale pour la gestion des déchets radioactifs, menée dans la nuit du 3 au 4 août 2015, au cours de laquelle ont été endommagés le grillage et le système de vidéosurveillance du site et ont été lancés des engins incendiaires sur les forces de l'ordre qui tentaient de s'opposer à l'intrusion dans le site ; qu'il a pris une part active dans la préparation d'actions de contestation visant à s'opposer à la tenue et au bon déroulement de la conférence des Nations unies sur les changements climatiques, comportant notamment des actions violentes dirigées contre des sites relevant de l'État ou de personnes morales qui apportent leur soutien à cette conférence ; [...]

Considérant, dans ces conditions, qu'il n'apparaît pas, en l'état, qu'en prononçant l'assignation à résidence de M. B... jusqu'à la fin de la conférence des Nations unies sur les changements climatiques au motif qu'il existait de sérieuses raisons de penser que son comportement constitue une menace pour la sécurité et l'ordre publics et en en fixant les modalités d'exécution, le ministre de l'Intérieur, conciliant les différents intérêts en présence, aurait porté une atteinte grave et manifestement illégale à la liberté d'aller et venir.

Conseil d'État, décision n° 395009 du 11 décembre 2015

DOC 5 La loi renforçant la sécurité intérieure et la lutte contre le terrorisme, dite « SILT » (30 octobre 2017)[1]

Fermeture des lieux de culte
Facilitée en cas de soutien au terrorisme.

Visites et saisies
Perquisitions, sur autorisation du juge, au domicile d'une personne représentant une menace terroriste. Saisie de documents et de données.

Périmètres de protection
Pour tout événement présentant un risque d'attaque terroriste, inspection des bagages et palpation des participants.

Voyages internationaux surveillés
Fourniture aux autorités par les compagnies aériennes et maritimes des données sur les passages.

Surveillance individuelle
Interdiction de changer de résidence pour toute personne en contact avec des organisations terroristes.

Contrôle aux frontières
Contrôles élargis à une zone de vingt kilomètres le long des frontières intérieures, ainsi que dans les ports, aéroports et gares internationales.

■ Nouveaux pouvoirs du préfet ■ Pouvoirs du ministre de l'Intérieur

1. Cette loi a mis fin à l'état d'urgence, mais s'est inspirée de certaines mesures qu'elle a intégrées dans le droit commun.

RESSOURCES

> **Ressources de la CNIL sur la vidéoprotection au travail, chez soi et sur la voie publique**, cnil.fr

Liens vers les ressources

? QUESTIONS

1. Comment est-il juridiquement possible de restreindre la liberté d'aller et venir pour des personnes qui n'ont aucun lien avec le terrorisme ? **docs 2, 3 et 4**
2. Quelles atteintes possibles à l'ordre public la loi veut-elle prévenir ? **doc 3**
3. À quelle condition le Conseil d'État considère-t-il comme légale la restriction d'une liberté fondamentale ? **docs 1 et 4**
4. Comparez les mesures de l'état d'urgence et celles de la loi « SILT ». **docs 3 et 5**

Synthèse Pourquoi, en démocratie, la restriction des libertés fondamentales ne peut-elle être imposée que dans un cadre juridique strictement délimité ?

C'est à vous ! ORAL

Un sénateur propose une loi visant à autoriser la surveillance de la voie publique par des drones.

- Membre du Sénat, vous commencez par rappeler l'encadrement législatif de la vidéoprotection (ressources et dossier p. 240).
- Expliquez si, selon vous, la vidéoprotection par drone porte une atteinte au respect de la vie privée, composante fondamentale de la liberté.
- Appuyez-vous sur des arguments précis et citez des exemples.

COURS

Égalité et discrimination

REPÈRES → p. 120
LE DROIT EN PRATIQUE → p. 132

→ *Traiter différemment des personnes placées dans une situation semblable, est-ce discriminer ou rompre entre elles l'égalité ?*

I. Égalité et non-discrimination : leurs rapports

A Inégalités, égalité

- Inégalités de revenus, de patrimoine, inégalité devant l'emploi… Si la notion d'**inégalité** sert à décrire une **situation**, celle d'**égalité** est une **valeur** qui imprègne tout le droit.
- Dans son sens classique, **l'égalité exclut toute différence de droits ou d'avantages au sein d'un ensemble de personnes** (nationaux, travailleurs…). Pour vérifier son respect, une comparaison est donc nécessaire.

B L'interdiction de la discrimination

- **Est discriminatoire une décision affectant une ou des personnes, qui repose sur une raison que le droit n'admet pas : sexe, origine…** Toute distinction dans le traitement de personnes placées dans une situation semblable, si elle peut être une rupture d'égalité, ne constitue pas une **discrimination**.
- **L'interdiction d'une discrimination s'inscrit dans la recherche de l'égalité comme valeur générale.** Toutefois, inspirée d'une conception de la personne, de sa dignité et de sa liberté, elle va au-delà de l'exigence d'égalité. C'est pourquoi la sanction d'une discrimination, souvent plus forte que celle d'une rupture d'égalité, peut être pénale.

VOCABULAIRE

- **Discrimination** : distinction qui, à raison de son motif, est contraire à la loi.
- **Égalité formelle** : correspond soit à une application correcte des règles (égalité devant la loi), soit à l'édiction de règles raisonnables dans la détermination de ceux auxquels elles s'appliquent (égalité dans la loi). Elle ne dit rien du contenu des règles.
- **Égalité substantielle** : s'attache au contenu des règles ou même aux résultats auxquels elles parviennent. Ainsi en est-il lorsque est exigée, en son nom, l'attribution à tous des mêmes droits fondamentaux, par exemple dans le domaine de l'éducation, du logement, ou de l'emploi.

II. Égalité

A Égalisation des situations

- **Avec le temps, le mot « égalité » s'est chargé de significations différentes.** À la distinction entre **égalité « formelle »** et **égalité « substantielle »** s'est ajoutée une **égalité conçue comme une fin**, qui demande alors une égalisation des situations.
- C'est **ce sens de l'égalité** qui est mis en avant, par exemple, pour que les femmes accèdent, comme les hommes, aux mandats électifs ou aux responsabilités dans les entreprises. Une simple règle d'**interdiction des discriminations** n'était pas parvenue à assurer cet accès.

NOTIONS

- **Discrimination →** p. 280
- **Égalité →** p. 280

B Égalité de traitement

- La version de l'égalité dont usent largement les juges est dorénavant l'exigence d'**égalité de traitement**, qui relève plutôt d'une **égalité formelle**. Elle requiert que, au sein d'un ensemble, tous soient traités selon des critères identiques et constants.
- Mais comment déterminer les limites de cet ensemble ? Deux personnes sont semblables d'un certain point de vue, différentes d'un autre. Ce qui importe, c'est de **déterminer le critère pour juger de leur similitude ou de leur différence.**
- Ce critère est le but de l'avantage octroyé. Au nom de l'égalité, un étranger handicapé peut-il bénéficier d'une allocation, attribuée aux Français handicapés ou ressortissants d'un État membre de l'Union européenne ? C'est au regard du **but poursuivi par la mesure** que l'on déterminera si la personne qui en demande le bénéfice est dans la même situation que celle qui en bénéficie.

INSTITUTION

- **Le Défenseur des droits**

Le Défenseur des droits est une institution indépendante de l'État, inscrite dans la Constitution. Elle a pour mission de défendre les personnes dont les droits ne sont pas respectés et de permettre l'égalité dans l'accès aux droits. Toute personne physique ou morale (société, association…) peut le saisir gratuitement.

III. Lutte contre les discriminations

A Objectifs poursuivis

- **La discrimination inspire un programme d'action, une « lutte »** : il s'agit d'éradiquer les attitudes, les décisions, les normes qui y procèdent.
- **Tout être humain doit d'abord être à l'abri de mesures prises à raison de ce qu'il est, comme être humain.** Sont ainsi prohibées les distinctions à raison de l'origine, de l'appartenance ou non-appartenance à une ethnie, une nation ou une prétendue race, du sexe, de l'âge, du handicap, de l'état de santé, des caractéristiques génétiques, de l'apparence physique… **Il doit aussi être à l'abri de mesures prises à raison de choix qu'il a effectués dans l'exercice de ses libertés fondamentales.** Sont ainsi prohibées les distinctions à raison des mœurs, de la situation de famille, des opinions politiques, des convictions religieuses, des activités syndicales…
- Pour mieux lutter contre les **discriminations dites « raciales »**, sont désormais aussi condamnées, notamment, les distinctions à raison du nom de famille, du lieu de résidence ou encore, de la domiciliation bancaire.

B Évolutions

- **Une discrimination est toujours caractérisée lorsque son auteur obéit à un motif prohibé** (ex. : un restaurateur qui refuse de servir un client à raison de sa couleur de peau). Mais dorénavant, la discrimination existe également lorsqu'une personne est traitée d'une manière moins favorable qu'une autre, dans une situation similaire, et que la différence peut s'expliquer par un motif interdit.
- Une autre évolution s'est produite, sous l'influence du droit de l'Union européenne. **Sont condamnées, outre les discriminations directes, celles qui sont indirectes.** Il ne s'agit plus, par exemple, de comparer le traitement d'une femme et celui d'un homme dans une situation similaire. Il s'agit de comparer deux groupes, l'un composé majoritairement de femmes, l'autre majoritairement d'hommes, et de rechercher si l'application d'une disposition, d'un critère ou d'une pratique, neutre en apparence, est susceptible d'entraîner un désavantage particulier pour l'un des groupes.
- **Certaines différences, a priori discriminatoires, peuvent être justifiées.** En cas de discriminations directes, la loi doit prévoir les justifications : l'âge, l'état de santé ou le sexe sont parfois déterminants pour occuper un emploi (comme un rôle dans un film).
- **La lutte contre les discriminations exige parfois que les victimes bénéficient de la mise en place d'un traitement particulier, destiné à corriger la discrimination.** C'est notamment ce que la loi prévoit pour les personnes handicapées. Il est alors question de discrimination positive. Ce terme est peu adroit. Mieux vaut parler d'« action positive ».

CHIFFRES CLÉS

Principaux motifs de discrimination

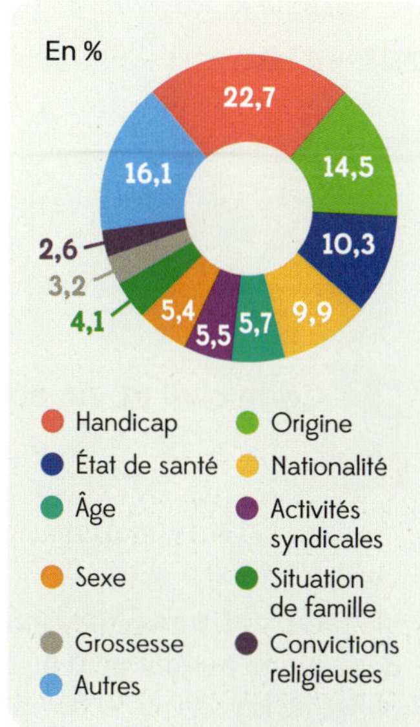

D'après le rapport annuel du Défenseur des droits, 2019

RÉVISER SON COURS

1. En quoi peut-on dire que le principe d'égalité imprègne tout le droit ?
2. Quelle est la différence entre une inégalité et une discrimination ?
3. Comment le droit permet-il de lutter contre les discriminations ?

PARTIE 2

RESSOURCES

Liens vers les ressources

LOI

Code pénal, articles 225-1 et 225-2

legifrance.gouv

Ces articles définissent la discrimination, en présentent les critères et précisent les peines encourues.

LOI

Déclaration des droits de l'homme et du citoyen (1789), article premier

legifrance.gouv

Cet article pose le principe d'égalité entre les hommes : « Les hommes naissent et demeurent libres et égaux en droits. »

LOI

Constitution de la IVe République (1946), préambule, alinéa 3

conseil-constitutionnel.fr

Ce préambule, inclus dans la Constitution de la Ve République, pose le principe d'égalité entre les hommes et les femmes : « La loi garantit à la femme, dans tous les domaines, des droits égaux à ceux de l'homme. »

DOSSIER

Quelle égalité entre les femmes et les hommes?

REPÈRES → p. 120
COURS → p. 128
LE DROIT EN PRATIQUE → p. 132
FICHE MÉTHODE → p. 276

Depuis 1946, l'égalité entre les femmes et les hommes est un principe constitutionnel. En dépit des lois et des nombreuses mesures adoptées, notamment en matière professionnelle, des inégalités persistent.

→ **Comment assurer l'égalité réelle entre les femmes et les hommes ?**

DOC 1 Code civil et vie privée

1804

Art. 213. Le mari doit protection à sa femme, la femme obéissance à son mari.

Art. 214. La femme est obligée d'habiter avec son mari, et de le suivre partout où il juge à propos de résider ; le mari est obligé de la recevoir, et de lui fournir tout ce qui est nécessaire pour les besoins de la vie, selon ses facultés et son état.

2021

Art. 212. Les époux se doivent mutuellement respect, fidélité, secours, assistance.

Art. 213. Les époux assurent ensemble la direction morale et matérielle de la famille. Ils pourvoient à l'éducation des enfants et préparent leur avenir.

Art. 215. Les époux s'obligent mutuellement à une communauté de vie.

La résidence de la famille est au lieu qu'ils choisissent d'un commun accord. [...]

DOC 2 Vie publique

a. Constitution de la Ve République

Art. 1er, alinéa 2. La loi favorise l'égal accès des femmes et des hommes aux mandats électoraux et fonctions électives. [...]

Art. 4, alinéa 2. Les partis et groupements politiques [...] contribuent à la mise en œuvre [de ce] principe.

b. La loi n° 2014-873 du 4 août 2014 pour l'égalité réelle entre les femmes et les hommes

La loi prévoit 38 dispositions qui permettront de réduire les inégalités femmes-hommes en matière de rémunérations et de parcours professionnels, dans la répartition des tâches domestiques, ainsi que les inégalités au moment des séparations, dans l'accès aux responsabilités politiques, sociales, professionnelles ou encore les inégalités dans les médias.

En outre, la loi prévoit un nouveau cadre juridique visant à protéger les femmes contre les violences.

juridique.defenseurdesdroits.fr

DOC 3 Chiffres clés

Écarts de rémunération

En 2017

	Aucun enfant	Un enfant	Deux enfants	Trois enfants ou plus
Revenu salarial net	18,1 % d'écart	24,1 % d'écart	32,3 % d'écart	47,5 % d'écart
Salaire net en équivalent temps plein	7 % d'écart	11,8 % d'écart	21,2 % d'écart	31,3 % d'écart
Volume de travail	11,9 % d'écart	14 % d'écart	14,2 % d'écart	23,6 % d'écart

Champ : postes du secteur privé, hors apprentis et stagiaires, agriculture et salariés des particuliers, France métropolitaine

Temps de travail

En 2019

28,4 % des femmes actives sont à temps partiel

8,3 % des hommes actifs sont à temps partiel

Champ : France hors Mayotte, population des ménages, personnes en emploi

En politique

En 2020, dans les 42 villes de plus de 100 000 habitants

19,8 % Communes dirigées par une femme

80,2 % Communes dirigées par un homme

Au Parlement

1997 : 10,9 % des sièges de députés

1998 : 5,6 % des sièges de sénateurs

2019 : 39 % des sièges de députés

2020 : 33 % des sièges de sénateurs

D'après « L'égal accès des femmes et des hommes aux mandats électoraux et fonctions électives », Assemblée nationale ; « Chiffres clés de l'égalité », ministère chargé de l'Égalité entre les femmes et les hommes, de la Diversité et de l'Égalité des chances, 2020

DOC 4 Identifier une discrimination

Défenseur des droits, 2019

DOC 5 Vie professionnelle

a. **Égalité de rémunération**

Art. L. 1142-7. L'employeur prend en compte un objectif de suppression des écarts de rémunération entre les femmes et les hommes.

Code du travail

---

b. **Interdiction de toute discrimination**

Art. 5.1. L'application du principe de l'égalité de traitement implique que soient assurées les mêmes conditions de travail, sans discrimination fondée sur le sexe.

Directive 76/207/CEE, du 9 février 1976

Art. 14. 1. Toute discrimination directe ou indirecte fondée sur le sexe est proscrite dans les secteurs public ou privé, y compris les organismes publics, en ce qui concerne :

a) les conditions d'accès à l'emploi […]

c) les conditions d'emploi et de travail, y compris les conditions de licenciement ainsi que la rémunération, comme le prévoit l'article 141 du traité.

Directive 2006/54/CE du 5 juillet 2006, « égalité des chances et de égalité de traitement »

DOC 6 Réserver des avantages aux femmes ?

Arrêt complet

a. **Travail de nuit des femmes**

M. S. a enfreint le Code du travail en employant des femmes pour un travail de nuit, ce qui était interdit. Le Gouvernement français a justifié cette interdiction par des objectifs de protection de la main-d'œuvre féminine.

15. En ce qui concerne les objectifs de protection de la main-d'œuvre féminine, ils ne pourraient être valablement retenus […] qu'en cas de justification de la nécessité d'une différence de traitement entre les hommes et les femmes. [...]

16. En ce qui concerne les risques d'agression, à supposer qu'ils soient plus grands la nuit que le jour, des mesures appropriées peuvent être adoptées pour y faire face sans porter atteinte au principe fondamental d'égalité de traitement entre hommes et femmes.

CJUE, C-345/89, 25 juillet 1991

---

b. **Congé supplémentaire de maternité**

56. […] Après l'expiration du congé légal de maternité, un État membre peut réserver à la mère de l'enfant un congé supplémentaire lorsque ce dernier vise celle-ci, non pas en sa qualité de parent, mais au regard tant des conséquences de la grossesse que de sa condition de maternité.

57. […] Un tel congé supplémentaire doit être destiné à assurer la protection de la condition biologique de la femme ainsi que des rapports particuliers qu'elle entretient avec son enfant au cours de la période postérieure à l'accouchement.

CJUE, C-463/19, 18 novembre 2020

? QUESTIONS

1 Que vous inspire la confrontation des textes, de l'affiche et des données chiffrées ? **docs 1 à 6**

2 L'interdiction de discriminer entre les hommes et les femmes joue-t-elle toujours en faveur des femmes ? **doc 6**

Synthèse Comment le droit agit-il en faveur de l'égalité entre les hommes et les femmes ?

C'est à vous ! ORAL

Présentez un rapport sur l'égalité entre les femmes et les hommes.

- Commencez par définir les notions d'égalité et de discrimination.
- Pensez à évoquer la vie privée publique et professionnelle.

Le droit **en pratique !**

Discrimination ou non-discrimination ?

Prenez connaissance des situations et exposez les raisons qui vous conduisent à proposer une solution et à en écarter d'autres.

Situation 1

- Une femme, assistante dans un cabinet d'avocats, élève seule son enfant handicapé. Parfois, elle arrive en retard à son bureau parce que le service qui assure le transport en voiture de son enfant à l'école est lui-même en retard. Après plusieurs retards, elle est licenciée.
Que diriez-vous au juge pour le convaincre que le licenciement n'est pas justifié ?

Situation 2

- La police nationale fait passer, dans les médias, l'annonce de sa prochaine campagne de recrutement. Elle indique les critères attendus des futurs policiers. Parmi ceux-ci, une taille minimale de 1 m 70.
Que pensez-vous de cette exigence ?

Situation 3

- Le serveur d'un grand restaurant décide de porter dorénavant une boucle d'oreille. Il est sommé par la direction de la retirer pendant son service car elle peut troubler la clientèle.
Vous présenterez le point de vue de la direction, puis celui du serveur, avant de donner votre avis.

Situation 4

- Avec le concours des autorités publiques, il est décidé de faire envoyer 120 lettres de candidature pour une offre d'emploi diffusée par une grande entreprise. Un tiers des lettres présente un candidat domicilié à Paris, un tiers dans les Hauts-de-Seine et un tiers en Seine-Saint-Denis. Les candidats ont une formation équivalente.
- Douze candidats sont présélectionnés par l'entreprise : six ont une adresse de résidence à Paris, quatre dans les Hauts-de-Seine et deux en Seine-Saint-Denis.
Encourageriez-vous ce type de « *testing* » (test de discrimination) ? Comment analysez-vous les résultats de celui qui vous est présenté ?

Situation 5

- Une société, propriétaire bailleur, demande aux locataires potentiels de préciser, dans leur dossier, leur pays de naissance et celui de leurs parents. M. X., qui s'est vu refuser l'attribution d'un logement par cette société, est convaincu que c'est en raison du lieu de naissance, en Afrique, de ses parents.
Il vous demande si la justice peut reconnaître qu'il a été victime d'une discrimination. Comment la dénommeriez-vous ?

Conseils !

1. Lisez attentivement les situations et le document.
2. Identifiez, pour chaque situation, les questions de droit qui se posent.
3. Analysez ces questions à la lumière du cours et proposez des éléments de réponse. Pensez à justifier vos réponses.
4. N'hésitez pas à vous appuyer sur les ressources proposées.

Affiche de l'association Themis, 2020

RESSOURCES

Liens vers les ressources

LOI

Loi n° 2008-496 du 27 mai 2008 portant diverses dispositions d'adaptation au droit communautaire dans le domaine de la lutte contre les discriminations, article 4

legifrance.gouv.fr

Cet article définit la marche à suivre pour une personne qui s'estime victime d'une discrimination, qu'elle soit directe ou indirecte.

ARRÊT

Cour de cassation, chambre criminelle, 28 février 2017, n° 15-87.378

legifrance.gouv.fr

Dans cette décision, la Cour de cassation a accepté le *testing* comme mode de preuve.

ARRÊT

Cour de cassation, chambre sociale, 11 janvier 2012, n° 10-28.213

legifrance.gouv.fr

La Cour de cassation s'est prononcée sur une affaire similaire à la situation 4. N'hésitez pas à consulter son arrêt !

COURS Nationalité et migrations

REPÈRES → p. 120
DOSSIER → p. 136
DOSSIER → p. 138
DOSSIER → p. 140

→ Juridiquement, les étrangers sont-ils tous traités de la même manière ?

I. L'immigration en France, un phénomène ancien et évolutif

A L'immigration en chiffres

• **En 2019, 6,7 millions d'immigrés vivent en France**, soit 9,9 % de la population totale. Après une stabilisation dans les années 1980 et 1990, la population immigrée en France croît à nouveau depuis 1999.

• **Cette augmentation fait écho à la hausse du nombre des migrants internationaux dans le monde** qui a triplé en quarante ans, passant de 75 millions en 1977 à 266 millions en 2019 (3,5 % de la population mondiale). La situation mondiale s'explique en particulier par l'augmentation des zones de conflits. L'Union européenne est une des toutes premières destinations migratoires dans le monde.

B Les principaux types d'immigration

• La population immigrée se caractérise par la **variété des origines géographiques des immigrés**, comme dans la **part croissante prise par le continent africain** : en 2019, 46,5 % des immigrés vivant en France sont nés en Afrique et 33,3 % en Europe.

• **En France, l'immigration familiale** constitue, avec un tiers du total, le plus important volume des flux migratoires. Viennent ensuite les **flux liés aux études, l'immigration au titre de l'asile et pour motif humanitaire** (réfugiés et apatrides, bénéficiaires de la protection subsidiaire, étrangers malades), puis l'**immigration professionnelle**.

II. Les étrangers en France, des régimes différenciés

A Un régime juridique qui distingue étrangers et Français

• **La population étrangère vivant en France représente, en 2019, 4,9 millions de personnes**, soit 7,4 % de la population totale. Elle regroupe les immigrés qui ont conservé leur nationalité étrangère (4,2 millions) et les étrangers nés en France (0,7 million). Les étrangers sont soumis à des règles communes, qui les distinguent des nationaux.

• **Ainsi, seuls les étrangers peuvent, par définition, demander asile**, ou encore **être protégés quand ils sont apatrides.** Ils n'ont, en revanche, **pas le droit de participer aux élections**, à l'exception des citoyens de l'Union européenne pour les seules élections municipales et européennes. Les étrangers ne peuvent pas non plus être militaires (sauf dans la Légion étrangère) ou exercer certaines fonctions, comme celles de juge ou de préfet.

• **Les étrangers ne bénéficient pas**, ainsi que l'a jugé le Conseil constitutionnel, **de « droits de caractère général et absolu d'accès et de séjour sur le territoire national »** : les pouvoirs publics peuvent les éloigner du territoire, si besoin par la contrainte, en cas d'entrée et de séjour irréguliers, ou les expulser, même s'ils sont en situation régulière, s'ils menacent l'ordre public.

B Des étrangers protégés, avec des statuts différents

• **Les étrangers bénéficient des libertés et des droits fondamentaux de valeur constitutionnelle** reconnus à toutes les personnes qui résident en France, comme la liberté individuelle et la sûreté, la liberté de mariage, de mener une vie familiale normale ou encore, pour les mineurs, le droit à l'éducation.

VOCABULAIRE

- **Aide médicale d'État (AME)** : dispositif financé par l'État qui permet aux étrangers en situation irrégulière de bénéficier d'une prise en charge de soins de santé.
- **Déclaration de nationalité** : modalité d'acquisition de droit de la nationalité française ouverte à la personne étrangère mariée, depuis au moins quatre ans, avec un(e) Français(e).
- **Décret de naturalisation** : modalité d'acquisition, non automatique, de la nationalité française ouverte à une personne étrangère remplissant des conditions de régularité du séjour en France et d'intégration dans la communauté française.
- **État tiers** : État autre qu'un État membre de l'Union européenne ou d'un pays associé à l'Union européenne.
- **Étranger** : personne, née à l'étranger, ou en France, qui réside sur le territoire national sans posséder la nationalité française.
- **Immigration familiale** : concerne les membres de famille de Français et, dans le cadre du regroupement familial, les membres de famille d'étrangers installés en France.
- **Immigré** : personne née étrangère à l'étranger, et qui réside en France. L'immigré peut avoir conservé sa nationalité d'origine ou avoir acquis la nationalité française.
- **Migrant international** : personne qui quitte le pays de sa résidence habituelle pour s'établir dans un autre pays.

NOTIONS

- **Apatride** → p. 280
- **Demandeur d'asile** → p. 280
- **Droit du sang** → p. 280
- **Droit du sol** → p. 280
- **Étranger** → vocabulaire et p. 280
- **Nationalité** → p. 280

• **Mais les étrangers ne forment pas une catégorie homogène** et l'ampleur des droits, notamment sociaux, dont ils peuvent par ailleurs bénéficier, dépend très largement de leur statut. Les citoyens des pays membres de l'Union européenne bénéficient ainsi des droits les plus étendus : ils n'ont pas besoin de visa d'entrée ou de titre de séjour, et peuvent recevoir les mêmes prestations que les nationaux.

• Les étrangers ressortissants d'**États tiers** peuvent bénéficier de droits à la **protection sociale**, mais cet avantage est normalement soumis à une condition de **résidence stable et régulière sur le territoire français, depuis une certaine durée.**

• Enfin, les étrangers en **situation irrégulière** ont les droits les plus limités, comme l'**aide médicale d'État** (AME), et font normalement l'objet de mesures d'éloignement du territoire national.

III. L'accès à la nationalité française

A Le droit de la nationalité française, un droit complexe

• Le droit de la nationalité française, régi par le Code civil, est un droit complexe qui reflète tant la diversité des situations familiales et des personnes que les liens entretenus avec la France.

B L'attribution de la nationalité à la naissance

• **L'attribution de la nationalité française à la naissance** résulte classiquement de la **filiation par rapport, au moins, à un parent français** : c'est le **droit du sang** *(jus sanguinis)*. Mais, la nationalité française est aussi attribuée, à la naissance, à un enfant né en France d'un parent étranger lui-même né en France : c'est le « **double droit du sol** ».

C L'acquisition de la nationalité au cours de l'existence

• **L'acquisition au cours de l'existence résulte de la mise en œuvre de différents critères** : la naissance en France et/ou la résidence sur le territoire national pendant une certaine durée – **droit du sol** *(jus soli)* – mais aussi de certaines situations, comme le mariage.

• **L'acquisition de la nationalité peut ainsi intervenir de plein droit**, en raison des effets attachés par la législation à certaines situations, comme le fait, pour un enfant étranger né en France, d'y avoir résidé pendant une certaine durée. Elle peut également s'opérer par **déclaration de nationalité après un mariage avec un ressortissant français.** Tout étranger peut aussi demander à acquérir la nationalité française par **décret de naturalisation**.

• **Près de quatre immigrés sur dix** (2,5 millions soit 37 %) sont Français.

INSTITUTIONS

▪ **Cour nationale du droit d'asile (CNDA)**
Juridiction administrative spécialisée chargée de statuer en premier et dernier ressort sur les recours formés contre les décisions de l'OFPRA. Elle est soumise au contrôle de cassation du Conseil d'État.

▪ **L'Office français de protection des réfugiés et apatrides (OFPRA)**
Établissement public administratif chargé de l'instruction des demandes d'asile et de la protection des réfugiés, des bénéficiaires de la protection subsidiaire et des apatrides. ➜ Fiche métier p. 267

RÉVISER SON COURS

1. Quels sont les différents statuts des étrangers en France ?
2. De quels droits bénéficient les étrangers en France ?
3. Quelles sont les différentes voies d'accès à la nationalité française ?

PARTIE 2

RESSOURCES

Liens vers les ressources

LOI

Code civil, articles 21-7 et 21-24

legifrance.gouv.fr

L'article 21-7 porte sur l'acquisition de la nationalité française à raison de la naissance et de la résidence en France ; l'article 21-24, sur les conditions de naturalisation.

LOI

Code de l'entrée et du séjour des étrangers et du droit d'asile (CESEDA), article L. 511-1

legifrance.gouv.fr

Cet article porte sur la reconnaissance de la qualité de réfugié.

SITE

Le site de l'OFPRA

ofpra.gouv.fr

Le site de l'OFPRA présente de nombreuses informations sur les modes de protection des réfugiés et apatrides.

DOSSIER Les étrangers en France : unité ou diversité ?

REPÈRES → p. 120
COURS → p. 134
DOSSIER → p. 138
DOSSIER → p. 156
FICHE MÉTHODE → p. 276

Les citoyens de l'Union européenne n'ont pas les mêmes droits que les ressortissants des États tiers. En matière de visas et de titres de séjour, les États doivent concilier l'exercice de leur souveraineté et le respect des conventions internationales.

→ Les étrangers peuvent-ils venir et séjourner librement en France ?

DOC 1 Un statut des étrangers défini par le Conseil constitutionnel

Décision complète

Considérant qu'aucun principe non plus qu'aucune règle de valeur constitutionnelle n'assure aux étrangers des droits de caractère général et absolu d'accès et de séjour sur le territoire national ; que les conditions de leur entrée et de leur séjour peuvent être restreintes par des mesures de police administrative conférant à l'autorité publique des pouvoirs étendus et reposant sur des règles spécifiques ; que le législateur peut ainsi mettre en œuvre les objectifs d'intérêt général qu'il s'assigne ; que dans ce cadre juridique, les étrangers se trouvent placés dans une situation différente de celle des nationaux […].

Considérant toutefois que si le législateur peut prendre à l'égard des étrangers des dispositions spécifiques, il lui appartient de respecter les libertés et droits fondamentaux de valeur constitutionnelle reconnus à tous ceux qui résident sur le territoire de la République ; que s'ils doivent être conciliés avec la sauvegarde de l'ordre public qui constitue un objectif de valeur constitutionnelle, figurent parmi ces droits et libertés, la liberté individuelle et la sûreté, notamment la liberté d'aller et venir, la liberté du mariage, le droit de mener une vie familiale normale ; qu'en outre les étrangers jouissent des droits à la protection sociale, dès lors qu'ils résident de manière stable et régulière sur le territoire français ; qu'ils doivent bénéficier de l'exercice de recours assurant la garantie de ces droits et libertés […].

Conseil constitutionnel, décision n° 93-325 DC du 13 août 1993

DOC 2 La libre circulation des citoyens de l'UE

a. Charte des droits fondamentaux de l'Union européenne

Art. 45. Tout citoyen [...] de l'Union a le droit de circuler et de séjourner librement sur le territoire des États membres.

b. Traité de l'Union européenne

Art. 3, alinéa 2. L'Union offre à ses citoyens un espace de liberté, de sécurité et de justice sans frontières intérieures, au sein duquel est assurée la libre circulation des personnes, en liaison avec des mesures appropriées en matière de contrôle des frontières extérieures, d'asile, d'immigration ainsi que de prévention de la criminalité et de lutte contre ce phénomène.

DOC 3 Répartition par motif d'admission des premiers titres de séjour délivrés aux étrangers

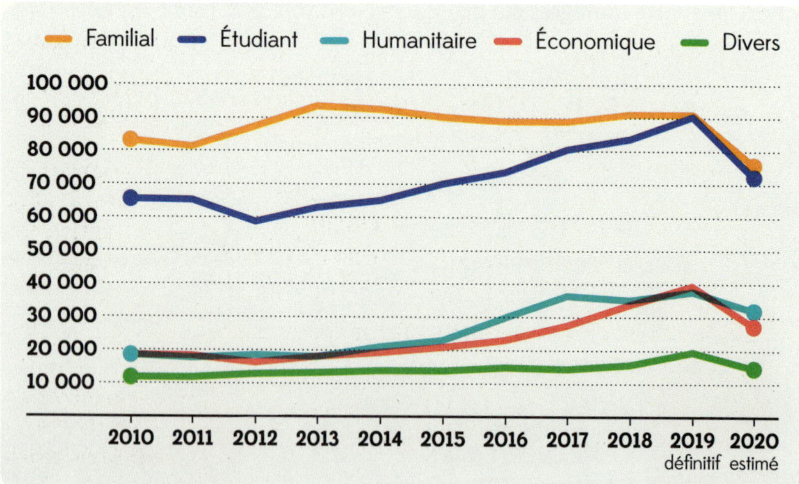

Champ : France métropolitaine

D'après « L'essentiel de l'immigration. Chiffres clés », Direction générale des étrangers en France, janvier 2021

VOCABULAIRE

- **Centre de rétention administrative (CRA)** : structure fermée dans laquelle sont retenus, pour une durée ne pouvant pas excéder quatre-vingt-dix jours, les étrangers en situation irrégulière avant leur éloignement forcé du territoire national.
- **Titre de séjour** : document administratif dont certaines catégories d'étrangers de plus de 18 ans doivent être munis pour pouvoir séjourner régulièrement en France pendant plus de trois mois. Les titres de séjour ont des durées différentes selon la situation de l'étranger.

DOC 4 Le droit à la santé des étrangers

L'AME [aide médicale d'État] permet aux étrangers majeurs en situation irrégulière présents en France depuis plus de trois mois de bénéficier d'un accès aux soins. Si la personne est présente en France depuis moins de trois mois, elle peut être prise en charge ponctuellement à l'hôpital si son état nécessite des soins urgents et vitaux [...].

L'AME est attribuée pour un an renouvelable, sous conditions de résidence stable et de ressources, par les caisses primaires d'assurance maladie agissant par délégation préfectorale. [...]

Sont pris en charge les soins médicaux et hospitaliers des personnes malades dans la limite des tarifs de la Sécurité sociale, ce qui réduit de fait l'accès aux prestations pour des soins dentaires ou d'optique. Sont exclus du panier de soins les actes et produits nécessaires à la réalisation d'une aide médicale à la procréation, les médicaments à service médical faible et les cures thermales.

Extrait du rapport de la Cour des comptes « L'entrée, le séjour et le premier accueil des personnes étrangères », mai 2020

DOC 5 Des enfants en centre de rétention administrative (CRA)

Au niveau international, il existe un consensus selon lequel l'intérêt supérieur de l'enfant devrait conduire à l'interdiction de l'enfermement dans un contexte migratoire. En effet, l'article 3 de la Convention internationale des droits de l'enfant (CIDE) du 20 novembre 1989 dispose que « dans toutes les décisions qui concernent les enfants [...] l'intérêt supérieur de l'enfant doit être une considération primordiale » et l'article 37 b que « la détention ou l'emprisonnement d'un enfant doit être en conformité avec la loi, n'être qu'une mesure de dernier ressort, et être d'une durée aussi brève que possible ». [...]

Dans la décision Popov contre France, la Cour européenne des droits de l'homme affirmait que « l'intérêt supérieur de l'enfant ne peut se limiter à maintenir l'unité familiale mais que les autorités doivent mettre en œuvre tous les moyens nécessaires afin de limiter autant que faire se peut la détention de familles accompagnées d'enfants et préserver effectivement le droit à une vie familiale ». Si la Cour ne condamne pas le principe de la rétention, mais rappelle la nécessité de faire primer l'intérêt supérieur de l'enfant, elle critique la politique française de recours systématique à cette mesure pour les enfants et incite la France à changer de pratique. [...] La CNDH[1] craint fortement que cette proposition de loi ne change qu'à la marge les pratiques actuelles des préfectures dans un contexte inquiétant de criminalisation des migrants et de privation de liberté, qui n'épargne pas les enfants [...]. Alors que l'impact désastreux de la rétention sur les enfants est notoire, elle regrette que la proposition de loi n'ait pas interdit purement et simplement la rétention des familles avec enfants.

Commission nationale consultative des droits de l'homme, avis relatif à la proposition de loi visant à encadrer strictement la rétention administrative des familles avec mineurs, 4 octobre 2020

1. Commission nationale consultative des droits de l'homme.

? QUESTIONS

1. Comment les droits et les obligations des étrangers sont-ils posés par le Conseil constitutionnel ? **doc 1**
2. Quelles différences existe-t-il en droit entre les étrangers issus d'un pays membre de l'Union européenne et les autres étrangers ? **docs 1 à 5**
3. Comment les différentes catégories de titres de séjour ont-elles évolué ? **doc 2**
4. Quelles sont les problématiques soulevées par la rétention administrative des enfants ? **doc 5**

Synthèse Il est souvent dit que la politique migratoire de la France est tout à la fois « humaine et ferme ». Commentez cette formule.

C'est à vous ! ORAL

Vous êtes conseiller du Défenseur des droits.

- Vous préparez une proposition de réforme des textes qui rendent possible le placement de mineurs en rétention administrative.
- Vous vous référez à un avis du 12 juillet 2016, dans lequel le Défenseur des droits estimait que cette loi était contraire à la Convention européenne des droits de l'homme et devait être réformée.

RESSOURCES

> **« Interdiction de mettre des enfants en CRA : la CEDH conforte la position du Défenseur des droits »**, defenseurdesdroits.fr

> **Code de l'entrée et du séjour des étrangers et du droit d'asile**, articles L. 740-1 et L. 741-1

Liens vers les ressources

PARTIE 2

DOSSIER

REPÈRES → p. 120
COURS → p. 134
DOSSIER → p. 136
FICHE MÉTHODE → p. 276

Comment un étranger peut-il être reconnu comme réfugié ?

La qualité de réfugié est un statut protecteur accordé, par l'OFPRA ou la CNDA, à un étranger persécuté dans son pays et qui ne peut pas se réclamer de la protection de ce pays. L'étranger auquel ce statut est refusé peut éventuellement bénéficier de la protection subsidiaire.

→ **Vouloir quitter son pays suffit-il pour obtenir le statut de réfugié ?**

DOC 1 Le statut de réfugié

Article 1er – Définition du terme « réfugié ». Aux fins de la présente convention, le terme « réfugié » s'appliquera à toute personne : [qui] par suite d'événements [...] et craignant avec raison d'être persécutée du fait de sa race, de sa religion, de sa nationalité, de son appartenance à un certain groupe social ou de ses opinions politiques, se trouve hors du pays dont elle a la nationalité et qui ne peut ou, du fait de cette crainte, ne veut se réclamer de la protection de ce pays ; ou qui, si elle n'a pas de nationalité et se trouve hors du pays dans lequel elle avait sa résidence habituelle à la suite de tels événements, ne peut ou, en raison de ladite crainte, ne veut y retourner.

Convention de Genève, 1951

DOC 2 La procédure du droit d'asile devant l'OFPRA

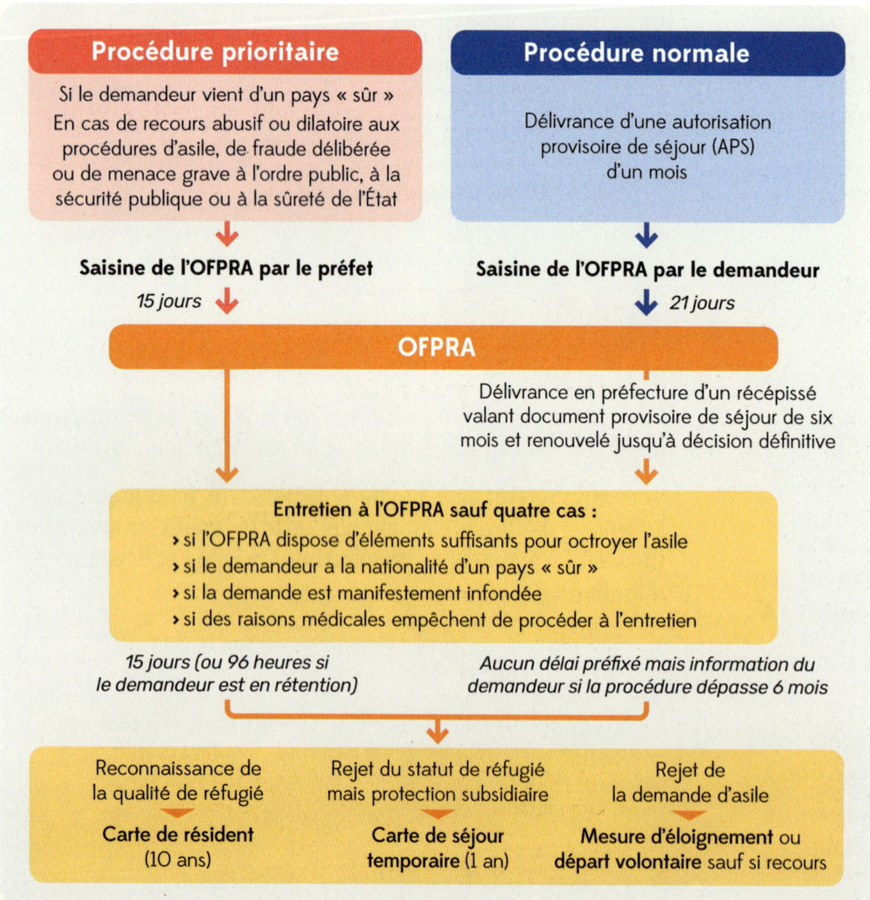

CHIFFRES CLÉS

- En 2019

308 583 personnes étaient placées sous la protection de l'OFPRA

dont

225 544 réfugiés

51 728 bénéficiaires de la protection subsidiaire

1 521 apatrides

D'après « Les étrangers en France, année 2019 », rapport du Gouvernement au Parlement, 2020

INSTITUTIONS

- **Cour nationale du droit d'asile (CNDA)**

Juridiction administrative spécialisée chargée de statuer en premier et dernier ressort sur les recours formés contre les décisions de l'OFPRA. Elle est soumise au contrôle de cassation du Conseil d'État.

- **L'Office français de protection des réfugiés et apatrides (OFPRA)**

Établissement public administratif chargé de l'instruction des demandes d'asile et de la protection des réfugiés, des bénéficiaires de la protection subsidiaire et des apatrides. → Fiche métier p. 267

DOC 3 Mme K., demandeuse d'asile

Décision complète

L'OFPRA avait refusé le statut de réfugiée à Mme K., qui a contesté alors sa décision de rejet auprès de la Cour nationale du droit d'asile.

2. Mme K. [...] a réitéré ses craintes d'être exposée à des persécutions, en cas de retour dans son pays d'origine, du fait de la société Bondo en raison de son opposition à l'excision de sa fille, sans pouvoir bénéficier de la protection effective des autorités. Elle fait valoir qu'elle est d'ethnie Temne et qu'elle a été excisée à l'âge de seize ans, lors d'une cérémonie dirigée par sa grand-mère, exciseuse au sein de la société secrète Bondo. À la suite de son excision, elle a intégré cette société. [...]

3. Un groupe social est, au sens de l'article 1er, A, 2 de la convention de Genève, constitué de personnes partageant un caractère inné, une histoire commune ou une caractéristique essentielle à leur identité et à leur conscience, auxquels il ne peut leur être demandé de renoncer, et une identité propre perçue comme étant différente par la société environnante ou par les institutions. [...]

4. Dans les pays de forte prévalence de la pratique de l'excision, les personnes qui ont manifesté leur opposition à cette pratique pour elles-mêmes ou refusé d'y soumettre leurs enfants mineures ont transgressé les normes coutumières de leur pays d'origine et sont exposées de ce fait tant à des violences dirigées contre elles-mêmes qu'au risque de voir leurs filles mineures excisées contre leur volonté. [...]

5. Il résulte de l'instruction que les mutilations sexuelles féminines constituent une norme sociale en Sierra Leone dans la mesure où elles sont une pratique très largement répandue dans la plupart des groupes ethniques. [...]

6. En l'espèce, les déclarations précises et circonstanciées de Mme K., tenues lors de l'audience ont permis de tenir pour établi son environnement familial, à savoir qu'elle est issue d'une famille traditionnelle de l'ethnie Temne pratiquant les mutilations sexuelles féminines, qu'elle est membre d'une société secrète d'exciseuses dite Bondo et qu'elle a elle-même été excisée, comme en atteste le certificat médical délivré le 1er avril 2016 en France. [...]

DÉCIDE :

Article 1er : La décision du directeur général de l'OFPRA du 19 mai 2017 est annulée.

Article 2 : La qualité de réfugiée est reconnue à Mme K.

CNDA, n° 17024972, mars 2019

VOCABULAIRE

- **Protection subsidiaire** : protection au titre de l'asile accordée, avec des droits plus limités, à l'étranger qui ne remplit pas les conditions d'obtention du statut de réfugié.

DOC 4 La protection subsidiaire

Art. L. 512-1. Le bénéfice de la protection subsidiaire est accordé à toute personne qui ne remplit pas les conditions pour se voir reconnaître la qualité de réfugié et pour laquelle il existe des motifs sérieux et avérés de croire qu'elle courrait dans son pays un risque réel de subir l'une des atteintes graves suivantes :

a) La peine de mort ou une exécution ;

b) La torture ou des peines ou traitements inhumains ou dégradants ;

c) S'agissant d'un civil, une menace grave et individuelle contre sa vie ou sa personne en raison d'une violence qui peut s'étendre à des personnes sans considération de leur situation personnelle et résultant d'une situation de conflit armé interne ou international.

Code de l'entrée et du séjour des étrangers et du droit d'asile

? QUESTIONS

1 Quelles sont les différentes formes de protection accordées au titre de l'asile ? **docs 1 à 4**

2 Dans quels cas un étranger peut-il obtenir la protection subsidiaire ? **doc 4**

3 Le risque de subir la peine de mort dans son pays permet-il d'être reconnu réfugié ? **docs 1, 3 et 4**

Synthèse À quelles conditions un étranger peut-il obtenir l'asile en France ?

C'est à vous ! ORAL

Réalisez une consultation fictive.

- Vous êtes avocat spécialisé en droit des étrangers.
- Mme Y., 24 ans, est arrivée en France il y a deux mois. Elle a participé à des manifestations en Birmanie, son pays d'origine, où elle se sent menacée.
- Vous la recevez et lui indiquez ses droits.
- Pensez à faire des recherches sur son pays d'origine.

RESSOURCES

> **« La procédure de demande d'asile »**, ofpra.gouv.fr

> **« Tout comprendre à la demande d'asile en six langues »**, lacimade.org

Liens vers les ressources

PARTIE 2

DOSSIER Comment devient-on Français ?

REPÈRES → p. 120
COURS → p. 134
FICHE MÉTHODE → p. 276

En France, pour être citoyen, il faut être majeur et avoir la nationalité française. Celle-ci est soit attribuée à la naissance du fait d'un parent français, soit acquise au cours de la vie. Des conditions sont alors requises et l'État peut s'y opposer dans certains cas.

→ **Pour être Français, faut-il le vouloir ?**

DOC 1 Les différents modes d'acquisition de la nationalité française

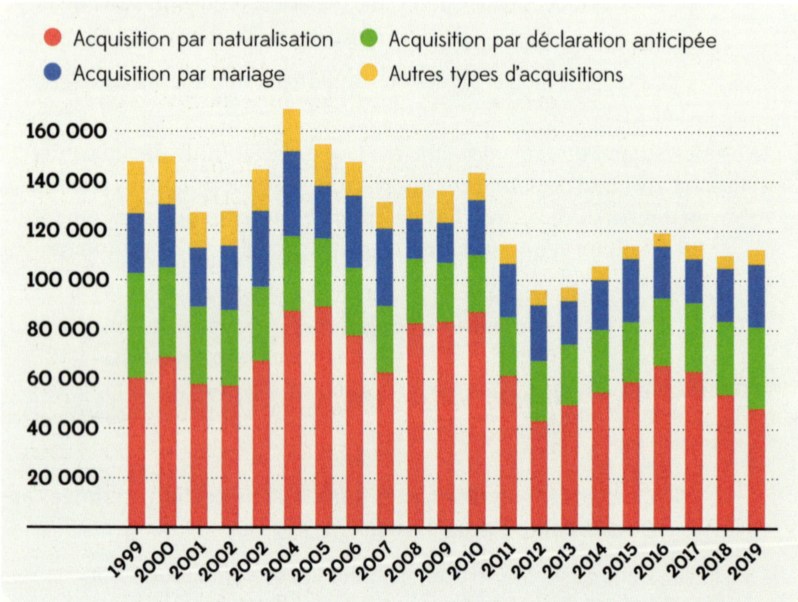

Insee, « Acquisitions de la nationalité française. Données annuelles de 1999 à 2019 », juillet 2020

VOCABULAIRE

- **Naturalisation** : modalité discrétionnaire (dépendant du bon vouloir) d'octroi de la nationalité, par les autorités de l'État, à un étranger qui la demande. En France, elle est accordée par décret.
- **Déclaration de nationalité** : acte par lequel un étranger, qui remplit les conditions pour obtenir la nationalité, exerce ce droit auprès des autorités de l'État. La déclaration de nationalité est dite « anticipée » quand elle est souscrite pour ou par un mineur étranger avant l'acquisition de plein droit de la nationalité française à sa majorité.

DOC 2 La charte des droits et devoirs du citoyen français

En application de l'article 21-24 du Code civil, la présente charte rappelle les principes et valeurs essentiels de la République et énonce les droits et devoirs du citoyen, résultant de la Constitution ou de la loi. […]

Tout être humain, sans distinction de race, de religion ni de croyance, possède des droits inaliénables. Sur le territoire de la République, ces droits sont garantis à chacun et chacun a le devoir de les respecter. À la qualité de citoyen français s'attachent en outre des droits et devoirs particuliers, tels que le droit de participer à l'élection des représentants du peuple et le devoir de concourir à la défense nationale ou de participer aux jurys d'assises.

- Liberté […]
- Égalité

Tous les citoyens sont égaux devant la loi, sans distinction de sexe, d'origine, de race ou de religion. La loi est la même pour tous, soit qu'elle protège, soit qu'elle punisse.

L'homme et la femme ont dans tous les domaines les mêmes droits. […]

- Fraternité […]

Décret n° 2012-127 approuvant la charte des droits et devoirs du citoyen français, 30 janvier 2012

DOC 3 L'assimilation au sens du Code civil

Art. 21-24. Nul ne peut être naturalisé s'il ne justifie de son assimilation à la communauté française, notamment par une connaissance suffisante, selon sa condition, de la langue, de l'histoire, de la culture et de la société françaises, dont le niveau et les modalités d'évaluation sont fixés par décret en Conseil d'État, et des droits et devoirs conférés par la nationalité française ainsi que par l'adhésion aux principes et aux valeurs essentiels de la République.

À l'issue du contrôle de son assimilation, l'intéressé signe la charte des droits et devoirs du citoyen français.

Code civil

DOC 4 L'expression de la volonté d'acquérir la nationalité française

Liens
Code civil, art. 21-7 et 21-11

La loi prévoit que les enfants nés en France de parents étrangers et remplissant certaines conditions de résidence acquièrent automatiquement la nationalité française à leur majorité. En 1993, un projet de loi vise à remplacer cette automaticité par une manifestation de volonté.

D'un côté, les défenseurs du projet invoquent la menace « incontestable » que ferait peser le multiculturalisme sur l'identité nationale. [...] Le postulat de ce raisonnement est que l'intégration des étrangers et des jeunes issus de l'immigration se ferait désormais plus difficilement que par le passé en raison de leur origine extra-européenne. [...] Il conviendrait donc de vérifier leur degré d'assimilation et de s'assurer de leur volonté de s'intégrer [pour éviter] « une machine à fabriquer des Français [...] administratifs qui ne se sentent pas vraiment Français et qui, du reste, ont généralement une autre nationalité », à laquelle, peut-on comprendre, ils accorderaient plus d'importance. [...]

De l'autre côté, les adversaires du projet dénoncent la visée purement politicienne de cette réforme, considérée comme une concession faite à l'extrême droite. Les arguments du Gouvernement, expliquent-ils, ne sont pas fondés. D'une part, les jeunes ne deviennent pas Français contre leur gré, puisqu'ils peuvent décliner la nationalité, d'autre part, ils n'obtiennent pas la nationalité sans le savoir, puisqu'il leur faut effectuer une démarche pour se prévaloir officiellement du statut de national et se faire délivrer leur carte nationale d'identité. « En imposant une déclaration volontaire, soulignent-ils, vous proposeriez de supprimer une législation silencieuse qui permet d'assurer un passage sans heurt dans la nationalité. Obliger un jeune à s'exprimer dans ces termes, c'est lui imposer de manifester une fracture avec ses origines, avec ses propres parents, de choisir entre son pays et ses parents, en termes d'exclusive, là où, au contraire, il s'agit de concilier. »

Évelyne Ribert, *Liberté, égalité, carte d'identité. Les jeunes issus de l'immigration et l'appartenance nationale*, coll. Tap/enquêtes de terrain, éd. La Découverte, 2006

DOC 5 L'opposition de l'État à une déclaration de nationalité

Décision complète

Considérant qu'il résulte de ce qui précède que Mme [Z] n'est pas fondée à demander l'annulation du décret [...] lui refusant l'acquisition de la nationalité française

Considérant qu'il ressort des pièces du dossier que, si Mme [Z] possède une bonne maîtrise de la langue française, elle a cependant adopté une pratique radicale de sa religion, incompatible avec les valeurs essentielles de la communauté française, et notamment avec le principe d'égalité des sexes ; qu'ainsi, elle ne remplit pas la condition d'assimilation posée par l'article 21-4 précité du Code civil ; que, par conséquent, le Gouvernement a pu légalement fonder sur ce motif une opposition à l'acquisition par mariage de la nationalité française de Mme [Z] ; considérant que le décret attaqué [...] n'a ni pour objet ni pour effet de porter atteinte à la liberté religieuse de l'intéressée ; que, par suite, il ne méconnaît ni le principe constitutionnel de liberté d'expression religieuse, ni les stipulations de l'article 9 de la Convention européenne de sauvegarde des droits de l'homme et des libertés fondamentales ; considérant qu'il résulte de ce qui précède que Mme [Z] n'est pas fondée à demander l'annulation du décret [...] lui refusant l'acquisition de la nationalité française.

DÉCIDE :

[...] La requête de Mme [Z] est rejetée.

Conseil d'État, décision n° 286798 du 27 juin 2008

PARTIE 2

RESSOURCES

- **« Mariage en France »**, service-public.fr
- **Code de l'entrée et du séjour des étrangers et du droit d'asile**, article L. 623-1

Ressources complémentaires

? QUESTIONS

1. Quels critères l'État français pose-t-il pour acquérir la nationalité française ? **docs 1 à 5**
2. Sur quel fondement le Conseil d'État refuse-t-il la nationalité française à Mme Z ? **doc 5**
3. Relevez les arguments en faveur et en défaveur d'une obligation de manifester expressément sa volonté d'acquérir la nationalité française. **doc 4**

Synthèse Devenir Français : pour quelles raisons, par quelles procédures ?

C'est à vous ! ORAL

Vous travaillez dans une maison de la justice et du droit et renseignez un couple.

- Paul et Elena se sont recontrés en Italie. Après avoir épousé Paul et s'être installée définitivement en France, Elena souhaite désormais acquérir la nationalité française.
- Expliquez au couple si elle en a le droit, à quelles conditions et selon quelles procédures.

DÉBAT

ORAL

Faut-il donner la personnalité juridique à la nature pour mieux la protéger ?

VOCABULAIRE

- **Droits subjectifs** : droits reconnus aux individus, qui sont sujets de droit.
- **Écocide** : d'après l'ONG Stop Écocide, ce terme s'applique à une « destruction et un dommage massifs des écosystèmes - un dommage à la nature qui est étendu, grave ou systématique ».

DOC 1 Reconnaître l'écocide ?

a. Une proposition de loi

Face aux catastrophes écologiques à venir et à l'accélération du réchauffement climatique, les citoyens du monde entier, les jeunes et les moins jeunes, ne cessent de se mobiliser pour réclamer aux gouvernements plus d'actions et d'engagements. Les rapports alarmants s'accumulent, soulignant les uns après les autres les effets du changement climatique, l'extinction accélérée des espèces, la fonte de la cryosphère ou encore la montée des eaux. […]

En ce sens, il faut réévaluer la valeur que nous voulons accorder à l'environnement et aux écosystèmes qui le composent et c'est pourquoi nous devons revoir globalement l'échelle des peines concernant la criminalité environnementale. La présente proposition de loi s'inscrit dans cette ambition. […] En inscrivant dans le droit pénal la reconnaissance de l'écocide, elle vise non seulement à punir les crimes les plus graves qui portent profondément atteinte à la santé de la planète, mais elle les élève aussi au même titre que les crimes les plus graves déjà inscrits au Code pénal. […]

Le terme d'écocide s'inscrit ainsi dans le prolongement direct de la Charte de l'environnement. [...]

Exposé des motifs de la proposition de loi n° 2353, portant reconnaissance du crime d'écocide, octobre 2019 (sous cette forme, la proposition de loi n'a pas vu le jour)

b. Un délit de mise en danger de l'environnement

Barbara Pompili et Éric Dupond-Moretti[1] ont annoncé la création d'un délit de mise en danger de l'environnement, qui viendra sanctionner « la mise en danger délibérée de l'environnement par des violations délibérées d'une obligation ». Plus simplement, désormais, quiconque adoptera un comportement dangereux pour l'environnement – et cela même si aucune pollution n'est constatée – pourra être condamné. La peine encourue est d'un an de prison et de 100 000 euros d'amende.

Justine Guitton-Boussion, « Crime ou délit ? L'écocide divise les juristes de l'environnement », Reporterre, novembre 2020

1. Respectivement ministre de la Transition écologique et ministre de la Justice (garde des Sceaux).

DOC 2 Le principe de précaution

a. Qu'est-ce que le principe de précaution ?

PRINCIPE DE PRÉCAUTION

OBJECTIFS

Permet de prévenir les risques encore inconnus

QUELS TEXTES ?

- 1992 Déclaration de Rio
- 2005 Charte de l'environnement
- 2007 Traité de Lisbonne

APPLICATIONS

3 conditions juridiques simultanées
- L'incertitude scientifique
- La gravité du dommage encouru
- L'irréversibilité du dommage

D'après Générations Cobayes

b. Dans la Charte de l'environnement

Art. 5. Lorsque la réalisation d'un dommage, bien qu'incertaine en l'état des connaissances scientifiques, pourrait affecter de manière grave et irréversible l'environnement, les autorités publiques veillent, par application du principe de précaution et dans leurs domaines d'attributions, à la mise en œuvre de procédures d'évaluation des risques et à l'adoption de mesures provisoires et proportionnées afin de parer à la réalisation du dommage.

DOC 3 La nature comme sujet de droit, un objet de controverse

Le regard d'une PHILOSOPHE

On s'entend généralement aujourd'hui pour reconnaître que le droit existant ne suffit pas à protéger la nature et les êtres vivants contre les atteintes environnementales, mais faut-il pour cela faire de la nature, des entités naturelles ou des animaux des sujets de droit ? La proposition se heurte à de fortes oppositions, notamment parmi les juristes.

À côté d'un certain nombre d'objections pratiques (sur la possibilité d'intégrer ces propositions nouvelles dans le système juridique existant, sur leur efficacité dans la protection de la nature), ceux-ci font valoir un principe, celui de l'égale dignité des êtres humains. Celle-ci est consacrée par le droit et serait mise en péril par une extension des droits aux non-humains. C'est une question de statut.

À ceux qui […] affirment que la personnalité juridique n'est qu'un artefact, et qu'attribuer des droits à la nature ou aux animaux relève seulement de « la technique juridique », il est répondu que le droit n'est pas un instrument neutre, mais incorpore des idées normatives. Il y a un ordre juridique, et il repose sur l'idée que seuls les humains peuvent être des sujets de droit.

Catherine Larrère, « Faire droit au vivant », Médiapart, issu de la revue *Délibérée n°* 8, mars 2020

DOC 5 Les arbres, sujets de droit ou choses ?

Jean-Claude Bouvier , dessin paru dans la revue *Délibérée*, animée par le syndicat de la Magistrature, octobre 2019

DOC 6 Un fleuve reconnu comme « entité vivante »

En 2017, le Parlement de Nouvelle-Zélande a accordé au fleuve Whanganui le statut d'entité vivante. On peut désormais le représenter en justice pour assurer la défense de ses droits.

DOC 7 La responsabilité de l'État en question

En mars 2019, les associations de défense de l'environnement Oxfam France, Notre Affaire à tous, Fondation pour la Nature et l'Homme et Greenpeace France ont introduit quatre requêtes devant le tribunal administratif de Paris afin de faire reconnaître la carence de l'État français dans la lutte contre le changement climatique […].

Le tribunal a considéré que les requérantes étaient fondées à demander la réparation en nature du préjudice écologique causé par le non-respect des objectifs fixés par la France en matière de réduction des émissions de gaz à effet de serre. Afin de déterminer les mesures devant être ordonnées à l'État pour réparer le préjudice causé ou prévenir son aggravation, les juges ont prononcé un supplément d'instruction, assorti d'un délai de deux mois.

Tribunal administratif de Paris, « L'Affaire du siècle : l'État reconnu responsable de manquements dans la lutte contre le réchauffement climatique », février 2021

DOC 4 La Constitution de l'Équateur depuis 2008

Art. 71. La nature ou Pachamama, où se reproduit et se réalise la vie, a droit au respect absolu de son existence et au maintien et à la régénération de ses cycles vitaux, de ses fonctions et de ses processus évolutifs. Toute personne, communauté, peuple ou nation, pourra exiger de l'autorité publique le respect des droits de la nature.

Constitution de l'Équateur

C'est à vous !

PARTIE 2

C'est à vous !

DÉBAT Faut-il donner la personnalité juridique à la nature pour mieux la protéger ?

ÉTAPE 1 Comprendre et préparer le débat

AVANT LE DÉBAT

1. Identifiez, à partir des sources des documents, le droit existant ou à envisager, pour mieux protéger la nature.
2. Relevez dans les documents le ou les arguments qui répondent à la question du débat.
3. Analysez ces arguments et classez-les afin de différencier les points de vue des acteurs concernés par l'objet du débat.

ÉTAPE 2 Participer au débat

AVANT LE DÉBAT

4. Mettez-vous à la place des acteurs concernés par l'objet du débat. Pour chacun d'eux, élaborez des arguments en prenant appui sur les informations des documents.
5. Notez vos arguments dans un tableau.

PENDANT LE DÉBAT

6. Notez les arguments des autres élèves.

Conseils

- Anticipez les points de vue différents afin de construire leur contre-argumentation.
- Écoutez et respectez la parole des autres.
- Pour convaincre, il est important d'associer des idées générales à des exemples précis (faits, acteurs, ce que dit le droit...).
- Relisez vos notes avant de prendre la parole.
- Présentez vos arguments, sans lire vos notes, en regardant l'auditoire.

	Il faut donner à la nature la personnalité juridique pour mieux la protéger	Il n'est pas souhaitable de donner à la nature la personnalité juridique
Arguments des acteurs des documents	• • •	• • •
Mes arguments	• • •	• • •
Les arguments des autres élèves	• • •	• • •

ÉTAPE 3 Conclure le débat

APRÈS LE DÉBAT

7. À l'écrit, exprimez votre point de vue personnel et argumenté sur l'attribution de la personnalité juridique à la nature.
8. Les arguments échangés lors du débat ont-ils fait évoluer votre position ? Expliquez pourquoi.

GRAND ORAL

Personnes et citoyens

Les questions du Grand oral portent sur vos spécialités, mais n'hésitez pas à mettre en valeur vos connaissances juridiques : cela ne pourra que valoriser votre prestation.

Dans ce chapitre, vous avez étudié les notions de personne juridique et de citoyenneté, et les droits et libertés qui en découlent.

Voici quelques exemples de questions dont vous pouvez vous inspirer.

Humanité, littérature et philosophie (HLP) 1re

› Semestre 2 – Les représentations du monde ; L'homme et l'animal

EXEMPLE DE QUESTION

- Jusqu'où faut-il protéger l'animal ?

LE + DU DROIT

L'évolution du droit de l'animal (et l'expression même de « droit de l'animal ») témoigne d'une histoire de la représentation que l'homme se fait non seulement de l'animal, mais de l'homme lui-même. L'animal ne peut être réduit à un bien, mais il n'est pas une personne : il est un être vivant doué de sensibilité, soumis au régime des biens. La distinction entre l'homme et l'animal permet de mieux cerner ce qu'est un sujet de droit, doté d'une responsabilité.

Anglais monde contemporain Term

› Thématique : Faire société ; axe d'étude 3 : Égalités et inégalités

EXEMPLE DE QUESTION

- *L'affirmative action* permet-elle efficacement de lutter contre les discriminations ?

LE + DU DROIT

Vous avez appris qu'en droit français, le principe d'égalité se caractérise par l'interdiction de traiter différemment des personnes identiques, d'où des difficultés à concevoir des outils de « discrimination positive », beaucoup plus répandus dans le monde anglo-saxon *(affirmative action)*. Vous pouvez rechercher des exemples de lois anti-discriminations dans d'autres pays (Civil Rights Act aux États-Unis, politiques d'admission à l'université…).

SES 1re

› Chapitre 10 : Voter : une affaire individuelle ou collective ?

EXEMPLE DE QUESTION

- Tout le monde peut-il voter ?

LE + DU DROIT

Vous pourrez mobiliser votre connaissance du droit pour présenter le cas des étrangers résidents, des citoyens de l'Union européenne, ainsi que celui des personnes incapables.

SVT Term

› La Terre, la vie et l'organisation du vivant ; Génétique et évolution

EXEMPLE DE QUESTION

- En quoi le débat sur les caractéristiques distinctives entre l'animal et l'objet permet-il d'envisager les évolutions futures du statut juridique de l'animal ?

LE + DU DROIT

Vous expliquerez les difficultés liées au statut juridique de l'animal en vous référant à l'article L 214-1 de 1976 du Code rural définissant l'animal comme un être sensible. Depuis la loi n° 2015-177 du 16 février 2015, l'article 515-14 du livre II du Code civil stipule que : « les animaux sont des êtres vivants doués de sensibilité. Sous réserve des lois qui les protègent, les animaux sont soumis au régime des biens » ; l'article 528 indique qu'il n'est plus considéré comme un bien meuble, ni défini par sa valeur marchande et patrimoniale, mais par sa valeur intrinsèque.

PARTIE 2

Personnes et citoyens

1 Sujets de droit

• Personnifier une entité, humaine ou non, permet de lui conférer droits et obligations. En France, de nos jours, un individu est, de sa naissance à sa mort, une **personne** juridique (physique), mais cela ne fut pas toujours le cas, par exemple du temps de l'esclavage. Les personnes physiques sont en principe **capables**, sauf les mineurs et les majeurs protégés.

• Les personnes morales sont des personnes juridiques non humaines.

• Les personnes juridiques (humaines ou non humaines) sont sujets de droit, et non objets de droit, comme le sont les choses. Longtemps nette, la distinction personne / chose tend à se brouiller, comme en témoigne le statut de l'animal.

2 Liberté et sécurité

• Dans une démocratie, la liberté est la règle. Tout citoyen peut contester devant un juge une restriction aux libertés.

• La **police administrative** permet au Premier ministre, au préfet et au maire de prévenir les atteintes à l'ordre public. Le juge administratif vérifie en quarante-huit heures si les restrictions apportées, par exemple à la liberté de manifester, sont justifiées.

• La lutte contre le terrorisme justifie des garde-à-vue prolongées ou des mesures individuelles de contrôle et de surveillance, mais toujours sous le contrôle du juge.

3 Égalité et lutte contre les discriminations

• L'**égalité** exclut toute différence de droits entre les personnes. Cette exigence s'apprécie dans un ensemble donné de personnes, dont les limites sont déterminées en fonction du but de l'avantage octroyé.

• La **discrimination** consiste à traiter certaines personnes différemment, pour un motif interdit (sexe, origine…).

• Sous l'influence du droit de l'Union, la lutte contre la discrimination a été étendue aux discriminations indirectes. Parfois, elle implique une action positive, pour corriger des discriminations.

4 Nationalité et migrations

• La France, vieux pays d'**immigration**, accueille près de 7 millions d'immigrés, venus pour des motifs familiaux, professionnels, humanitaires (asile) ou pour étudier.

• La majorité de ces immigrés conserve le statut juridique d'**étrangers**, mais près d'un quart d'entre eux ont acquis, selon différentes modalités, la **nationalité** française. Les enfants, nés en France, de ressortissants étrangers peuvent aussi devenir Français.

• Les étrangers bénéficient, en France, de droits et de libertés qui les ont rapprochés de la situation des nationaux, à l'exception des droits politiques. Mais ces droits varient selon l'origine de l'étranger (ressortissant ou non d'un pays membre de l'Union européenne) ou sa situation personnelle (présence régulière ou irrégulière en France).

MOTS CLÉS

- **Capacité** ➜ p. 280
- **Discrimination** ➜ p. 280
- **Égalité** ➜ p. 280
- **Étranger** ➜ p. 280
- **Liberté individuelle** ➜ p. 280
- **Immigration** ➜ p. 280
- **Nationalité** ➜ p. 280
- **Personnalité** ➜ p. 280
- **Police administrative** ➜ p. 280

TEXTES CLÉS

- **Code civil** (1804), articles 16, 66, 414, 415, 515-14 et 1240
- **Code de la sécurité intérieure,** articles L. 211-1 et L. 211-4
- **Code de l'entrée et du séjour des étrangers et du droit d'asile**
- **Code pénal**
- **Déclaration des droits de l'homme et du citoyen** (1789)
- **Préambule de la Constitution de la IVe République** (1946)

EXO Exercices interactifs

Entraînez-vous avec des QCM pour retenir les éléments essentiels du chapitre.

SCHÉMA DE SYNTHÈSE

Personnes et Citoyens

Personnes

Les sujets de droits

Les personnes
- **Des droits et des obligations**

Entités dotées de la personnalité juridique
- **Personnes physiques**
  - **majeurs / mineurs**
  - capacité ou protection juridique
- **Personnes morales**
  - entités abstraites : État, société commerciale…

Égalité et discrimination

L'égalité au cœur du droit
- **Mêmes droits** pour tous

Les significations de l'égalité
- **Égalisation des situations**
  égalité « formelle », « substantielle », conçue comme une fin
- **Égalité de traitement**
  similitude ou différence

La lutte contre les discriminations
- **Des distinctions prohibées et condamnées**
  origine, âge, handicap, sexe…
- **Évolutions**
  - influence du droit de l'Union : discriminations directes et indirectes
  - « actions positives »

Citoyens

Liberté et sécurité

Restreindre les libertés : l'exception
- **Préserver un droit/liberté à valeur constitutionnelle, protéger l'ordre public**
- **Des garanties en matière pénale : procès équitable, police judiciaire** sous contrôle de l'**autorité judiciaire**

Prévention des troubles à l'ordre public
- **Rôle de la police et de l'autorité administratives**
  sûreté, sécurité et salubrité publiques / dignité de la personne
- **Rôle du juge administratif** saisi par les citoyens ; référé-liberté
- **Protection des libertés de réunion et de manifester**

Lutte contre le terrorisme
- **Pouvoir accru de l'autorité judiciaire**
  - renforcement de la législation antiterroriste
- **Réforme du droit du renseignement**
  - encadrement strict
  - **commission nationale de contrôle des techniques de renseignement**

Nationalité et migrations

Les étrangers en France
- **Des régimes juridiques différenciés**
  - **Conditions d'entrée et de séjour** en France
  - **Demande d'asile**, protection des **apatrides**
  - **Citoyens de l'Union** : droit de vote aux élections municipales et européennes
- **Des droits différents selon les situations**
  - pour tous, les **droits de valeur constitutionnelle**
  - **droits sociaux** ou **protection sociale** sous condition
  - **AME**
- **Mesures d'éloignement**

L'accès à la nationalité française
- **De plein droit à la naissance**
  - droit du sang
  - double droit du sol
- **Au cours de l'existence**
  - les étrangers nés et ayant grandi en France
  - la déclaration de nationalité après un mariage
  - la naturalisation par décret

Actu

Rendez-vous sur le site **lyceen.nathan.fr/dgemc** pour découvrir de nouveaux documents en fonction de l'actualité juridique !

Pour aller plus loin

VIDÉO

« La liberté de réunion et de manifestation », Lextenso, 2016

Une interview d'Henri Oberdorff, professeur émérite à l'université Grenoble-Alpes.

SITE

Petit guide pour lutter contre les préjugés sur les migrants, lacimade.org

Un guide interactif pour déconstruire des stéréotypes.

BD

Menu Spécialité du jour. Discriminations à l'embauche, À compétences égales, 2020

Une BD publiée par une association de lutte contre les discriminations au travail, pour prendre conscience des discriminations.

PARTIE 2

CHAPITRE 5

Personne, famille et bioéthique

À la fin du XIXe siècle a émergé l'idée de reconnaître à l'enfant le statut de personne. De son côté, la famille a connu des mutations majeures (formes familiales, rôles de ses membres, essor de l'individualisme, progrès scientifiques permettant de distinguer procréation et sexualité...). Le droit a pris en considération ces évolutions et, face à l'apparition de nouvelles vulnérabilités, a consacré les principes de primauté et de dignité de la personne humaine.

Pourquoi existe-t-il des droits spécifiques pour les enfants ?
Le droit de la famille évolue-t-il au même rythme que la société ?
Comment le droit de la bioéthique protège-t-il la dignité de la personne ?

Robert Doisneau, « La soupe », 1947

DOC Évolution et diversité des familles

Que peut-on dire des familles à partir de ces photographies ?

Interview de Anne Dupuy

Première vice-présidente, coordinatrice du pôle famille au tribunal judiciaire de Paris

Vidéo

PARTIE 2

REPÈRES ▶ L'enfant, la famille et le droit

Vu au collège et au lycée

EMC 4e - 3e	EMC 1re	Histoire 1re
Droits de l'enfant, droits du mineur	**Les recompositions du lien social** Les droits des femmes	**La mise en œuvre du projet républicain** L'éducation sous la IIIe République

DOC 1 L'évolution du droit de la famille

● Couple ● Enfant/filiation

1792	Ouverture du divorce
1804	Code civil
1814	Suppression du divorce
1884	Ouverture du divorce pour faute
1923	Ouverture de l'adoption de personnes mineures
1938	Suppression de l'incapacité de la femme mariée
1965	Limitation de la primauté patrimoniale du mari
1966	Assouplissement des règles de l'adoption
1967	Légalisation de la contraception
1970	Remplacement de la puissance paternelle par l'autorité parentale
1972	Réforme du droit de la filiation : vers plus d'égalité des filiations (légitime et naturelle)
1974	Abaissement de la majorité à 18 ans
1975	Ouverture du divorce par consentement mutuel Légalisation de l'IVG
1994	Loi autorisant la PMA, réservée aux couples hétérosexuels en âge de procréer, mariés ou en couple depuis au moins deux ans
1999	Création du pacs
2004	Assouplissement du divorce
2005	Suppression des notions de filiations légitime et naturelle
2010	Première protection des victimes de violences conjugales
2013	Ouverture du mariage aux couples du même sexe
2016	Ouverture du divorce sans juge
2019	Loi relative à l'interdiction des violences éducatives ordinaires
2020-2021	Réforme de la procréation médicalement assistée (PMA)

VOCABULAIRE

- **Filiation** : lien juridique de parenté qui unit un enfant à ses parents. Jusqu'en 2005, le terme de « filiation légitime » désignait une naissance issue d'un couple marié, et celui de « filiation naturelle » une naissance issue d'un couple non marié.

DOC 2 Dans quelles familles les enfants vivent-ils ?

Répartition des enfants selon le type de famille

En 2018, en pourcentage

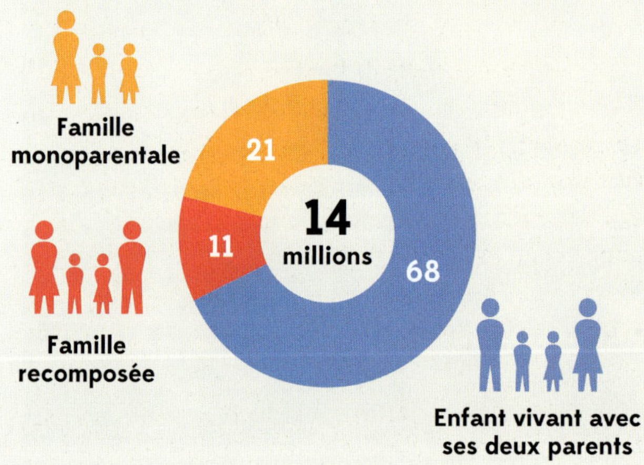

Champ : France hors Mayotte, enfants mineurs vivant en famille.

D'après Insee, enquête annuelle de recensement 2018

DOC 3 L'autorité parentale

L'article 371-1 du Code civil est lu aux époux pendant le mariage civil.

Art. 371-1. L'autorité parentale est un ensemble de droits et de devoirs ayant pour finalité l'intérêt de l'enfant.

Elle appartient aux parents jusqu'à la majorité ou l'émancipation de l'enfant pour le protéger dans sa sécurité, sa santé et sa moralité, pour assurer son éducation et permettre son développement, dans le respect dû à sa personne.

L'autorité parentale s'exerce sans violences physiques ou psychologiques[1].

Les parents associent l'enfant aux décisions qui le concernent, selon son âge et son degré de maturité.

Code civil

1. Depuis la loi du 10 juillet 2019.

DOC 4 La Convention internationale des droits de l'enfant

a. L'intérêt supérieur de l'enfant

Art. 3. 1. Dans toutes les décisions qui concernent les enfants, qu'elles soient le fait des institutions publiques ou privées de protection sociale, des tribunaux, des autorités administratives ou des organes législatifs, l'intérêt supérieur de l'enfant doit être une considération primordiale.

Convention internationale des droits de l'enfant, 20 novembre 1989

---

b. Les principaux droits de l'enfant

La Convention comporte 54 articles, énonçant notamment que chaque enfant a :

- Le droit, à la naissance, d'avoir un nom, une nationalité, une identité (art. 7).
- Le droit d'être soigné, protégé des maladies, d'avoir une alimentation suffisante et équilibrée (art. 24).
- Le droit d'aller à l'école (art. 28).
- Le droit d'être protégé de la violence, de la maltraitance et de toute forme d'abus et d'exploitation (art. 19).
- Le droit d'être protégé contre toutes les formes de discrimination (art. 2).
- Le droit de ne pas faire la guerre, ni la subir (art. 38).
- Le droit d'avoir un refuge, d'être secouru, et d'avoir des conditions de vie décentes (art. 27).
- Le droit de jouer et d'avoir des loisirs (art. 31).
- Le droit à la liberté d'information, d'expression et de participation (art. 12 et 13).
- Le droit d'avoir une famille, d'être entouré et aimé (art. 18).
- Le droit à une vie digne pour les enfants physiquement et mentalement handicapés. (art. 23).

D'après « La Convention internationale des droits de l'enfant (CIDE) », unicef.fr

La CIDE expliquée aux enfants, UNICEF, 2019

Texte intégral de la CIDE

TEXTE CLÉ

■ La Convention internationale des droits de l'enfant (CIDE)

La Convention internationale des droits de l'enfant est un traité international adopté par l'Assemblée générale des Nations unies le 20 novembre 1989, puis signée à New York le 26 janvier 1990. Les États-Unis ne l'ont pas ratifiée.
Depuis, le 20 novembre est la journée internationale des droits de l'enfant.

? QUESTIONS

1. Repérez les étapes de la conquête de l'égalité au sein du couple. **doc 1**
2. Quels sont les différents types de famille ? **docs 1 et 2**
3. Identifiez l'étendue de l'autorité parentale et son évolution. **docs 1 et 3**
4. Proposez des situations qui permettent de comprendre ce que signifie « l'intérêt supérieur de l'enfant ». **docs 3 et 4**

COURS

La protection de l'enfant

REPÈRES → p. 150
DOSSIER → p. 154
DOSSIER → p. 156
LE DROIT EN PRATIQUE → p. 174
DÉBAT → p. 176

VOCABULAIRE

- **Émancipation** : extinction anticipée de l'incapacité du mineur, pour toute activité non commerciale, résultant soit d'une décision judiciaire à partir de 16 ans, soit du mariage.
- **Incapacité** : état d'une personne qui ne peut exercer seule ses droits et qui a besoin, à cet égard, d'être assistée ou représentée.
- **Intérêt supérieur de l'enfant** : standard juridique qui vise à faire prévaloir l'intérêt de l'enfant dans toutes les décisions ou situations qui le concernent.
- **Mineur** : personne de moins de 18 ans. En droit, l'expression « mineur de 15 ans » signifie « mineur de moins de 15 ans ».

NOTIONS

- **Droits de l'homme** → p. 280
- **Incapable** → vocabulaire et p. 280
- **Intérêt supérieur de l'enfant** → p. 280
- **Mineur** → vocabulaire et p. 280

TEXTES CLÉS

- **Convention internationale des droits de l'enfant (CIDE)**
- **Déclaration des droits de l'enfant**

INSTITUTION

- **UNICEF**

Agence de l'Organisation des Nations unies consacrée à l'amélioration et à la promotion de la condition des enfants, créée le 11 décembre 1946 sous l'acronyme « Fonds international de secours à l'enfance des Nations unies »

→ *Comment le droit protège-t-il l'enfant ?*

I. L'enfant : un être à protéger

A La prise de conscience du besoin de protéger l'enfant

- **L'idée que l'enfant est un être à protéger est assez récente.** En Europe comme en France, jusque dans le courant du XIXe siècle, le droit considérait l'enfant comme l'objet de la puissance paternelle et l'avenir de la lignée. L'enfant n'était alors titulaire d'aucun droit. Le Code civil de 1804 autorisait encore les pères mécontents à requérir, auprès du juge, la détention de leurs enfants, pour une durée maximale de six mois.
- **Au XXe siècle**, la société prend progressivement conscience du fait que, en raison de sa vulnérabilité, **l'enfant doit faire l'objet d'une protection juridique spécifique.** Il doit être protégé contre les maux engendrés par la guerre ou la misère, mais aussi contre les abus de sa propre famille ou contre toute personne ayant autorité sur lui. Cette protection passe par la reconnaissance du statut de personne à part entière, reconnaissance qui permet à l'enfant de devenir **titulaire de droits**.
- Cette prise de conscience nouvelle amène les acteurs du droit à tenir davantage compte du **point de vue de l'enfant**, en recueillant son sentiment.

B L'essor des textes internationaux visant à protéger l'enfant

- **Ce renversement de perspective a été progressivement consacré par le droit international.** En 1924, la Société des Nations a d'abord proclamé la **Déclaration des droits de l'enfant** dite « Déclaration de Genève ». Au sortir de la Seconde Guerre mondiale est ensuite créé le Fonds international de secours à l'enfance des Nations unies : c'est la naissance de l'**UNICEF**.
- Enfin, en 1959, l'ONU a adopté une **seconde Déclaration des droits de l'enfant.** De valeur simplement déclarative, elle a posé les principes qui, trente ans plus tard, ont donné lieu à la **Convention internationale des droits de l'enfant (CIDE)** - premier texte juridiquement contraignant - au nom de l'**intérêt supérieur de l'enfant**. Cette convention, signée à New York et adoptée le 20 novembre 1989 par l'ONU, s'est progressivement imposée comme le texte de référence majeur dans la protection des droits de l'enfant. 196 États l'ont ratifiée. Aujourd'hui, seuls les États-Unis manquent à l'appel.

II. L'enfant, un statut juridique particulier

A Sur le plan civil

- Si l'enfant est désormais considéré comme une **personne titulaire de droits et d'obligations**, il n'est pas une personne comme les autres, car il est un **mineur**.
- En principe, **l'enfant est juridiquement frappé d'incapacité, c'est-à-dire « incapable »**. Cela signifie qu'il ne peut pas exercer lui-même ses droits. Ces derniers sont exercés par ses représentants légaux (généralement, ses parents ou tuteurs).
- En France, un enfant ne peut donc en principe pas agir en justice, vendre un appartement ou exercer une activité commerciale tant qu'il n'est pas **majeur**. Exceptionnellement, l'enfant de plus de 16 ans peut être **émancipé**.

B Sur le plan pénal

• **L'enfant bénéficie d'un statut plus protecteur sur le plan pénal.** Sa responsabilité est en effet allégée. Le mineur reconnu coupable d'une infraction sera ainsi moins sévèrement puni que s'il avait été majeur au moment des faits qui lui sont reprochés (c'est l'excuse de minorité).

• **Le mineur est d'ailleurs jugé par des juridictions spécialisées :** les tribunaux pour enfants, pour les délits, et la Cour d'assises des mineurs, pour les crimes.

• **Certains actes ne constituent une infraction que si la victime a moins de 15 ans.** C'est le cas de la privation d'aliments et de soins : on ne peut incriminer des ascendants parce qu'ils ont privé de soins et d'aliments leur enfant que si celui-ci a moins de 15 ans. Par ailleurs, de nombreuses infractions sont plus lourdement punies si elles sont commises sur une victime mineure que sur une victime majeure.

III. La reconnaissance des droits de l'enfant

A Tout enfant a des droits

• Les droits de l'enfant sont, dans l'ensemble, semblables aux droits consacrés par la **Déclaration universelle des droits de l'homme** de 1948 et par la **Convention européenne des droits de l'homme** de 1950. Ils sont énumérés par la **Convention internationale des droits de l'enfant de 1989** (souvent dite « **convention de New York** »).

• Ainsi, l'enfant dispose de **droits fondamentaux** : droit à la vie (art. 6), à la dignité (art. 23), à la non-discrimination (art. 2), droit d'avoir un nom, une nationalité et de connaître ses origines (art. 7)… Il dispose de **libertés** : liberté de pensée, de conscience et de religion (art. 14), liberté d'expression (art. 13), d'association (art. 15)… Il dispose enfin de **droits sociaux, économiques et culturels** : droit à l'éducation (art. 28), à un niveau de vie décent (art. 27), à la santé (art. 24)…

B La prééminence de l'intérêt supérieur de l'enfant

• **Bien que la Convention internationale des droits de l'enfant n'établisse pas de hiérarchie entre les différents droits de l'enfant, une place de premier ordre est accordée à l'intérêt supérieur de l'enfant.** Cette notion joue aujourd'hui un rôle fondamental dans tout litige impliquant un enfant. Les lois et les décisions de justice françaises et européennes y font constamment référence dans le but, toujours, d'assurer à l'enfant une protection effective de ses droits. Par exemple, l'article 371-1 du Code civil dispose que « l'autorité parentale est un ensemble de droits et de devoirs ayant pour finalité l'intérêt de l'enfant ».

DATES CLÉS

1924	Adoption de la Déclaration de Genève
1946	Création de l'UNICEF
1959	Déclaration des droits de l'enfant
1989	Adoption de la Convention internationale des droits de l'enfant (CIDE)
1990	Ratification de la CIDE par la France
2000	Création du Défenseur des enfants, autorité indépendante qui a pour mission de faire respecter la CIDE
2011	Création du Défenseur des droits auprès de qui le Défenseur des enfants poursuit sa mission
2019	Nomination d'un secrétaire d'État à la protection de l'enfance

RÉVISER SON COURS

1. Pourquoi l'enfant doit-il être particulièrement protégé ?
2. Qu'est-ce que l'intérêt supérieur de l'enfant ?
3. Comment le droit appréhende-t-il un enfant victime et un enfant auteur d'une infraction ?

RESSOURCES

Liens vers les ressources

CONVENTION

Convention internationale des droits de l'enfant, Assemblée générale des Nations unies, 20 novembre 1989

unicef.fr

Traité international qui définit les droits de l'enfant, ratifié par 196 États.

LOI

Articles 4 et 5 de la loi organique n° 2011-333 du 29 mars 2011, relative au Défenseur des droits

legifrance.gouv.fr

Cette loi crée le Défenseur des droits, qui a notamment pour mission de défendre et promouvoir les droits de l'enfant.

SITE

Le site du Défenseur des droits

defenseurdesdroits.fr

La page « Défense et promotion des droits de l'enfant » présente la mission du Défenseur des droits dans la protection des enfants. Il est assisté de son adjoint, le Défenseur des enfants.

DOSSIER

Travail des enfants et droit à l'éducation

REPÈRES → p. 150
COURS → p. 152
DOSSIER → p. 156

La modernité a soutenu l'émancipation par l'école, interdisant les formes classiques du travail des enfants, en même temps que se développaient l'attention aux enfants et la volonté de les protéger. Cependant, le travail des enfants demeure possible, dans des formes très encadrées.

→ **Aujourd'hui, le travail des enfants respecte-t-il l'intérêt supérieur de l'enfant ?**

DOC 1 Le travail des enfants (XIXe s. - début du XXe s.)

Lewis Hine a participé, par ses photographies d'enfants au travail aux États-Unis, au combat pour l'interdiction du travail des enfants.

Lewis Hine, *Glass works. Midnight*, Indiana, 1908

DOC 2 Les lois sur le travail des enfants en France

1813	Âge minimum : 10 ans dans les mines
1841	Âge minimum : 8 ans dans les usines et ateliers de plus de 20 ouvriers De 8 à 16 ans : 12 heures par jour maximum
1851	Moins de 14 ans : 10 heures par jour maximum
1874	Âge minimum : 12 ans
1882	Instruction gratuite et obligatoire de 6 à 13 ans Interdiction du travail de nuit pour les filles
1892	Âge minimum : 13 ans De 13 à 18 ans : 10 heures par jour maximum
1919	Âge minimum : 14 ans Interdiction du travail de nuit pour les moins de 18 ans 48 heures par semaine maximum
1926	Interdiction des travaux dangereux ou insalubres pour les moins de 18 ans
1967	Âge minimum : 16 ans
Aujourd'hui	Âge minimum : 16 ans, sauf : - travaux dangereux : 18 ans ; - apprentis : 15 ans ; - vacances scolaires, sur autorisation de l'inspection du travail : 14 ans ; - entreprises de spectacle, cinéma, radiophonie, télévision, mannequinat ou participation à des jeux vidéo, sur autorisation de l'inspection du travail : moins de 14 ans

DOC 3 Le droit à l'éducation

Art. 28. 1. Les États parties reconnaissent le droit de l'enfant à l'éducation, et en particulier […] :

a) ils rendent l'enseignement primaire obligatoire et gratuit pour tous ;

b) ils encouragent l'organisation de différentes formes d'enseignement secondaire, tant général que professionnel, les rendent ouvertes et accessibles à tout enfant, et prennent des mesures appropriées, telles que l'instauration de la gratuité de l'enseignement et l'offre d'une aide financière en cas de besoin […]. […]

Convention internationale des droits de l'enfant, 1989

DOC 4 L'instruction obligatoire

Art. L. 131-1. L'instruction est obligatoire pour chaque enfant dès l'âge de trois ans et jusqu'à l'âge de seize ans.

La présente disposition ne fait pas obstacle à l'application des prescriptions particulières imposant une scolarité plus longue.

Code de l'éducation, article L. 131-1, modifié par la loi n° 2019-791 du 26 juillet 2019 (art. 11)

DOC 5 L'encadrement de l'activité des « enfants influenceurs »

Depuis quelques années, avec le développement des plateformes numériques (YouTube, Instagram, TikTok…), on a vu se développer l'activité d'« enfants influenceurs ». Ces mineurs sont mis en scène, avec l'approbation de leurs parents, pour ouvrir des cadeaux, réaliser des tutoriels, mener une activité artistique […].

La loi [du 19 octobre 2020] modifie les dispositions du Code du travail en assimilant l'activité des« enfants influenceurs » à celle des enfants artistes ou mannequins […]. Lorsque l'activité du mineur relève d'un contrat de travail, il ne peut être produit qu'après obtention d'un agrément émanant de l'autorité administrative. Cette dernière doit désormais informer les parents sur les droits de l'enfant à la protection de sa vie privée et de son image. Si une partie de la rémunération peut être laissée à la disposition des parents, le surplus, appelé le pécule, doit être déposé à la Caisse des dépôts et consignations jusqu'à sa majorité ou son émancipation.

Si l'activité de l'enfant n'est pas salariée, les parents devront se soumettre à une obligation de déclaration auprès de l'administration, dès lors que la durée ou le nombre de vidéos [ou les revenus générés] dépasse[nt] un seuil fixé par décret. […]

Par ailleurs, les plateformes qui diffusent ces vidéos […] devront adopter des chartes visant notamment à informer leurs utilisateurs sur les dispositions législatives et réglementaires encadrant l'activité des « enfants influenceurs », mais aussi à les sensibiliser aux risques psychologiques et juridiques de la diffusion d'images d'enfants.

Fanny Rogue, « Loi encadrant l'activité des "enfants influenceurs" », *L'Essentiel. Droit de la famille et des personnes*, décembre 2020

RESSOURCES

> **« Les enfants sur YouTube »**, Eloïse Wagner et Reksider, 911 Avocat (7 mn 27 s)

Liens vers les ressources

DOC 6 Travail des enfants et accès à l'éducation dans le monde

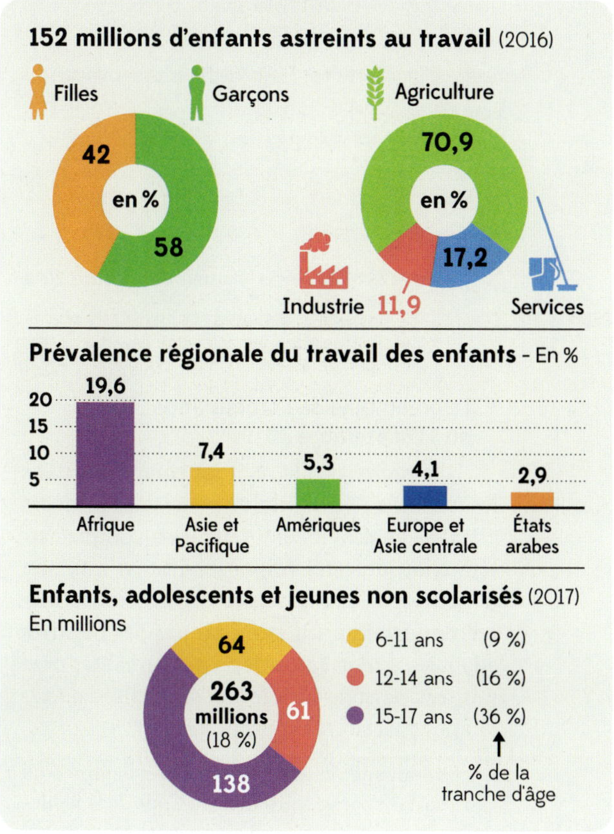

D'après l'Unesco (2020), et l'Organisation internationale du travail (2017)

QUESTIONS

1. Comparez l'âge minimum du travail des enfants du début du XIXe siècle à aujourd'hui. Y a-t-il un sens à parler d'interdiction du travail des enfants ? **docs 1 et 2**
2. L'encadrement légal du travail des enfants a pour objectif de protéger ces derniers contre des dangers. Lesquels ? **docs 1, 2 et 5**
3. Le droit à l'éducation, comme défini par la Convention internationale des droits de l'enfant, a-t-il mis fin au travail des enfants ? **docs 1 à 6**

Synthèse Aujourd'hui, le travail des enfants est-il compatible avec le droit à l'éducation ?

C'est à vous ! ORAL

Donnez une information juridique.

- Justine a 14 ans. Elle a posté des vidéos sur YouTube qui ont fait un nombre important de vues. Des marques de prêt-à-porter lui proposent un contrat pour qu'elle fasse la promotion de leurs produits.
- Ses parents vous demandent si la loi le permet. Appuyez-vous sur les documents et sur le cours p. 152 pour les renseigner.

PARTIE 2

DOSSIER

Le mineur, une personne à protéger

REPÈRES → p. 150
COURS → p. 152
DOSSIER → p. 154
DÉBAT → p. 176

Le droit français considère que le mineur, jusqu'au jour de ses 18 ans, est un être à protéger : son statut juridique est aménagé en conséquence. Toutefois, le mineur dispose de la capacité à effectuer certains actes et à en répondre.

→ **Protéger le mineur, est-ce lui ôter toute responsabilité ?**

DOC 1 L'incapacité du mineur

Art. 388, alinéa 1. Le mineur est l'individu de l'un ou l'autre sexe qui n'a point encore l'âge de 18 ans accomplis.

Art. 414. La majorité est fixée à dix-huit ans accomplis ; à cet âge, chacun est capable d'exercer les droits dont il a la jouissance.

Art. 1242, alinéa 4. Le père et la mère, en tant qu'ils exercent l'autorité parentale, sont solidairement responsables du dommage causé par leurs enfants mineurs. [...]

Code civil

DOC 2 La protection civile du mineur

Actes libres	Actes pouvant être passés par un parent seul	Actes nécessitant l'accord des deux parents	Actes impossibles (et par conséquent annulables pour incapacité) jusqu'à 16 ans
Actes usuels, actes de la vie courante Ex. : petits achats, achat de billets de transport, autonomie bancaire à 16 ans…	Actes conservatoires et d'administration Ex. : ouverture d'un compte bancaire, achats et/ou vente de petits meubles, contrat de travail, participation à une sortie scolaire…	Actes non usuels importants Ex. : redoublement et orientation, achat ou vente d'objets de valeur, crédit, endettement, location immobilière, acceptation d'une donation…	Actes de disposition Le mineur peut disposer de ses biens, à hauteur de leur moitié, et seulement à partir de 16 ans Ex. : donation, testament…

CHIFFRES CLÉS

- **En 2018**

Mineurs délinquants dont les juridictions pour mineurs ont été saisies : **64 698**

- moins de 13 ans : **2 033**
- 13-15 ans : **24 965**
- 16-17 ans : **37 558**

Données 2018, d'après le ministère de la Justice, 2019

DOC 3 La primauté de l'éducatif sur le répressif

a. Le Code de la justice pénale des mineurs

L'ordonnance du 2 février 1945 relative à l'enfance délinquante a créé une justice pour les mineurs, plus protectrice (tribunaux pour enfants, juges des enfants). Elle est remplacée par l'ordonnance du 11 septembre 2019 portant partie législative du Code de la justice pénale des mineurs.

Le nouveau code rappelle les principes généraux applicables à la justice des mineurs, à savoir :

— la primauté de l'éducatif sur le répressif ;

— la spécialisation de la justice des mineurs ;

— l'atténuation de la responsabilité en fonction de l'âge, l'âge de la majorité pénale restant fixé à 18 ans.

Il introduit une présomption de non-discernement pour les mineurs délinquants de moins de 13 ans : « Les mineurs de moins de treize ans sont présumés ne pas être capables de discernement ».

Il simplifie la procédure pénale applicable aux mineurs délinquants. [...]

« Ordonnance du 11 septembre 2019 portant partie législative du Code de la justice pénale des mineurs », vie-publique.fr, octobre 2019

b. Le préambule de l'ordonnance du 11 septembre 2019

Le présent code régit les conditions dans lesquelles la responsabilité pénale des mineurs est mise en œuvre, en prenant en compte l'atténuation de cette responsabilité en fonction de leur âge et la nécessité de rechercher leur relèvement éducatif et moral par des mesures adaptées à leur âge et leur personnalité, prononcées par une juridiction spécialisée ou selon des procédures appropriées.

Ordonnance n° 2019-950 du 11 septembre 2019 portant partie législative du Code de la justice pénale des mineurs

DOC 4 La responsabilité pénale du mineur

	Moins de 10 ans	10 à 13 ans	13 à 16 ans	16 à 18 ans
Garde à vue	Impossible	Rétention douze heures sur autorisation du juge, si soupçon de crime	Possible (vingt-quatre heures, exceptionnellement renouvelables)	
		Enregistrement audiovisuel des interrogatoires.		
Détention provisoire	Impossible	Impossible	Seulement pour crimes, en quartier pour mineurs	Pour crimes et délits graves, en quartier pour mineurs
Mesures éducatives, sanctions et peines	**Mesures éducatives dont :** • remise judiciaire aux parents[1] : • admonestation : le juge reçoit le mineur dans son cabinet pour lui faire prendre conscience qu'il a commis un acte illégal ; • réparation (responsabilité des parents).	**Mêmes mesures éducatives que pour les moins de 10 ans** **Sanctions éducatives :** • confiscation de l'objet qui a servi à l'infraction ou en est l'objet ; • interdiction de certains lieux ou contacts ; • stage de formation civique ; • placement en établissement de formation ou d'éducation ; • placement sous la surveillance d'un éducateur ; • etc.	**Mêmes mesures éducatives que pour les moins de 13 ans** **Mêmes sanctions éducatives que pour les 10-13 ans** **Mêmes peines que pour les 10-13 ans** • amende • emprisonnement ferme ou avec sursis • responsabilité atténuée (excuse de minorité) • placement en établissement pour mineurs ou en centre éducatif fermé	**Mêmes mesures éducatives que pour les moins de 16 ans** **Mêmes sanctions éducatives que pour les moins de 16 ans** **Mêmes peines que pour les moins de 16 ans** **Travaux d'intérêt général (TIG)**

1. Mesure prononcée par le juge des enfants, qui évalue le positionnement responsable des personnes exerçant l'autorité sur le mineur délinquant.

DOC 5 Les mesures d'assistance éducative

Audience dans le cabinet d'une juge des enfants.

Art. 375. Si la santé, la sécurité ou la moralité d'un mineur non émancipé sont en danger, ou si les conditions de son éducation ou de son développement physique, affectif, intellectuel et social sont gravement compromises, des mesures d'assistance éducative peuvent être ordonnées par justice à la requête des père et mère conjointement, ou de l'un d'eux, de la personne ou du service à qui l'enfant a été confié ou du tuteur, du mineur lui-même ou du ministère public. […]

Cependant, lorsque les parents présentent des difficultés relationnelles et éducatives graves, sévères et chroniques, évaluées comme telles dans l'état actuel des connaissances, affectant durablement leurs compétences dans l'exercice de leur responsabilité parentale, une mesure d'accueil exercée par un service ou une institution peut être ordonnée pour une durée supérieure, afin de permettre à l'enfant de bénéficier d'une continuité relationnelle, affective et géographique dans son lieu de vie dès lors qu'il est adapté à ses besoins immédiats et à venir.

Art. 375-1. Le juge des enfants est compétent, à charge d'appel, pour tout ce qui concerne l'assistance éducative.

Il doit toujours s'efforcer de recueillir l'adhésion de la famille à la mesure envisagée et se prononcer en stricte considération de l'intérêt de l'enfant.

Code civil

VOCABULAIRE

- **Majorité pénale** : âge à partir duquel l'auteur d'une infraction est soumis au droit pénal commun et ne bénéficie plus de la responsabilité atténuée.
- **Responsabilité atténuée (ou excuse de minorité)** : condamnation du mineur à la moitié de la peine encourue par un majeur, sauf décision spéciale, et si le mineur a plus de 16 ans.

? QUESTIONS

1. Pourquoi et contre qui le mineur doit-il être protégé ? **docs 1, 2, 3 et 5**
2. Pourquoi le droit autorise-t-il un enfant à effectuer seul certains actes de la vie? **doc 2**
3. Pourquoi existe-t-il des gradations, en fonction de l'âge, dans les mesures prises à l'égard des mineurs délinquants ? **docs 3 et 4**

Synthèse Pourquoi peut-on dire que le statut du mineur, en droit, permet à la fois de protéger et de punir ?

C'est à vous ! ORAL

Analysez une situation.

- Thaïs et Lola, 12 ans, ont fabriqué un arc et une flèche avec des bouts de bois et des cordes découverts dans l'abri de jardin de leurs parents. Alors qu'elles jouent, Thaïs envoie une flèche qui blesse légèrement Mme Bérangère.
- Quelles responsabilités civiles et pénales peuvent en résulter ?

PARTIE 2

COURS L'évolution des familles

REPÈRES → p. 150
DOSSIER → p. 160
DOSSIER → p. 162
LE DROIT EN PRATIQUE → p. 174

VOCABULAIRE

- **Famille homoparentale** : famille dans laquelle des enfants sont élevés par deux conjoints de même sexe. Le lien de filiation peut être biologique envers l'un d'eux ou adoptif à l'égard d'un ou des deux.
- **Famille monoparentale** : famille dans laquelle un enfant n'a de lien de filiation qu'à l'égard d'un seul parent qui l'élève seul (autre parent inconnu ou disparu, ou adoption par un seul adulte).
- **Famille recomposée** : union entre des personnes élevant ensemble un ou des enfants de précédentes unions.
- **Filiation adoptive** : désigne le lien fondé non pas sur une réalité biologique, mais sur une parenté volontaire. L'adoption plénière crée une nouvelle filiation ayant pour effet de rompre le contact et la filiation de l'adopté avec sa famille d'origine. À l'inverse, l'adoption simple laisse subsister le lien et la filiation de l'adopté avec sa famille d'origine.
- **Filiation légitime** : se disait d'enfants nés d'un mariage entre leurs parents, par opposition à la filiation naturelle.
- **Filiation naturelle** : désignait, par opposition à la filiation légitime, le lien d'enfants nés hors mariage entre leurs parents. À l'égard d'un parent marié avec un tiers, on parlait de « filiation adultérine ».

NOTIONS

- **Divorce** → p. 280
- **Donation** → p. 280
- **Héritage** → p. 280
- **Filiation adoptive** → vocabulaire et p. 280
- **Filiation naturelle** → vocabulaire et p. 280
- **Mariage** → p. 280
- **Pacs** → p. 280
- **Union libre** → p. 280

→ *Comment le droit de la famille a-t-il évolué ?*

I. La solidarité : de la famille « tribu » à la famille « foyer »

A La notion de solidarité

• **La famille est une notion commune à toutes les sociétés humaines**, à toute époque et en tout lieu. Elle présente toujours les mêmes composantes : liens de parenté et liens d'alliance.

• En droit, le lien de famille crée une **solidarité** entre ses membres : les époux se doivent réciproquement assistance et secours ; les parents ont le devoir de nourrir, d'entretenir et d'élever leurs enfants.

B Le groupe familial et le recul de la solidarité

• **L'évolution des sociétés va généralement dans le sens d'un rétrécissement du groupe familial.** Ce dernier est désormais recentré sur le foyer composé des parents et des enfants mineurs. Plusieurs facteurs y contribuent : l'urbanisation, en créant des cadres d'habitat plus individuels ; le progrès de la solidarité collective (ressources publiques, Sécurité sociale...), en rendant moins vitale l'entraide familiale quotidienne ; la promotion de l'individu, en l'émancipant de l'autorité du « chef de famille ».

• **La solidarité entre les membres d'une famille a une intensité variable selon le cercle familial visé.** Entre les membres de la famille foyer, la solidarité est naturellement renforcée : les parents et les enfants ont une obligation alimentaire réciproque ; les parents ne peuvent pas déshériter entièrement leurs enfants. En revanche, entre les membres de la famille éloignée, de même qu'entre les frères et sœurs, la solidarité juridique est allégée, voire inexistante, selon les pays. Il en est de même des familles dites « recomposées ».

II. L'égalité : de l'autorité patriarcale à l'égalité libérale

A L'autorité patriarcale dans le Code civil de 1804

• **Le Code civil napoléonien consacrait une conception hiérarchique de la famille avec, à sa tête, la figure du patriarche.** L'épouse était alors placée dans l'entière dépendance de son mari, qui fixait le domicile conjugal et gérait ses biens. Ainsi, l'**ancien article 213 du Code civil** disposait, en 1804, que « le mari doit protection à sa femme, la femme obéissance à son mari ». Quant aux enfants, ils étaient sous l'autorité exclusive du père de famille.

• **Les aspirations à l'égalité ont transformé en profondeur le droit de la famille.** Le modèle patriarcal a été progressivement abandonné au profit d'une conception de la famille fondée à la fois sur l'égalité et la liberté individuelle.

B Les conquêtes de l'égalité

• **La femme a progressivement acquis, tout au long du XXe siècle, les mêmes droits que son conjoint** : elle peut désormais voter, choisir son domicile et exercer une profession sans autorisation ; l'autorité parentale est aujourd'hui commune au père et à la mère et le patrimoine familial est géré de manière égalitaire.

• Le combat pour l'égalité en droit de la famille ne s'est pas limité aux **rapports entre le mari et la femme. L'égalité des enfants** a, par exemple, conduit à supprimer la différence de statut des enfants dits « légitimes » et des enfants dits « naturels » ou « adultérins », en matière de succession. La loi de 2005 a même éliminé cette distinction terminologique entre **filiation légitime** et **filiation naturelle**.

- **L'égalité des couples est également au cœur des dernières grandes réformes du droit de la famille** : création du **pacs**, du mariage pour les personnes de même sexe. Depuis 2020, il est question d'ouvrir l'accès à la procréation médicalement assistée (PMA) à toutes les femmes.

BIOGRAPHIE

Jean Carbonnier
1908-2003

Éminent professeur des universités, auteur des grandes réformes du droit de la famille : régimes matrimoniaux, autorité parentale, filiation ou encore divorce par consentement mutuel (Repères ➜ p. 150).

III. La liberté : du cadre institutionnel à la liberté individuelle

A L'ascension de la liberté individuelle

- **Pendant longtemps, la famille était exclusivement conçue comme une institution**, une sorte d'unité militaire participant à l'organisation générale de la société. L'avènement des droits de l'homme et la promotion des libertés individuelles au sortir de la Seconde Guerre mondiale ont modifié cette conception.

B Les manifestations et les conséquences de la liberté individuelle en droit de la famille

- Aujourd'hui, le mariage et le **divorce** sont libres. Mais la liberté s'exerce aussi au sein du couple : les conjoints peuvent choisir leur régime matrimonial et les parents peuvent choisir le nom de famille qu'ils souhaitent attribuer à leurs enfants : celui du père, de la mère, ou les deux.
- La liberté testamentaire permet enfin aux individus de choisir les **personnes auxquelles ils veulent faire des donations ou léguer leurs biens** sous réserve, toutefois, de ne pas déshériter entièrement leurs enfants. Une part de l'**héritage** leur revient de droit : c'est la réserve héréditaire, par opposition à la quotité disponible.
- Avec la multiplication des libertés individuelles, **la famille a perdu de son unité, de son homogénéité. Plusieurs formes d'union** sont désormais accessibles : le **mariage**, le **pacs** ou le concubinage (dit « **union libre** »). **Plusieurs formes de filiation peuvent également être établies** : la filiation biologique, la **filiation adoptive**, sans compter la filiation d'« intention », entre les enfants issus d'une gestation pour autrui et les parents commanditaires.
- La famille recouvre ainsi différents modèles : la famille traditionnelle, **monoparentale**, **recomposée**, **homoparentale**, etc. Le pluralisme est donc devenu une valeur cardinale du droit la famille contemporain.

INSTITUTION

Juge aux affaires familiales
Magistrat du tribunal judiciaire chargé de régler les litiges relatifs au divorce (uniquement les cas conflictuels depuis 2016), à l'autorité parentale, aux obligations alimentaires au sein de la famille. En cas de violences au sein du couple, il peut ordonner, au civil, des mesures de protection du conjoint victime de violences (par exemple, une mesure d'éloignement de l'autre conjoint). Il est compétent pour les tutelles des mineurs.

RÉVISER SON COURS

1. L'obligation alimentaire s'étend-elle à tous les membres de la famille ?
2. Quelles sont les manifestations du principe d'égalité en droit de la famille ?
3. Qu'est-ce que la liberté testamentaire ?

PARTIE 2

RESSOURCES

Liens vers les ressources

LOI

› Code civil, articles 143 à 147, 229 et 741 à 743

Ces articles sont relatifs aux qualités et conditions requises pour pouvoir contracter mariage (art. 143 à 147) , aux différents cas de divorce (art. 229) et aux degrés de parenté (art. 741 à 743).

legifrance.gouv.fr

DÉCLARATION

› Déclaration universelle des droits de l'homme (1948), article 16

Cet article expose les conditions et droits relatifs au mariage et à la protection de la famille, définie comme « élément naturel et fondamental de la société ».

un.org/fr

CHARTE

› Charte des droits fondamentaux de l'Union européenne (2000), articles 9 et 33

L'article 9 garantit « le droit de se marier et de fonder une famille ». L'article 33 définit la famille comme objet de protection.

europarl.europa.eu

DOSSIER

Le droit parvient-il à accompagner l'évolution de la vie de couple ?

REPÈRES → p. 150
COURS → p. 158
LE DROIT EN PRATIQUE → p. 174

La famille demeure une valeur dans les représentations communes, alors même qu'elle varie dans ses formes. Avec les évolutions sociales, l'égalité et la liberté de chacun, au sein du couple, se sont affirmées. Le droit doit accompagner au plus près cette évolution.

→ L'État est-il normatif en matière de vie de couple ?

DOC 1 Les différentes formes d'union

		Mariage	Pacs (depuis 1999)	Concubinage (union libre)
Formation	Mineurs	Non (sauf sur dispense du procureur de la République)	Non	Oui
	Hétérosexuels	Oui	Oui	Oui
	Homosexuels	Oui (depuis 2013)	Oui	Oui
	Interdiction de la bigamie	Oui	Oui	Non
	Interdiction de l'inceste	Oui	Oui	Non
	Célébration formaliste	Oui	Oui	Non
Effets[1]	Obligation alimentaire	Oui	Oui	Non
	Obligation de fidélité	Oui	Non	Non
	Effets fiscaux	Oui	Oui	Non
	Droits sociaux	Oui	Oui	Oui
	Droits locatifs	Oui	Oui	Oui
	Droits successoraux	Oui	Non	Non
Dissolution	Dissolution judiciaire	Oui	Non	Non
	Dissolution unilatérale	Non	Oui	Oui

DOC 2 L'évolution des formes d'union

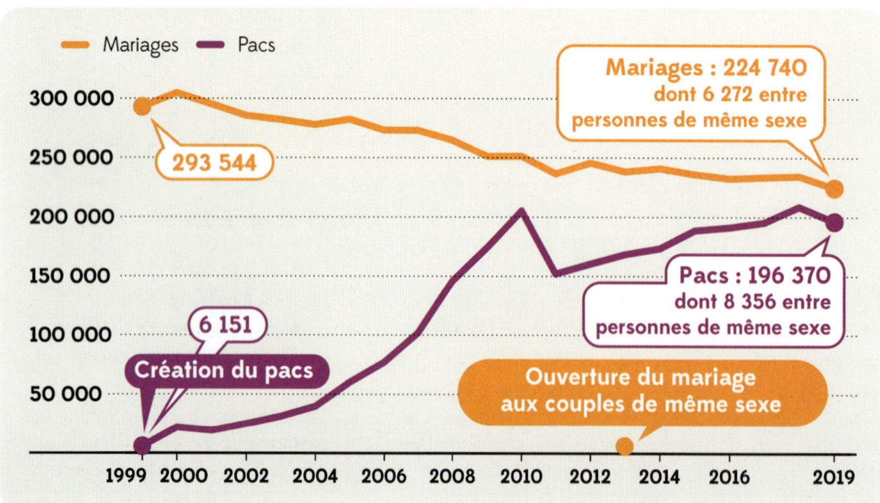

Champ : France hors Mayotte jusqu'en 2013 et y compris Mayotte à partir de 2014.

D'après l'Insee, statistiques de l'état civil (mariages) et la SDSE, fichiers détails (pacs)

VOCABULAIRE

- **Divorce par consentement mutuel** : divorce dont le principe et les conséquences sont décidés d'un commun accord par les époux.
- **Divorce contentieux** : divorce où les époux sont en conflit. Il est demandé par l'un des époux et tend à faire régler, par le juge aux affaires familiales, le principe et les conséquences du divorce.

DOC 3 Le droit au divorce

- XIXe s. — **Mariage indissoluble**, sauf entre 1792 et 1814.
- 1884 — **Ouverture du divorce pour faute grave**, appréciée par un tribunal. Survie d'une obligation alimentaire pour le seul conjoint non fautif. Garde des enfants en principe refusée au fautif.
- 1975 — **Ouverture du divorce par consentement mutuel,** et **pour séparation de fait depuis au moins six ans.** Remplacement de la pension après divorce par la « prestation compensatoire » (capital destiné à permettre une vie autonome) ; refusée en cas de torts exclusifs. Sort des enfants déconnecté des torts et selon leur seul intérêt.
- 2004 — **Divorce pour séparation : réduction du délai de six à deux ans.** Prestation compensatoire déconnectée des torts, selon les seuls besoins.
- 2016 — **Création du divorce sans juge**, en cas de consentement mutuel, par convention avec deux avocats et un notaire (sauf opposition des enfants).
- 2020 — **Divorce pour séparation : réduction du délai à un an.**

DOC 5 Le mariage entre personnes de même sexe dans le monde

a. En France

Art. 143. Le mariage est contracté par deux personnes de sexe différent ou de même sexe.

Code civil, modifié par la loi n° 2013-404 du 17 mai 2013 ouvrant le mariage aux couples de personnes de même sexe

b. Dans le monde ➜

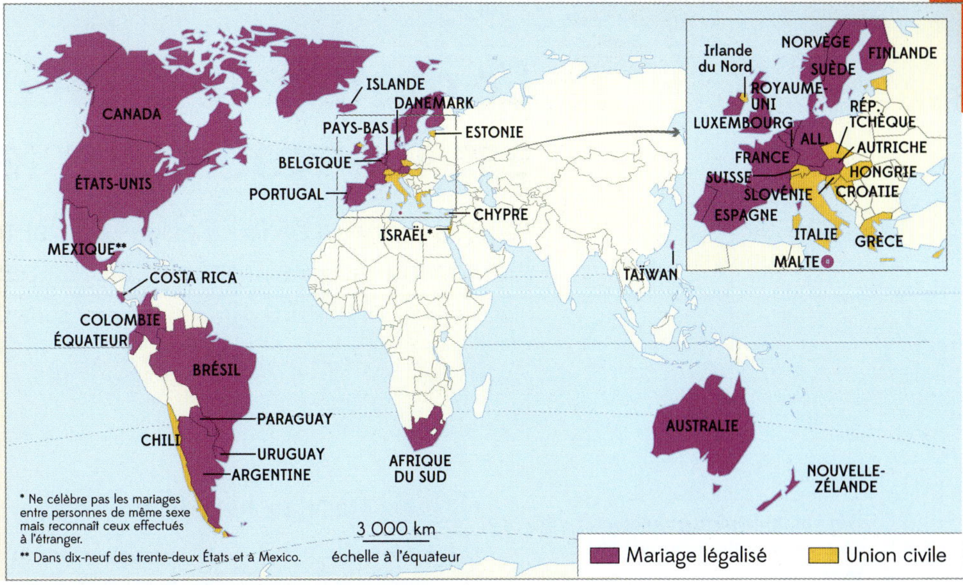

DOC 4 Dans le Code civil, de l'autorité maritale à l'égalité des époux

1804

Art. 213. Le mari doit protection à sa femme, la femme obéissance à son mari.

Art. 214. La femme est obligée d'habiter avec le mari, et de le suivre partout où il juge à propos de résider ; le mari est obligé de la recevoir, et de lui fournir tout ce qui est nécessaire pour les besoins de la vie, selon ses facultés et son état.

1938

Art. 213. Le mari, chef de la famille, a le choix de la résidence du ménage ; la femme est obligée d'habiter avec son mari, celui-ci est tenu de la recevoir. […]

Art. 214. Le mari est obligé de fournir à la femme tout ce qui est nécessaire pour les besoins de sa vie selon ses facultés et son état. […]

1965

Art. 214. […] Les charges du mariage incombent au mari, à titre principal. Il est obligé de fournir à la femme tout ce qui est nécessaire pour les besoins de la vie selon ses facultés et son état. […]

Art. 215. Le choix de la résidence de la famille appartient au mari ; la femme est obligée d'habiter avec lui, et il est tenu de la recevoir. […]

1970

Art. 215. […] La résidence de la famille est au lieu qu'ils choisissent d'un commun accord. Faute d'accord, au lieu choisi par le mari. Toutefois, si la résidence choisie par le mari présente pour la famille des inconvénients graves, la femme peut être autorisée par le tribunal à avoir une résidence distincte. Le tribunal statue, s'il échoit, sur la résidence des enfants.

1975

Art. 215. Les époux s'obligent mutuellement à une communauté de vie. La résidence de la famille est au lieu qu'ils choisissent d'un commun accord. […]

PARTIE 2

? QUESTIONS

1. Quels sont les avantages et les inconvénients de chaque forme d'union ? **doc 1**
2. Comment expliquer la diminution du nombre de mariages ? **docs 1 et 2**
3. Comment expliquer que le divorce sans juge, possible depuis la loi de 2016, ne puisse être prononcé en cas d'opposition des enfants ? **doc 3**
4. En quoi les évolutions du Code civil témoignent-elles d'une adaptation du droit à l'évolution des familles ? **docs 4 et 5**

Synthèse En France, comment la législation a-t-elle pris en compte les évolutions de la vie de couple ?

C'est à vous ! ORAL

Vous travaillez en binôme dans un cabinet d'avocats.

- Après avoir surpris Clémentine avec un autre homme, Étienne souhaite divorcer. Vous recevez Étienne et votre confrère ou consœur reçoit Clémentine.
- L'infidélité de Clémentine aura-t-elle des répercussions sur le règlement du divorce ?
- Quelles questions posez-vous à Clémentine et Étienne ? Quelles solutions le droit leur offre-t-il pour mettre fin à leur union ?

DOSSIER

Comment le droit d'hériter est-il encadré par la loi ?

REPÈRES → p. 150
COURS → p. 158
LE DROIT EN PRATIQUE → p. 174

L'État, au moyen de la loi et de la fiscalité, encadre le droit d'hériter. Si l'individu dispose librement de son patrimoine, les règles de sa transmission se fondent sur des valeurs d'égalité de solidarité.

→ L'État doit-il encadrer l'héritage ?

DROIT COMPARÉ

- **Hériter en France, et ailleurs : réserve héréditaire et quotité disponible**

Contrairement à d'autres pays, surtout anglophones (Royaume-Uni, États-Unis, Australie, anciennes colonies britanniques...), la liberté testamentaire n'est pas totale en France : il est interdit de déshériter totalement ses plus proches, que l'on appelle « **héritiers réservataires** », car une fraction de la succession leur est réservée (« **part réservée** »). Le surplus seul, formant la « **quotité disponible** », dont le propriétaire peut librement disposer, par donation(s) ou testament.

DOC 1 Le notaire

Le notaire est l'officier ministériel qui peut recueillir les testaments. Il est chargé de régler les successions.

VOCABULAIRE

- **Légataire** : personne qui reçoit tout ou partie de la succession du défunt par l'effet d'un testament.
- **Patrimoine** : ensemble des biens (actif) et des dettes (passif) d'une personne.

DOC 2 Réserve héréditaire et liberté testamentaire

Héritiers	Part réservée	Quotité disponible
1 enfant (ou ses descendants)	½	½
2 enfants	⅔	⅓
3 enfants ou plus	¾	¼
Conjoint (en l'absence d'enfants)	¼	¾

DOC 3 L'ordre de la dévolution successorale en l'absence de testament

Situation du défunt	Héritiers	Parts successorales
Célibataire	Enfants ou descendants	Partage par têtes, quelle que soit la nature de la filiation
	À défaut : deux parents + frères / sœurs ou leurs enfants	Parents : ¼ chacun Frères / sœurs ou leurs enfants: ¼
	À défaut : un seul parent + frères / sœurs ou leurs enfants	Parent : ¼ Frères / sœurs ou leurs enfants : ¼
	À défaut : grands-parents	Chaque ligne de parenté : ½
	À défaut : cousins jusqu'au 6e degré	Le plus proche du côté de chaque parent : ½
	À défaut : parents plus éloignés	État
Marié[1]	Conjoint + enfants ou descendants	Conjoint : ¼[2] Enfants : ¾
	Conjoint + deux parents	Conjoint : ½ Chaque parent : ¼
	Conjoint + un seul parent	Conjoint : ¾ Parent : ¼
	Conjoint + grands-parents ou collatéraux	Totalité au conjoint

1. Ni le pacs ni l'union libre n'ouvrent de vocation successorale légale.
2. Si les enfants sont tous communs, le conjoint survivant peut choisir de remplacer sa part par un simple droit viager d'usage (dit « usufruit ») sur la totalité de la succession : ce n'est qu'à son décès que les enfants, dits « nus-propriétaires », récupéreront cet usage.

DOC 4 L'héritage en débat

a. La valeur de l'héritage

Au fond, la succession, l'institution de l'héritage, me semble exprimer de façon particulièrement forte la responsabilité qui nous incombe envers ceux qui viennent après nous. Je crois que cette idée d'une solidarité nécessaire entre générations qui s'exprime dans la transmission successorale est pour beaucoup de personnes, et pour tous les parents, une motivation très puissante et très concrète.

Si […] la réserve apporte […] une limite à la liberté individuelle, c'est pour nous rappeler que nous ne sommes pas seuls au monde, et que nous avons des devoirs envers ceux que nous avons appelés à l'existence. Par-là, elle préserve aussi pour l'avenir la stabilité des liens entre les personnes. […] Alors, évidemment, l'héritage est en effet facteur d'inégalités économiques et sociales. Cependant, il faut bien prendre conscience que ce qui crée des inégalités, ce n'est en aucun cas la réserve, c'est bel et bien la succession elle-même, c'est l'institution de l'héritage. […]

Bien sûr, l'égalité sociale est en soi un objectif éminemment louable. […] Pour autant, je ne crois pas que l'on puisse construire tout un système juridique sur un principe unique. Le droit est plutôt l'art d'articuler entre eux plusieurs objectifs, tous souhaitables et légitimes, en recherchant entre eux un équilibre […]. L'égalité n'est pas la seule valeur qui mérite d'être sauvegardée. La solidarité familiale en est une autre. Je ne vois aucun intérêt à ce que [...] nous construisions une société dans laquelle nous serons tous réduits à n'être que des individus sans attaches et sans racines, et tous placés dans l'obligation d'avoir à se faire entièrement par eux-mêmes.

Yvonne Flour, contribution au rapport « La réserve héréditaire », sous la direction de Cécile Pérès et Philippe Potentier, décembre 2019

b. Quelle justification de l'héritage ? Le regard d'un PHILOSOPHE et HISTORIEN

[L'impôt sur les successions] tend à être récusé spontanément par les individus privés, mais il retrouve sa pleine justification sur un autre plan, en fonction non seulement des besoins de la chose publique et de la justice fiscale, mais de la logique individualiste elle-même. Car en bonne logique individualiste l'héritage n'a aucune justification, chacun ne devant être que l'enfant de ses propres œuvres. Telles sont les contradictions qui sont au travail derrière cette question de la réserve héréditaire et avec lesquelles il faut compter.

Marcel Gauchet, contribution au rapport « La réserve héréditaire », sous la direction de Cécile Pérès et Philippe Potentier, décembre 2019

DOC 5 La part de l'État

a. Part des héritiers, prélèvement de l'État

Héritiers ou légataires	Taux de fiscalité applicable[1]	
Enfants et conjoint (marié ou pacsé)	Jusqu'à 100 000 €	0 %
	De 100 000 à 650 000 €	20 %
	De 650 000 à 1 000 000 €	30 %
	De 1 000 000 à 1 900 000 €	40 %
	Au-delà de 1 900 000 €	45 %
Frères et sœurs	Jusqu'à 15 000 €	0 %
	De 15 000 à 40 000 €	35 %
	Au-delà de 40 000 €	45 %
Neveux et nièces	Jusqu'à 32 000 €	35 %
	Au-delà de 32 000 €	45 %
Autres parents jusqu'au 4e degré		55 %
Au-delà et non-parents		60 %

1. Dits aussi « droits de succession », dus à l'administration fiscale (fisc).

b. Le taux de l'État

Dans la France d'aujourd'hui, les discussions de droit civil sont court-circuitées par le droit fiscal. L'ampleur des taux fait de l'État le cohéritier de tous les successibles. Mais, indirectement, elle renforce la réserve des réservataires parce qu'elle décourage l'emploi de la quotité disponible en faveur des collatéraux et des non-parents.

Jean Carbonnier, *Droit civil*, 2002

? QUESTIONS

1. Pourquoi peut-on affirmer qu'en France, la liberté testamentaire n'est pas totale ? **docs 2 et 4**
2. La transmission successorale est-elle fondée sur le principe d'égalité entre les héritiers ? **docs 2, 3 et 5**
3. Comment justifier la fiscalité de l'État sur le patrimoine transmis ? **doc 5**

Synthèse Comment justifier la manière dont le droit des successions est encadré en France ?

C'est à vous ! ORAL

Députés, vous disposez de cinq minutes pour proposer une modification du droit successoral.

- Organisez trois groupes dans la classe et répartissez-vous les propositions ci-après : abolir le droit à l'héritage ; abolir les droits de succession prélevés par l'État ; supprimer la réserve héréditaire.
- Préparez vos arguments et exposez vos propositions à l'Assemblée nationale.

REPÈRES

Bioéthique et liberté de la personne

Vu au lycée

EMC 2de	SVT 2de	Philosophie Term
Garantir et étendre les libertés Les enjeux éthiques : droit et accès aux soins, débats sur la fin de vie et la procréation	**Procréation et sexualité humaine** Génétique, hormones et procréation humaine	**La nature ; la science ; la technique ; la liberté ; le devoir ; la conscience ; le bonheur**

DOC 1 Dates clés

Normes internationales · Normes françaises · Progrès scientifiques

- IVe s. av. J.-C. : Serment d'Hippocrate
- Fin du XIXe s. : Débuts de la révolution thérapeutique (antiseptiques, couveuses, etc.)
- 1930 : Premiers antibiotiques
- 1946 : Code de Nuremberg
- Années 1950 : Découverte de l'ADN
- 1952 : Loi sur l'utilisation thérapeutique du sang et de ses dérivés
- 1964 : Déclaration d'Helsinki
- 1967 : Première greffe de cœur
- Années 1970 : Premiers transferts de gènes
- 1976 : Loi dite « Caillavet » relative aux prélèvements d'organes
- 1982 : Naissance du premier bébé français conçu in vitro
- 1983 : **Création du CCNE** ➜ doc 6
- 1988 : **Loi dite « Huriet-Sérusclat »** relative à la protection des personnes qui se prêtent à des recherches biomédicales
- 1994 : **Premières lois sur la bioéthique** Consécration du principe de dignité de la personne humaine ➜ doc 4
- 1996 : Naissance de la brebis Dolly, premier mammifère (brebis) cloné
- 1997 : Convention d'Oviedo. Déclaration universelle sur le génome humain et les droits de l'homme
- 2005 : **Loi dite « Leonetti »** relative aux droits des malades et à la fin de vie
- 2012 : Invention de l'édition du génome
- 2013 : Loi autorisant et encadrant les recherches sur l'embryon
- 2016 : Loi dite « Claeys-Leonetti » créant de nouveaux droits en faveur des malades et des personnes en fin de vie

DOC 2 Le code de Nuremberg

1. Le consentement volontaire du sujet humain est absolument essentiel. Cela veut dire que la personne concernée doit avoir la capacité légale de consentir ; qu'elle doit être placée en situation d'exercer un libre pouvoir de choix, sans intervention de quelque élément de force, de fraude, de contrainte, de supercherie, de duperie ou d'autres formes sournoises de contrainte ou de coercition ; et qu'elle doit avoir une connaissance et une compréhension suffisantes de ce que cela implique, de façon à lui permettre de prendre une décision éclairée. [...]

Extrait du jugement du Tribunal militaire international de Nuremberg, 1947, trad. Philippe Amiel, François Vialla, « La vérité perdue du "code de Nuremberg" : réception et déformations du "code de Nuremberg" en France », *Revue de droit sanitaire et social*, Sirey, Dalloz, 2009

DOC 3 La convention d'Oviedo

Préambule. [...] Affirmant que les progrès de la biologie et de la médecine doivent être utilisés pour le bénéfice des générations présentes et futures ; soulignant la nécessité d'une coopération internationale pour que l'Humanité tout entière bénéficie de l'apport de la biologie et de la médecine [...].

Art. 1 – Objet et finalité. Les parties à la présente convention protègent l'être humain dans sa dignité et son identité et garantissent à toute personne, sans discrimination, le respect de son intégrité et de ses autres droits et libertés fondamentales à l'égard des applications de la biologie et de la médecine. Chaque partie prend dans son droit interne les mesures nécessaires pour donner effet aux dispositions de la présente convention.

Art. 2 – Primauté de l'être humain. L'intérêt et le bien de l'être humain doivent prévaloir sur le seul intérêt de la société ou de la science.

Convention du Conseil de l'Europe sur les droits de l'homme et la biomédecine, dite « convention d'Oviedo », 1997

DOC 4 Le principe de dignité de la personne humaine

Décision complète

18. [Lesdites] lois énoncent un ensemble de principes au nombre desquels figurent la primauté de la personne humaine, le respect de l'être humain dès le commencement de sa vie, l'inviolabilité, l'intégrité et l'absence de caractère patrimonial du corps humain ainsi que l'intégrité de l'espèce humaine ; [...] les principes ainsi affirmés tendent à assurer le respect du principe constitutionnel de sauvegarde de la dignité de la personne humaine [...].

Conseil constitutionnel, décision n° 94-343/34427 DC, 27 juillet 1994

DOC 6 Les missions du Comité consultatif national d'éthique (CCNE)

Art. L. 1412-1. Le Comité consultatif national d'éthique pour les sciences de la vie et de la santé a pour mission de donner des avis sur les problèmes éthiques et les questions de société soulevés par les progrès de la connaissance dans les domaines de la biologie, de la médecine et de la santé[1].

Loi n° 2004-800 du 6 août 2004 relative à la bioéthique

1. Exemples d'avis rendus par ce comité :
- « Réflexion éthique sur l'évolution des tests génétiques liée au séquençage de l'ADN humain à très haut débit » (janvier 2016) ;
- « Numérique et santé, quels enjeux pour quelles régulations ? » (novembre 2019)

DOC 5 L'Agence de la biomédecine

L'Agence de la biomédecine est un établissement public créé par la loi de bioéthique du 6 août 2004. Elle exerce ses missions dans quatre domaines : le prélèvement et la greffe d'organes et de tissus, le prélèvement et la greffe de cellules souches hématopoïétiques[1], l'assistance médicale à la procréation, l'embryologie et la génétique humaines.

Outre encadrer, évaluer et gérer la biovigilance de ces activités, elle gère notamment la liste nationale des personnes en attente de greffe, le registre national des donneurs de moelle osseuse, et le registre national de refus pour le don d'organes. Elle est aussi chargée d'agréer certains praticiens, autoriser et contrôler la recherche sur les cellules souches embryonnaires humaines, les centres de diagnostic préimplantatoire et centres de diagnostic prénatal. Elle assure également la promotion des dons d'organes, de moelle osseuse et de gamètes.

Agence de la biomédecine

1. Type de cellules primitives (souches) à l'origine de toutes les lignées de cellules sanguines du corps. Elles peuvent s'auto-renouveler ou se dupliquer.

VOCABULAIRE

- **Bioéthique** : de *bios* (vie) et *êthikos* (morale). Désigne tant les normes qui encadrent les activités scientifiques et médicales qui impliquent une manipulation du vivant, que les réflexions éthiques menées dans la pratique par les praticiens et les instances compétentes.

DOC 7 Les instances de régulation et de réflexion sur la bioéthique

Instances de régulation nationales	• **Établissement français du sang** (EFS), 2000 • **Agence de la biomédecine** (ABM), 2004 • **Agence nationale de sécurité du médicament et des produits de santé** (ANSM), 2012
Instances de réflexion nationales	• **Comité consultatif national d'éthique** (CCNE), 1983 • **Office parlementaire d'évaluation des choix scientifiques et technologiques** (OPECST), 1983 • **Observatoire national de la fin de vie** (ONFV), 2010 • **Conseil d'État** (études relatives aux révisions des lois de bioéthique) • **Comités d'éthique des établissements publics** (INSERM, CNRS...) • **Espaces de réflexion éthiques régionaux** (ERER) • **Comités d'éthique des hôpitaux**
Instances de réflexion internationales	• **Comité directeur pour la bioéthique** (CDBI), auprès du Conseil de l'Europe, 1985 • **Comité international de bioéthique**, Unesco, 1993 • **Groupe européen d'éthique des sciences et des nouvelles technologies** (GEE), auprès de la Commission européenne, 1997 • **Comité de bioéthique** (DH-BIO), auprès du Conseil de l'Europe, 2012

QUESTIONS

1. Montrez que les grandes étapes de la réflexion bioéthique s'inscrivent dans des contextes historiques marquants et correspondent à des révolutions scientifiques majeures. **doc 1**
2. Pourquoi est-il important de disposer de règles internationales en matière de bioéthique ? **docs 1 à 4**
3. Pourquoi existe-t-il des instances normatives et des instances de réflexion sur la bioéthique ? **docs 5 à 7**

PARTIE 2

COURS

Bioéthique et liberté de la personne

COURS → p. 114
REPÈRES → p. 164
DOSSIER → p. 168
DOSSIER → p. 170
DOSSIER → p. 172
LE DROIT EN PRATIQUE → p. 174

→ *Comment concilier performance des soins et respect de la dignité de la personne ?*

I. Jusqu'où le droit doit-il protéger la personne ?

A Protéger la personne d'un usage inconsidéré de la science

• Les expérimentations et les politiques eugénistes des nazis, pendant la Seconde Guerre mondiale, ont conduit à rappeler que **l'être humain n'est pas, au sens juridique, un « objet », mais une « personne », qui doit voir sa dignité respectée.** Le code de Nuremberg (élaboré en 1947 pour juger et condamner les médecins nazis accusés d'eugénisme et de crime contre l'humanité) puis la déclaration d'Helsinki (1964) formalisent l'impératif de protection de la personne humaine, composante du droit à la vie (droit à la protection de la vie) reconnu par la Convention européenne des droits de l'homme en 1950.

• En France, la Cour de cassation consacre, en 1975, le principe d'indisponibilité du corps humain. Face aux innovations médicales, les premières lois de bioéthique (1994) énoncent les **principes de primauté de la personne humaine, d'inviolabilité du corps humain et la protection de l'intégrité de l'espèce humaine.** Le Conseil constitutionnel leur donne pour fondement constitutionnel le principe de « sauvegarde de la dignité de la personne humaine contre toute forme d'asservissement et de dégradation » (27 juillet 1994).

B Pratiques médicales sur le vivant : des équilibres à trouver

• Face à des impératifs de santé et par dérogation au principe d'indisponibilité du corps humain, il est possible, dans un cadre strict (anonymat, gratuité), de **donner du sang, des gamètes, des embryons et certains organes**.

• Certaines informations obtenues grâces aux avancées de la génétique ou des neurosciences peuvent porter atteinte à la vie privée.

• **L'information génétique**, qui permet d'identifier un individu à partir de sa salive ou d'un cheveu, ou de révéler certaines anomalies qui pourraient être à l'origine d'une maladie, est considérée comme particulièrement **sensible**. Le législateur n'autorise donc l'identification d'une personne par ses empreintes génétiques que sous le contrôle d'un juge. L'examen des caractéristiques génétiques, quant à lui, ne peut être réalisé qu'à des finalités médicales, par des laboratoires agréés et dans un cadre délimité. Il est interdit de recourir aux tests « sauvages » proposés sur Internet.

II. Quelles limites à l'assistance médicale à la procréation (AMP) ?

A Les techniques d'AMP

• L'article L. 2141-1 du Code de la santé publique autorise la **manipulation d'un ovule et/ou d'un spermatozoïde** pour favoriser l'obtention d'une grossesse.

• On distingue l'**insémination artificielle**, qui consiste à préparer et injecter le sperme dans l'utérus de la femme au moment de l'ovulation, et la **fécondation in vitro (FIV)**, qui permet la rencontre de l'ovule et du spermatozoïde en laboratoire. Pour pallier l'infertilité, il est possible de recourir à des **dons anonymes** de gamètes masculins (sperme) ou féminins (ovocytes), voire d'embryons.

VOCABULAIRE

- **Directives anticipées** : document dans lequel une personne fait connaître ses souhaits relatifs à sa fin de vie dans l'hypothèse où elle serait empêchée de s'exprimer.
- **Eugénisme** : pratique qui vise, pour une société, à favoriser de façon systématique l'apparition de certains caractères chez l'individu ou à en éliminer d'autres, jugés négatifs.
- **Génétique** : science qui étudie les lois de l'hérédité et le support de la transmission héréditaire.
- **Neurosciences** : science qui étudie le système nerveux, de l'échelle moléculaire jusqu'aux organes, tel que le cerveau.
- **Obstination déraisonnable (ou acharnement thérapeutique)** : mise en œuvre de traitements inutiles, disproportionnés et n'ayant d'autre effet que le maintien artificiel de la vie d'un patient.
- **Personne de confiance** : personne désignée pour témoigner de la volonté de la personne empêchée dans le cadre de la délivrance de soins médicaux.
- **Soins palliatifs** : soins actifs délivrés dans une approche globale de la personne atteinte d'une maladie grave, évolutive ou terminale. L'objectif est de soulager les douleurs physiques et les autres symptômes, mais aussi de prendre en compte la souffrance psychique, sociale et spirituelle.

NOTIONS

- **Bioéthique** → p. 280
- **Dignité** → p. 280
- **Droit à la vie** → p. 280
- **Euthanasie** → p. 280
- **Indisponibilité** → p. 280
- **Inviolabilité** → p. 280

B Les questions posées

• **Ces avancées ont permis de ne plus faire dépendre la naissance de rapports sexuels homme-femme** et à tiers de donner, de façon anonyme, ses gamètes, pour permettre la procréation. La question s'est posée de ne pas limiter l'accès à l'AMP à des infertilités médicales, mais de l'ouvrir à des couples homosexuels ou des personnes seules. Mais si les femmes peuvent bénéficier d'un don de gamète masculin, les hommes, eux, devraient avoir recours à une mère porteuse, ce qui est contraire au principe d'indisponibilité du corps humain et pénalement réprimé. Pour cette raison, la dernière loi de bioéthique envisage de réserver cet accès aux femmes.

• **Ces techniques posent des questions éthiques délicates** liées à l'accès aux origines des enfants issus de dons, au devenir des embryons surnuméraires ou encore à l'intérêt supérieur de l'enfant. La loi permet, sous certaines conditions, l'accès à des données dites « non identifiantes » (médicales), voire identifiantes, avec l'accord du donneur.

DATES CLÉS

Les révisions des lois de bioéthique de 1994

- 2004 Création de l'Agence de la biomédecine (ABM) Création de la notion de crime contre l'espèce humaine (eugénisme, clonage reproductif)
- 2011 Premiers états généraux de la bioéthique, clause de révision tous les cinq ans
- 2019 Projet d'ouverture de la procréation médicalement assistée à toutes les femmes et de levée partielle de l'anonymat du don de gamètes.

III. Peut-on choisir les conditions de sa mort ?

A Les données du problème

• Avec les progrès de la médecine, notamment l'allongement de la durée de vie et les techniques de réanimation, des patients ont revendiqué le **droit de ne pas subir d'obstination déraisonnable**, de voir leurs **souffrances abrégées**, voire de **demander la mort**.

B Le modèle français

• **La France n'a pas souhaité remettre en cause l'interdiction de donner la mort à autrui, même sur sa demande (euthanasie)**, dont la violation est sanctionnée comme homicide volontaire par le Code pénal. Elle a choisi de développer les **soins palliatifs** pour offrir une fin de vie apaisée aux personnes.

• **Elle oblige cependant les médecins à respecter, dans la mesure du possible, la volonté du malade** qui souhaite qu'on interrompe des traitements, même si cela conduit à abréger sa vie. La loi dite « Leonetti » (2005) impose de rechercher la volonté du malade, y compris lorsqu'il n'est pas en mesure de s'exprimer, par la consultation de ses **directives anticipées** ou le recueil du témoignage de sa **personne de confiance** ou de ses proches. La loi dite « Claeys-Leonetti » (2016) oblige les médecins à respecter les vœux exprimés dans les directives anticipées (sauf impossibilité) et prévoit le droit, pour toute personne en fin de vie, de solliciter une sédation terminale et continue afin de mourir sans souffrance.

TEXTE CLÉ

Décision n° 94-343/344 du Conseil constitutionnel du 27 juillet 1994 ➜ Repères p. 165

RÉVISER SON COURS

1. Quels sont les principes fondamentaux de la bioéthique ?
2. Quelles sont les questions posées par l'AMP ?
3. Quels sont les principes qui guident les soignants face à un patient en fin de vie ?

RESSOURCES

Liens vers les ressources

SITE

Les États généraux de la bioéthique

Les États généraux de la bioéthique sont organisés par le Comité consultatif national d'éthique (CCNE). Ils ont pour but de recueillir l'avis de la société avant la révision des lois bioéthiques

etatsgenerauxdelabioethique.fr

SITE

Les décisions du Comité consultatif national d'éthique (CCNE)

Vous pouvez consulter les décisions du CCNE, notamment la réflexion éthique sur l'évolution des tests génétiques liée au séquençage de l'ADN humain à très haut débit ou encore sur le recours aux techniques biomédicales en vue de « neuro-amélioration » chez la personne non malade.

ccne-ethique.fr

SITE

Le site de l'Agence de la biomédecine :

Ce site présente les missions et rapports de l'Agence de la biomédecine, créée en 2004.

agence-biomedecine.fr

DOSSIER

De l'embryon à la personne en fin de vie, quelle protection ?

REPÈRES → p. 164
COURS → p. 166
LE DROIT EN PRATIQUE → p. 174
MÉTHODE → p. 273
MÉTHODE → p. 276

Aucune atteinte à l'intégrité physique ne peut être portée, sans nécessité thérapeutique et consentement, sur un être humain né vivant et viable, et ce jusqu'à sa mort. L'embryon bénéficie d'un statut particulier.

→ **Quelles sont les frontières et les conditions de la protection de la personne ?**

DOC 1 Les frontières de la protection de l'être humain

Art. 16. La loi assure la primauté de la personne, interdit toute atteinte à la dignité de celle-ci et garantit le respect de l'être humain dès le commencement de sa vie.

Art. 16-1-1. Le respect dû au corps humain ne cesse pas avec la mort. Les restes des personnes décédées, y compris les cendres de celles dont le corps a donné lieu à crémation, doivent être traités avec respect, dignité et décence.

Art. 79-1. Lorsqu'un enfant est décédé avant que sa naissance ait été déclarée à l'état civil, l'officier de l'état civil établit un acte de naissance et un acte de décès sur production d'un certificat médical indiquant que l'enfant est né vivant et viable et précisant les jours et heures de sa naissance et de son décès. À défaut du certificat médical prévu à l'alinéa précédent, l'officier d'état civil établit un acte d'enfant sans vie. […]

Art. 318. Aucune action n'est reçue quant à la filiation d'un enfant qui n'est pas né viable.

Code civil

DOC 2 Le droit à l'avortement

Art. L 2212-1, alinéa 1. La femme enceinte qui ne veut pas poursuivre une grossesse peut demander à un médecin ou à une sage-femme l'interruption de sa grossesse. Cette interruption [volontaire de grossesse (IVG)] ne peut être pratiquée qu'avant la fin de la douzième semaine de grossesse.

Code de la santé publique

DOC 3 Le statut de l'embryon

Art. L. 2141-1
L. 2151-5

a. Le Code de la santé publique

Art. L 2141-3. Un embryon ne peut être conçu in vitro que dans le cadre et selon les objectifs d'une assistance médicale à la procréation telle que définie à l'article L. 2141-1. […] Les membres du couple peuvent consentir par écrit à ce que les embryons, non susceptibles d'être transférés ou conservés, fassent l'objet d'une recherche dans les conditions prévues à l'article L. 2151-5. […]

Art. L 2151-2, alinéa I. La conception in vitro d'embryon ou la constitution par clonage d'embryon humain à des fins de recherche est interdite.

Art. L 2151-5, alinéa I. Aucune recherche sur l'embryon humain ni sur les cellules souches embryonnaires ne peut être entreprise sans autorisation.

b. Le Comité consultatif national d'éthique

I. L'embryon ou le fœtus doit être reconnu comme une personne humaine potentielle qui est ou a été vivante et dont le respect s'impose à tous.

Avis sur les prélèvements de tissus d'embryons et de fœtus humains morts, à des fins thérapeutiques, diagnostiques et scientifiques, 22 mai 1984, CCNE

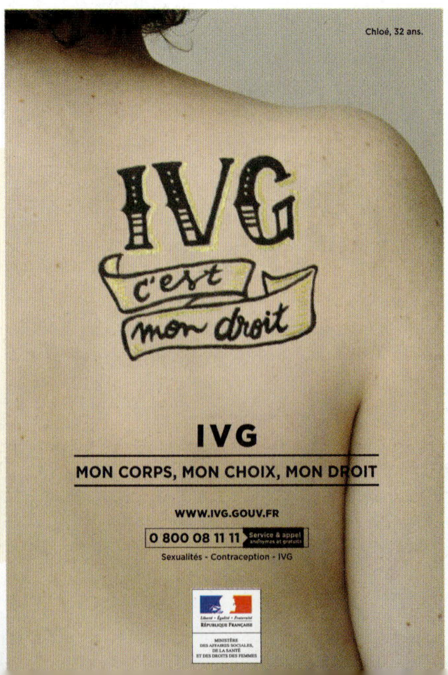

Autorisation de reproduction donnée à des fins pédagogiques par le ministère des Solidarités et de la Santé, et Parties Prenantes.

VOCABULAIRE

- **Personne de confiance** : personne désignée pour témoigner de la volonté de la personne empêchée dans le cadre de la délivrance de soins médicaux.

DOC 4 Les conditions de l'atteinte au corps humain

a. Le Code civil

Art. 16-3. Il ne peut être porté atteinte à l'intégrité du corps humain qu'en cas de nécessité médicale pour la personne [...]. Le consentement de l'intéressé doit être recueilli préalablement hors le cas où son état rend nécessaire une intervention thérapeutique à laquelle il n'est pas à même de consentir.

b. Le Code de la santé publique

Art. L. 1111-4. [...] Toute personne a le droit de refuser ou de ne pas recevoir un traitement. Le suivi du malade reste cependant assuré par le médecin, notamment son accompagnement palliatif. [...] Aucun acte médical ni aucun traitement ne peut être pratiqué sans le consentement libre et éclairé de la personne et ce consentement peut être retiré à tout moment. Lorsque la personne est hors d'état d'exprimer sa volonté, aucune intervention ou investigation ne peut être réalisée, sauf urgence ou impossibilité, sans que la personne de confiance prévue à l'article L. 1111-6, ou la famille, ou à défaut, un de ses proches ait été consulté. [...]

DOC 5 L'arrêt de traitement

Décision complète

17. [Pour] apprécier si les conditions d'un arrêt d'alimentation et d'hydratation artificielles sont réunies s'agissant d'un patient [...] hors d'état d'exprimer sa volonté et dont le maintien en vie dépend de ce mode d'alimentation et d'hydratation, le médecin en charge doit se fonder sur un ensemble d'éléments [...] dont le poids respectif [...] dépend des circonstances particulières à chaque patient, le conduisant à appréhender chaque situation dans sa singularité ; [...] outre les éléments médicaux, qui doivent couvrir une période suffisamment longue, être analysés collégialement et porter notamment sur l'état actuel du patient, sur l'évolution de son état depuis la survenance de l'accident ou de la maladie, sur sa souffrance et sur le pronostic clinique, le médecin doit accorder une importance toute particulière à la volonté que le patient peut avoir, le cas échéant, antérieurement exprimée [...] à cet égard, dans l'hypothèse où cette volonté demeurerait inconnue, elle ne peut être présumée comme consistant en un refus du patient d'être maintenu en vie dans les conditions présentes ; [...] le médecin doit également prendre en compte les avis de la personne de confiance, dans le cas où elle a été désignée par le patient, des membres de sa famille ou, à défaut, de l'un de ses proches, en s'efforçant de dégager une position consensuelle ; [...] il doit [...] être avant tout guidé par le souci de la plus grande bienfaisance à son égard [...].

Conseil d'État, décision de l'Assemblée du contentieux, 24 juin 2014

DOC 6 Préparer sa fin de vie

Les directives anticipées

Campagne du Centre national des soins palliatifs et de la fin de vie, avec le soutien du ministère chargé de la Santé, 2018

QUESTIONS

1. En droit français, quand commence et quand s'arrête la personnalité juridique (➜ p. 114) de l'être humain ? **doc 1**
2. Que signifie « respecter l'embryon ou le fœtus » ? **docs 2 et 3**
3. Dans quelles conditions peut-il être légalement porté atteinte à l'intégrité du corps humain ? **doc 4**
4. Comment le droit à une fin de vie digne est-il mis en œuvre ? **docs 4 à 6**

Synthèse Pourquoi le droit encadre-t-il les pratiques médicales sur le vivant ?

C'est à vous ! ORAL

Présentez une plaidoirie de dix minutes.

- Lors d'un concours de plaidoirie, le sujet posé est : « Peut-on demander à autrui de donner la mort au nom de la dignité ? »
- Construisez une argumentation juridique (l'émotion n'a pas sa place dans la plaidoirie).
- Comparez le droit français et ceux d'autres pays d'Europe (notamment la Suisse ou la Belgique), voire du monde.

DOSSIER L'indisponibilité du corps humain

REPÈRES → p. 164
COURS → p. 166

Pour ne pas réduire le corps humain à un gisement de ressources biologiques ou à un outil de procréation, le droit pose le principe de l'indisponibilité du corps humain. Mais, compte tenu des possibilités thérapeutiques offertes par l'utilisation d'éléments du corps humain, la loi autorise certains usages.

→ **En quoi l'indisponibilité du corps humain garantit-elle le respect de l'être humain ?**

DOC 1 Les expressions du principe d'indisponibilité

Art. 16-1, alinéa 3. Le corps humain, ses éléments et ses produits ne peuvent faire l'objet d'un droit patrimonial.

Art. 16-7. Toute convention portant sur la procréation ou la gestation pour le compte d'autrui est nulle.

Art. 16-8. Aucune information permettant d'identifier à la fois celui qui a fait don d'un élément ou d'un produit de son corps et celui qui l'a reçu ne peut être divulguée. Le donneur ne peut connaître l'identité du receveur ni le receveur celle du donneur. En cas de nécessité thérapeutique, seuls les médecins du donneur et du receveur peuvent avoir accès aux informations permettant l'identification de ceux-ci.

Code civil

DOC 2 Le don du sang

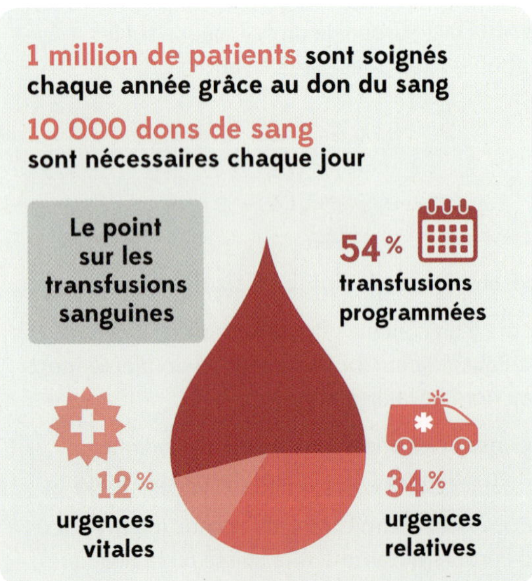

D'après l'Établissement français du sang (EFS), 2020

DOC 3 Le don et la greffe d'organes

a. Le don *post mortem* : la présomption de consentement

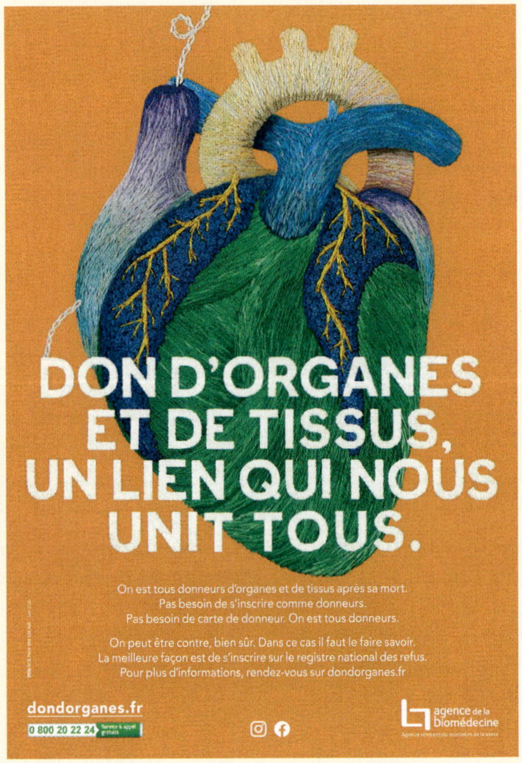

b. La greffe d'organes

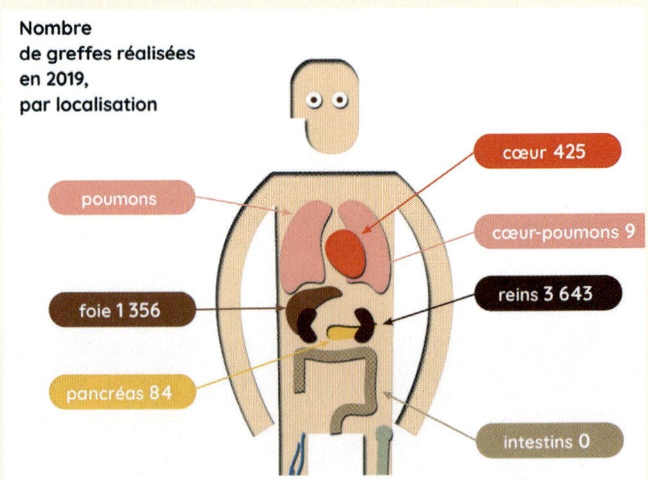

Rapport sur l'application de la loi de bioéthique de l'Agence de biomédecine, 2019

DOC 4 La marchandisation du corps humain

a. La vente d'organes sur Internet

« Vends rein pour raison financière. Prix à discuter. Coûts cliniques à la charge de l'acheteur. Transaction sous contrat. Je ne fume pas, je ne bois pas, pas de drogues. En parfaite santé. Urgent ». Juan José a publié ce texte sur un site Internet de petites annonces espagnol […]. En Espagne, la législation est claire : l'achat et la vente d'organes, l'annonce et la promotion de ce genre de marché sont des délits inscrits dans le Code pénal, qui prévoit des peines allant jusqu'à douze ans de prison.

Rodrigo Carretero, « Ventes d'organes sur Internet : l'Organisation des greffes espagnole dénonce la prolifération dans le pays », *Huffington Post*, octobre 2013

b. Les chiffres du trafic d'organes

D'après Alexis Génin, « Trafic d'organes : un scandale éthique et… diplomatique ! », Jim TV, février 2019 ; et « Trafic d'organes humains dans le monde », planetoscope.com

DOC 5 La gestation pour autrui (GPA)

Arrêts complets

a. La prohibition de la GPA en France

[La] convention par laquelle une femme s'engage, fût-ce à titre gratuit, à concevoir et à porter un enfant pour l'abandonner à sa naissance contrevient tant au principe d'ordre public de l'indisponibilité du corps humain qu'à celui de l'indisponibilité de l'état des personnes.

Cour de cassation, 29 juin 1994, pourvoi 92-13.563

b. La protection des enfants nés de GPA réalisées à l'étranger

En droit français, les conventions de GPA sont interdites. Toutefois, au regard de l'intérêt supérieur de l'enfant (art. 3-1 de la convention de New York sur les droits de l'enfant[1]) et pour ne pas porter une atteinte disproportionnée au respect de sa vie privée (art. 8 de la Convention [européenne des droits de l'homme et des libertés fondamentales]), une GPA réalisée à l'étranger ne peut faire, à elle seule, obstacle à la reconnaissance en France d'un lien de filiation avec la mère d'intention.

Communiqué de presse de la Cour de cassation relatif à l'arrêt rendu le 4 octobre 2019

1. Convention internationale des droits de l'enfant.

VOCABULAIRE

- **Indisponibilité du corps humain** : l'individu peut user de son corps mais ne peut le céder en tout ou partie. Seuls certains de ses éléments peuvent être utilisés dans l'intérêt thérapeutique d'autrui et dans des conditions strictes (gratuité, anonymat).
- **Non-marchandisation (ou non-patrimonialisation) du corps humain** : interdiction de céder des éléments du corps humain de façon onéreuse (art. 16-6 du Code civil).
- **Gestation pour autrui (GPA)** : fait, pour une femme, de porter un enfant pour le compte d'autrui, ce qui implique que l'enfant est remis aux commanditaires (parents d'intention) à sa naissance.

? QUESTIONS

1. Expliquez le principe d'indisponibilité du corps humain et ses aménagements. **docs 1 à 5**
2. Pourquoi le corps humain n'est-il pas un objet comme un autre ? **docs 1 à 5**
3. Pourquoi la gestation pour autrui est-elle interdite en France ? **docs 1 et 5**

Synthèse Comment le principe d'indisponibilité du corps humain protège-t-il des atteintes à la dignité et au respect de la personne humaine ?

C'est à vous ! ORAL

Comparez différentes législations concernant la GPA.

- Faites des recherches sur la législation qui entoure la GPA en Roumanie ou en Inde.
- Comparez cette législation avec la législation française.
- Recherchez des décisions de la Cour européenne des droits de l'homme concernant la filiation des enfants nés d'une GPA. À quelles difficultés doit-elle faire face ?

RESSOURCES

- **Code de la santé publique**, articles L. 1211-2, L. 1211-4, L. 1211-5 et R. 1211-49
- **Convention internationale des droits de l'enfant**, article 3-1
- **Convention européenne des droits de l'homme et des libertés fondamentales**, article 8

Liens vers les ressources

DOSSIER

Jusqu'où utiliser l'innovation pour soigner l'être humain ?

REPÈRES → p. 164
COURS → p. 166
LE DROIT EN PRATIQUE → p. 174

Les progrès de la science permettent de mieux soigner ou prévenir la maladie. Mais sans encadrement juridique, ils peuvent conduire à la recherche de la perfection et de l'uniformisation de l'espèce humaine.

→ **Quelles limites fixer au progrès scientifique ?**

DOC 1 Des progrès scientifiques au service de l'être humain

a. De la première prothèse…

Prothèse de pied datant de l'Égypte ancienne (700 à 900 av. J.-C.).

b. … à la thérapie génique

Environ 2 000 essais cliniques ont été menés ou sont en cours depuis 1989, dont 65 % dans le domaine du cancer, 11 % contre les maladies monogéniques[1] telles que l'amaurose congénitale de Leber, l'hémophilie, la bêta-thalassémie ou encore la mucoviscidose. Le reste concerne des maladies infectieuses, cardiovasculaires, neurologiques ou encore ophtalmologiques. [...]

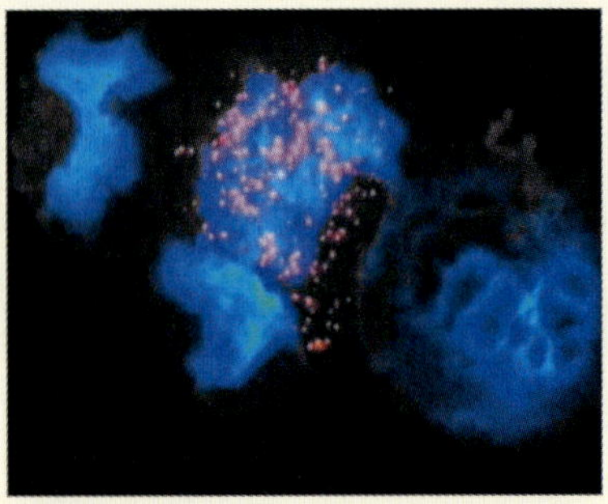

Thérapie génique de l'adrénoleucodystrophie (ALD). En rouge, on perçoit, deux ans après le traitement, que les cellules corrigées continuent à agir. En bleu, le noyau de la cellule.

Des progrès sont également importants contre certaines maladies neurodégénératives. Dans l'adrénoleucodystrophie, une maladie démyélinisante du système nerveux central[2], les cellules souches sanguines des patients sont corrigées ex vivo à l'aide d'un lentivirus, puis réinjectées. Une vingtaine de patients ont été traités et les résultats montrent une stabilisation ou une amélioration de leur état dans la plupart des cas.

« Thérapie génique. Une recherche de longue haleine qui porte ses fruits », inserm.fr, juin 2018

1. Maladie causée par une anomalie au niveau d'un seul gène.

2. Maladie qui engendre la disparition de la gaine de myéline, substance lipidique qui gaine les fibres nerveuses du système cérébro-spinal et qui favorise l'influx nerveux (ex. : sclérose en plaques).

DOC 2 Le diagnostic préimplantatoire

En France, le diagnostic préimplantatoire (DPI) est autorisé depuis 1994, uniquement pour les couples dont l'un des membres est porteur d'une maladie grave et incurable et qui réalisent une fécondation in vitro (FIV). On prélève quelques cellules sur l'embryon, trois jours après la FIV, pour vérifier qu'il n'est pas porteur de la maladie de ses géniteurs […]. Et le médecin implante dans l'utérus de la femme ceux qui ne risquent pas de développer ces pathologies.

Certains médecins plaident […] pour que l'accès à ce DPI soit élargi. Ou plutôt qu'un examen précis soit autorisé : le diagnostic préimplantatoire des aneuploïdies (DPI-A), qui vérifierait que l'embryon a le bon nombre de chromosomes, soit 46. Ce test pourrait être proposé à ces mêmes patients présentant des antécédents de maladie incurable ou des anomalies à l'échographie (en plus du DPI), mais également à des couples infertiles. Le but : éviter que des femmes reçoivent un embryon non viable, et ainsi raccourcir des parcours de PMA souvent longs et douloureux. […]

Du côté du ministère, cette vision n'est clairement pas partagée. Agnès Buzyn[1], à l'Assemblée [nationale], avait émis des craintes quant à un futur filtrage antinomique avec une société inclusive : « Comment faire en sorte que cette technique ne soit pas étendue à tous les couples en démarche de FIV ? »

Oihana Gabriel, « Loi bioéthique : la question du diagnostic préimplantatoire (DPI) va-t-elle resurgir au Sénat ? », *20 minutes*, novembre 2019

1. Alors ministre des Solidarités et de la Santé.

DOC 3 Le génome, patrimoine de l'humanité

Art. premier. Le génome humain sous-tend l'unité fondamentale de tous les membres de la famille humaine, ainsi que la reconnaissance de leur dignité intrinsèque et de leur diversité. Dans un sens symbolique, il est le patrimoine de l'humanité.

Déclaration universelle sur le génome humain et les droits de l'homme, Unesco, 1997

DOC 4 La répression des crimes contre l'espèce humaine

Art. 214-1. Le fait de mettre en œuvre une pratique eugénique tendant à l'organisation de la sélection des personnes est puni de trente ans de réclusion criminelle et de 7 500 000 euros d'amende.

Art. 214-2. Le fait de procéder à une intervention ayant pour but de faire naître un enfant génétiquement identique à une autre personne vivante ou décédée est puni de trente ans de réclusion criminelle et de 7 500 000 euros d'amende.

Art. 214-3, alinéa 1. Les infractions prévues par les articles 214-1 et 214-2 sont punies de la réclusion criminelle à perpétuité et de 7 500 000 euros d'amende lorsqu'elles sont commises en bande organisée.

Code pénal

VOCABULAIRE

- **Génome** : ensemble du matériel génétique, c'est-à-dire des molécules d'ADN, d'une cellule.
- **Clonage** : le clonage désigne deux processus : le clonage reproductif, qui donne naissance à un être génétiquement identique à un autre (prohibé chez l'être humain), et le clonage thérapeutique qui se limite à la dérivation de cellules embryonnaires (autorisé).
- **Thérapie génique** : consiste à modifier génétiquement des cellules d'un patient, pour soigner ou prévenir une maladie.

DOC 5 L'édition du génome

Vidéo Interview d'Hervé Chneiweiss, président du comité d'éthique de l'INSERM

a. Les « ciseaux génétiques » CRISPR-Cas9

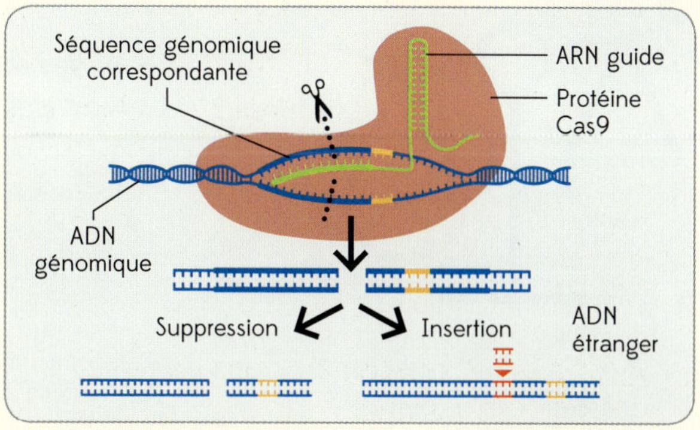

b. Exemples d'application de la méthode CRISPR

Mise au point en 2012 par Jennifer Doudna et Emmanuelle Charpentier, CRISPR-Cas9 a révolutionné l'édition génétique en permettant d'insérer et d'éditer très facilement des gènes dans une chaîne ADN. [...]

En [...] 2018, le chercheur chinois He Jiankui a annoncé avoir donné naissance au premier bébé génétiquement modifié pour l'immuniser contre le virus du sida en désactivant un gène appelé CCR5. Une mutation qui améliorerait également les fonctions cognitives. Si cette première mondiale a valu à He Jiankui une mise au ban par l'ensemble de la communauté scientifique internationale et un procès, elle a ouvert la voie à un débat sur les manipulations génétiques visant à améliorer l'être humain. D'un côté, des couples porteurs d'une maladie transmissible pourraient donner naissance à des bébés sains. De l'autre côté, cela ouvre la porte à des dérives eugéniques, comme la création d'athlètes hors du commun ou d'êtres supérieurement intelligents. [...]

CRISPR permet à la thérapie génique de prendre un nouvel envol. En 2016, des chercheurs chinois sont parvenus à injecter des lymphocytes T génétiquement modifiés chez un patient atteint d'un cancer du poumon afin que ces derniers reconnaissent et attaquent les cellules tumorales. [...] Les maladies rares sont bien sûr une autre cible privilégiée [...].

Céline Deluzarche, « CRISPR : 8 applications d'édition génétique », *Futura Santé*, septembre 2019

? QUESTIONS

1 Quels sont les bénéfices des thérapies géniques autorisées ? **docs 1 et 5**

2 Pourquoi certaines techniques sont-elles prohibées ou encadrées ? Déterminez les critères qui président à cette interdiction. **docs 2 à 5**

3 Pourquoi le génome humain est-il considéré comme le patrimoine de l'humanité ? **docs 3 et 4**

Synthèse Pourquoi doit-il exister des limites aux pratiques biomédicales innovantes ?

C'est à vous ! ORAL

Vous représentez une association défendant des personnes atteintes d'une maladie génétique rare.

- Auditionné par le Comité consultatif national d'éthique dans le cadre de la révision des lois bioéthiques, vous défendez en cinq minutes, au nom des principes énoncés par le droit français et international, l'autorisation des thérapies géniques, mais refusez l'édition du génome humain et le clonage de l'espèce humaine.

PARTIE 2

Le droit **en pratique** !

Enfant, famille, bioéthique : quels droits et obligations ?

À vous de résoudre ces situations ! Pour chacune d'elles, justifiez vos réponses.

Situation 1

- Jean pense que son frère n'est pas le fils de son père. Il parvient à recueillir un de ses cheveux et a recours à un test génétique sur Internet.
Jean est-il autorisé à faire cela ?

Situation 2

- Adrien souhaite léguer les trois-quarts de sa fortune à sa nouvelle compagne. Son fils Matteo, à la tête d'une grande entreprise, n'est pas dans le besoin, au contraire de la compagne d'Adrien, qui dépend exclusivement de lui.
Un tel testament serait-il valide ?

Situation 3

- Marc et Lola ne parviennent pas à avoir un second enfant. Ils consultent un spécialiste qui leur propose de recourir à une AMP. Plusieurs embryons sont conçus et congelés, et Marc et Lola acceptent le diagnostic préimplantatoire proposé, car il existe certains cas de maladies graves dans leur famille (non liées au sexe de l'enfant). Ayant déjà un garçon, ils sollicitent uniquement l'implantation d'embryons de sexe féminin.
Que doit répondre le médecin ?

Situation 4

- Vincent a 16 ans. Il a redoublé sa classe de seconde. Ses parents sont furieux et décident de le priver de tout argent de poche. Vincent ne peut même plus se payer un sandwich à midi.
Une telle mesure est-elle juridiquement possible ?

Situation 5

- Paulette est atteinte d'un cancer en phase terminale, et elle s'interroge : **a-t-elle le droit de refuser les traitements thérapeutiques qui lui sont proposés par les médecins, et a-t-elle le droit de bénéficier d'une sédation profonde et continue pour ne pas souffrir dans les derniers jours de sa vie ?**

DOC 1

Art. 226-25. Le fait de procéder à l'examen des caractéristiques génétiques d'une personne à des fins autres que médicales ou de recherche scientifique, ou à des fins médicales ou de recherche scientifique, sans avoir recueilli préalablement son consentement dans les conditions prévues par l'article 16-10 du Code civil, est puni d'un an d'emprisonnement et de 15 000 euros d'amende.

Code pénal

DOC 3

Art. L.1111-4. Toute personne prend, avec le professionnel de santé et compte tenu des informations et des préconisations qu'il lui fournit, les décisions concernant sa santé.

Toute personne a le droit de refuser ou de ne pas recevoir un traitement. Le suivi du malade reste cependant assuré par le médecin, notamment son accompagnement palliatif.

Le médecin a l'obligation de respecter la volonté de la personne après l'avoir informée des conséquences de ses choix et de leur gravité. Si, par sa volonté de refuser ou d'interrompre tout traitement, la personne met sa vie en danger, elle doit réitérer sa décision dans un délai raisonnable. Elle peut faire appel à un autre membre du corps médical. L'ensemble de la procédure est inscrite dans le dossier médical du patient. Le médecin sauvegarde la dignité du mourant et assure la qualité de sa fin de vie en dispensant les soins palliatifs mentionnés à l'article L. 1110-10.

Aucun acte médical ni aucun traitement ne peut être pratiqué sans le consentement libre et éclairé de la personne et ce consentement peut être retiré à tout moment. […]

Code de la santé publique

DOC 4

Art. L.1110-5-2. À la demande du patient d'éviter toute souffrance et de ne pas subir d'obstination déraisonnable, une sédation profonde et continue provoquant une altération de la conscience maintenue jusqu'au décès, associée à une analgésie et à l'arrêt de l'ensemble des traitements de maintien en vie, est mise en œuvre [dans certains cas].

Code de la santé publique

DOC 5

Art. L. 2131-4. […] Le diagnostic ne peut être effectué que lorsqu'a été préalablement et précisément identifiée, chez l'un des parents ou l'un de ses ascendants immédiats dans le cas d'une maladie gravement invalidante, à révélation tardive et mettant prématurément en jeu le pronostic vital, l'anomalie ou les anomalies responsables d'une telle maladie. […]

Le diagnostic ne peut avoir d'autre objet que de rechercher cette affection ainsi que les moyens de la prévenir et de la traiter. […]

Code de la santé publique

DOC 6

Art. 371-1. L'autorité parentale est un ensemble de droits et de devoirs ayant pour finalité l'intérêt de l'enfant.

Elle appartient aux parents jusqu'à la majorité ou l'émancipation de l'enfant pour le protéger dans sa sécurité, sa santé et sa moralité, pour assurer son éducation et permettre son développement, dans le respect dû à sa personne.

L'autorité parentale s'exerce sans violences physiques ou psychologiques. […]

Code civil

DOC 7

Art. 721. Les successions sont dévolues selon la loi lorsque le défunt n'a pas disposé de ses biens par des libéralités.

Elles peuvent être dévolues par les libéralités du défunt dans la mesure compatible avec la réserve héréditaire.

Code civil

DOC 8

Art. 913. Les libéralités, soit par actes entre vifs, soit par testament, ne pourront excéder la moitié des biens du disposant, s'il ne laisse à son décès qu'un enfant ; le tiers, s'il laisse deux enfants ; le quart, s'il en laisse trois ou un plus grand nombre.

Code civil

DOC 9

Article 3 §1. 1. Dans toutes les décisions qui concernent les enfants, qu'elles soient le fait des institutions publiques ou privées de protection sociale, des tribunaux, des autorités administratives ou des organes législatifs, l'intérêt supérieur de l'enfant doit être une considération primordiale.

Convention internationale des droits de l'enfant, 1989

DOC 10

Art. 16-10. L'examen des caractéristiques génétiques d'une personne ne peut être entrepris qu'à des fins médicales ou de recherche scientifique.

Le consentement exprès de la personne doit être recueilli par écrit préalablement à la réalisation de l'examen.

Code civil

Conseils !

1. Lisez attentivement les situations et les documents.
2. Identifiez, pour chaque situation, les questions de droit qui se posent.
3. Analysez les règles de droit.
4. Avant de les appliquer, assurez vous que la situation entre dans leur champ d'application.

DÉBAT ORAL

Droits de l'enfant et autorité parentale

→ **La protection des droits de l'enfant peut-elle entrer en conflit avec l'autorité parentale ?**

CHIFFRES CLÉS

- **En 2018** : **80** mineurs décédés de mort violente dans le cadre intra-familial
2/3 âgés de moins de **5 ans**
♀ **44** filles et ♂ **36** garçons

D'après un rapport de l'ONPE

VOCABULAIRE

- **Autorité parentale** : selon le Code civil, « ensemble de droits et de devoirs ayant pour finalité l'intérêt de l'enfant. Elle appartient aux parents jusqu'à la majorité ou l'émancipation de l'enfant pour le protéger dans sa sécurité, sa santé et sa moralité, pour assurer son éducation et permettre son développement, dans le respect de sa personne » (art. 371-1).

DOC 1 Les punitions corporelles Allemagne vers 1935

DOC 2 « Qui aime bien châtie bien » ?

« Qui aime bien châtie bien » est la traduction littérale d'un adage médiéval latin, qui nous est encore très familier : *Qui bene amat, bene castigat.* [...] Il puise sans doute à la source biblique des Proverbes de Salomon : « Car l'Éternel châtie celui qu'il aime, Comme un père l'enfant qu'il chérit. » (3, 12) [...] Et, dans la Grèce ancienne, le père de la comédie, Aristophane, tourne déjà en dérision en 423 av. J.-C., dans sa pièce *Les Nuées*, cette conception punitive de l'éducation, en mettant en scène un fils qui prétend corriger son père, puisque « bien s'occuper de quelqu'un et le battre ne vont pas l'un sans l'autre » (v. 1412) ! [...]

Tout adulte qui, face à un enfant rétif, perd son sang-froid, s'en prévaudra infailliblement pour justifier que, cédant à sa colère, il lui ait administré une bonne correction : « Qui aime bien châtie bien ! » Tu vois, c'est pour ton bien que je t'ai rossé, c'est la preuve que je t'aime ! En invoquant le précieux proverbe, l'adulte légitime sa violence vis-à-vis de l'enfant et lui attribue après coup un sens pédagogique, censé montrer la voie du Bien à l'enfant battu. C'est le sens de l'adverbe « bien », qui n'est pas à comprendre ici au sens de « beaucoup », comme on dirait « il l'aime bien » ou « il l'a bien grondé », mais au sens de « justement », « comme il se doit ».

Sylvie Brunet, « "Qui aime bien châtie bien" : signification et origine du proverbe », lalanguefrancaise.com, septembre 2020

DOC 3 Le droit de correction paternelle dans le Code civil de 1804

Art. 375. Le père qui aura des sujets de mécontentement très graves sur la conduite d'un enfant, aura les moyens de correction suivants.

Art. 376. Si l'enfant est âgé de moins de seize ans commencés, le père pourra le faire détenir pendant un temps qui ne pourra excéder un mois ; et, à cet effet, le président du tribunal d'arrondissement devra, sur sa demande, délivrer l'ordre d'arrestation.

Art. 377. Depuis l'âge de seize ans commencés jusqu'à la majorité ou l'émancipation, le père pourra seulement requérir la détention de son enfant pendant six mois au plus ; il s'adressera au président dudit tribunal, qui, après en avoir conféré avec le commissaire du Gouvernement, délivrera l'ordre d'arrestation ou le refusera, et pourra, dans le premier cas, abréger le temps de la détention requis par le père.

Code civil, articles abrogés en 1935

DOC 4 L'évolution du statut de l'enfant

Art. 371-1. L'autorité parentale est un ensemble de droits et de devoirs ayant pour finalité l'intérêt de l'enfant.

Elle appartient aux parents jusqu'à la majorité ou l'émancipation de l'enfant pour le protéger dans sa sécurité, sa santé et sa moralité, pour assurer son éducation et permettre son développement dans le respect dû à sa personne.

L'autorité parentale s'exerce sans violences physiques ou psychologiques.

Les parents associent l'enfant aux décisions qui le concernent, selon son âge et son degré de maturité.

Code civil, article remanié par les lois du 4 mars 2002 et du 10 juillet 2019

DOC 6 « L'amendement anti-fessée »

L'Assemblée nationale et le Sénat ont adopté,

Le président de la République promulgue la loi dont la teneur suit :

Art. 1. Après le deuxième alinéa de l'article 371-1 du Code civil, il est inséré un alinéa ainsi rédigé : « *L'autorité parentale s'exerce sans violences physiques ou psychologiques*[1]. »

Art. 2. [L']article L. 421-14 du Code de l'action sociale et des familles [est modifié comme ci-dessous : Une initiation aux gestes de secourisme, à la *prévention des violences éducatives ordinaires*[1] ainsi qu'aux spécificités de l'organisation de l'accueil collectif des mineurs est obligatoire pour exercer la profession d'assistant maternel.]

Loi n° 2019-721 du 10 juillet 2019 relative à l'interdiction des violences éducatives ordinaires

1. En italique sont présentés les ajouts suite à la loi du 10 juillet 2019.

Affiche de l'association « On a tous des droits ! » à l'occasion des 30 ans de la Convention internationale des droits de l'enfant, 2019

DOC 5 Une recommandation du Conseil de l'Europe

2. L'Assemblée [parlementaire européenne] note [...] que la Cour européenne des droits de l'homme en est venue à conclure, par des arrêts successifs, que les châtiments corporels violaient les droits de l'enfant tels que garantis par la Convention européenne des droits de l'homme ; ces conclusions ont visé tout d'abord les châtiments corporels dans les établissements pénitentiaires pour jeunes délinquants, puis à l'école, y compris dans les écoles privées, et, tout récemment, dans le cadre familial. Par ailleurs, tant la Commission européenne des droits de l'homme, jusqu'en 1998, que la Cour ont souligné que l'interdiction de tout châtiment corporel n'était pas une violation du droit au respect de la vie privée et familiale ou à la liberté de religion.

5. L'Assemblée estime que tous les châtiments corporels infligés aux enfants violent leur droit fondamental au respect de leur dignité humaine et de leur intégrité physique. Le maintien de la légalité des châtiments corporels dans certains États membres est une violation du droit tout aussi fondamental des enfants à une protection devant la loi à égalité avec les adultes. Dans nos sociétés européennes, frapper un être humain est prohibé et l'enfant est un être humain. [...]

Assemblée parlementaire du Conseil de l'Europe, « Interdire le châtiment corporel des enfants en Europe », recommandation 1666, juin 2004

DOC 7 Le Défenseur des droits, défenseur des enfants

Art. 4. Le Défenseur des droits est chargé : [...]
2° De défendre et de promouvoir l'intérêt supérieur et les droits de l'enfant consacrés par la loi ou par un engagement international régulièrement ratifié ou approuvé par la France.

Art. 5. Le Défenseur des droits peut être saisi : [...]
2° Par un enfant qui invoque la protection de ses droits ou une situation mettant en cause son intérêt, par ses représentants légaux, les membres de sa famille, les services médicaux ou sociaux ou toute association régulièrement déclarée depuis au moins cinq ans à la date des faits et se proposant par ses statuts de défendre les droits de l'enfant.

Loi organique n° 2011-333 du 29 mars 2011 relative au Défenseur des droits

C'est à vous !

C'est à vous !

DÉBAT La protection des droits de l'enfant peut-elle entrer en conflit avec l'autorité parentale ?

ÉTAPE 1 Comprendre et préparer le débat

AVANT LE DÉBAT

1. Situez les documents dans le temps et dans l'espace. Quelle évolution juridique remarquez-vous au sujet de « l'autorité parentale » ? Quelle évolution constatez-vous au sujet de la manière dont l'enfant est considéré ?
2. Relevez, dans les documents, le ou les principaux arguments qui permettront de répondre à la question du débat.
3. Analysez les arguments et classez-les de manière à identifier les acteurs concernés par l'objet du débat.

ÉTAPE 2 Participer au débat

AVANT LE DÉBAT

4. À partir de votre analyse des documents et des informations relevées :
– élaborez votre propre point de vue sur l'objet du débat et inscrivez vos arguments dans le tableau ;
– réfléchissez aux arguments que pourraient formuler vos contradicteurs.
5. Reportez les arguments dans un tableau.

Conseils

- Anticipez les points de vue différents afin de construire une contre-argumentation.
- Écoutez et respectez la parole des autres.
- Pour convaincre, il est important d'associer des idées générales à des exemples précis (faits, acteurs, ce que dit le droit…).
- Relisez vos notes avant de prendre la parole.
- Présentez vos arguments, sans lire vos notes, en regardant l'auditoire.

PENDANT LE DÉBAT

6. Présentez vos arguments et notez ceux des autres élèves.

	La protection des droits de l'enfant entre en conflit avec l'autorité parentale.	La protection des droits de l'enfant n'entre pas en conflit avec l'autorité parentale.
Les arguments des acteurs des documents	• • •	• • •
Mes arguments	• • •	• • •
Les arguments des autres élèves	• • •	• • •

ÉTAPE 3 Conclure le débat

APRÈS LE DÉBAT

7. À l'écrit, exprimez votre point de vue personnel et argumenté sur l'existence ou non d'un conflit entre la protection des droits de l'enfant et l'autorité parentale.
8. Les arguments échangés lors du débat ont-ils fait évoluer votre point de vue ? Expliquez pourquoi.

GRAND ORAL

Personne, famille et bioéthique

Les questions du Grand oral portent sur vos spécialités, mais n'hésitez pas à mettre en valeur vos connaissances juridiques : cela ne pourra que valoriser votre prestation.

Dans ce chapitre, vous avez étudié la façon dont le droit de l'enfant, des familles et les règles et normes encadrant la bioéthique ont évolué.

Voici quelques exemples de questions dont vous pouvez vous inspirer.

Langue, littérature et culture étrangères Term

› Thématique Expression et construction de soi ; axe d'étude 3 : Initiation, apprentissage

EXEMPLE DE QUESTION

- Comment les artistes britanniques et américains se sont-ils emparés de l'enjeu des droits de l'enfant ?

LE + DU DROIT

L'évolution du droit a structuré les conditions d'éducation et d'apprentissage des enfants en édictant des normes juridiques dans les cadres privé et scolaire. Vous pourrez faire des recherches sur le cadre législatif des pays du monde anglophone afin d'enrichir votre analyse du sujet ou d'une œuvre en particulier. Vous pourrez, par exemple, vous appuyer sur l'œuvre du sociologue et photographe Lewis Hine ➜ p. 154.

Humanité, littérature et philosophie (HLP) Term

› Semestre 1 : La recherche de soi ; Éducation, transmission et émancipation

EXEMPLE DE QUESTION

- Comment garantir l'accès à l'éducation pour tous ?

LE + DU DROIT

Vous pourrez présenter la Convention internationale des droits de l'enfant (ou « convention de New York », 1989) et expliquer son article 28, qui porte sur le droit à l'éducation de chaque enfant.

SVT 1re

› Corps humain et santé ; Variation génétique et santé

EXEMPLE DE QUESTION

- En quoi les règles régissant la fin de vie sont-elles liées à l'évolution des mœurs et de notre mode de vie ?

LE + DU DROIT

Vous pourrez expliquer de quelle façon la loi du 2 février 2016 modifie la loi sur la fin de vie (dite « loi Leonetti » du 22 avril 2008). Cette loi a été suivie de décrets d'application relatifs aux directives anticipées et à la sédation profonde et continue du 3 août 2016.

Anglais monde contemporain Term

› Thématique 1 : Savoirs, création, innovation ; axe d'étude 2 : Sciences et techniques, promesses et défis

EXEMPLE DE QUESTION

- Comment la diversité des législations bioéthiques dans le monde anglophone reflète-t-elle le rapport spécifique des sociétés à la recherche sur le vivant ?

LE + DU DROIT

En vous appuyant sur les connaissances acquises dans ce chapitre, il est possible de vous interroger sur le cadre législatif concernant les questions de bioéthique dans le monde anglophone, pour questionner les liens entre l'être humain et la machine ou l'éthique et la génétique, par exemple.

L'ESSENTIEL

Personne, famille et bioéthique

1 La protection de l'enfant

- La société a progressivement pris conscience de la vulnérabilité de l'enfant et du besoin d'aménager son statut juridique. Sur le plan civil, l'enfant est protégé par une « **incapacité** » : il ne peut exercer lui-même ses droits. Sur le plan pénal, le mineur est jugé par des juridictions spécialisées et sa responsabilité est allégée.
- La Convention internationale des droits de l'enfant (ou « convention de New York ») de 1989 consacre les droits fondamentaux de l'enfant. Le texte impose notamment que l'**intérêt supérieur de l'enfant** doit prévaloir dans toute décision le concernant.

2 L'évolution des familles

- La famille ne se prête pas à une définition juridique uniforme. Il existe différents modèles de famille : traditionnelle (parfois encore dite « légitime »), **monoparentale**, **recomposée**, **homoparentale**, etc. La promotion des libertés individuelles contribue à cette diversité.
- Le combat pour l'égalité a également transformé en profondeur le droit de la famille. Le modèle patriarcal a été progressivement abandonné au profit d'une conception égalitaire de la famille : égalité entre les parents, mais aussi entre les enfants et entre les couples.
- Le lien de famille crée une solidarité entre ses membres : les époux se doivent réciproquement assistance et secours ; les parents ont le devoir de nourrir, d'entretenir et d'élever leurs enfants et ils ne peuvent pas les déshériter entièrement.

3 La bioéthique

- Les progrès scientifiques ont révolutionné les pratiques médicales et bousculé les frontières de la vie et de la mort. Afin que le savoir soit utilisé au profit d'un homme libre et non pour l'asservir, des normes internationales et nationales encadrent les pratiques les plus sensibles. Un équilibre est toujours recherché entre amélioration de la santé et préservation de la **dignité humaine**.
- Aucune atteinte à l'intégrité physique ne peut être portée sur un être humain, né vivant et viable, sans nécessité thérapeutique et sans son consentement (dans la mesure où il peut être donné). L'embryon bénéficie d'un statut particulier.
- Notre droit, au titre du principe d'**indisponibilité du corps humain**, n'autorise des prélèvements et dons d'éléments du corps humain (sang, gamètes, organes, tissus, etc.) qu'à titre gratuit et moyennant le respect de conditions strictes. Il interdit le recours à la **gestation pour autrui**. Il encadre précisément les techniques d'assistance médicale à la procréation. Il autorise le diagnostic préimplantatoire, ou certaines thérapies géniques, mais interdit le clonage reproductif et les méthodes s'apparentant à l'eugénisme, qui menacent l'intégrité de l'espèce humaine. Il réglemente strictement le recours aux examens génétiques.
- La personne en fin de vie a droit à ne pas subir une **obstination déraisonnable** et à une fin de vie digne et sans souffrance. Elle peut refuser les traitements proposés, mais ne peut exiger d'un tiers qu'il mette fin à ses jours.

MOTS CLÉS

- **Dignité humaine** ➜ p. 280
- **Famille homoparentale** ➜ p. 280
- **Famille monoparentale** ➜ p. 280
- **Famille recomposée** ➜ p. 280
- **Gestation pour autrui** ➜ p. 280
- **Incapacité** ➜ p. 280
- **Indisponibilité du corps humain** ➜ p. 280
- **Intérêt supérieur de l'enfant** ➜ p. 280
- **Obstination déraisonnable** ➜ p. 280

TEXTES CLÉS

- **Code civil** (1804)
- **Convention internationale des droits de l'enfant** (1989)
- **Convention d'Oviedo** (1997)
- **Code de la santé publique**

EXO Exercices interactifs

Entraînez-vous avec des QCM ☑ pour retenir les éléments essentiels du chapitre.

SCHÉMA DE SYNTHÈSE

Enfant — Famille — **Droit** — Personne (liberté et protection)

Protection des droits de l'enfant

XXe siècle : prise de conscience
- **Vulnérabilité de l'enfant** (guerres, misère, abus de la famille...)
- Nécessité d'une **protection juridique** spécifique

Un statut juridique spécifique : l'enfant, un mineur
- **Au civil**
  - Des droits et obligations
  - « Incapable »
- **Au pénal**
  - Responsabilité allégée
  - Juridictions spécialisées
  - Protection renforcée : victimes de moins de 15 ans.

Des droits internationalement reconnus
- **1989 : Convention internationale des droits de l'enfant** → intérêt supérieur de l'enfant

Bioéthique

- **Principes juridiques**
  - Droit à la vie, dignité, indisponibilité du corps humain
  - Primauté de la personne humaine et respect de son corps
- **Cadre législatif strict** pour les pratiques médicales sur le vivant
- **Lois de bioéthique**

L'assistance médicale à la procréation (PMA)
- **Des techniques limitées, encadrées** par la loi
- La question de **l'accès aux origines**

La fin de vie
- Interdiction de **donner la mort**
- Respect de la **volonté du malade**
- Interdiction de **l'obstination déraisonnable**
- Droit au **soulagement de la souffrance**
- **Loi dite « Léonetti »** (2005)

Évolution de la famille

Groupe familial
- **Solidarité en droit** entre ses membres : secourir, nourrir, élever
- Recentrage sur la **famille-foyer**

Les conquêtes depuis le Code civil
- **Égalité** des conjoints, des filiations, des couples (pacs, mariage entre personnes de même sexe, PMA)

Les libertés individuelles
- Liberté des **unions** : mariage, pacs, union libre
- Liberté de **divorcer**
- Liberté quant au **nom**
- Liberté **testamentaire**
- Liberté des **modèles de famille** : traditionnelle, recomposée, homoparentale, monoparentale...

PARTIE 2

Actu

Rendez-vous sur le site **lyceen.nathan.fr/dgemc** pour découvrir de nouveaux documents en fonction de l'actualité juridique !

Pour aller plus loin

ROMAN

L'intérêt de l'enfant, Ian McEwan, Gallimard, 2015

Un adolescent risque la mort car ses parents refusent un traitement qui pourrait le sauver. Les médecins se tournent vers une magistrate spécialiste du droit de la famille.

FILM

Captain Fantastic, Matt Ross, 2016

Des parents donnent une éducation peu conventionnelle à leurs enfants, jusqu'à ce qu'ils soient confrontés au monde ordinaire.

FILM

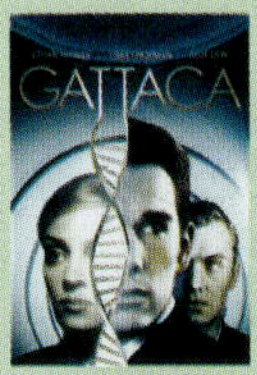

Bienvenue à Gattaca, Andrew Niccol, 1997

Ce film d'anticipation dépeint un futur dans lequel les parents peuvent choisir les caractéristiques génétiques de leurs enfants

CHAPITRE 6

Respect de la personne

En vertu de l'article 16 du Code civil, « la loi assure la primauté de la personne, interdit toute atteinte à la dignité de celle-ci, et garantit le respect de l'être humain dès le commencement de sa vie ». Mais certaines pratiques sexuelles, le harcèlement ou encore diffamation portent atteinte à la dignité de la personne. Le droit interdit ces agissements et punit leurs auteurs.

Comment le droit de la personne au respect de sa dignité est-il protégé dans les domaines des pratiques sexuelles et de la liberté d'expression ?

DOC 1

Le mouvement #MeToo

Apparu en 2017, le mouvement social #MeToo encourage les victimes d'agressions sexuelles à s'exprimer.

Paris, 2018

DOC 2

Les ambassadeurs lycéens contre le harcèlement

Ces lycéens sont acteurs de la prévention et contribuent à former leurs camarades.

Affiche réalisée par les élèves du lycée Le Corbusier, Cormeilles, 2020

Comment ces documents montrent-ils que les atteintes au respect de la dignité de la personne doivent être combattues ?

Interview de **Christophe Bigot**

Avocat au barreau de Paris, spécialisé en droit des médias

Vidéo

PARTIE 2

REPÈRES ▸ Respect de la personne

Vu au lycée

EMC 2de	EMC Term	Philosophie Term
Garantir les libertés, étendre les libertés Liberté d'expression ; harcèlement et persécution sur Internet	**Repenser et faire vivre la démocratie** Presse, liberté d'opinion et liberté d'expression	**La vérité ; la liberté**

DOC 1 La liberté d'expression, un droit fondamental

a. La Déclaration des droits de l'homme et du citoyen, 1789

Art. 11. La libre communication des pensées et des opinions est un des droits les plus précieux de l'homme : tout citoyen peut donc parler, écrire, imprimer librement, sauf à répondre de l'abus de cette liberté dans les cas déterminés par la loi.

b. La Convention européenne des droits de l'homme, 1950

Art. 10 – Liberté d'expression. 1. Toute personne a droit à la liberté d'expression. Ce droit comprend la liberté d'opinion et la liberté de recevoir ou de communiquer des informations ou des idées sans qu'il puisse y avoir ingérence d'autorités publiques et sans considération de frontière. [...]

2. L'exercice de ces libertés comportant des devoirs et des responsabilités peut être soumis à certaines formalités, conditions, restrictions ou sanctions prévues par la loi, qui constituent des mesures nécessaires, dans une société démocratique [...].

DOC 2 La diffamation et la loi

Art. 29. Toute allégation ou imputation d'un fait qui porte atteinte à l'honneur ou à la considération de la personne ou du corps auquel le fait est imputé est une diffamation. [...]

Toute expression outrageante, termes de mépris ou invective qui ne renferme l'imputation d'aucun fait est une injure.

Art. 32. La diffamation commise envers les particuliers [...] sera punie d'une amende de 12 000 euros. [...]

Loi du 29 juillet 1881 sur la liberté de la presse

DOC 3 Le harcèlement et la loi

a. Le Code pénal

Art. 222-33-2. Le fait de harceler autrui par des propos ou comportements répétés ayant pour objet ou pour effet une dégradation des conditions de travail susceptible de porter atteinte à ses droits et à sa dignité, d'altérer sa santé physique ou mentale ou de compromettre son avenir professionnel, est puni de deux ans d'emprisonnement et de 30 000 € d'amende.

Art. 222-33-2-2, alinéa 1. Le fait de harceler une personne par des propos ou comportements répétés ayant pour objet ou pour effet une dégradation de ses conditions de vie se traduisant par une altération de sa santé physique ou mentale est puni d'un an d'emprisonnement et de 15 000 € d'amende lorsque ces faits ont causé une incapacité totale de travail inférieure ou égale à huit jours ou n'ont entraîné aucune incapacité de travail.

b. Le Code du travail

Art. L1152-2. Aucun salarié ne peut être sanctionné, licencié ou faire l'objet d'une mesure discriminatoire, directe ou indirecte, notamment en matière de rémunération, de formation, de reclassement, d'affectation, de qualification, de classification, de promotion professionnelle, de mutation ou de renouvellement de contrat pour avoir subi ou refusé de subir des agissements répétés de harcèlement moral ou pour avoir témoigné de tels agissements ou les avoir relatés.

DOC 4 Des législations différentes en Europe

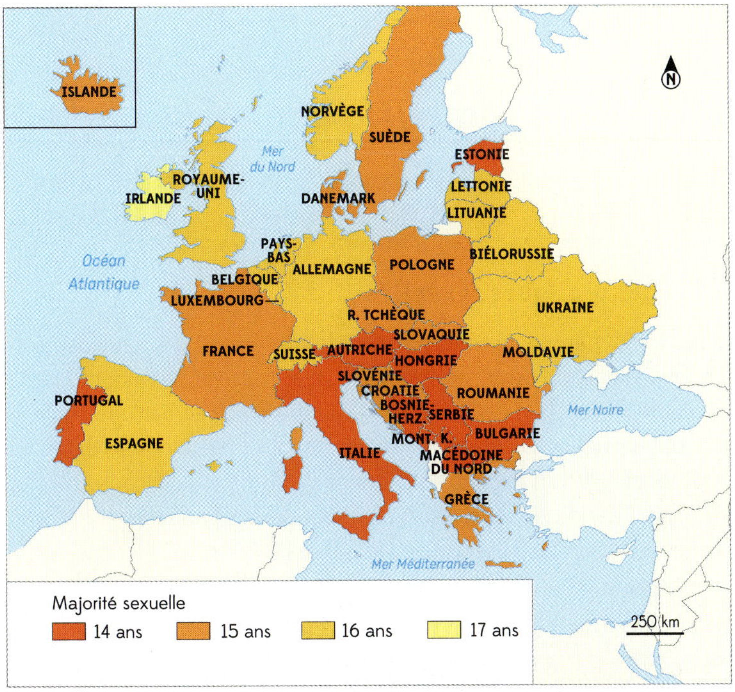

DOC 6 La législation française

- **1967** Loi ouvrant le droit à la **contraception** : légalisation de la pilule contraceptive
- **1975** Loi autorisant l'**interruption volontaire de grossesse**
  Loi visant à faciliter le **divorce** et à dépénaliser l'**adultère**
- **1982** Loi sur la **dépénalisation des rapports homosexuels**
- **1998** Loi relative à la prévention et à la répression des **infractions sexuelles** ainsi qu'à la **protection des mineurs**
- **2006** Loi incriminant le **viol entre époux** mais retenant une **présomption de consentement** à la relation sexuelle
- **2010** Loi supprimant la **présomption de consentement** de l'époux à l'acte sexuel
- **2018** Loi consacrant la **contrainte morale** au côté de la contrainte physique et facilitant sa preuve lorsque la victime est mineure

DOC 5 Le harcèlement sexuel et sexiste

Projet réalisé par les ambassadeurs contre le harcèlement du lycée Thomas Edison de Lorgues (Var), pour le concours « Non au harcèlement », 2020

VOCABULAIRE

- **Liberté sexuelle** : liberté d'avoir les relations sexuelles de son choix, pourvu qu'elles soient consenties et non interdites par la loi.
- **Majorité sexuelle** : seuil d'âge pour l'exercice, sans contrainte, de la liberté sexuelle.

QUESTIONS

1. À quelles conditions la liberté d'expression peut-elle s'exercer ? **docs 1 et 2**
2. Qu'est-ce qui différencie l'injure de la diffamation ? **doc 2**
3. En quoi le harcèlement et la diffamation constituent-ils des atteintes à la dignité de la personne ? **docs 2 et 3**
4. Pourquoi et comment le harcèlement est-il combattu ? **docs 3 et 5**
5. Comparez les législations concernant la majorité sexuelle en Europe. **doc 4**
6. Dans quel sens la législation française sur les pratiques sexuelles évolue-t-elle ? **doc 6**

COURS

Pratiques sexuelles, droit et normes sociales

REPÈRES → p. 184
DOSSIER → p. 188
DOSSIER → p. 190

→ *Comment le droit régit-il la liberté sexuelle ?*

I. La protection de la liberté sexuelle des majeurs

A La libéralisation des pratiques sexuelles

• **La révolution de mai 1968 marque un tournant dans le traitement juridique des pratiques sexuelles.** Le sexe était alors essentiellement envisagé par le droit en tant qu'acte procréatif. Cette conception morale a été progressivement remplacée par une conception libérale des relations sexuelles. De nombreuses lois ont ainsi été adoptées durant la seconde moitié du XXe siècle : droit à la contraception et légalisation de la contraceptive (28 décembre 1967), autorisation de l'interruption volontaire de grossesse (17 janvier 1975), facilitation du divorce et dépénalisation de l'adultère (11 juillet 1975), dépénalisation des rapports homosexuels (4 août 1982)…

• **Le droit européen des droits de l'homme a contribué à la libéralisation des pratiques sexuelles.** La **liberté sexuelle** a en effet été consacrée sur le fondement de la Convention européenne des droits de l'homme. Dans l'arrêt Dudgeon de 1981, la Cour européenne des droits de l'homme a posé en principe que la société ne pouvait pas imposer ses normes en matière de moralité sexuelle ni opérer de discriminations en fonction de l'orientation sexuelle. La jurisprudence européenne a ainsi fait du « droit à l'autodétermination sexuelle » une composante du droit au respect de la vie privée garanti par l'article 8 de la Convention. Les pratiques sadomasochistes se trouvent ainsi tolérées, à moins, bien sûr, que l'une des parties n'y ait pas véritablement consenti. Dans ce cas, il s'agit d'une **infraction sexuelle** réprimée par le droit pénal.

B La répression des infractions sexuelles

• **Toutes les pratiques sexuelles ne sont pas licites.** Dès lors qu'il est porté atteinte à la liberté sexuelle de l'une des parties, il s'agit d'une **agression sexuelle** ou d'un **viol**.

• **L'infraction sexuelle est caractérisée dès lors que l'auteur des faits est passé outre le consentement de la victime.** Il reste que la preuve de l'absence de consentement peut être très difficile à rapporter. C'est pourquoi le législateur a défini les comportements susceptibles de l'établir. Conformément à l'article 222-22 du Code pénal, le recours à la violence, à la menace, à la surprise ou à la contrainte, aussi bien physique que morale, permet de caractériser l'absence de consentement libre et éclairé de la victime.

• **En outre, l'existence d'une vie sexuelle commune ou de relations sexuelles antérieures n'exclut pas le viol ou l'agression sexuelle.** La question s'est posée dans le cadre du mariage. Pendant longtemps, le **devoir conjugal** prévu par le Code civil s'opposait à la caractérisation du viol ou de l'agression sexuelle. La jurisprudence en 1992, puis le législateur, en 2006, ont finalement incriminé le viol entre époux. Cela étant, le consentement entre conjoints restait présumé jusqu'à preuve du contraire. La loi du 9 juillet 2010 a supprimé cette présomption. Désormais, le viol ou l'agression sexuelle par le conjoint, le concubin ou le partenaire lié à la victime par un pacs, constitue même une circonstance aggravante.

VOCABULAIRE

- **Agression sexuelle** : atteinte à la liberté sexuelle d'autrui avec contact physique imposé à la victime (attouchements) ou sans contact physique (exhibition, harcèlement).
- **Atteinte sexuelle** : se distingue de l'agression sexuelle dans la mesure où la victime est consentante à l'acte sexuel et qu'aucune violence, contrainte, menace ou surprise ne peut être reprochée à l'auteur des faits. Seuls les mineurs de moins de 15 ans peuvent être victimes d'une atteinte sexuelle.
- **Devoir conjugal** : exigence de rapports sexuels réguliers durant le mariage, imposée par la jurisprudence sur le fondement du devoir de fidélité consacré par le Code civil.
- **Liberté sexuelle** : liberté d'avoir les relations sexuelles de son choix, pourvu qu'elles soient consenties et non interdites par la loi.
- **Majorité sexuelle** : seuil d'âge pour l'exercice, sans contrainte, de la liberté sexuelle.
- **Mineur de 15 ans** : mineur de moins de 15 ans.
- **Viol** : cas d'agression sexuelle particulier défini comme tout acte de pénétration sexuelle, de quelque nature que ce soit, constitutif d'un crime et exposant son auteur à la réclusion de quinze ans.

NOTIONS

- **Infraction sexuelle** → p. 280
- **Liberté sexuelle** → vocabulaire et p. 280
- **Majorité sexuelle** → vocabulaire et p. 280

II. La protection de la liberté sexuelle des mineurs

A La majorité sexuelle

• **La loi fait une différence entre le mineur de 15 ans et le mineur de plus de 15 ans.** Les relations sexuelles entre un majeur et un mineur de moins de 15 ans sont illicites. Il s'agit du délit d'**atteinte sexuelle**.

• **Le délit d'atteinte sexuelle se distingue des agressions sexuelles** lorsque le mineur a effectivement consenti à l'acte sexuel et qu'aucune violence, menace, surprise ou contrainte ne peut être reprochée au majeur. L'objectif ici est de protéger le mineur de 15 ans, dont on considère qu'il n'a pas le discernement nécessaire pour véritablement consentir à la relation sexuelle avec un majeur.

• **À partir de 15 ans, le mineur est en principe libre d'avoir des relations sexuelles avec la personne de son choix, mineure ou majeure.** C'est ce qu'on appelle la **majorité sexuelle**. Cela étant, les relations sexuelles entre un mineur de plus de 15 ans et l'un de ses ascendants, ou toute personne ayant autorité sur lui, sont illicites. Elles constituent également une atteinte sexuelle réprimée par le Code pénal.

B L'absence de consentement du mineur

• **L'absence de consentement du mineur soulève des difficultés pour caractériser le viol ou l'agression sexuelle.** En effet, le consentement de l'enfant n'a pas toujours été extorqué par la violence, la menace, la surprise ou la contrainte, de sorte, dans ce cas, que seul le délit d'atteinte sexuelle peut être retenu contre l'auteur de l'infraction. Or, ce délit est moins fortement réprimé que le viol ou les autres agressions sexuelles. Il a alors été proposé de présumer l'absence de consentement de l'enfant : en dessous d'un certain seuil d'âge, on supposerait que l'enfant n'a pas consenti à l'acte sexuel, de sorte que cet acte constituerait automatiquement un viol ou une agression sexuelle.

• En mars 2021, les débats sont en cours. Le législateur s'oriente vers **l'impossibilité d'un consentement valable pour les mineurs de moins de 15 ans** en présence d'un majeur plus âgé de cinq ans au moins.

CHIFFRES CLÉS

■ **Le premier rapport sexuel**

Âge médian

17 ans et **6** mois pour les filles

17 ans pour les garçons

Avant 15 ans

6,9% des filles

16,5% des garçons

Baromètre santé 2016, Santé publique France

RÉVISER SON COURS

1. Comment distingue-t-on les pratiques sexuelles licites des pratiques sexuelles illicites ?
2. Quelle est la différence entre l'atteinte sexuelle, l'agression sexuelle et le viol ?
3. Comment établir l'absence de consentement de la victime à l'acte sexuel ?
4. Comment la liberté sexuelle du mineur est-elle protégée ?

PARTIE 2

RESSOURCES

Liens vers les ressources

LOI

Code pénal, articles 222-22 à 222-33-1

legifrance.gouv.fr

Ces articles prennent place dans la section 3 du Code pénal intitulée : « Des agressions sexuelles ».

JURISPRUDENCE

Cour européenne des droits de l'homme, arrêt Dudgeon c. Royaume-Uni, requête n° 7525/76

hudoc.echr.coe.int

Par cet arrêt, la CEDH fait du « droit à l'autodétermination sexuelle » une composante du droit au respect de la vie privée garanti par l'article 8 de la Convention.

SITE

« Violences sexuelles et atteintes aux mœurs : les décisions du parquet et de l'instruction », Infostats Justice, mars 2018

justice.gouv.fr

De nombreuses données chiffrées sur les violences sexuelles en France.

DOSSIER

Quelle relation entre consentement et liberté sexuelle ?

REPÈRES → p. 184
COURS → p. 186
FICHE MÉTHODE → p. 276

Le consentement constitue la pierre angulaire de la liberté sexuelle. Cette liberté est méconnue dès lors qu'il n'y a pas eu de consentement à la pratique sexuelle. Il reste que, devant le juge, l'existence ou l'absence de consentement est souvent difficile à établir.

→ Comment déterminer le consentement à l'acte sexuel ?

DOC 1 Le consentement dans le couple

a. Loi du 4 avril 2006 renforçant la prévention et la répression des violences au sein du couple ou commises contre les mineurs

Art. 11. I. - Après le premier alinéa de l'article 222-22 du Code pénal, il est inséré un alinéa ainsi rédigé :

« Le viol et les autres agressions sexuelles sont constitués lorsqu'ils ont été imposés à la victime dans les circonstances prévues par la présente section, quelle que soit la nature des relations existant entre l'agresseur et sa victime, y compris s'ils sont unis par les liens du mariage ».

b. Loi du 9 juillet 2010 relative aux violences faites spécifiquement aux femmes, aux violences au sein des couples et aux incidences de ces dernières sur les enfants

Art. 36. La dernière phrase du deuxième alinéa de l'article 222-22 du Code pénal est supprimée.

[Cet article disait : « Dans ce cas, la présomption de consentement des époux à l'acte sexuel ne vaut que jusqu'à preuve du contraire. »]

Collage de rue sur les violences sexuelles sur les mineurs, Paris, 2021

DOC 2 Le consentement des mineurs

Dans le cadre du projet de loi contre les violences sexistes et sexuelles, notamment sur les mineurs, la secrétaire d'État chargée de l'égalité entre les femmes et les hommes et la garde des Sceaux décident d'intégrer dans le texte, un âge de non-consentement sexuel, seuil en dessous duquel un enfant est automatiquement considéré comme non consentant à un acte sexuel.

En mars 2018, le Conseil d'État a estimé qu'un âge minimum pourrait « porter atteinte à la présomption d'innocence » et donc être jugé inconstitutionnel.

Suivant cet avis, le Gouvernement abandonne cette mesure dans le projet de loi définitif[1]. […]

Mais il est important de prévoir un seuil de consentement comme le réclament de nombreuses associations. Muriel Salmona, psychiatre, présidente de l'association Mémoire traumatique et victimologie, estime que « cet âge minimal est un progrès dans la protection de l'enfance dont on ne peut pas faire l'économie. […] »

La majorité sexuelle étant fixée à quinze ans, il convient de prévoir une présomption irréfragable[2] de non-consentement pour les mineurs de moins de quinze ans. Nous devons légitimement considérer qu'un mineur de moins de quinze ans ne peut avoir un consentement éclairé avec un majeur. C'est d'ailleurs pour cette raison qu'il existe un statut de mineur pour protéger les enfants.

Maître Rodolphe Constantino [avocat de l'association Enfance et partage] expliquait en 2017 au sujet d'une affaire d'atteintes sexuelles sur une mineure de 11 ans au tribunal correctionnel de Pontoise que, « quel que soit l'âge de la victime, elle est toujours mise en situation par la justice d'avoir à faire la démonstration qu'elle n'était pas consentante. » En instaurant une présomption irréfragable de non-consentement pour les mineurs de moins de 15 ans, la loi pourrait inverser cela.

La victime n'aurait plus à démontrer qu'elle n'était pas consentante puisqu'elle serait présumée non-consentante du fait de son très jeune âge.

Exposé des motifs de la proposition de loi n° 2607 renforçant la répression des violences sexuelles et la protection des victimes, du 21 janvier 2020

1. Loi du 3 août 2018.
2. Qu'on ne peut renverser.

DOC 3 Le consentement et les rencontres en ligne

Attendu que l'emploi d'un stratagème destiné à dissimuler l'identité et les caractéristiques physiques de son auteur pour surprendre le consentement d'une personne et obtenir d'elle un acte de pénétration sexuelle constitue la surprise […] ;

Attendu qu'il résulte de l'ordonnance du juge d'instruction, de l'arrêt attaqué et des pièces de la procédure que Mme X…, âgée de 33 ans, a déposé plainte pour des faits de viol contre un individu contacté sur un site de rencontre, qui s'était présenté comme étant « A. B… », 37 ans, 1,78 m, architecte d'intérieur et qui avait joint une photo censée le représenter ; qu'elle a expliqué qu'une relation amoureuse s'était instaurée par téléphone […] ; que, plusieurs mois plus tard, elle avait accepté d'aller à son domicile pour une première rencontre […] ; que, conformément à la demande de ce dernier, elle devait entrer dans l'appartement, se bander les yeux sans l'avoir vu, se mettre nue et le rejoindre dans la chambre guidée par sa voix ; […] l'homme avait eu une relation sexuelle avec elle ; qu'à l'issue, il l'avait […] autorisée à enlever son bandeau ; qu'elle avait alors découvert qu'il ne correspondait pas au profil « Internet » du site de rencontre mais était un « vieil homme » […] ; que les investigations entreprises ont permis de découvrir qu'« A. B… » était en réalité M. Z…, 68 ans et connu des services de police pour deux affaires similaires, classées sans suite […].

Attendu que […] l'arrêt attaqué retient notamment que si le stratagème utilisé a pu incontestablement constituer un moyen pour amener les plaignantes à se présenter au domicile de M. Z…, elles avaient accepté d'avoir une relation sexuelle au domicile d'un nommé « A. B… », suivant un scénario élaboré par celui-ci, qu'elles étaient capables d'analyser une situation pour le moins « originale » et le cas échéant, de s'y dérober, aucune contrainte ou menace sérieuse n'étant exercées contre elles ; qu'à l'issue, elles savaient que le bandeau leur serait enlevé ; que les juges énoncent ainsi que la surprise ne peut être assimilée au sentiment d'étonnement ou de stupéfaction des plaignantes lors de la découverte des caractéristiques physiques de leur partenaire ;

Mais attendu qu'en prononçant ainsi, alors qu'elle avait caractérisé l'emploi d'un stratagème, la chambre de l'instruction a méconnu l'article 222-23 du Code pénal et le principe sus-énoncé ;

D'où il suit que la cassation est encourue […].

Cour de cassation, arrêt n° 3675, du 23 janvier 2019 (18-82.833)

DOC 4 Les applications de consentement (2016)

Les « applications de consentement », dont la vocation est de permettre un consentement sexuel explicite et formalisé, assument la logique contractuelle. L'application Legal Fling (litt. : « Amourette autorisée ») développée aux Pays-Bas, permet ainsi de formaliser un consentement préalable à une relation. […] Paramétrable, l'application permet de recueillir l'accord du partenaire sexuel potentiel quant au rapport et à ses modalités. Une autre application, CNCNT (pour « consensual, contractual and tested »), demande aux partenaires de répondre à un questionnaire sur leur historique sexuel et leur santé. […]

Toutefois, la violence, la contrainte, la menace ou la surprise peuvent conduire une victime à formaliser un consentement vicié. Or, les applications ne permettent pas de se rétracter et même celles censées garantir une fiabilité maximale […] ne lèvent pas cette difficulté. Ces instruments de formalisation du consentement peuvent ainsi paradoxalement servir l'agresseur potentiel. Dans le cas d'un retrait du consentement durant l'acte, le contrat, fût-il sans valeur juridique, sera interprété comme un indice de consentement. Une victime ayant enregistré son consentement puis s'étant ravisée devra démontrer que son consentement était vicié ou justifier son changement d'avis. A contrario, le simple fait qu'une personne n'ait pas contracté alors qu'elle possédait l'application pourra difficilement fonder une condamnation.

Julien Portier, François Sobry, « L'importance d'être consentant : les enjeux d'une exigence de consentement sexuel explicite en droit français », *Actualité Juridique Pénal* (AJP), septembre 2019

? QUESTIONS

1. Quel est l'apport de la loi du 9 juillet 2010 par rapport à celle du 4 avril 2006 ? **doc 1**
2. Quel est l'intérêt de présumer, de manière irréfragable, l'absence de consentement aux pratiques sexuelles du mineur de moins de 15 ans ? **doc 2**
3. Quel raisonnement la Cour de cassation retient-elle pour casser l'arrêt attaqué ? **doc 3**
4. Quel est l'objectif poursuivi par les « applications de consentement » ? **doc 4**

Synthèse Pourquoi le consentement est-il inséparable de la liberté sexuelle ?

C'est à vous ! ORAL

Recherchez, dans les pièces de théâtre de Marivaux, les stratagèmes de séduction qui y sont présentés.

- En groupes, choisissez une œuvre parmi les suivantes : *La Double Inconstance* (1724), *Le Jeu de l'amour et du hasard* (1730), *L'Heureux Stratagème* (1733) ou *Les Fausses Confidences* (1737).
- Présentez ces stratagèmes aux autres groupes. Seraient-ils constitutifs d'une infraction sexuelle aujourd'hui ?

PARTIE 2

DOSSIER Pourquoi la prostitution n'est-elle pas sanctionnée pénalement ?

REPÈRES → p. 184
COURS → p. 186
FICHE MÉTHODE → p. 276

Aujourd'hui, en France, le fait de se prostituer n'est pas pénalement sanctionné, au nom de la liberté de disposer de son corps. Mais en vertu du principe de dignité, la loi punit ceux qui recourent aux services d'une personne prostituée et ceux qui exploitent ces services.

→ La loi doit-elle sanctionner la prostitution, même lorsqu'elle est librement consentie ?

DOC 1 L'abolitionnisme

C'est ce droit des hommes à disposer du corps d'autrui contre une rémunération que les abolitionnistes du système prostitueur ont voulu abolir en exigeant que la sexualité soit libérée de l'emprise du marché. L'abolition n'est en rien une utopie mais est, au contraire, un objectif accessible à court terme. De même que l'abolition n'a pas fait totalement disparaître l'esclavage, l'abolition du système prostitueur ne prétend pas éradiquer à court terme la prostitution. En revanche, elle permet à une société de se donner tous les moyens de la faire reculer en affirmant solennellement que le corps humain et la sexualité sont définitivement exclus du champ du marché […].

[…] Si l'abolitionnisme s'est défini au XIXe siècle en réaction au réglementarisme (maisons closes), il est au XXIe siècle une réponse au système libéral proxénète qui œuvre à la marchandisation croissante des êtres humains, et notamment des femmes.

« Loi française du 13 avril 2016 visant à renforcer la lutte contre le système prostitutionnel et à accompagner les personnes prostituées », CAP international (Coalition pour l'abolition de la prostitution), mars 2017

Manifestation du Mouvement du Nid, Paris, 2014

DOC 2 L'abrogation du délit de racolage

L'article 15 de la loi du 13 avril 2016 a abrogé le délit de racolage, une infraction qui réprimait, depuis 1939, la sollicitation des clients par les personnes prostituées, en ces termes :

Le fait, par tout moyen, y compris par une attitude même passive, de procéder publiquement au racolage d'autrui en vue de l'inciter à des relations sexuelles en échange d'une rémunération ou d'une promesse de rémunération est puni de deux mois d'emprisonnement et de 3 750 euros d'amende.

DOC 3 La lutte contre le proxénétisme

Art. 225-5. Le proxénétisme est le fait, par quiconque, de quelque manière que ce soit :

1. D'aider, d'assister ou de protéger la prostitution d'autrui ;

2. De tirer profit de la prostitution d'autrui, d'en partager les produits ou de recevoir des subsides d'une personne se livrant habituellement à la prostitution ;

3. D'embaucher, d'entraîner ou de détourner une personne en vue de la prostitution ou d'exercer sur elle une pression pour qu'elle se prostitue ou continue à le faire.

Le proxénétisme est puni de sept ans d'emprisonnement et de 150 000 euros d'amende.

Art. 225-6. Est assimilé au proxénétisme et puni des peines prévues par l'article 225-5 le fait, par quiconque, de quelque manière que ce soit :

1. De faire office d'intermédiaire entre deux personnes dont l'une se livre à la prostitution et l'autre exploite ou rémunère la prostitution d'autrui […].

DOC 4 La pénalisation du client

Décision complète

8. Selon l'article 2 de la Déclaration des droits de l'homme et du citoyen de 1789, « Le but de toute association politique est la conservation des droits naturels et imprescriptibles de l'homme. Ces droits sont la liberté, la propriété, la sûreté et la résistance à l'oppression ». Son article 4 proclame que « La liberté consiste à pouvoir faire tout ce qui ne nuit pas à autrui [...] ».

10. Le premier alinéa de l'article 611-1 du Code pénal institue une contravention réprimant le fait de solliciter, d'accepter ou d'obtenir des relations de nature sexuelle d'une personne qui se livre à la prostitution, y compris de façon occasionnelle, en échange d'une rémunération, d'une promesse de rémunération, de la fourniture d'un avantage en nature ou de la promesse d'un tel avantage. [...]

11. [...] [En] faisant le choix par les dispositions contestées de pénaliser les acheteurs de services sexuels, le législateur a entendu, en privant le proxénétisme de sources de profits, lutter contre cette activité et contre la traite des êtres humains aux fins d'exploitation sexuelle, activités criminelles fondées sur la contrainte et l'asservissement de l'être humain. Il a ainsi entendu assurer la sauvegarde de la dignité de la personne humaine [...] et poursuivi l'objectif de valeur constitutionnelle de sauvegarde de l'ordre public et de prévention des infractions.

12. [...] Si le législateur a réprimé tout recours à la prostitution, y compris lorsque les actes sexuels se présentent comme accomplis librement entre adultes consentants dans un espace privé, il a considéré que, dans leur très grande majorité, les personnes qui se livrent à la prostitution sont victimes du proxénétisme et de la traite et que ces infractions sont rendues possibles par l'existence d'une demande de relations sexuelles tarifées. [...]

13. Il résulte de tout ce qui précède que le législateur a assuré une conciliation qui n'est pas manifestement déséquilibrée entre, d'une part, l'objectif de valeur constitutionnelle de sauvegarde de l'ordre public et de prévention des infractions et la sauvegarde de la dignité de la personne humaine et, d'autre part, la liberté personnelle. Le grief tiré de la méconnaissance de cette liberté doit donc être écarté.

Conseil constitutionnel, décision n° 2018-761 QPC du 1er février 2019 sur la constitutionnalité de la pénalisation des clients de personnes se livrant à la prostitution

DOC 5 Exemples de réglementations en Europe

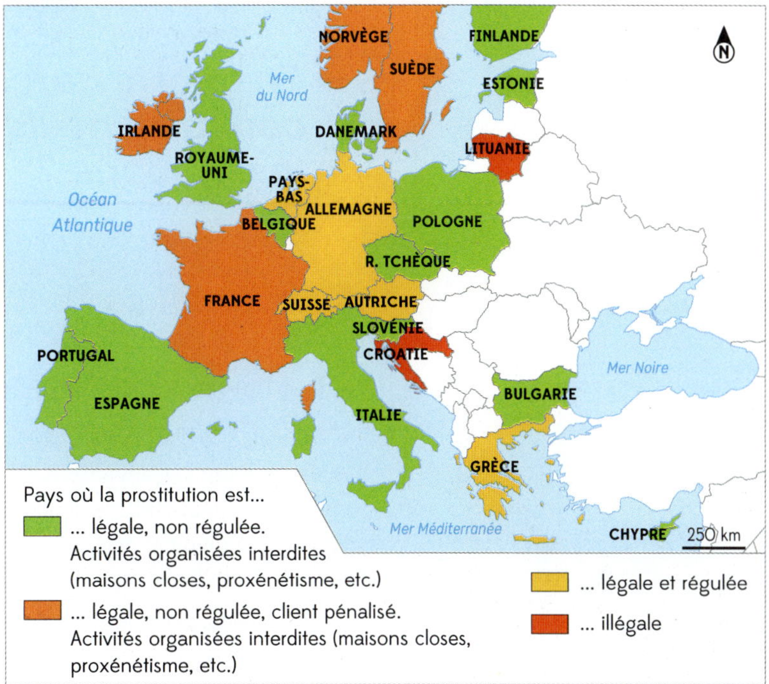

? QUESTIONS

1 Que prône le mouvement abolitionniste ? **doc 1**

2 Pourquoi le délit de racolage a-t-il été abrogé ? **docs 2 à 4**

3 Pourquoi le délit de proxénétisme est-il défini ? **doc 3**

4 Quel est l'objectif poursuivi par le législateur en pénalisant les clients de personnes se livrant à la prostitution ? **doc 4**

Synthèse Au nom de la dignité de la personne humaine, faut-il abolir ou encadrer la prostitution ?

C'est à vous ! ORAL

Effectuez des recherches.

- En vous appuyant sur le doc 5, choisissez deux pays d'Europe dont les règlementations sur la prostitution sont différentes.
- Pour chacun, précisez la législation en vigueur, sa justification et les débats qu'elle suscite.

RESSOURCES

> **La loi « Marthe Richard »**, tendant à la fermeture des maisons de tolérance et au renforcement de la lutte contre le proxénétisme, 1946

> **« Prostitution : quels modèles juridiques en Europe ? »**, Audrey Dumain, France Culture, 2019

Liens vers les ressources

PARTIE 2

COURS

Harcèlement et diffamation

REPÈRES → p. 184
DOSSIER → p. 194
LE DROIT EN PRATIQUE → p. 196
DÉBAT → p. 198

→ En quoi le harcèlement et la diffamation constituent-ils des atteintes au respect de la personne ?

I. La diffamation comme limite à la liberté d'expression

A La liberté d'expression, principe fondamental de la démocratie

- **En France, la liberté d'expression est protégée tant par la Constitution que par la loi, mais aussi par la Convention européenne des droits de l'homme**. Elle permet à chacun d'exprimer librement ses opinions, mais aussi de critiquer celles des autres. Elle garantit la libre communication des idées, quel qu'en soit le support, et la liberté de la presse, et donc, le droit d'informer reconnu aux journalistes.
- **Néanmoins, cette liberté n'est pas absolue** et peut être limitée si elle porte atteinte à la dignité de la personne ou **au respect de sa vie privée**, ou encore si elle appelle à la violence ou à la haine.
- En France, le régime juridique consacré par la **loi du 29 juillet 1881** prévoit que l'expression est libre, c'est-à-dire qu'elle ne fait l'objet d'aucun contrôle préalable, seuls ses abus étant réprimés a posteriori. La loi de 1881 instaure donc un certain nombre de **délits de presse** qui sont autant de limitations posées à la liberté d'expression.
- **Néanmoins, la liberté d'expression est particulièrement protégée en France**, et seules des limites strictement « nécessaires et proportionnées » peuvent y être apportées.

B Diffamation et injure : abus de la liberté d'expression

- **La loi du 29 juillet 1881 réprime l'injure et la diffamation,** qui sont des propos qui portent atteinte à l'honneur ou à la réputation d'une personne.
- **Ces deux infractions se distinguent** en ce que la diffamation est l'**allégation** ou l'**imputation** d'un fait précis qui porte atteinte à l'honneur de la personne, alors que l'injure est une expression outrageante ou un terme de mépris qui ne renferme l'imputation d'aucun fait. La peine encourue est de 12 000 euros d'amende.
- Les peines sont **aggravées** (un an de prison encouru) si ces infractions sont commises envers une personne ou un groupe de personnes à raison de leur origine ou de leur appartenance ou non-appartenance à une ethnie, une nation, une race ou une religion déterminée ; à raison de leur sexe, de leur orientation sexuelle ou identité de genre ou de leur handicap.
- Par ailleurs, **la loi réprime la provocation à la discrimination, à la haine ou à la violence** à l'égard d'une personne ou d'un groupe de personnes à raison de ces mêmes critères.
- **Toutes ces infractions peuvent donner lieu à un procès.** Les juges doivent alors apprécier les propos tenus au regard du contexte (propos politiques, humoristiques...), de l'intention de l'auteur et des principes auxquels il est porté atteinte (dignité, vie privée...), et trouver l'équilibre entre les différents principes à protéger pour décider si le propos tenu doit donner lieu à une condamnation ou, au contraire, si une telle condamnation porterait une atteinte excessive à la liberté d'expression.

VOCABULAIRE

- **Allégation** : affirmation le plus souvent considérée comme mal fondée ou mensongère.
- **Impunité** : fait pour quelqu'un de ne pas risquer d'être puni pour ses fautes.
- **Imputation** : action de mettre une accusation sur le compte de quelqu'un.
- **Viralité** : diffusion rapide et imprévisible de contenus divers (photographies, vidéos, etc.) sur Internet, en particulier via les réseaux sociaux.

NOTIONS

- **Délit de presse** → p. 280
- **Harcèlement** → p. 280
- **Liberté d'expression** → p. 280
- **Respect de la vie privée** → p. 280

TEXTES CLÉS

- **La loi du 29 juillet 1881 sur la liberté de la presse**
  → Dossier p. 46 et Dossier p. 194
- **La Convention européenne des droits de l'homme**
  Traité international signé par les États membres du Conseil de l'Europe le 4 novembre 1950 et entré en vigueur le 3 septembre 1953. Elle a pour but de protéger les droits de l'homme et les libertés fondamentales en permettant un contrôle judiciaire du respect de ces droits individuels. Elle s'impose aux juridictions nationales des États qui l'ont signée. C'est le cas de la France.

II. Le harcèlement, un phénomène qui s'amplifie

A Un phénomène de société, présent dans de nombreux domaines

• **D'abord réprimé dans le seul cadre des relations de travail, le harcèlement a été étendu hors de ce champ** par la loi du 4 août 2014, le législateur ayant souhaité réprimer le harcèlement de manière générale, afin de lutter contre toutes ses formes (harcèlement moral ou sexuel) et dans tous les domaines (professionnel, scolaire, sur Internet…).

• **Réprimé à l'article 222-33-2-2 du Code pénal**, le harcèlement est défini comme la répétition de propos ou comportements envers une personne ayant pour objet ou pour effet une dégradation de ses conditions de vie se traduisant par une altération de sa santé physique ou mentale.

• Il peut se traduire par des violences physiques ou psychologiques, ou encore par des insultes répétées, des moqueries systématiques, des propos ou gestes obscènes ou déplacés. Il peut aussi consister en la diffusion de messages malveillants sur Internet.

• La peine encourue est un **an d'emprisonnement** et une **amende de 15 000 euros**.

B Un phénomène d'une ampleur nouvelle due à Internet et aux réseaux sociaux

• **Le législateur a souhaité sanctionner plus gravement le harcèlement commis par le biais d'Internet, dit « cyberharcèlement »**, les peines encourues étant doublées. En effet, ce moyen de communication, facilitant l'anonymat, favorise ce type de comportement, encouragé par un fort sentiment d'**impunité**. Or, la **viralité** propre aux réseaux sociaux amplifie le préjudice subi par la victime.

• Le législateur a donc prévu désormais qu'au-delà des faits de harcèlement commis par plusieurs personnes de façon concertée, puisse également être sanctionné le harcèlement sur Internet **résultant de la multiplicité de propos dégradants ou menaçants tenus par différentes personnes**, qui, bien que ne se connaissant pas, s'accordent implicitement pour cibler une même victime.

• **Enfin, en 2019, le législateur a souhaité spécifiquement lutter contre le harcèlement dans le milieu scolaire** en consacrant son interdiction dans le Code de l'éducation. En effet, ce harcèlement ne se limite plus à l'enceinte scolaire proprement dite et a pris une ampleur nouvelle avec le développement d'Internet et des réseaux sociaux. Il doit faire l'objet d'une vigilance particulière parce qu'il touche un public jeune et peut se traduire chez la victime par l'isolement, le décrochage scolaire, la phobie scolaire, ou encore par des séquelles psychologiques pouvant avoir des effets à long terme.

INFO

L'exception de vérité et la bonne foi
Un journaliste renvoyé devant un tribunal pour des faits de diffamation envers un particulier peut, en vue de sa défense :
- invoquer l'exception de vérité, c'est-à-dire prouver que les faits qu'il impute à la personne concernée, quoiqu'ils puissent porter atteinte à l'honneur, sont vrais et qu'il ne peut donc lui être reproché d'en avoir fait état.
- invoquer sa bonne foi ; la jurisprudence en a établi quatre critères :
  • la légitimité du but poursuivi ou l'existence d'un débat d'intérêt général dans lequel s'inscrit l'article de presse ou les propos poursuivis ;
  • une enquête sérieuse (vérification et recoupement des informations) ;
  • la prudence dans les propos ;
  • l'absence d'animosité personnelle.

RÉVISER SON COURS

1 Quelles relations existe-t-il entre la liberté de la presse et de la communication, et la démocratie ?

2 Qu'est-ce qui distingue diffamation, injure et harcèlement ?

3 Pourquoi le législateur a-t-il posé des limites à la liberté d'expression ?

4 Quelles sont les circonstances aggravantes du délit de diffamation ?

RESSOURCES

Liens vers les ressources

LOI
La loi du 29 juillet 1881 sur la liberté de la presse
legifrance.gouv.fr
Les soixante-dix articles de la loi, qui exposent les libertés et les limites applicables à la presse.

LOI
Code pénal, articles 132-76, 132-77 et 222-33-2-2
legifrance.gouv.fr

Les articles 132-76 et 132-77 exposent les comportements qui constituent des circonstances aggravantes des crimes et délits. L'article 222-33-2-2 porte sur le harcèlement moral.

LOI
Code de l'éducation, article L511-3-1
legifrance.gouv.fr

Cet article, qui prend place dans le chapitre « Les droits et obligations des élèves », porte sur le harcèlement scolaire.

DOSSIER

DOSSIER → p. 46
REPÈRES → p. 84
COURS → p. 92
FICHE MÉTHODE → p. 276

Comment concilier liberté de la presse et lutte contre la diffamation ?

La liberté de la presse et des médias est un des fondements de la démocratie. C'est pourquoi la loi du 29 juillet 1881, qui protège cette liberté, a instauré une procédure très encadrée en cas d'accusation de diffamation ou d'injures.
Mais une presse libre doit être une presse responsable.

→ **La liberté de la presse permet-elle des atteintes à la dignité et à la vie privée de la personne ?**

DOC 1 La loi du 29 juillet 1881 sur la liberté de la presse

Art. 29. Toute allégation ou imputation d'un fait qui porte atteinte à l'honneur ou à la considération de la personne ou du corps auquel le fait est imputé est une diffamation. […]

Toute expression outrageante, termes de mépris ou invective qui ne renferme l'imputation d'aucun fait est une injure.

Art. 32. La diffamation commise envers les particuliers par l'un des moyens énoncés en l'article 23 sera punie d'une amende de 12 000 euros.

La diffamation commise par les mêmes moyens envers une personne ou un groupe de personnes à raison de leur origine ou de leur appartenance ou de leur non-appartenance à une ethnie, une nation, une race ou une religion déterminée sera punie d'un an d'emprisonnement et de 45 000 euros d'amende ou de l'une de ces deux peines seulement.

Sera punie des peines prévues à l'alinéa précédent la diffamation commise par les mêmes moyens envers une personne ou un groupe de personnes à raison de leur sexe, de leur orientation sexuelle ou identité de genre ou de leur handicap. […]

Art. 33. […] L'injure commise de la même manière envers les particuliers, lorsqu'elle n'aura pas été précédée de provocations, sera punie d'une amende de 12 000 euros.

Sera punie d'un an d'emprisonnement et de 45 000 euros d'amende l'injure commise par les mêmes moyens envers une personne ou un groupe de personnes à raison de leur origine ou de leur appartenance ou de leur non-appartenance à une ethnie, une nation, une race ou une religion déterminée.

Sera punie des peines prévues à l'alinéa précédent l'injure commise dans les mêmes conditions envers une personne ou un groupe de personnes à raison de leur sexe, de leur orientation sexuelle ou identité de genre ou de leur handicap.

En cas de condamnation pour l'un des faits prévus par les deux alinéas précédents, le tribunal pourra ordonner : 1° l'affichage ou la diffusion de la décision prononcée. […]

Loi du 29 juillet 1881 sur la liberté de la presse

DOC 2 La liberté de la presse et ses limites

Arrêt complet

34. La presse joue un rôle éminent dans une société démocratique : si elle ne doit pas franchir certaines limites, tenant notamment à la protection de la réputation et aux droits d'autrui ainsi qu'à la nécessité d'empêcher la divulgation d'informations confidentielles, il lui incombe néanmoins de communiquer, dans le respect de ses devoirs et de ses responsabilités, des informations et des idées sur toutes les questions d'intérêt général […].

41. À la fonction de la presse qui consiste à diffuser des informations et des idées sur des questions d'intérêt public, s'ajoute le droit, pour le public, d'en recevoir.

43. […] Tout en reconnaissant le rôle essentiel qui revient à la presse dans une société démocratique, la Cour souligne que les journalistes ne sauraient en principe être déliés […] de leur devoir de respecter les lois pénales de droit commun […].

Cour européenne des droits de l'homme, arrêt Dupuis c. France du 7 juin 2007, req. n° 1914-02

DOC 3 Un média relaxé après une plainte pour diffamation

Un député a déposé plainte avec constitution de partie civile pour diffamation publique envers particulier après la publication, sur le site d'un média, de deux articles portant sur des accusations de harcèlement et d'agressions sexuelles à son encontre.

Le tribunal correctionnel relève qu'aucune pièce n'établit que la partie civile aurait été condamnée, renvoyée devant le tribunal ou même mise en examen pour les faits décrits […]. Il ajoute que les prévenus n'ont pas non plus produit d'éléments matériels de nature à établir la teneur des harcèlements décrits, et en conclut qu'ils ont échoué à démontrer la vérité des faits au sens de la loi sur la liberté de la presse.

Il examine alors la bonne foi des prévenus […]. La bonne foi est un fait justificatif […] qui requiert la preuve de quatre éléments : la poursuite d'un but légitime, l'absence d'animosité personnelle, la prudence dans l'expression et un travail sérieux d'enquête […]. Vérifiant ces conditions, le tribunal relève d'abord que « le sujet traité représente un but légitime d'expression, et même un sujet d'intérêt général […], décrivant le fonctionnement du système politique et l'état des rapports entre les hommes et les femmes ».

L'ensemble des critères de la bonne foi étant réunis, la journaliste pouvait donc faire état du fait que plusieurs femmes dénonçaient des faits de harcèlement sexuel et d'agressions sexuelles commis par la partie civile et légitimement diffuser cette information au public.

Sabrina Lavric, « Plainte pour diffamation », Dalloz actualité, mai 2019

DOC 4 Un journal condamné pour provocation à la haine raciale

Le directeur de publication de *Valeurs actuelles* et la société Valmonde, éditrice du journal, ont été condamnés en appel, mercredi 9 décembre 2015, à 2 000 euros d'amende pour provocation à la discrimination, la haine ou la violence envers les Roms, dans un dossier intitulé « Roms, l'overdose ».

En première instance, le tribunal correctionnel de Paris avait condamné le magazine le 5 mars 2015, à une amende de 3 000 euros et avait également retenu la diffamation. Jugement dont le prévenu avait fait appel.

La cour d'appel de Paris a également ordonné la publication dans *Valeurs actuelles* et un autre journal d'un communiqué judiciaire qui souligne le caractère « particulièrement stigmatisant » envers les Roms du dossier publié fin août 2013.

« *Valeurs actuelles* condamné en appel pour provocation à la haine », *Le Monde* avec AFP, décembre 2015

DOC 5 Les devoirs du journaliste

- Respecter la vérité, quelles qu'en puissent être les conséquences pour le journaliste, en raison du droit du public de connaître la vérité.
- Défendre la liberté de l'information, du commentaire et de la critique.
- Publier seulement les informations dont l'origine est connue ou les accompagner, si c'est nécessaire, des réserves qui s'imposent ; ne pas supprimer les informations essentielles et ne pas altérer les textes et les documents.
- Ne pas user de méthodes déloyales pour obtenir des informations, des photographies et des documents.
- S'obliger à respecter la vie privée des personnes.
- Rectifier toute information publiée qui se révèle inexacte.
- Garder le secret professionnel et ne pas divulguer la source des informations obtenues confidentiellement.
- S'interdire le plagiat, la calomnie, la diffamation, les accusations sans fondement ainsi que de recevoir un quelconque avantage en raison de la publication ou de la suppression d'une information.
- Ne jamais confondre le métier de journaliste avec celui du publicitaire ou du propagandiste ; n'accepter aucune consigne, directe ou indirecte, des annonceurs.
- Refuser toute pression et n'accepter de directives rédactionnelles que des responsables de la rédaction.

D'après la Déclaration des devoirs et des droits des journalistes, dite « charte de Munich » de 1971

? QUESTIONS

1 Quelles sont les limites prévues par le droit à la liberté de la presse ? **docs 1 et 2**

2 Comment le journaliste doit-il exercer son métier ? **docs 3 à 5**

3 Expliquez pourquoi le média n'a pas été condamné pour diffamation. **doc 3**

4 Expliquez la condamnation du journal. **doc 4**

Synthèse Face à la diffamation et à l'injure, pourquoi une presse libre doit-elle être une presse responsable ?

C'est à vous ! ORAL

Vous êtes juriste pour un quotidien généraliste français.

- On vous demande de produire une infographie pouvant servir de guide aux journalistes du quotidien.
- Vous rappelez l'importance de la liberté de la presse dans une démocratie, mais vous mettez en garde vos collègues contre son interprétation sans limites, source d'abus que vous explicitez.

Le droit en pratique ! Le droit contre le harcèlement scolaire

Situation

- Emma est nouvelle dans son lycée. Elle souffre d'une légère surdité qui impacte son expression orale. Elle se trouve rapidement stigmatisée par un groupe de lycéens qui la harcèle en lui infligeant des moqueries, quotidiennes et violentes, sur sa manière de s'exprimer. Un jour, pour s'intégrer, Emma accepte d'être filmée en train de parler avec des élèves de sa classe. Or, un des membres du groupe diffuse cette vidéo sur les réseaux sociaux en l'accompagnant de commentaires dégradants. Finalement, des internautes, sans aucun lien avec son lycée se moquent à leur tour de la façon de parler d'Emma. Ils amplifient ainsi le phénomène de harcèlement en dehors de l'enceinte scolaire.
- Rapidement, Emma s'isole, montre des signes d'anorexie, voit ses résultats scolaires baisser et finit par ne plus vouloir se rendre au lycée.

En quoi consiste le harcèlement subi par Emma ? Qui aurait pu intervenir pour le dénoncer ? Comment le faire cesser ?

DOC 1 Le harcèlement dans le Code pénal

Art. 222-33-2-2. Le fait de harceler une personne par des propos ou comportements répétés ayant pour objet ou pour effet une dégradation de ses conditions de vie se traduisant par une altération de sa santé physique ou mentale est puni d'un an d'emprisonnement et de 15 000 € d'amende lorsque ces faits ont causé une incapacité totale de travail inférieure ou égale à huit jours ou n'ont entraîné aucune incapacité de travail.

L'infraction est également constituée :

a) Lorsque ces propos ou comportements sont imposés à une même victime par plusieurs personnes, de manière concertée ou à l'instigation de l'une d'elles, alors même que chacune de ces personnes n'a pas agi de façon répétée ;

b) Lorsque ces propos ou comportements sont imposés à une même victime, successivement, par plusieurs personnes qui, même en l'absence de concertation, savent que ces propos ou comportements caractérisent une répétition.

Les faits mentionnés aux premier à quatrième alinéas sont punis de deux ans d'emprisonnement et de 30 000 € d'amende :

[...] 2° Lorsqu'ils ont été commis sur un mineur de quinze ans ;

3° Lorsqu'ils ont été commis sur une personne dont la particulière vulnérabilité, due à son âge, à une maladie, à une infirmité, à une déficience physique ou psychique ou à un état de grossesse, est apparente ou connue de leur auteur ;

4° Lorsqu'ils ont été commis par l'utilisation d'un service de communication au public en ligne ou par le biais d'un support numérique ou électronique ;

5° Lorsqu'un mineur était présent et y a assisté.

Code pénal

DOC 2 Le harcèlement dans le Code de l'éducation

Art. L511-3-1. Aucun élève ne doit subir, de la part d'autres élèves, des faits de harcèlement ayant pour objet ou pour effet une dégradation de ses conditions d'apprentissage susceptible de porter atteinte à ses droits et à sa dignité ou d'altérer sa santé physique ou mentale.

Code de l'éducation, article issu de la loi du 26 juillet 2019

INFO

- **Les « ambassadeurs lycéens anti-harcèlement »**
Dispositif de prévention du harcèlement entre pairs, mis en place dans tous les lycées depuis 2015 par le ministère de l'Éducation nationale, à l'initiative du Conseil national de la vie lycéenne (CNVL). Les ambassadeurs, élèves volontaires, forment leurs pairs et entreprennent des actions dans les collèges et écoles.

VOCABULAIRE

- **Cyberharcèlement** : acte agressif, intentionnel, perpétré par un individu ou un groupe d'individus au moyen de formes de communication électroniques, de façon répétée à l'encontre d'une victime qui ne peut facilement se défendre seule.

DOC 3 Les acteurs de la lutte contre le harcèlement à l'école

Affiche : cyber-harcèlement

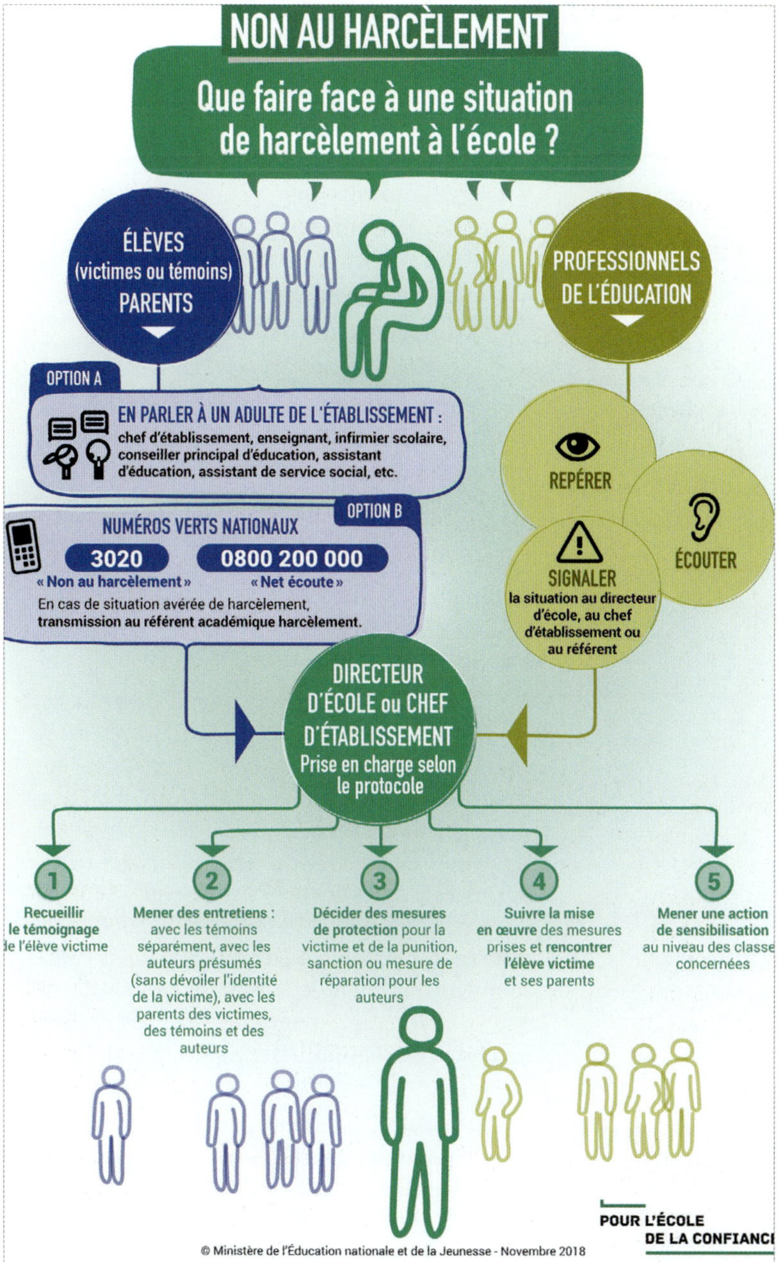

DOC 4 Non au harcèlement

Projet réalisé par les élèves du lycée du Noordover, à Grande-Synthe, académie de Lille, Prix « Non au harcèlement » 2020, catégorie « Meilleure affiche Lycée »

Conseils !

1. Lisez attentivement la situation et les documents.
2. Identifiez les questions de droit qui se posent.
3. Analysez les règles de droit.
4. Avant de les appliquer, assurez vous que la situation entre dans leur champ d'application.

RESSOURCES

Liens vers les ressources

RÈGLEMENT

Le règlement intérieur de votre lycée

Distribué en début d'année, il peut aussi être disponible sur le site de votre lycée.

SITE

Le site de l'Éducation nationale sur le harcèlement

nonauharcelement.education.gouv.fr

Ce site présente les différentes formes du harcèlement scolaire, et propose de nombreuses ressources pour lutter contre celui-ci.

PROTOCOLE

Protocole de traitement des situations de harcèlement dans les écoles et les établissements publics locaux d'enseignement, ministère de l'Éducation nationale

eduscol.education.fr

Ce protocole, destiné aux chefs d'établissement, aux directeurs d'école et aux équipes éducatives, a pour objectif de les aider dans la prise en compte des cas de harcèlement entre élèves.

PARTIE 2

DÉBAT ORAL

Le harcèlement sur les réseaux sociaux

→ Le droit doit-il s'adapter pour mieux lutter contre le harcèlement sur les réseaux sociaux ?

VOCABULAIRE

- **Cyberharcèlement** : → p. 196
- **Déréférencement** → p. 224
- **Impunité** : fait pour quelqu'un de ne pas risquer d'être puni pour ses fautes.
- ***Revenge porn*** : fait de diffuser, sans le consentement de la personne intéressée, des images à caractère sexuel de cette dernière.
- **Viralité** : diffusion rapide et imprévisible de contenus divers (photographies, vidéos, etc.) sur Internet, en particulier via les réseaux sociaux.

DOC 1 Un lycéen condamné pour cyberharcèlement

Une affaire partie d'une rumeur : Laure[1], une lycéenne […], aurait tourné une vidéo porno[graphique] avec un rugbyman. Des garçons de l'établissement se seraient lancé le pari […] de récupérer cette vidéo. Mais Serge[1], 21 ans, était seul à comparaître hier, poursuivi pour « usurpation de l'identité d'un tiers ou usage de données permettant de l'identifier en vue de troubler sa tranquillité ou celle d'autrui ou de porter atteinte à son honneur ou à sa considération ». Il a piraté le compte Facebook de Laure, créant de nouvelles pages à son nom ainsi qu'un faux compte Skyblog : un subterfuge qui lui a permis d'envoyer des messages à caractère sexuel pour (dé)faire la réputation de la jeune fille, l'inondant aussi de textos formulés comme autant d'ultimatums.

Pourtant, « cette vidéo n'a jamais existé » rappelle la présidente. Ce qui a bien existé, « ce sont les conséquences durables que ces faits graves ont eues sur la victime », souligne [l'avocate de la victime]. Dix mois après les faits, Laure, croyant recevoir un nouvel appel du « corbeau » a fait une tentative de suicide […]. Même si cet acte ne figure pas dans la prévention, il est « la suite logique du harcèlement », considère [l'avocate].

[…] Le tribunal, c'est plutôt rare, est allé bien au-delà des réquisitions du parquet […].

Serge est condamné à huit mois de prison assortis d'un sursis et d'une mise à l'épreuve pendant deux ans, avec obligation de soins, obligation de suivre une formation ou de travailler et obligation d'indemniser la victime. Celle-ci obtient 5 000 € de dommages et intérêts.

Pierre-Jean Pyrda, « Un lycéen condamné pour cyberharcèlement », ladepeche.fr, novembre 2013

1. Il s'agit de prénoms d'emprunt.

DOC 2 Le harcèlement par le biais d'Internet : un délit aggravé

Votre rapporteur estime que, dans la mesure où l'utilisation d'un moyen de communication au public en ligne aurait une incidence particulière sur l'effet d'un comportement, il est loisible au législateur d'en tirer les conséquences, soit en n'incriminant un comportement que lorsqu'il est commis par un tel moyen, soit en faisant de la commission par ce moyen une cause d'aggravation.

Notre droit pénal comprend déjà un cas de délit pour lequel l'utilisation d'un réseau de communications électroniques constitue une circonstance aggravante : en application du troisième alinéa de l'article 227-23 du Code pénal, les peines du délit de diffusion d'images pédopornographiques sont portées de cinq à sept ans d'emprisonnement et de 75 000 à 100 000 euros d'amende « lorsqu'il a été utilisé, pour la diffusion de l'image ou de la représentation du mineur à destination d'un public non déterminé, un réseau de communications électroniques ».

Dans le cas du « cyberharcèlement », la commission des faits par le biais de sites Internet ou de réseaux sociaux emporte des conséquences particulières pour la victime. […] À la différence de faits de harcèlement commis en « face à face », qui peuvent n'être connus que des témoins directs – s'il en existe – ou de personnes appartenant aux relations habituelles de la victime, des faits de harcèlement commis sur Internet peuvent être – et demeurer – accessibles à l'ensemble des internautes pendant des années, avec des répercussions particulièrement lourdes et durables sur la vie de la victime. Cette différence objective de durée des conséquences de l'infraction […] justifie l'instauration par le 4° du nouvel article 222-33-2-2 du Code pénal d'une circonstance aggravante de commission par un moyen de cette nature.

Rapport fait au nom de la commission des lois de l'Assemblée nationale sur le projet de loi pour l'égalité entre les femmes et les hommes, 18 décembre 2013

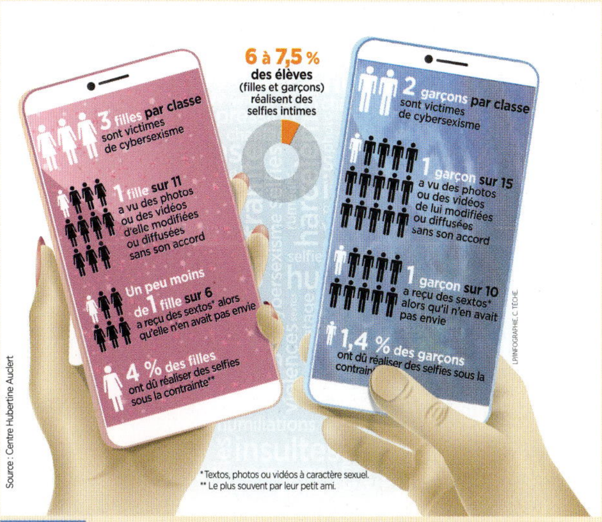

DOC 3 Les chiffres du cyberharcèlement chez les collégiens et les lycéens

Centre Hubertine Auclert et *Le Parisien*, 2016

DOC 4 Interdire l'anonymat ?

Interdire l'anonymat. Serait-elle finalement là, la solution à tous les maux de nos réseaux sociaux ? Pour le spécialiste des usages de communication politique sur le Web Romain Pigenel, enseignant à Sciences Po, « le débat n'est pas là, car l'anonymat sur les réseaux n'existe pas ». Depuis 2004 et la loi pour la confiance dans l'économie numérique, les plateformes et les fournisseurs d'accès ont l'obligation de collecter les coordonnées de leurs utilisateurs afin de permettre une identification en cas de poursuite.

« Avec cette loi, il est possible de retrouver l'adresse IP d'une personne et de remonter jusqu'à son identité. [...] », dit Romain Pigenel. Toute publication signalée pour des propos illégaux doit ainsi être supprimée, et son auteur, condamné. « Ce dont parlent les responsables politiques, c'est du pseudonymat. Il a toujours existé, et ce n'est pas souhaitable qu'il soit supprimé », poursuit le spécialiste.

[...] Déjà, au XVIIe siècle, des auteurs se travestissaient sous un autre nom pour se cacher de leurs mœurs libertines, de leur basse naissance, ou de textes politiquement suspects.

« Le pseudonymat permet aussi une protection et une liberté d'expression », résume finalement Romain Pigenel, qui assimile son usage à trois raisons : une coutume sur les réseaux sociaux, un désir de diffuser des messages difficiles à assumer, et une volonté de partager des publications illégales. « Sur ce dernier point, rien ne sert d'interdire le pseudonymat. Car si l'on souhaite vraiment se cacher pour publier des contenus illicites, on peut y arriver par d'autres moyens », conclut-il.

Manon Chapelain, « Faut-il interdire l'anonymat sur les réseaux sociaux ? », *La Croix*, janvier 2021

DOC 5 Droit et *revenge porn*

Art. 226-1 et 226-2

a. Le Code pénal

Art. 226-2-1. Lorsque les délits prévus aux articles 226-1 et 226-2 portent sur des paroles ou des images présentant un caractère sexuel prises dans un lieu public ou privé, les peines sont portées à deux ans d'emprisonnement et à 60 000 € d'amende.

Est puni des mêmes peines le fait, en l'absence d'accord de la personne pour la diffusion, de porter à la connaissance du public ou d'un tiers tout enregistrement ou tout document portant sur des paroles ou des images présentant un caractère sexuel, obtenu, avec le consentement exprès ou présumé de la personne ou par elle-même, à l'aide de l'un des actes prévus à l'article 226-1.

Code pénal

b. La lutte contre le *revenge porn*

La plupart des comptes [« fisha » ou « d'affiche »], majoritairement hébergés sur Snapchat, fonctionnent de la même manière, avec « une publication [...] avec des photos [à caractère sexuel], le nom, le prénom, parfois le numéro de téléphone de la jeune fille. [...] ».

Pour lutter contre ces comptes, des groupes informels se sont aussi organisés pour les faire supprimer en les signalant en temps réel. [...] Shanley [étudiante de 21 ans] passe alors la journée à faire des recherches et à appeler des amies plus âgées qui étudient le droit. Le soir, elle publie des messages sur Twitter adressés aux victimes pour les conseiller sur les étapes à suivre. [...]

Pour les associations, qui agissent comme « tiers de confiance » auprès des réseaux sociaux – leurs signalements sont traités de manière prioritaire –, c'est plus simple. « Nous avons pu obtenir la suppression d'une soixantaine de comptes signalés, détaille Justine Atlan, d'e-Enfance. Compte tenu de la coopération qu'on a depuis longtemps avec eux, les réseaux, dont Snapchat, sont très réactifs sur nos signalements. » [...]

Malgré le nombre très élevé de victimes, très peu portent effectivement plainte. D'abord parce que peu d'entre elles savent qu'il s'agit d'un délit. Ensuite, la plupart sont encore mineures et se disent envahies par la honte, notamment vis-à-vis de leurs parents, ce qui renforce leur isolement.

Damien Leloup, Sofia Fischer, « Harcèlement sexuel : avec le confinement, le retour en force des comptes "fisha" sur les réseaux sociaux », *Le Monde*, avril 2020

C'est à vous !

PARTIE 2

C'est à vous !

DÉBAT

Le droit doit-il s'adapter pour mieux lutter contre le harcèlement sur les réseaux sociaux ?

ÉTAPE 1 Comprendre et préparer le débat

AVANT LE DÉBAT

1 Sur les réseaux sociaux, à quel type de harcèlement peut-on être exposé ?

2 Quels acteurs protègent les personnes victimes de cyberharcèlement ?

3 L'interdiction de l'anonymat est-il la solution aux dérives d'utilisation des réseaux sociaux ?

4 Actuellement, face au cyberharcèlement, que permet de réprimer le droit ?

ÉTAPE 2 Participer au débat

AVANT LE DÉBAT

5 Identifiez les arguments formulés dans les documents.

6 Inscrivez ces arguments dans le tableau, puis imaginez d'autres arguments.

PENDANT LE DÉBAT

7 Notez les arguments des autres élèves.

Conseils

- Anticipez les points de vue différents afin de construire une contre-argumentation.
- Écoutez et respectez la parole des autres.
- Pour convaincre, il est important d'associer des idées générales à des exemples précis (faits, acteurs, ce que dit le droit...).
- Relisez vos notes avant de prendre la parole.
- Présentez vos arguments, sans lire vos notes, en regardant l'auditoire.

	Le droit actuel est adapté pour lutter contre le harcèlement sur les réseaux sociaux	Le droit devrait évoluer pour lutter plus efficacement contre le harcèlement sur les réseaux sociaux
Arguments des acteurs des documents	• • •	• • •
Mes arguments	• • •	• • •
Les arguments des autres élèves	• • •	• • •

ÉTAPE 3 Conclure le débat

APRÈS LE DÉBAT

8 Rédigez une argumentation qui présente votre point de vue personnel sur le rôle du droit dans la lutte contre harcèlement sur les réseaux sociaux.

GRAND ORAL

Respect de la personne

Les questions du Grand oral portent sur vos spécialités, mais n'hésitez pas à mettre en valeur vos connaissances juridiques : cela ne pourra que valoriser votre prestation.

Dans ce chapitre, vous avez étudié la façon dont le droit veille au respect de la personne, à travers les exemples des pratiques sexuelles, du harcèlement et de la diffamation.

Voici quelques exemples de questions dont vous pouvez vous inspirer.

Humanité, littérature et philosophie (HLP) Term

› Semestre 1 : La recherche de soi ; Les métamorphoses du moi

EXEMPLE DE QUESTION

- Comment les victimes d'infractions sexuelles passent-elles du non-dit au dit ?

LE + DU DROIT

Vous pourrez expliquer la façon dont le droit peut favoriser et accompagner la prise de parole par les victimes d'infractions sexuelles. N'hésitez pas à présenter l'évolution du droit sur la qualification des infractions sexuelles (loi relative à la prévention et à la répression des infractions sexuelles de 1998, évolution du droit concernant le viol entre conjoints…).

SES 1re

› Chapitre 8 : Quels processus sociaux conduisent à la déviance ?

EXEMPLE DE QUESTION

- Est-il autorisé de se prostituer en France ?

LE + DU DROIT

Vous pourrez présenter l'évolution du droit concernant la liberté sexuelle et les normes juridiques qui s'appliquent aujourd'hui. Vous pourrez également expliquer l'encadrement juridique concernant certaines pratiques sexuelles, en particulier la prostitution.

Anglais monde contemporain Term

› Thématique 1 – Faire société ; axe d'étude 2 : libertés publiques et libertés individuelles

EXEMPLE DE QUESTION

- En quoi les États-Unis et la France ont-ils des conceptions différentes de la liberté d'expression ?

LE + DU DROIT

Vous pourrez comparer la liberté de la presse aux États-Unis et en France, en insistant sur le statut de la liberté de la presse dans le droit. Appuyez-vous sur le premier amendement à la Constitution des États-Unis, la jurisprudence de la Cour suprême fédérale, et en France, sur la DDHC et la loi sur la liberté de la presse de 1881.

Histoire-Géographie-Géopolitique-Science politique Term

› Thème 4 – S'informer : un regard critique sur les sources et modes de communication

EXEMPLE DE QUESTION

- En quoi l'information mondialisée et individualisée à l'heure d'Internet pose-t-elle de nouveaux problèmes juridiques ?

LE + DU DROIT

La liberté d'informer, liée à la libre expression des opinions est, selon la DDHC (art. 11), « un des droits les plus précieux de l'homme ». Pourtant, les États ont souvent adopté des législations permettant de poursuivre les mésusages de cette liberté, qui sont au cœur de débats.

Respect de la personne

1 Pratiques sexuelles, droit et normes sociales

• Jusqu'aux années 1970, le droit en matière sexuelle se préoccupait plus de la morale sociale, dite « bonnes mœurs », que de la liberté individuelle : ainsi, l'homosexualité était punie pénalement, ainsi que l'adultère, mais le **viol** entre époux ne l'était pas.

• La Convention européenne des droits de l'homme a inspiré un renversement total des priorités : la **liberté sexuelle** s'est développée et s'est dégagée du contrôle étatique. Et c'est cette liberté qui doit désormais être protégée : le contrôle de l'État s'est concentré et se renforce constamment sur la protection des **consentements** individuels, qui doivent être libres et conscients.

2 Liberté d'expression et diffamation

• La **liberté d'expression** est un droit fondamental consacré par la Déclaration des droits de l'homme de 1789 et la Convention européenne des droits de l'homme. Elle est un fondement de la démocratie.

• Elle garantit à chacun la liberté d'exprimer ses pensées et de critiquer celles des autres. Elle protège la liberté de la presse.

• Comme toute liberté, elle n'est pas absolue et connaît des limites, que sont le **respect de la vie privée** et la **dignité de la personne**.

• C'est la loi du 29 juillet 1881 qui réprime ces atteintes comme, par exemple, la **diffamation**.

3 Harcèlement

• Le **harcèlement**, qui consiste à tenir des propos ou à adopter un comportement de façon répétée dans le but de porter atteinte à autrui, est puni par la loi pénale.

• Il peut intervenir dans les relations de travail, mais aussi dans le milieu scolaire, ou encore sur Internet et peut prendre des formes variées (insultes, menaces, violences, diffusion d'images à caractère privé et/ou à caractère sexuel).

• La lutte contre le harcèlement scolaire est aujourd'hui une priorité, car il touche un public fragile.

• Le **cyberharcèlement** est plus sévèrement sanctionné par la loi afin de tenir compte de l'ampleur qu'un tel phénomène peut prendre sur Internet et du préjudice grave qui peut en découler.

MOTS CLÉS

- **Consentement** ➜ p. 280
- **Cyberharcèlement** ➜ p. 280
- **Diffamation** ➜ p. 280
- **Dignité de la personne** ➜ p. 280
- **Harcèlement** ➜ p. 280
- **Liberté d'expression** ➜ p. 280
- **Liberté sexuelle** ➜ p. 280
- **Respect de la vie privée** ➜ p. 280
- **Viol** ➜ p. 280

TEXTES CLÉS

- **Code pénal**
- **Code de l'éducation**
- **Convention européenne des droits de l'homme** (1951)
- **Déclaration des droits de l'homme et du citoyen** (1789)
- **Loi du 29 juillet 1881 sur la liberté de la presse**

EXO Exercices interactifs

Entraînez-vous avec des **QCM** pour retenir les éléments essentiels du chapitre.

SCHÉMA DE SYNTHÈSE

Pratiques sexuelles, droit et normes sociales

Libéralisation des pratiques sexuelles

- **2de moitié XXe siècle** : droit à la contraception, à l'IVG, aux rapports et aux unions entre personnes de même sexe…
- **Convention européenne des droits de l'homme (CEDH), art. 8** : droit à « l'autodétermination sexuelle », composante du droit au **respect de la vie privée**

Répression des infractions sexuelles

- **Code pénal** (art. 222-22) : répression des comportements passant outre le consentement : agression sexuelle, viol, abus de la vulnérabilité de la victime

La majorité sexuelle

- **Mineur de plus de 15 ans → majorité sexuelle**, mais relations sexuelles illicites avec un ascendant ou une personne ayant autorité sur le mineur
- **Mineur de 15 ans →** relations sexuelles illicites avec un majeur

Sanctions de l'absence de consentement du mineur

- **viol**
- **contrainte morale**
- **délit d'atteinte sexuelle** (quand absence de violence ou de contrainte mais que la victime a moins de 15 ans)

Harcèlement et diffamation

Liberté d'expression et limites

La liberté d'expression

Une liberté protégée

- Loi du 29 juillet 1881, Constitution, CEDH

La répression des abus

- **Diffamation**
- **Injure**
- **Provocation à la discrimination, à la haine, à la violence**

Harcèlement

Manifestations et répression

- Dans tous les domaines : professionnel, scolaire, amical…
- Prend **diverses formes** : moral, physique ou sexuel
- Puni par le **Code pénal** (art. 222-33-2-2)

Une ampleur nouvelle avec Internet et les réseaux sociaux : le cyberharcèlement

Actu

Rendez-vous sur le site **lyceen.nathan.fr/dgemc** pour découvrir de nouveaux documents en fonction de l'actualité juridique !

Pour aller plus loin

FILM

Respire, Mélanie Laurent, 2014

Charlie, une lycéenne de 17 ans, est confrontée au harcèlement scolaire dans son nouvel établissement.

SÉRIE DE PODCASTS

« Les couilles sur la table », Victoire Tuaillon

L'épisode « Sexe sans consentement : le rôle des hommes » de cette série documentée, au titre provocateur, revient sur l'importance du consentement.

SÉRIE DE PODCASTS

« La littérature comme sport de combat », Les cours du collège de France, France culture, 2017

L'épisode 8, « Diffamation et duel, dans le pré de papier blanc » est consacré à l'histoire littéraire de la diffamation.

PARTIE 2

CHAPITRE 7

L'entreprise et le droit

Les règles qui concernent l'entreprise sont nombreuses et plurielles ; elles sont issues du droit commercial, du droit du travail, du droit de la concurrence, du droit fiscal, etc. Comprendre le régime juridique de l'entreprise invite à réfléchir à ce que le droit dit de l'entreprise. Il ne la considère ni comme une personne ni même comme un bien ou un ensemble de biens. En revanche, le droit façonne son organisation et définit la répartition des pouvoirs et des responsabilités de ses membres.

Que dit le droit au sujet de l'entreprise ?

DOC 1

Le quartier de la Défense, Paris

Ce quartier d'affaires, le premier en Europe, accueille 180 000 salariés et 500 sociétés.

DOC 2

La raffinerie de pétrole brut de Lavéra (Bouches-du-Rhône)

Exploitée par Petroineos, elle emploie 1 200 salariés.

DOC 3

Un livreur à vélo

Un coursier apportant un repas à domicile.

Dis-moi dans quelle entreprise tu travailles, je te dirai qui tu es.

Vidéo

Interview de Antoine Lyon-Caen

Professeur de droit émérite, avocat au Conseil d'État et à la Cour de cassation

PARTIE 2

REPÈRES ▶ L'entreprise et le droit

Vu au collège et au lycée

Stage d'observation en milieu professionnel, 3[e]	SES 2[de]	Philosophie T[erm]
Découverte d'une structure professionnelle	Comment crée-t-on des richesses et comment les mesure-t-on ? L'entreprise	Le travail ; la technique ; le devoir ; la nature

DOC 1 Dates clés

1791 **Décret d'Allarde :** liberté de s'établir et faire commerce (souvent nommée « liberté du travail »).
Loi Le Chapelier : abolition des corporations (exercice collectif des métiers), et interdiction de toute action collective de défense des intérêts professionnels.

1867 **Loi sur les sociétés commerciales :** libre création d'une société anonyme (sans autorisation de l'État). Apport de capitaux par les actionnaires pour financer une activité, en retirer un bénéfice, tout en limitant leurs risques à la seule valeur de leurs apports.

1884 **Loi Waldeck-Rousseau :** abroge la loi Le Chapelier et autorise la création de syndicats.

1898 **Loi sur les responsabilités des accidents dont les ouvriers sont victimes dans leur travail :** réparation des accidents survenus en raison du travail, obligation pour l'employeur de financer l'assurance qui protège les travailleurs. Naissance d'une législation du travail applicable aux salariés, mais pas aux travailleurs indépendants.

1936 **Accords de Matignon et lois qui reconnaissent les congés payés** (15 jours par an), la semaine de 40 heures, la possibilité de signer des conventions collectives (entre syndicats et patronat).

1982 **Lois Auroux (4 lois) :** relatives à la protection des libertés des travailleurs dans l'entreprise, au développement des institutions représentatives du personnel, aux comités d'hygiène, de sécurité et des conditions de travail, et à la négociation collective et au règlement des conflits du travail.

DOC 2 Le décret d'Allarde

Art. 7. À compter du premier avril prochain, il sera libre à toute personne de faire tel négoce ou d'exercer telle profession, art ou métier qu'elle trouvera bon ; mais elle sera tenue de se pourvoir auparavant d'une patente[1], d'en acquitter le prix, et de se conformer aux règlements de police qui sont ou pourront être faits.

Décret d'Allarde (loi du 17 mars 1791 portant suspension de tous les droits d'aides, de toutes les maîtrises et jurandes et établissement des droits de patente)

1. Impôt lié à l'exercice d'une profession.

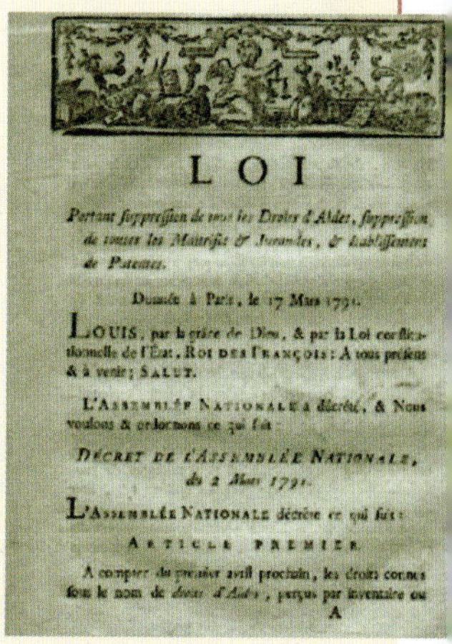
LOI

Portant suppression de tous les Droits d'Aides, suppression de toutes les Maîtrises & Jurandes, & établissement de Patentes.

Donnée à Paris, le 17 Mars 1791.

LOUIS, par la grâce de Dieu, & par la Loi constitutionnelle de l'État, ROI DES FRANÇOIS : À tous présens & à venir ; SALUT.

L'ASSEMBLÉE NATIONALE a décrété, & Nous voulons & ordonnons ce qui suit :

DÉCRET DE L'ASSEMBLÉE NATIONALE, du 2 Mars 1791.

L'ASSEMBLÉE NATIONALE décrète ce qui suit :

ARTICLE PREMIER.

A compter du premier avril prochain, les droits connus sous le nom de *droits d'Aides*, perçus par inventaire ou

A

DOC 3 La création d'une société

Art. 1832. La société est instituée par deux ou plusieurs personnes qui conviennent par un contrat d'affecter à une entreprise commune des biens ou leur industrie[1] en vue de partager le bénéfice ou de profiter de l'économie qui pourra en résulter. Elle peut être instituée, dans les cas prévus par la loi, par l'acte de volonté d'une seule personne. Les associés s'engagent à contribuer aux pertes.

Code civil

1. Connaissances techniques, service et travail.

DOC 4 « Les droits des travailleurs » : quelle évolution ?

Citoyens dans la cité, les travailleurs doivent l'être aussi dans leur entreprise. En effet, ces dernières années ont été marquées par l'excessive soumission du développement social aux contraintes économiques alors même que le desserrement de ces dernières exigeait une adhésion sociale rendue impossible par l'exercice d'un pouvoir conservateur. La recherche de profits immédiats a trop souvent ignoré les intérêts légitimes des travailleurs mais aussi ceux de la nation tout entière. Dès lors, la crise du système capitaliste international servait de prétexte à une évolution négative du droit des travailleurs et souvent à la dégradation de leurs conditions de vie et de travail. Il s'agit donc aujourd'hui de procéder d'abord au rétablissement de ces droits – parfois chèrement acquis par le monde du travail – qui doit en trouver ou en retrouver le plein exercice.

« Les droits des travailleurs », rapport à l'origine des quatre lois « Auroux » de 1982, remis par Jean Auroux (ministre du Travail) au président de la République et au Premier ministre, septembre 1981

DOC 5 Classification des principaux types de sociétés

Forme de la société		**Sociétés commerciales**				**Sociétés civiles**
		Société en nom collectif (SNC)	Société à responsabilité limitée (SARL) / Entreprise unipersonnelle à responsabilité limitée (EURL)	Société anonyme (SA)	Société par actions simplifiée (SAS) / Société par actions simplifiée unipersonnelle (SASU)	Société civile immobilière (SCI), par exemple
Nombre d'associés	Minimum	2	2	2 (sauf pour les sociétés cotées : 7)	1 pour la SASU 2 pour la SAS	2
	Maximum	Illimité	100	Illimité	Illimité	Illimité
Type de responsabilité		Société à risque illimité	Société à risque limité			Société à risque illimité
Appartenance à un groupe		Possible				
Offre de titres financiers au public[1]		Non	Non	Possible	Non	Non

1. Sociétés dont les titres sont négociables sur un marché.

DOC 6 L'entreprise dans son environnement

a. L'entreprise dans son écosystème

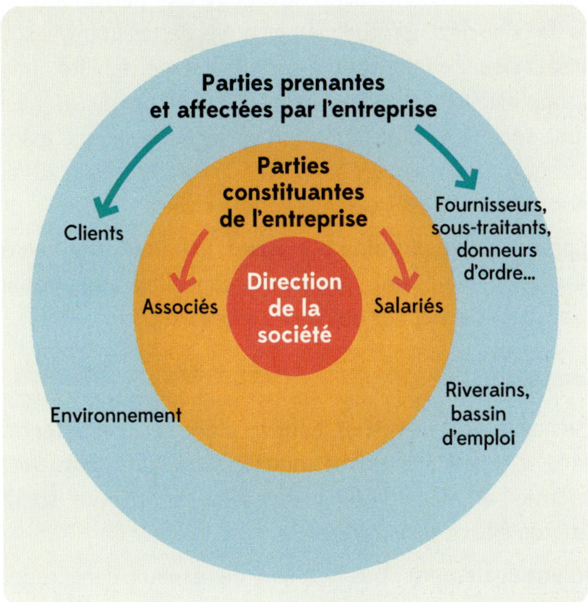

b. La gestion de la société selon le Code civil

Art. 1833. [...] La société est gérée dans son intérêt social, en prenant en considération les enjeux sociaux et environnementaux de son activité.

Code civil

VOCABULAIRE

- **Responsabilité sociale des entreprises (RSE)** : prise en compte par les entreprises, sur la base du volontariat, des enjeux environnementaux, sociaux et éthiques de leurs activités.
- **Risque illimité** : engagement du patrimoine personnel.
- **Risque limité** : le patrimoine personnel et celui de la société sont séparés, sauf en cas de mauvaise gestion.

? QUESTIONS

1. Le décret d'Allarde consacre-t-il vraiment le libre exercice des professions ? **docs 1 et 2**
2. Quels critères définissent une société ? **doc 3**
3. À partir d'exemples, peut-on affirmer que les salariés sont des citoyens dans leur entreprise ? **docs 1 et 4**
4. Comment peut-on expliquer la diversité des formes de sociétés ? **doc 5**
5. D'après vous, que recouvrent les responsabilités sociales et environnementales de l'entreprise ? **doc 6**

L'organisation juridique de l'entreprise

REPÈRES → p. 206
COURS → p. 210
COURS → p. 212
DOSSIER → p. 214
DOSSIER → p. 216
LE DROIT EN PRATIQUE → p. 218

VOCABULAIRE

- **Dirigeants** : représentants légaux de la société, c'est-à-dire toutes les personnes ayant le pouvoir d'agir au nom et pour le compte de la société. Il s'agit du gérant, par exemple, dans une SARL, une SNC, ou une société civile, ou encore du président, du ou des directeurs généraux, au sein d'une SA ou d'une SAS.
- **Personne morale** : groupement doté de la personnalité juridique.
- **Société** : contrat par lequel deux ou plusieurs personnes (des associés) affectent une somme d'argent (apport en numéraire), un bien (apport en nature) ou leurs savoirs (apport en industrie), en vue de réaliser des bénéfices ou de profiter d'une économie.

→ *Comment le droit reconnaît-il et gouverne-t-il l'entreprise ?*

I. Les formes juridiques de l'entreprise

A L'entreprise en société

- Si le terme d'« entreprise » désignait d'abord «une conquête (militaire ou amoureuse), depuis la fin du XIXe siècle, il est avant tout utilisé pour désigner une **activité productive organisée.**
- Les entreprises sont aujourd'hui innombrables et partout présentes. Elles sont désignées par leur dénomination (Auchan, Guerlain, Total, SNCF…). Pourtant, de façon paradoxale, **l'entreprise n'a pas d'existence** juridique. Elle n'est ni une chose appropriable, ni une personne reconnue par le droit.
- **Le plus souvent, l'entreprise est exploitée sous la forme d'une ou de plusieurs sociétés**, créées par celui ou ceux qui lui apportent des capitaux (les associés). La société, moyennant une déclaration à un registre, est dotée de la personnalité juridique. Elle devient une **personne morale**.
- **La création d'une société répond à différents besoins :** permettre à des professionnels d'exercer une activité commune, accueillir des capitaux, gérer ou transmettre un patrimoine ou encore profiter d'une fiscalité avantageuse.
- **La création d'une société permet aussi aux associés de mettre leur patrimoine personnel à l'abri des créanciers de la société** lorsque celle-ci a des dettes impayées. Les formes juridiques les plus utilisées pour ce faire sont la société à responsabilité limitée (SARL), la société par actions simplifiée (SAS), ou encore la société anonyme (SA). Il est cependant possible de créer une société à risque illimité dans laquelle chaque associé peut être tenu de payer aux créanciers de la société les dettes de cette dernière. Il s'agit notamment de la société en nom collectif (SNC) ou de la société civile.
- **Si une société suppose, en principe, une pluralité d'associés, la loi autorise la création d'une société unipersonnelle**, telle que l'entreprise unipersonnelle à responsabilité limitée (EURL), ou la société par actions simplifiée unipersonnelle (SASU).

B L'entreprise au-delà de la société

- Il est courant que l'entreprise n'apparaisse pas sous la forme d'une seule société, mais plutôt d'un ensemble de sociétés, soumises à un même contrôle : un **groupe de sociétés**. Cet ensemble de sociétés est formé par une société dominante ou contrôlante (**société mère**) et l'ensemble des sociétés qu'elle contrôle (**filiales**).
- **De grandes entreprises opèrent également sous la forme de réseaux**, dans lesquels les sociétés sont liées par des contrats qui organisent leurs rapports, tels que le contrat de franchise (qui permet le transfert d'un savoir-faire et l'usage d'une marque ou d'une enseigne contre rémunération), le contrat de concession exclusive (par lequel un fournisseur accorde le droit à un seul distributeur de revendre ses produits ou services sur un territoire déterminé) ou encore le contrat de distribution sélective (par lequel un fournisseur donne le droit à un distributeur de vendre ses produits ou services de manière non exclusive).

NOTIONS

- **Filiale** → p. 280
- **Groupe** → p. 280
- **Société mère** → p. 280

C L'entreprise sans société

- **La société n'est pas la seule forme juridique de l'entreprise.** L'exercice d'une activité économique organisée emprunte parfois d'autres formes.
- Il en est ainsi notamment de l'**association,** qui est la convention par laquelle deux ou plusieurs personnes (les sociétaires) mettent en commun leurs connaissances ou leur activité dans un but autre que de partager des bénéfices. L'association acquiert la personnalité juridique si ses fondateurs déclarent sa création à la préfecture et procèdent à une publicité au Journal officiel. Si une association peut réaliser des bénéfices, elle ne peut cependant pas les redistribuer entre ses membres. Le tissu associatif est particulièrement développé en France : il représente 1,5 million d'associations, emploie environ un salarié sur dix et contribue à hauteur d'environ 3 % du PIB.
- **Une entreprise peut aussi être exploitée par une fondation**, créée par une ou plusieurs personnes qui affectent des biens ou des ressources, de façon irrévocable, à la réalisation d'une œuvre d'intérêt général à but non lucratif. Elle fonctionne grâce aux fruits et revenus que son capital initial génère. Des fondations peuvent être instituées pour organiser et financer des activités de recherche, des projets scientifiques, culturels, etc.

II. Le gouvernement de l'entreprise

A Une direction

- **Le droit n'organise pas le gouvernement de l'entreprise, mais le gouvernement de la société**. La loi, ainsi que les statuts de la société rédigés lors de sa création, organisent son gouvernement : ils déterminent les **dirigeants** (par exemple, un président et un directeur général nommé par un conseil d'administration). Parmi ceux qui participent à l'entreprise, le gouvernement de la société ne fait de place qu'aux apporteurs de capitaux - les associés - et à ceux à qui ils confient la direction. Ce sont les associés qui, réunis en assemblée générale, désignent et révoquent les dirigeants de la société.

B Quelles finalités poursuivre ?

- **Le but ultime de l'entreprise est-il la réalisation de bénéfices distribués aux associés ? Les finalités que les dirigeants de société doivent poursuivre dans leur gestion font débat**. Longtemps, la loi est demeurée silencieuse sur les missions des dirigeants. Prévalait l'idée que la société devait être gérée dans l'intérêt des seuls associés. Pourtant, la gestion de toute société doit aussi assurer la pérennité de l'entreprise et prendre en compte les conséquences de son activité. Cette réflexion fait son chemin et trouve d'ores et déjà plusieurs traductions dans la loi. En particulier, depuis 2019, le Code civil prévoit que la société doit être « gérée dans son intérêt social, en prenant en considération les enjeux sociaux et environnementaux de son activité ».

CHIFFRES CLÉS

Créations de sociétés selon la forme juridique, en 2017

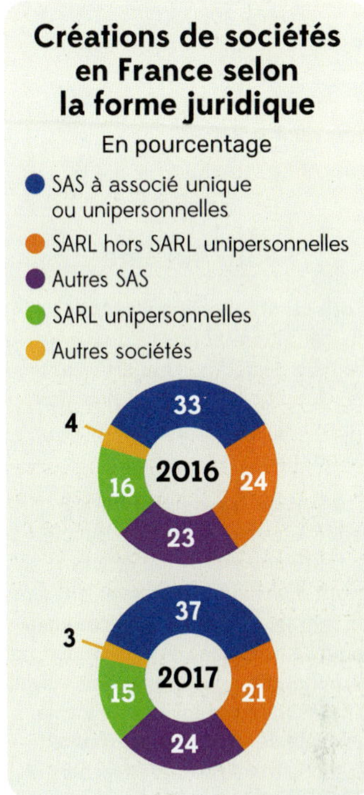

D'aprés l'Insee

RÉVISER SON COURS

1. Pourquoi dit-on que l'entreprise n'a pas d'existence juridique ?
2. Quelles sont les principales formes juridiques de sociétés ?
3. Qu'entend-on par « gouvernement de l'entreprise » ?
4. La société doit-elle être gérée dans l'intérêt exclusif de ses associés ?

RESSOURCES

Liens vers les ressources

SITE

« Quel statut juridique choisir pour son entreprise ? »,
CCI Paris Île-de-France
www.cci-paris-idf.fr

Un article sur les critères à retenir pour choisir le statut juridique d'une entreprise et sur les différents statuts possibles.

SITE

« La société à responsabilité limitée (SARL), un statut avec un apport minimum flexible »,
Bercy infos, 2019
www.economie.gouv.fr

Un focus sur un statut juridique, la SARL, et ses avantages.

SITE

Greffe du tribunal de commerce de Paris
www.infogreffe.fr

Infogreffe est le registre du commerce et des sociétés du greffe du tribunal de commerce. Il permet de rechercher des informations légales sur les entreprises.

Faites l'expérience en recherchant « Danone » sur le site.

COURS L'entreprise et le travail

REPÈRES → p. 206
COURS → p. 208
COURS → p. 212
DOSSIER → p. 216
LE DROIT EN PRATIQUE → p. 218

VOCABULAIRE

- **Collectivité de travail** : ensemble de travailleurs soumis à un même pouvoir de décision et partageant des conditions de travail similaires, faisant apparaître des intérêts communs.
- **Contrat de travail** : contrat par lequel un travailleur (dit « salarié ») exécute une prestation de travail au profit d'une autre personne, physique ou morale, sous la subordination de laquelle il se place, et moyennant une rémunération. Si le contrat de travail à durée indéterminée est la forme normale de la relation de travail, le Code du travail admet le recours temporaire à des contrats de travail dérogatoires, tels que le contrat de travail à durée déterminée.
- **Syndicat** : groupement qui a pour objet exclusif d'assurer l'étude et la défense des droits et intérêts, individuels et collectifs, de ceux qui exercent des activités professionnelles identiques, similaires ou connexes. Doté de la personnalité juridique, le syndicat peut agir en justice, disposer d'un patrimoine (lié notamment aux cotisations de ses adhérents) et négocier et conclure des accords collectifs.

NOTIONS

- **Contrat de travail** → vocabulaire et p. 280
- **Lien de subordination** → p. 280

→ *Quelle est la condition juridique du travailleur salarié ?*

I. Travail salarié et travail indépendant

A L'essor d'une distinction entre travail salarié et travail indépendant

• **L'entreprise ne se conçoit pas sans travail.** En tant qu'activité productive organisée, l'entreprise est un lieu de coordination de ceux qui y contribuent. L'essor de l'entreprise, au XIXe siècle, est donc intimement lié à l'essor d'une forme particulière de travail : le salariat.

• **Le travail est assuré soit par des travailleurs subordonnés, appelés « salariés », soit par des travailleurs indépendants**, tels un électricien, un expert-comptable, un avocat, etc. Cette distinction a une grande importance. En effet, le travailleur qui a la qualité de salarié a vocation à bénéficier d'un ensemble de règles spécifiques qui constituent le droit du travail. Ces règles ont les objets les plus divers : elles concernent les conditions de la mise au travail (travail intérimaire, travail à durée limitée...), les salaires (avec notamment le bénéfice d'un salaire minimum), la durée et le rythme de travail, la santé au travail, ou encore la procédure et la cause du licenciement. Ces règles ne s'appliquent pas au travailleur indépendant.

B Le critère de distinction entre travail salarié et travail indépendant

• Comment procéder à la distinction ? Référence est faite à un maître mot, la subordination. **Le salarié est subordonné, le travailleur indépendant ne l'est pas.** Mais à quels traits se reconnaît un travail subordonné ? Le **lien de subordination**, créé par le **contrat de travail**, est l'envers du pouvoir – c'est-à-dire l'expression d'un pouvoir – d'une personne physique ou morale – l'employeur – à l'égard d'un salarié : pouvoir de diriger le travail, de le contrôler, et de sanctionner le travailleur. Au contraire, un travailleur indépendant est libre d'organiser son travail, d'en fixer les conditions et le prix. S'il vend ses services à une société, il n'est pas lié à cette dernière par un contrat de travail, mais par un contrat de prestation.

• **L'existence d'un contrat de travail résulte en principe de la volonté expresse d'un employeur et d'un travailleur de conclure ce contrat.** Cependant, c'est parfois au terme d'une action en justice, engagée devant le conseil de prud'hommes, que sera reconnu un contrat de travail et qu'un travailleur pourra obtenir la reconnaissance de son statut de salarié, en lieu et place du statut de travailleur indépendant. Ainsi, lorsque l'autonomie du travailleur augmente, la distinction entre travail indépendant et travail subordonné peut être moins nette. L'exemple emblématique du travailleur difficile à classer est celui du travailleur d'une plateforme numérique, à l'instar des chauffeurs de VTC (véhicule de tourisme avec chauffeur) ou des livreurs à vélo de plats cuisinés.

• Notons enfin que le contrat de travail peut accueillir des formes de travail diverses (manuelle, intellectuelle, sportive, artistique). Mais toute activité est-elle constitutive d'un travail ? Cette question est illustrée par le cas de personnes participant à une émission de téléréalité qui se présente comme un jeu. Il y a incontestablement travail subordonné, selon la Cour de cassation, lorsque l'activité est organisée (par le producteur de l'émission) et destinée à la production d'un bien vendu sur un marché.

II. Statut du travail salarié

A Du contrat à la collectivité de travail

• **Le travailleur salarié est lié à son employeur par un contrat de travail.** Ce n'est pas un contrat comme un autre. Tout d'abord, si un contrat suppose une égalité des parties, le contrat de travail place le travailleur et l'employeur dans un rapport inégalitaire : un lien de subordination. Ensuite, l'activité du travailleur ne se limite pas à produire une prestation de travail : il consacre à son entreprise ses compétences, son temps au prix même, parfois, de sa santé. Son salaire a une vocation alimentaire ; il doit lui assurer ses conditions de subsistance.

• **En concluant un contrat de travail, le travailleur entre dans une collectivité de travail**, qui regroupe ceux qui sont placés sous une même autorité. Cette collectivité contribue à donner son sens à l'entreprise, au point que l'une est parfois identifiée à l'autre. Un règlement intérieur, élaboré par l'employeur, détermine les mesures d'application de la réglementation en matière de santé et de sécurité ainsi que les règles relatives à la discipline applicables à cette collectivité de travail.

• **Le droit du travail assure ainsi des fonctions multiples et concilie des impératifs souvent opposés.** Il assure la protection du salarié – en préservant son emploi, sa santé, sa sécurité, ses libertés dans l'entreprise – tout en légitimant l'exercice par l'employeur de son pouvoir de direction du personnel et de direction économique de l'entreprise.

B De la collectivité de travail à la défense des intérêts collectifs

• **Au sein de cette collectivité, les travailleurs peuvent s'organiser.** Afin d'exprimer des revendications de nature professionnelle, les salariés peuvent collectivement cesser leur travail par une grève. Ils ne commettent là aucune faute. Ils peuvent librement créer ou adhérer à un syndicat, afin que celui-ci défende leurs intérêts professionnels en exprimant des revendications auprès des employeurs.

• **Les syndicats ont également vocation à négocier et conclure avec l'employeur des accords, dits « collectifs »**, qui régissent les contrats de travail.

• **Par ailleurs, les salariés peuvent élire des représentants du personnel**, réunis au sein d'un comité social et économique (CSE), chargés d'assurer l'expression des intérêts collectifs des salariés. Cette instance dispose d'informations et doit être consultée par l'employeur périodiquement ou à l'occasion de tout projet intéressant l'organisation, la gestion ou la marche générale de l'entreprise. Si les avis du CSE peuvent influencer l'employeur, ils ne le lient pas.

• **Ainsi la subordination de chaque salarié est-elle tempérée** par l'action, la négociation et la représentation collectives.

TEXTES CLÉS

■ **La loi dite « Travail »**
En réponse au développement du numérique, la loi « relative au travail, à la modernisation du dialogue social et à la sécurisation des parcours professionnels », dite « loi Travail » du 8 août 2016, impose une nouvelle obligation de négocier en instaurant un droit à la déconnexion et en renforçant le contrôle de la charge de travail.

■ **Le préambule de la Constitution de la IVe République (1946), alinéas 7 et 8**
« Le droit de grève s'exerce dans le cadre des lois qui le réglementent. Tout travailleur participe, par l'intermédiaire de ses délégués, à la détermination collective des conditions de travail ainsi qu'à la gestion des entreprises. »

RÉVISER SON COURS

1. Quelle est la différence entre un salarié et un travailleur indépendant ?
2. Un travailleur peut-il prétendre être salarié sans avoir conclu de contrat de travail écrit ?
3. Le droit du travail s'intéresse-t-il seulement au rapport individuel entre un salarié et un employeur ?
4. Comment les travailleurs salariés peuvent-ils être défendus dans l'entreprise ?

RESSOURCES

Liens vers les ressources

LOI

Code du travail
www.legifrance.gouv.fr

Code juridique qui regroupe les textes relatifs au droit du travail. Découvrez la façon dont il est organisé en consultant son plan.

RAPPORT

« Travail à l'ère des plateformes. Mise à jour requise », Conseil national du numérique, 2020
https://cnnumerique.fr

Ce rapport propose des recommandations pour répondre aux enjeux soulevés par le développement des plateformes numériques de travail. (voir notamment p. 10-11)

SITE

« Syndicalisme dans l'entreprise : quels sont les droits des salariés et les obligations de l'employeur ? », Bercy infos, 2020
www.economie.gouv.fr

Un article synthétique pour comprendre le syndicalisme dans l'entreprise.

COURS

Les responsabilités de l'entreprise

REPÈRES → p. 206
COURS → p. 208
COURS → p. 210
DOSSIER → p. 214
DÉBAT → p. 220

VOCABULAIRE

- **Accident du travail** : accident survenu par le fait ou à l'occasion du travail, quelle qu'en soit la cause (utilisation d'un outil, chute sur le lieu de travail, accident de trajet...). Une loi du 9 avril 1898 met en place un système de réparation automatique de l'accident du travail.
- **Préjudice écologique** : atteinte non négligeable aux éléments ou aux fonctions des écosystèmes ou aux bénéfices collectifs tirés par l'homme de l'environnement (loi du 8 août 2016).
- **Responsabilité juridique** : obligation de répondre de son comportement devant la justice et d'en assumer les conséquences civiles, administratives, pénales et disciplinaires soit envers la justice soit envers la société.
- **Responsabilité sociale des entreprises (RSE)** : prise en compte par les entreprises, sur la base du volontariat, des effets environnementaux, sociaux et éthiques de leurs activités.

NOTIONS

- **Préjudice écologique**
  → vocabulaire et p. 280
- **Principe de précaution**
  → p. 280
- **Principe de prévention**
  → p. 280

→ *L'entreprise est-elle responsable des dommages liés à son activité ?*

I. Le domaine des responsabilités

A Des dommages subis par les travailleurs...

• **Longtemps, l'attention a été attirée sur les dommages, en particulier corporels, subis par les travailleurs.** À la fin du XIXe siècle, avec l'industrialisation massive et la mécanisation du travail, les accidents industriels deviennent une préoccupation majeure.

• **La loi du 9 avril 1898 crée un régime spécial d'indemnisation des victimes d'accidents du travail.** S'impose ainsi l'idée que le travailleur (salarié) doit être indemnisé chaque fois que l'accident ou la maladie qui le frappe est en rapport avec son travail. La réparation de l'accident subi par le travailleur ne suppose pas une faute commise par l'employeur. Celui-ci doit assumer le **risque professionnel**.

B ... aux dommages sociétaux et environnementaux

• Sans rien perdre de leur actualité, **les accidents industriels produisent d'autres dommages que ceux subis par les salariés de l'entreprise.** La loi tend aujourd'hui à responsabiliser l'entreprise à l'égard de son écosystème. À partir de 1985, le législateur a élaboré un ensemble de règles visant à prévenir les difficultés des entreprises et, en cas de difficultés, à permettre leur sauvegarde ainsi que le maintien de l'activité et de l'emploi et le paiement des créanciers. De la même façon, l'adoption d'un Code de la consommation en 1993 répond au souci de responsabiliser les professionnels à l'égard des consommateurs, notamment en développant des obligations d'information.

• **Les activités des entreprises peuvent provoquer des dommages à l'environnement,** comme par exemple une pollution du site industriel où sont installées les usines, des eaux ou de l'air. Pour que le **préjudice écologique** soit réparé, encore faut-il admettre que les êtres humains ne sont pas seuls à pouvoir obtenir en justice qu'il soit mis fin à leur dommage ou qu'une indemnisation soit mise à charge d'une entreprise. C'est tout récemment, après quelques accidents dramatiques, que les juges (arrêt de la cour d'appel de Paris du 30 mars 2010, concernant la marée noire de l'Erika), puis loi du 8 août 2016 ont consacré la réparation du préjudice écologique.

• **Le mouvement dit de « responsabilité sociale et environnementale (RSE) »** traduit une prise en compte croissante, par les entreprises, des préjudices que l'activité productive peut générer.

II. Le sens de la responsabilité

A La réparation

• **Dans l'ordre des politiques correctives, la réparation – l'indemnisation des victimes – est venue la première.** La charge d'indemniser suppose ici l'identification d'une faute commise.

• Dominante au XIXe siècle, cette **responsabilité** pour faute, centrée sur l'auteur de la faute, a néanmoins été complétée, au XXe siècle, par des règles centrées sur les victimes, facilitant leur indemnisation. Ces systèmes de responsabilité ont pour trait commun de supposer que soit commis un **comportement dommageable**.

B La prévention

• **Est ensuite apparue la nécessité d'imposer aux entreprises la prévention des risques**, qu'il s'agisse des risques pour la santé et la sécurité des salariés ou des risques pour l'environnement et la santé des populations.

• Ce **principe de la prévention** consiste à étudier et à mettre en œuvre **les mesures destinées à empêcher la survenance du risque** connu, identifié.

C La précaution

• **Un pas supplémentaire est franchi lorsque est imposée la précaution, qui postule la prise en compte des risques non encore avérés.** Le **principe de précaution** est aujourd'hui consacré, mais sa portée est discutée. S'il oblige les autorités publiques, oblige-t-il aussi les entreprises ? S'applique-t-il de la même manière à tous les risques environnementaux et sanitaires ?

III. La détermination des responsables

A Les responsabilités imposées

• Réparation, prévention, et même précaution : qui y est tenu ? Sans nul doute la société dont dépend l'activité génératrice des dommages ou de risques. Mais lorsque l'activité d'une société s'intègre dans une chaîne, ne faut-il pas imputer une responsabilité aux sociétés qui l'organisent et la contrôlent ? Une loi du 27 mars 2017 suit dorénavant cette inspiration en mettant à la charge de telles sociétés une obligation dite « de vigilance ».

B Les responsabilités revendiquées

• De grandes entreprises décident parfois d'exprimer volontairement, dans des chartes ou des codes de bonne conduite, des **préoccupations sociales et environnementales**. De ces pratiques de responsabilité sociale et environnementale (RSE) sont attendus des effets positifs dans les activités productives de l'entreprise et ses relations commerciales. Mais la possibilité de reprocher en justice, à celui qui exploite une entreprise, la violation de tels engagements reste très incertaine.

• **En 2019, le législateur a permis à toute société d'inscrire dans ses statuts une raison d'être**, constituée des principes dont elle se dote et pour le respect desquels elle entend affecter des moyens. Elle peut également devenir « société à mission », en complétant cette raison d'être par une mission, composée d'objectifs sociaux et environnementaux, et en instituant un comité en chargé de son suivi.

DATES CLÉS

Quelques catastrophes industrielles récentes

- 1966 Explosion de la raffinerie de Feyzin, 18 morts et 84 blessés
- 1984 Explosion d'une usine de pesticides à Bhopal (Inde), 6 000 morts et 250 000 blessés
- 1986 Accident nucléaire de la centrale de Tchernobyl (Ukraine)
- 1999 Naufrage du navire pétrolier « Erika », provoquant une marée noire sur les côtes de la Bretagne
- 2006 Un navire pétrolier déverse 600 tonnes de déchets toxiques près de la ville d'Abidjan (Côte d'Ivoire)
- 2010 Marée noire provoquée par une plateforme pétrolière (golfe du Mexique)
- 2011 Accident nucléaire de la centrale de Fukushima (Japon), 16 000 morts
- 2019 Incendie de l'usine de produit chimiques Lubrizol à Rouen

RÉVISER SON COURS

1. Comment caractériser l'évolution des responsabilités de l'entreprise ?
2. Que recouvrent les principes de réparation, de prévention et de précaution ?
3. Les déclarations de responsabilité sociale et environnementale (RSE) contraignent-elles les entreprises qui les font ?

PARTIE 2

RESSOURCES

Liens vers les ressources

LOI

Code civil, art. 1246
www.legifrance.gouv.fr

Cet article précise que « Toute personne responsable d'un préjudice écologique est tenue de le réparer. »

SITE

« Maladie ou accident du travail dans le secteur privé », service public
www.service-public.fr

De nombreuses informations sur l'arrêt maladie, l'accident du travail et la maladie professionnelle.

SITE

Plateforme RSE, France Stratégie
www.strategie.gouv.fr

Une plateforme nationale d'actions pour la RSE. Elle « formule des recommandations sur les questions sociales, environnementales et de gouvernance soulevées par la responsabilité sociétale des entreprises ».

DOSSIER

L'entreprise répond-elle de toutes les conséquences de son activité ?

REPÈRES → p. 206
COURS → p. 208
COURS → p. 212
DÉBAT → p. 220

La mission des dirigeants de société fait débat. Pour certains, elle est exclusivement de satisfaire les associés. Pour d'autres, il faut prendre en compte les effets sociaux et environnementaux de l'activité. Lorsque l'entreprise se compose de plusieurs sociétés, il importe de déterminer celle(s) qui est (sont) responsable(s).

→ **Qui est responsable des conséquences sociales et environnementales de l'activité de l'entreprise ?**

DOC 1 Les missions des dirigeants

Le rôle premier de l'entreprise n'est pas la poursuite de l'intérêt général, mais des attentes croissantes à l'égard des entreprises sont régulièrement exprimées, avec l'essor des défis environnementaux et sociaux. Le concept de « parties prenantes » – c'est-à-dire les personnes et les groupes qui subissent un risque du fait de l'activité de l'entreprise – est fréquemment évoqué pour susciter une prise de conscience par l'entreprise des impacts de son activité. Au-delà de ces tiers prenant part à l'entreprise, la conviction portée par ce rapport est que le gouvernement d'entreprise lui-même doit incorporer ces considérations dans sa stratégie. Il convient pour cela que chaque entreprise prenne conscience de sa « raison d'être ».

Une entreprise [...] contribue à un ensemble économique et social, en constituant un réseau de clients, de fournisseurs ou de sous-traitants, en s'insérant dans un écosystème, etc.

Chaque entreprise a donc une raison d'être non réductible au profit. C'est d'ailleurs souvent lorsqu'elle la perd que les soucis financiers surviennent. [...] [Le] chiffre comptable n'est qu'un révélateur d'une vitalité de l'entreprise qui se joue ailleurs. La raison d'être se définit comme ce qui est indispensable pour remplir l'objet social, c'est-à-dire le champ des activités de l'entreprise. Elle est [...] une volonté réelle et partagée. Si quelques-uns pourraient être tentés d'en faire un objet marketing, la raison d'être fournira à la plupart des conseils d'administration un guide pour les décisions importantes, un contrepoint utile au critère financier de court terme, qui ne peut servir de boussole.

Nicole Notat, Jean-Dominique Senard, « L'entreprise, objet d'intérêt collectif », rapport remis au Gouvernement le 9 mars 2018

VOCABULAIRE

- **Dirigeants** : représentants légaux de la société, c'est-à-dire toutes les personnes ayant le pouvoir d'agir au nom et pour le compte de la société.
- **Société mère** : société qui contrôle, directement ou indirectement, une autre société (filiale). Il en est ainsi notamment lorsqu'elle détient plus de 50 % de son capital ou des droits de vote en assemblée générale. Elle forme, avec ses filiales, un groupe de sociétés.
- **Sous-traitance** : contrat par lequel une société (le donneur d'ordre) confie à une autre (le sous-traitant) tout ou partie de l'exécution d'une prestation de services, d'un marché ou de la fabrication de produits.

DOC 2 Deux conceptions de la responsabilité

a. Le point de vue de l'économiste Milton Friedman[1]

Il y a une et seulement une seule responsabilité sociale de l'entreprise : utiliser ses ressources et les engager dans des activités destinées à accroître son profit, pourvu qu'elles respectent les règles du jeu, ce qui veut dire d'éviter la tromperie et la fraude.

Milton Friedman, *The New York Times Magazine*, septembre 1970

1. Milton Friedman (1912-2006), économiste américain, défenseur du libéralisme. Selon lui, le libre-échange et l'écologie sont incompatibles.

b. Ce que dit la loi en France

Art. 1833, alinéa 2. La société est gérée dans son intérêt social, en prenant en considération les enjeux sociaux et environnementaux de son activité.

Art. 1835. [...] Les statuts peuvent préciser une raison d'être, constituée des principes dont la société se dote et pour le respect desquels elle entend affecter des moyens dans la réalisation de son activité.

Code civil, modifié par la loi PACTE, 22 mai 2019

DOC 3 Un exemple de groupe de sociétés

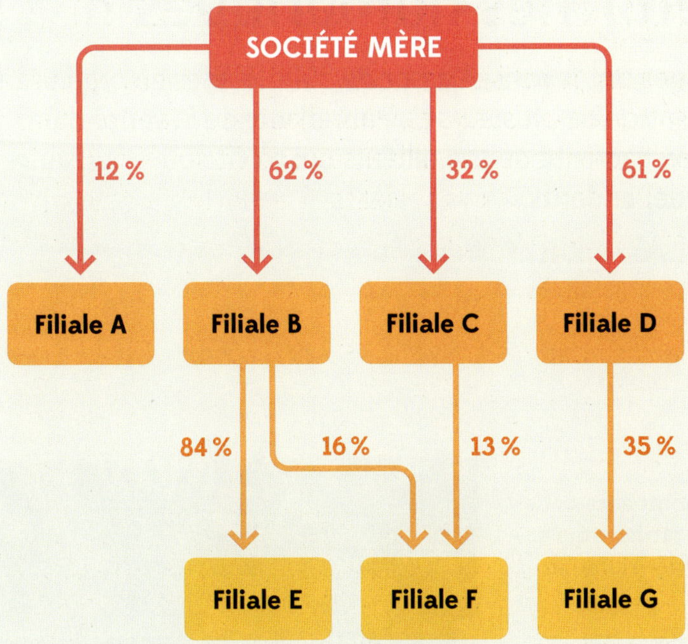

Note : les nombres indiqués correspondent au pourcentage de détention du capital social.

DOC 4 Le drame du Rana Plaza

Le 24 avril 2013 s'effondrait le bâtiment du Rana Plaza, à Dacca, capitale du Bangladesh, provoquant la mort de 1 127 ouvriers de l'industrie textile. L'immeuble abritait des ateliers sous-traitants, fabriquant des vêtements pour le compte de grandes entreprises internationales aux marques notoires.

DOC 5 La loi sur le devoir de vigilance

Art. L. 225-102-4. Toute société qui emploie [...] au moins cinq mille salariés en son sein et dans ses filiales directes ou indirectes dont le siège social est fixé sur le territoire français, ou au moins dix mille salariés en son sein et dans ses filiales directes ou indirectes dont le siège social est fixé sur le territoire français ou à l'étranger, établit et met en œuvre de manière effective un plan de vigilance. [...]

Le plan comporte les mesures de vigilance raisonnable propres à identifier les risques et à prévenir les atteintes graves envers les droits humains et les libertés fondamentales, la santé et la sécurité des personnes ainsi que l'environnement, résultant des activités de la société et de celles des sociétés qu'elle contrôle [...], directement ou indirectement, ainsi que des activités des sous-traitants ou fournisseurs [...].

Le plan a vocation à être élaboré en association avec les parties prenantes de la société [...]. Il comprend les mesures suivantes :

1. Une cartographie des risques destinée à leur identification, leur analyse et leur hiérarchisation ;
2. Des procédures d'évaluation régulière de la situation des filiales, des sous-traitants ou fournisseurs [...] ;
3. Des actions adaptées d'atténuation des risques ou de prévention des atteintes graves ;
4. Un mécanisme d'alerte et de recueil des signalements relatifs à l'existence ou à la réalisation des risques, établi en concertation avec les organisations syndicales représentatives dans ladite société ;
5. Un dispositif de suivi des mesures mises en œuvre et d'évaluation de leur efficacité.

Article L. 225-102-4 du Code de commerce, inséré par la loi du 27 mars 2017 relative au devoir de vigilance des sociétés mères et des entreprises donneuses d'ordre

? QUESTIONS

1 Quels buts le dirigeant d'une société doit-il poursuivre aujourd'hui ? **docs 1 et 2**

2 Qui est responsable du dommage causé par une filiale ? par un sous-traitant ? **docs 3, 4 et 5**

3 Que signifie, pour une entreprise, « vigilance » ? **doc 5**

Synthèse Que signifie, pour une société, assumer ses responsabilités sociales et environnementales ?

C'est à vous ! ORAL

Vous dirigez une société qui fabrique des smartphones.

- Vos salariés sont chargés de la conception en France. Vous souhaitez sous-traiter la fabrication pour réduire les coûts de production. Mais le sous-traitant utilise des produits chimiques dangereux pour l'environnement et la santé.
- Quels sont les mérites et les risques de votre décision ?

DOSSIER

Quel statut pour les travailleurs des plateformes numériques ?

REPÈRES → p. 206
COURS → p. 208
COURS → p. 210
COURS → p. 212
FICHE MÉTHODE → p. 276

Les outils numériques ont favorisé l'essor de plateformes en organisant, outre la mise en relation de plusieurs parties en vue de la vente d'un bien ou d'un service, l'activité de travailleurs qui n'ont souvent d'autre choix que d'être indépendants.

→ **Les travailleurs des plateformes numériques sont-ils des travailleurs indépendants ou des salariés ?**

DOC 1 Les livreurs à vélo sont-ils « libres » ?

« Toujours plus vite, toujours plus loin, toujours moins cher » : des livreurs à vélo de Deliveroo dénoncent la nouvelle grille tarifaire qui entraîne, selon eux, une baisse de leur rémunération et une détérioration de leurs conditions de travail. [...]

« Nous sommes entrepreneurs, donc nous sommes censés être libres, mais ce n'est pas le cas. Si on ne travaille pas pendant les pics de commandes le vendredi, samedi et dimanche soir, nos statistiques baissent et du coup Deliveroo nous fait moins travailler les jours suivants.

Si on se connecte en retard ou si on prévient de notre absence trop tard, c'est pareil. Par contre, on doit cotiser au RSI (régime social des indépendants) et on doit entretenir à nos frais nos outils de travail : notre téléphone et notre vélo. »

« "On arrive à l'épuisement" : les livreurs Deliveroo sont à cran », SudOuest.fr avec AFP, août 2019

DOC 2 Affaire Take it easy

Arrêt complet

Par un arrêt rendu le 28 novembre 2018, la chambre sociale de la Cour de cassation statue pour la première fois sur la qualification du contrat liant un livreur à une plateforme numérique.

[La] société Take eat easy utilisait une plateforme numérique et une application afin de mettre en relation des restaurateurs partenaires, des clients passant commande de repas par le truchement de la plateforme et des livreurs à vélo exerçant leur activité sous un statut d'indépendant.

Un coursier avait saisi la juridiction prud'homale[1] d'une demande de requalification de la relation contractuelle en contrat de travail. [...]

[Dès] lors qu'ils constataient, d'une part, que l'application était dotée d'un système de géolocalisation permettant le suivi en temps réel par la société de la position du coursier et la comptabilisation du nombre total de kilomètres parcourus, de sorte que le rôle de la plateforme ne se limitait pas à la mise en relation du restaurateur, du client et du coursier, et, d'autre part, que la société disposait d'un pouvoir de sanction à l'égard du coursier, constatations dont il résultait l'existence d'un pouvoir de direction et de contrôle de l'exécution de la prestation du livreur caractérisant un lien de subordination, les juges du fond[2] ne pouvaient écarter la qualification de contrat de travail.

Note explicative de l'arrêt n° 1737, du 28 novembre 2018 (affaire Take it easy), Cour de cassation

1. Conseil de prud'hommes : juridiction civile qui règle les différends entre salariés et employeurs au sujet du contrat de travail. 2. Une cour d'appel.

DOC 3 Le contrat de « partenariat » ou contrat de travail ?

Arrêt complet

8. Selon la jurisprudence constante de la Cour [...], le lien de subordination est caractérisé par l'exécution d'un travail sous l'autorité d'un employeur qui a le pouvoir de donner des ordres et des directives, d'en contrôler l'exécution et de sanctionner les manquements de son subordonné.

10. À cet égard, la cour d'appel a retenu que M. X... a été contraint pour pouvoir devenir « partenaire » de la société Uber BV et de son application éponyme de s'inscrire au Registre des Métiers et que, loin de décider librement de l'organisation de son activité, de rechercher une clientèle ou de choisir ses fournisseurs, il a ainsi intégré un service de prestation de transport créé et entièrement organisé par la société Uber BV, qui n'existe que grâce à cette plateforme, service de transport à travers l'utilisation duquel il ne constitue aucune clientèle propre, ne fixe pas librement ses tarifs ni les conditions d'exercice de sa prestation de transport, qui sont entièrement régis par la société Uber BV.

11. La cour d'appel a retenu, à propos de la liberté de se connecter et du libre choix des horaires de travail, que le fait de pouvoir choisir ses jours et heures de travail n'exclut pas en soi une relation de travail subordonnée, dès lors que lorsqu'un chauffeur se connecte à la plateforme Uber, il intègre un service organisé par la société Uber BV.

12. Au sujet des tarifs, la cour d'appel a relevé que ceux-ci sont contractuellement fixés au moyen des algorithmes de la plateforme Uber par un mécanisme prédictif, imposant au chauffeur un itinéraire particulier dont il n'a pas le libre choix [...]. [...]

15. La cour d'appel [...] a ainsi déduit de l'ensemble des éléments précédemment exposés que le statut de travailleur indépendant de M. X... était fictif et que la société Uber BV lui avait adressé des directives, en avait contrôlé l'exécution et avait exercé un pouvoir de sanction [...].

Cour de cassation, arrêt n° 374 (Uber), 4 mars 2020

VOCABULAIRE

- **Subordination** : situation dans laquelle un travailleur est placé sous l'autorité d'une personne qui a un pouvoir de donner des ordres et des directives, d'en contrôler l'exécution, et de sanctionner les manquements du travailleur.
- **Travailleur indépendant** : travailleur qui exerce son activité professionnelle en toute autonomie, sans être placé dans un lien de subordination à l'égard d'un donneur d'ordre. Il peut exercer son activité en qualité de commerçant, artisan, micro-entrepreneur, etc.

DOC 4 Les outils de travail des chauffeurs VTC

La voiture et le téléphone (achat et entretien) sont à la charge du chauffeur.

? QUESTIONS

1. Quelles relations les plateformes entretiennent-elles avec leurs travailleurs en termes de consignes, de contrôles et de sanctions ? **doc 1 à 4**
2. Si un travailleur conclut un contrat dénommé « contrat de partenariat », à quelles conditions peut-il, par la suite, obtenir la requalification de ce contrat en contrat de travail ? **doc 3**

Synthèse Pourquoi un travailleur peut-il avoir intérêt à démontrer qu'il est lié à une plateforme par un contrat de travail ?

C'est à vous ! ORAL

Pierre, micro-entrepreneur, est livreur à vélo de plats cuisinés.

- Il effectue ses livraisons selon les consignes transmises par l'application d'une plateforme qui peut le géolocaliser à tout moment et fixe le prix de la livraison, mais lui permet de choisir ses jours, horaires et durée de connexion.
- Après une longue période de déconnexion consécutive à un accident survenu lors d'une livraison, le compte de Pierre a été désactivé. Il saisit un conseil de prud'hommes pour faire reconnaître sa qualité de salarié.
- Vous défendez, alternativement, Pierre et la plateforme. Exposez votre plaidoirie.

PARTIE 2

Le droit en pratique ! Le licenciement de Claire

Situation

- Claire, embauchée en 2005, a reçu de la part de son employeur, la Société Chimique Internationale, la lettre de licenciement suivante :
« Nous vous avons fait part, lors de l'entretien préalable à votre licenciement, de notre projet de vous licencier. Nous avons le regret de vous licencier pour faute grave en raison des faits suivants. Vous avez violé la clause de confidentialité stipulée dans votre contrat de travail en divulguant au procureur de la République le fait que notre usine a déversé des produits chimiques dans une rivière. Or, la connaissance de ce dysfonctionnement aurait dû rester en interne. »
Claire se demande si elle peut saisir un juge (et lequel) pour contester son licenciement.

DOC 1 Clause de confidentialité dans le contrat de travail de Claire

Clause de confidentialité

Compte tenu de vos responsabilités de cadre en charge du traitement des déchets, vous êtes tenue à une confidentialité absolue à l'égard de tous les faits dont vous pourriez prendre connaissance en raison de vos fonctions ou de votre appartenance à l'entreprise et qui concerneraient tant la gestion et le fonctionnement de cette dernière que sa situation et ses projets.

Le non-respect de cette obligation de confidentialité pourra faire l'objet de sanctions disciplinaires pouvant aller jusqu'au licenciement.

DOC 2 La lettre de licenciement dans le Code du travail

Art. L. 1232-6. Lorsque l'employeur décide de licencier un salarié, il lui notifie sa décision par lettre recommandée avec avis de réception.

Cette lettre comporte l'énoncé du ou des motifs invoqués par l'employeur.

Elle ne peut être expédiée moins de deux jours ouvrables après la date prévue de l'entretien préalable au licenciement auquel le salarié a été convoqué.

Un décret en Conseil d'État détermine les modalités d'application du présent article. Un arrêté du ministre chargé du travail fixe les modèles que l'employeur peut utiliser pour procéder à la notification du licenciement.

Code du travail

DOC 3 La procédure de licenciement

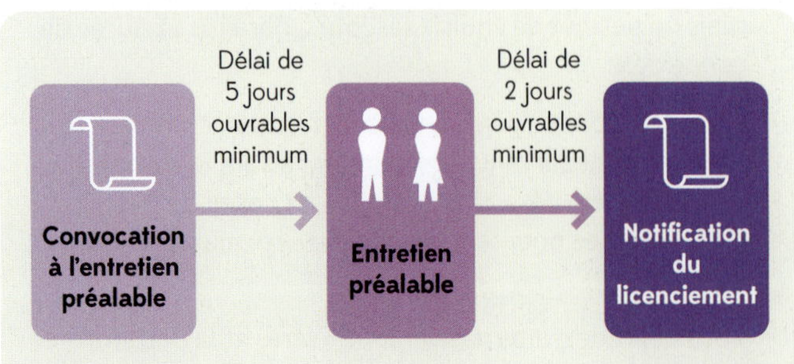

D'après le centre de médiation de Paris et le Code de procédure civile

DOC 4 Le conseil de prud'hommes, tribunal du travail

Audience au conseil de prud'hommes

DOC 5 La liberté d'expression dans le droit européen

Art. 10. Liberté d'expression

1. Toute personne a droit à la liberté d'expression. Ce droit comprend la liberté d'opinion et la liberté de recevoir ou de communiquer des informations ou des idées sans qu'il puisse y avoir ingérence d'autorités publiques et sans considération de frontière. Le présent article n'empêche pas les États de soumettre les entreprises de radiodiffusion, de cinéma ou de télévision à un régime d'autorisations.

2. L'exercice de ces libertés comportant des devoirs et des responsabilités peut être soumis à certaines formalités, conditions, restrictions ou sanctions prévues par la loi, qui constituent des mesures nécessaires, dans une société démocratique, à la sécurité nationale, à l'intégrité territoriale ou à la sûreté publique, à la défense de l'ordre et à la prévention du crime, à la protection de la santé ou de la morale, à la protection de la réputation ou des droits d'autrui, pour empêcher la divulgation d'informations confidentielles ou pour garantir l'autorité et l'impartialité du pouvoir judiciaire.

Convention européenne des droits de l'homme

DOC 6 La protection du lanceur d'alerte

Arrêt complet

[Le] fait pour un salarié de porter à la connaissance du procureur de la République des faits concernant l'entreprise qui lui paraissent anormaux, qu'ils soient ou non susceptibles de qualification pénale, ne constitue pas en soi une faute. [...]

Vu l'article 10 § 1 de la Convention de sauvegarde des droits de l'homme et des libertés fondamentales ;

Attendu qu'en raison de l'atteinte qu'il porte à la liberté d'expression, en particulier au droit pour les salariés de signaler les conduites ou actes illicites constatés par eux sur leur lieu de travail, le licenciement d'un salarié prononcé pour avoir relaté ou témoigné, de bonne foi, de faits dont il a eu connaissance dans l'exercice de ses fonctions et qui, s'ils étaient établis, seraient de nature à caractériser des infractions pénales, est frappé de nullité.

Cour de cassation, chambre sociale,
arrêt n° 1309, 30 juin 2016

VOCABULAIRE

- **Lanceur d'alerte** : tout salarié qui constate dans l'entreprise un risque grave pour la santé publique ou l'environnement doit le signaler à son employeur. L'alerte est consignée par écrit dans un registre spécial.

DOC 7 Les sanctions du licenciement nul

Art. L. 1235-3-1. [Lorsque] le juge constate que le licenciement est entaché d'une des nullités [et] lorsque le salarié ne demande pas la poursuite de l'exécution de son contrat de travail ou que sa réintégration est impossible, le juge lui octroie une indemnité, à la charge de l'employeur, qui ne peut être inférieure aux salaires des six derniers mois.

Code du travail

Conseils !

1. Lisez attentivement la situation et les documents.
2. Identifiez, pour chaque situation, les questions de droit qui se posent.
3. Analysez les règles de droit.
4. Avant de les appliquer, assurez vous que la situation entre dans leur champ d'application.

RESSOURCES

Liens vers les ressources

SITE

« Licenciement pour motif personnel (secteur privé) », service public

www.service-public.fr

De nombreuses informations sur le déroulement du licenciement pour motif personnel, les indemnités et les protections spécifiques.

VIDÉO

« Le conseil de prud'hommes » (4 min 14 s), ministère de la Justice, 2017

http://www.justice.gouv.fr

Une présentation de la procédure au sein du conseil des prud'hommes. Elle évoque également la Cour de cassation.

SITE

« Lanceur d'alerte dans l'entreprise », service public

www.service-public.fr

De nombreuses informations sur les lanceurs d'alertes dans l'entreprise et leur protection.

PARTIE 2

DÉBAT ORAL

Comment réparer un préjudice écologique ?

DOC 1 Le naufrage de l'Erika

Le 12 décembre 1999, l'Erika, pétrolier vieux de 25 ans battant pavillon maltais, a fait naufrage au large de la Bretagne, alors qu'il transportait 30 884 tonnes de fioul lourd en provenance de Dunkerque. Le navire, affrété par le groupe français Total et appartenant à un armateur italien, a provoqué une marée noire qui a souillé 400 kilomètres de côtes et tué 150 000 oiseaux.

DOC 2 Pluralité des responsables possibles du préjudice

Affréteur du navire (vendeur et propriétaire du fioul transporté)	Total SA et ses filiales
Armateur (exploite à ses frais un ou plusieurs navires marchands ou de pêche)	Giuseppe Savarese
Gestion technique (maintenance du bateau, vérification de son état, obtention de la classe et des certificats, recrutement de l'équipage)	Société Panship (Antonio Pollara)
Société de classification (chargée des contrôles)	Société RINA (Italie)
Acquéreur du fioul	Société Enel

DOC 3 L'arrêt de la Cour de cassation

La Cour de cassation a confirmé, mardi 25 septembre, toutes les condamnations prononcées dans l'affaire du naufrage de l'Erika, il y a près de treize ans, y compris celle de la compagnie pétrolière, condamnée à l'amende maximale de 375 000 euros. Mais elle y a rajouté la responsabilité civile, dont Total, en tant qu'« affréteur véritable » de l'Erika, avait été exonéré par la cour d'appel de Paris du fait d'une convention internationale. Il faudra ainsi au groupe « réparer les conséquences du dommage solidairement avec ses coprévenus d'ores et déjà condamnés » à des dommages et intérêts. […]

La cour d'appel de Paris avait confirmé, le 30 mars 2010, les condamnations pénales pour pollution du groupe Total, de la société de classification Rina, de l'armateur Giuseppe Savarese et du gestionnaire Antonio Pollara. Les parties civiles (l'État, une série de collectivités territoriales, des communes aux conseils régionaux, et des associations de protection de l'environnement) avaient obtenu 200,6 millions d'euros de dommages et intérêts, dont environ 13 millions au titre de leur « préjudice écologique ».

« "Erika" : la Cour de cassation confirme la condamnation de Total », *Le Monde* avec AFP, septembre 2012

DOC 4 La reconnaissance du préjudice écologique

Art. 1246. Toute personne responsable d'un préjudice écologique est tenue de le réparer.

Art. 1247. Est réparable, dans les conditions prévues au présent titre, le préjudice écologique consistant en une atteinte non négligeable aux éléments ou aux fonctions des écosystèmes ou aux bénéfices collectifs tirés par l'homme de l'environnement.

Art. 1248. L'action en réparation du préjudice écologique est ouverte à toute personne ayant qualité et intérêt à agir, telle que l'État, l'Agence française pour la biodiversité, les collectivités territoriales et leurs groupements dont le territoire est concerné, ainsi que les établissements publics et les associations agréées ou créées depuis au moins cinq ans à la date d'introduction de l'instance qui ont pour objet la protection de la nature et la défense de l'environnement.

Art. 1249. La réparation du préjudice écologique s'effectue par priorité en nature.

En cas d'impossibilité de droit ou de fait ou d'insuffisance des mesures de réparation, le juge condamne le responsable à verser des dommages et intérêts, affectés à la réparation de l'environnement, au demandeur ou, si celui-ci ne peut prendre les mesures utiles à cette fin, à l'État. [...]

Code civil, articles 1246 à 1249, créés par la loi n° 2016-1087, du 8 août 2016 pour la reconquête de la nature, de la biodiversité et des paysages

DOC 5 La protection de l'environnement face à la liberté d'entreprendre

Décision complète

[Des] dispositions [législatives] interdisent la production, le stockage et la circulation en France des produits phytopharmaceutiques contenant des substances actives non approuvées par l'Union européenne, en raison de leurs effets sur la santé humaine, la santé animale ou l'environnement. Elles font ainsi obstacle non seulement à la vente de tels produits en France mais aussi à leur exportation. Au nombre des produits dont il s'agit figurent, notamment, des herbicides, des fongicides, des insecticides ou des acaricides. [...].

[Le] Conseil constitutionnel rappelle tout d'abord que la liberté d'entreprendre découle de l'article 4 de la Déclaration des droits de l'homme et du citoyen de 1789. [...] [Il] juge ensuite qu'il découle du préambule de la Charte de l'environnement que la protection de l'environnement, patrimoine commun des êtres humains, constitue un objectif de valeur constitutionnelle. [...]

Le Conseil constitutionnel juge que, par les dispositions contestées, le législateur a entendu faire obstacle à ce que des entreprises établies en France participent à la vente de tels produits partout dans le monde et donc, indirectement, aux atteintes qui peuvent en résulter pour la santé humaine et l'environnement. Ce faisant, et quand bien même la production et la commercialisation de tels produits seraient susceptibles d'être autorisées en dehors de l'Union européenne, l'atteinte qu'il a portée à la liberté d'entreprendre est bien en lien avec les objectifs de valeur constitutionnelle de protection de la santé et de l'environnement.

Communiqué de presse relatif à la décision n° 2019-823 du 31 janvier 2020, Conseil constitutionnel

DOC 6 Typologie des préjudices résultant du naufrage de l'Erika

I. C. 1. 1. 1.1. Évaluation des dommages de la filière alimentaire

L'activité des pêcheurs, des aquaculteurs [...], des paludiers et sauniers [...] a été et continue à être touchée par le fioul s'échappant de l'épave de l'Erika, qui en outre gît dans une zone de pêche de langoustines. [...]

a) Dégâts matériels [...]

b) Préjudices économiques

[...] L'image des produits de la mer et des cultures marines a particulièrement souffert, entraînant des méventes. [...]

c) Conséquences sociales [...]

1.2. Le préjudice subi par les acteurs du tourisme [...]

1.3. L'image de marque des collectivités touchées

Avis sur « Les causes et les conséquences du naufrage du pétrolier Erika » adopté par le Conseil économique et social, 29 mars 2000

PARTIE 2

VOCABULAIRE

- **Préjudice écologique** : atteinte non négligeable aux éléments ou aux fonctions des écosystèmes ou aux bénéfices collectifs tirés par l'homme de l'environnement (loi du 8 août 2016).
- **Réparation du préjudice écologique en nature** : l'auteur d'un dommage est condamné à dépolluer un site et à le remettre en état.
- **Responsabilité civile** : obligation faite à une personne de réparer le préjudice causé à autrui.

C'est à vous !

C'est à vous !

DÉBAT **Comment réparer un préjudice écologique ?**

ÉTAPE 1 Comprendre et préparer le débat

AVANT LE DÉBAT

1 Identifiez les acteurs concernés par les préjudices écologiques évoqués dans les documents.

2 Relevez dans les documents le ou les principaux arguments qui permettront de répondre à la question du débat.

3 Analysez les arguments et classez-les de manière à différencier les points de vue des acteurs concernés par l'objet du débat.

ÉTAPE 2 Participer au débat

AVANT LE DÉBAT

4 Mettez-vous à la place des acteurs concernés par l'objet du débat. Pour chacun d'eux, élaborez des arguments en prenant appui sur les informations des documents.

5 Notez vos arguments dans un tableau.

PENDANT LE DÉBAT

6 Présentez vos arguments et notez ceux des autres élèves.

Conseils

- Anticipez les points de vue différents afin de construire une contre-argumentation.
- Écoutez et respectez la parole des autres.
- Pour convaincre, il est important d'associer des idées générales à des exemples précis (faits, acteurs, ce que dit le droit…).
- Relisez vos notes avant de prendre la parole.
- Présentez vos arguments, sans lire vos notes, en regardant l'auditoire.

	La personne qui a provoqué le préjudice écologique (le pollueur) doit le réparer	La personne qui organise l'activité du pollueur doit réparer le préjudice écologique	L'État doit réparer le préjudice écologique
Les arguments des acteurs des documents	• • •	• • •	• • •
Mes arguments	• • •	• • •	• • •
Les arguments des autres élèves	• • •	• • •	• • •

ÉTAPE 3 Conclure le débat

APRÈS LE DÉBAT

7 À l'écrit, exprimez votre point de vue personnel et argumenté sur la réparation du préjudice écologique.

8 Les arguments échangés lors du débat ont-ils fait évoluer votre position initiale ? Expliquez pourquoi.

GRAND ORAL

L'entreprise et le droit

Les questions du Grand oral portent sur vos spécialités, mais n'hésitez pas à mettre en valeur vos connaissances juridiques : cela ne pourra que valoriser votre prestation.

Dans ce chapitre, vous avez étudié la place du droit dans l'entreprise et dans les relations de travail. Vous avez également exploré la notion de responsabilité d'une entreprise.

Voici quelques exemples de questions dont vous pouvez vous inspirer.

Histoire-Géographie-Géopolitique-Science politique Term

› Thème 5 – L'environnement, entre exploitation et protection : un enjeu planétaire ; objet de travail conclusif : Les États-Unis et la question environnementale : tensions et contrastes

EXEMPLE DE QUESTION

- Dans quelle mesure les firmes américaines ont-elles dû prendre en compte préoccupations environnementales ?

LE + DU DROIT

Il peut être intéressant de comparer les législations nationale et internationale pour analyser la question de responsabilité d'un préjudice écologique de la part d'une entreprise américaine. N'hésitez pas à faire référence au chapitre 3, sur l'internationalisation du droit.

SVT 1re

› Enjeux contemporains de la planète ; L'humanité et les écosystèmes : les services écosystémiques et leur gestion

EXEMPLE DE QUESTION

- En quoi les directives « déchets » du droit national et européen impliquent-elles à la fois le monde de l'entreprise, l'État et les collectivités locales ?

LE + DU DROIT

Vous pourrez vous référer au Code de l'environnement, qui regroupe des textes nationaux et européens sur le suivi et le traitement des déchets, ainsi qu'aux lois issues du « Grenelle 2 ». Il y est défini ce qu'est un déchet, les normes des traitements et les obligations faites à certaines entreprises en matière de biodéchets.

SES Term

› Chapitre 9 – Quelles mutations du travail et de l'emploi ?

EXEMPLE DE QUESTION

- Doit-on considérer les chauffeurs de VTC comme de véritables auto-entrepreneurs ?

LE + DU DROIT

Vous pourrez présenter des cas de requalification de contrats de prestation de services (auto-entrepreneurs) en contrats de travail et proposer des comparaisons avec la situation des coursiers à vélo, par exemple.

Anglais monde contemporain Term

› Thématique 2 : Environnements en mutation ; axe d'étude 2 : De la protection de la nature à la transition écologique

EXEMPLE DE QUESTION

- En quoi la responsabilité écologique des entreprises constitue-t-elle un frein à l'engagement des États-Unis dans les traités internationaux visant à préserver l'environnement ?

LE + DU DROIT

Vous saurez expliquer que le droit a évolué au sein des États, mais aussi sur le plan international. Vous pourrez vous appuyer sur les motifs économiques des refus américains de s'engager dans certains traités contraignants (Protocole de Kyoto, retrait des accords de Paris).

PARTIE 2

L'ESSENTIEL

L'entreprise et le droit

1 L'organisation juridique de l'entreprise

• L'entreprise n'a pas d'existence juridique : elle est une activité productive organisée et exploitée, selon les cas, par une **société**, un ensemble de sociétés (groupe ou réseau de contrats), ou par une personne d'une autre forme (association, fondation).

• Le gouvernement de l'entreprise, lorsque celle-ci emprunte la forme de société, est assuré par les **dirigeants** et les organes de cette dernière. Désignés et révocables par les associés, les dirigeants agissent au nom de la société et dans l'intérêt social.

2 Le travail au sein de l'entreprise

• Le développement de l'entreprise au XIXe siècle est concomitant à l'essor du salariat. Un salarié est celui qui exerce son travail sous l'autorité d'un employeur, qui exerce sur lui un pouvoir de direction. Ce **lien de subordination**, qui distingue le travailleur salarié du travailleur indépendant, explique le développement de règles spécifiques – appelées « droit du travail » – par exemple dans le cas d'un licenciement.

• Un **contrat de travail** résulte en principe de la volonté initiale des parties. Il peut cependant être reconnu au terme d'une action en justice, à l'instar des actions engagées par des travailleurs contre des plateformes.

• La conclusion d'un contrat de travail place le travailleur au sein d'une **collectivité de travail** soumise à des conditions de travail similaires et à des normes communes (règlement intérieur, par exemple). La législation du travail reconnaît des procédés de défense des intérêts collectifs des travailleurs (syndicalisme, représentation des salariés dans l'entreprise, négociation collective).

3 Les responsabilités de l'entreprise

• Les domaines de **responsabilités** des entreprises se sont étendus, à mesure que les dommages provoqués par leur activité se sont diversifiés (dommages causés aux travailleurs, dommages sociétaux et environnementaux).

• Les règles de responsabilité se sont diversifiées, exprimant des logiques différentes. Si elles permettent la réparation d'un dommage, elles tendent de plus en plus à imposer la **prévention** des risques. C'est parfois même un impératif de précaution qui est discuté.

• L'identification des responsables d'un dommage requiert que soit repérés les détenteurs du pouvoir, en particulier les sociétés qui en dominent d'autres, comme en témoigne la loi sur le devoir de vigilance. Des sociétés expriment aussi des engagements volontaires (**RSE**) qu'elles inscrivent parfois dans leurs statuts (raison d'être, société à mission).

MOTS CLÉS

- **Contrat de travail** ➜ p. 280
- **Collectivité de travail** ➜ p. 280
- **Dirigeants** ➜ p. 280
- **Lien de subordination** ➜ p. 280
- **Prévention** ➜ p. 280
- **Responsabilité** ➜ p. 280
- **Responsabilité sociale des entreprises (RSE)** ➜ p. 280
- **Société** ➜ p. 280

TEXTES CLÉS

- **Loi sur les responsabilités des accidents dont les ouvriers sont victimes dans leur travail** (1898)
- **Lois Auroux** (1982)
- **Code civil** (art. 1246)
- **Loi sur le devoir de vigilance** (2017)

EXO Exercices interactifs

Entraînez-vous avec des QCM pour retenir les éléments essentiels du chapitre.

SCHÉMA DE SYNTHÈSE

L'entreprise et le droit

L'organisation juridique de l'entreprise

Les formes juridiques

- La **société** : SARL, SAS, SA…
- L'ensemble de **sociétés**, organisées en **groupe** ou en **réseau par contrat**
- L'**association**, la **fondation**

Le gouvernement de la société

- Les **dirigeants** et associés
- Des **finalités** : pérennité de la société, gestion dans son intérêt social…

L'entreprise et le travail

Le travailleur salarié

- Lien de **subordination** créé par le **contrat de travail**
- Membre de la **collectivité de travail**

Le travailleur indépendant

- **Organisation libre** de son travail
- Contrat de **prestation**

Collectivité de travail et défense des intérêts collectifs

- Syndicats
- Comité social et économique (CSE)

La responsabilité de l'entreprise

Domaine de la responsabilité

- Réparation des dommages sociaux et environnementaux
- Prévention des risques
- Précaution

Détermination des responsables

- Engagements volontaires (RSE, statuts)
- Responsabilités imposées (donneur d'ordre, société-mère)

Actu

Rendez-vous sur le site **lyceen.nathan.fr/dgemc** pour découvrir de nouveaux documents en fonction de l'actualité juridique !

Pour aller plus loin

BD

Les Mauvaises Gens
Étienne Davodeau, Delcourt, Encrages 2018
Cet album plonge le lecteur dans le milieu du syndicalisme ouvrier des années 1950 à 1980.

DOCUMENTAIRE

Prud'hommes
Stéphane Goël, 2010
Un documentaire sur le fonctionnement d'un conseil de prud'hommes en Suisse.

FILM

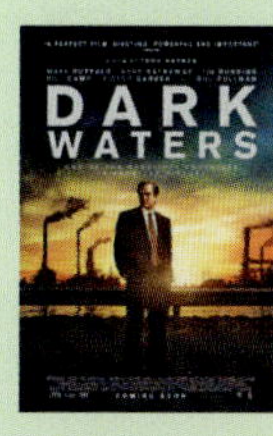

Dark Waters
Todd Haynes, 2020
Ce film met en scène l'histoire vraie d'un avocat qui dénonce les pratiques polluantes d'une industrie chimique.

CHAPITRE 8

Création et technologies numériques

Les créations intellectuelles sont au cœur de domaines variés allant de l'art au commerce, en passant par l'innovation technologique. Par ailleurs, les technologies numériques, dès lors qu'elles s'appliquent à la personne humaine, soulèvent des enjeux éthiques et juridiques majeurs, qui concernent le respect des droits et libertés fondamentaux, notamment, le droit au respect de la vie privée. Le droit intervient alors pour protéger les personnes.

Comment permettre à une personne de protéger l'œuvre de l'esprit ou l'invention dont elle est à l'origine ?
Pourquoi le droit à la protection des données personnelles est-il un droit fondamental ?
Quels défis l'intelligence artificielle pose-t-elle aux juristes ?

DOC 1
Le street-art, une œuvre protégeable

« Toute œuvre constituant la réalisation d'une idée et portant l'empreinte personnelle de l'auteur est protégeable. »
TGI de Paris

Œuvre de l'artiste Invader, Bilbao

Selon vous, peut-on copier l'œuvre d'un street-artiste sans autorisation ?

DOC 2
Un dispositif de reconnaissance faciale

Le dispositif PARAFE (passage automatisé rapide aux frontières extérieures), déployé à l'échelle nationale, utilise une base de données biométrique (empreinte digitale et visage) nationale. Il n'est pas accessible aux mineurs.

Quels enjeux juridiques et éthiques cette technologie numérique soulève-t-elle ?

Interview de Marie-Laure Denis

Présidente de la CNIL

REPÈRES

Création et technologies numériques

Vu au lycée

EMC 2de	Langue vivante 1re - Term	Ens. scientifique Term
Des libertés pour la liberté Les libertés de l'individu : le droit de propriété	**Citoyenneté et mondes virtuels** La modification des rapports du citoyen au pouvoir et aux relations sociales par le développement du numérique	**L'intelligence artificielle** Les principes de l'IA et les problématiques éthiques soulevées par certains de ses usages

DOC 1 Le droit de propriété

a. La Déclaration des droits de l'homme et du citoyen (1789)

Art. 17. La propriété étant un droit inviolable et sacré, nul ne peut en être privé, si ce n'est lorsque la nécessité publique, légalement constatée, l'exige évidemment, et sous la condition d'une juste et préalable indemnité.

b. La Déclaration universelle des droits de l'homme (1948)

Art. 27-2. Chacun a droit à la protection des intérêts moraux et matériels découlant de toute production scientifique, littéraire ou artistique dont il est l'auteur.

DOC 2 Les principaux droits de propriété intellectuelle

	Droits	Créations protégées	Exemples
Propriété littéraire et artistique	Droit d'auteur	• Création littéraire, artistique, musicale… • Logiciel • Œuvres audiovisuelles…	• Roman • Film • Série • Chorégraphie
	Droits voisins	• Droits des artistes-interprètes, des éditeurs de presse…	• Interprétation d'une chanson • Communication audiovisuelle (radio, TV)
Propriété industrielle	Marque	• Signe distinctif	• Nom de société (ex. : Danone) • Logo (ex. : le crocodile de Lacoste) • Slogan (ex. : « Parce que je le vaux bien »)
	Brevet	• Invention (solution technique)	• Réacteur d'avion • Revêtement de poêle antiadhésif • Médicament
	Dessin ou modèle	• Apparence d'un produit : 2D (dessin) ou 3D (modèle)	• Emballage d'un produit • Design extérieur d'un téléphone • Motif d'un tissu

DOC 3 La protection des données à caractère personnel

a. La loi Informatique et Libertés (1978)

Art. 1er. L'informatique doit être au service de chaque citoyen. Son développement doit s'opérer dans le cadre de la coopération internationale. Elle ne doit porter atteinte ni à l'identité humaine, ni aux droits de l'homme, ni à la vie privée, ni aux libertés individuelles ou publiques. Toute personne dispose du droit de décider et de contrôler les usages qui sont faits des données à caractère personnel la concernant, dans les conditions fixées par la présente loi.

b. La Charte des droits fondamentaux de l'Union européenne (2000)

Art. 7. Respect de la vie privée et familiale. Toute personne a droit au respect de sa vie privée et familiale, de son domicile et de ses communications.

Art. 8. Protection des données à caractère personnel

1. Toute personne a droit à la protection des données à caractère personnel la concernant.

2. Ces données doivent être traitées loyalement, à des fins déterminées et sur la base du consentement de la personne concernée ou en vertu d'un autre fondement légitime prévu par la loi. Toute personne a le droit d'accéder aux données collectées la concernant et d'en obtenir la rectification.

3. Le respect de ces règles est soumis au contrôle d'une autorité indépendante[1].

1. En France, la CNIL.

DOC 4 La CNIL

« La CNIL, 40 ans et toujours dans l'air du temps », CNIL, 2018

DOC 5 L'intelligence artificielle (IA) en quelques dates

- 1950 **Premiers ordinateurs programmables.** Les pionniers de l'informatique théorisent la science du calcul et posent les premières définitions de l'IA.
- 1975 **Création de Microsoft**, société pionnière des systèmes d'exploitation[1].
- 1980 **Premiers systèmes experts.** Ils sont capables de relier les informations entre elles par des règles logiques et permettent d'automatiser des raisonnements (diagnostic médical, correction orthographique, étude d'un dossier de crédit...).
- 1996 **Deep Blue,** superordinateur, bat le champion du monde d'échecs Garry Kasparov.
- 2010 **Perfectionnement des réseaux de neurones artificiels.** Leur fonctionnement s'inspire du fonctionnement humain et permet de les « entraîner » à résoudre des tâches complexes en apprenant à partir d'exemples.
- 2012 **Un réseau de neurones artificiels baptisé Alexnet** domine le concours de reconnaissance automatique d'images ImageNet et obtient des résultats spectaculaires. La communauté scientifique est conquise et la révolution du « deep learning » commence.

1. Ensemble de logiciels permettant l'utilisation d'un appareil informatique (ordinateur, tablette, mobile, console de jeux...).

DOC 6 L'intelligence artificielle

Je dirais que l'intelligence artificielle est la capacité pour une machine d'accomplir des tâches généralement assurées par les animaux et les humains : percevoir, raisonner et agir. Elle est inséparable de la capacité à apprendre, telle qu'on l'observe chez les êtres vivants. Les systèmes d'intelligence artificielle ne sont que des circuits électroniques et des programmes informatiques très sophistiqués. Mais les capacités de stockage et d'accès mémoire, la vitesse de calcul et les capacités d'apprentissage leur permettent d'« abstraire » les informations contenues dans d'énormes quantités de données.

Yann Le Cun (lauréat du prix Turing), *Quand la machine apprend. La révolution des neurones artificiels et de l'apprentissage profond*, Odile Jacob, 2019.

DOC 7 Quelques applications contemporaines de l'intelligence artificielle

	Domaine de recherche	Applications
Percevoir	**Vision par ordinateur** Traitement des images (ex. : reconnaissance de formes)	• Caméra intelligente • Capteur d'empreintes digitales • Voiture autonome • Caisse automatique
	Ouïe par ordinateur Traitement des signaux sonores (ex. : reconnaissance de la parole)	• Sous-titreur automatique • Assistant vocal intelligent • Dictaphone transcripteur
Raisonner	**Compréhension du langage naturel** Analyse automatique de texte (ex. : extraction d'informations)	• Correcteur orthographique • Moteur de recherche • Traducteur automatique
	Optimisation Résolution d'un problème complexe (ex. : ordonnancement de tâches)	• Assistant au contrôle aérien • Outil de navigation pour le calcul d'itinéraires • Routeur
Agir	**Robotique** Animation automatique des machines (ex. : robots humanoïdes)	• Robot de chirurgie optique • Chaîne de production industrielle • Robot ménager • Ligne de métro automatisée

? QUESTIONS

1 Quels droits la propriété intellectuelle regroupe-t-elle ? **docs 1 et 2**

2 Pourquoi le droit à la protection de ses données personnelles est-il un droit fondamental ? **docs 3 et 4**

3 Pourquoi le droit doit-il encadrer l'usage de l'intelligence artificielle ? **docs 3, 5, 6 et 7**

COURS Propriétés intellectuelles

REPÈRES → p. 228
DOSSIER → p. 232
DOSSIER → p. 234
LE DROIT EN PRATIQUE → p. 236

→ Comment protéger les créations intellectuelles ?

I. Le droit de propriété, un droit absolu ?

A Un droit qui porte sur des biens

- Le droit de propriété **est un droit qu'une personne physique ou morale peut avoir sur un bien.** Il fait partie des « droits naturels et imprescriptibles de l'homme » inscrits dans la Déclaration des droits de l'homme et du citoyen de 1789.
- **Un bien peut être meuble** (une table, une voiture...), ou **immeuble** (une maison...).
- Un **bien corporel** se rapporte à une chose ayant une existence matérielle. Un **bien incorporel** est un bien non matériel (créance, droit de propriété intellectuelle...).

B Éléments de définition

- **L'article 544 du Code civil définit le régime de droit commun de la propriété**, c'est-à-dire le droit de propriété traditionnel.
- **Cette propriété présente trois attributs** : les droits d'utiliser – *usus* –, de tirer les fruits – *fructus* – (ex : percevoir des loyers), et de disposer – *abusus* – (ex : vendre) du bien.
- Quoiqu'il s'agisse d'un **droit de jouir « de la manière la plus absolue » d'un bien, on ne peut en faire un usage prohibé** par les lois et règlements.

C Limites du droit de propriété

- **Tout ne peut pas être sujet au droit de propriété** ; par exemple, en France, il existe un principe d'indisponibilité du corps humain.
- **Certains biens ne relèvent pas du régime de droit commun**. Les biens du domaine public (routes...) sont **inaliénables** et **imprescriptibles**.
- Les **« propriétés intellectuelles »**, relatives aux droits de propriété sur les créations intellectuelles, **obéissent aussi à des règles particulières.** Ces droits englobent la propriété littéraire et artistique et la propriété industrielle. En France, la plupart d'entre eux sont régis par le **Code de la propriété intellectuelle**.

II Quels sont les principaux droits de propriété intellectuelle (DPI) ?

A Propriété littéraire et artistique

- **Le droit d'auteur concerne les œuvres de l'esprit** (littéraires, musicales, audiovisuelles, logiciels...). Ce droit protège la réalisation de l'œuvre, sa matérialisation. En revanche, les idées sont libres et ne sont donc pas protégées.
- **Pour être protégeable, l'œuvre doit être originale**, c'est-à-dire porter l'empreinte de la personnalité de l'auteur. Le droit d'auteur ne suppose aucune formalité de dépôt. Mais en cas de litige, on doit pouvoir prouver qu'on en est titulaire et la date de création.
- **L'auteur a sur son œuvre des droits patrimoniaux** lui permettant d'en interdire ou d'en autoriser l'exploitation (ex. : commercialisation de copies), et donc d'en percevoir une rémunération. Ils protègent généralement l'œuvre jusqu'à 70 ans après la mort de l'auteur.

VOCABULAIRE

- **Droit imprescriptible** : droit qui ne peut s'éteindre par prescription, c'est-à-dire par l'effet du temps. Quel que soit le temps écoulé, la justice pourra être saisie au sujet de ce droit.
- **Droit inaliénable** : droit directement attaché à une personne et dont elle ne peut se séparer.
- **Invention** : solution technique à un problème technique. Une théorie scientifique n'est pas une invention, mais son application concrète peut l'être.
- **Licence** : contrat par lequel le titulaire autorise un tiers à exploiter l'objet d'un droit en échange d'une contrepartie. Elle peut être exclusive (licencié unique) ou non.

INSTITUTION

- **Institut national de la propriété industrielle (INPI)**

Établissement public à caractère administratif qui enregistre les marques et délivre les brevets. Les déposants peuvent agir seuls ou par le biais d'avocats ou de conseils en propriété industrielle (CPI). Les CPI spécialisés en brevets sont de formation scientifique, les CPI spécialisés en marques de formation juridique.

NOTIONS

- **Brevet** → p. 280
- **Contrefaçon** → p. 280
- **Droit d'auteur** → p. 280
- **Droit de propriété** → p. 280
- **Marque** → p. 280
- **Plagiat** → p. 280

• La loi française prévoit une série d'exceptions à ce que l'auteur peut interdire (caricature, pastiche, certaines utilisations dans un cadre éducatif...). **L'auteur a aussi un droit moral**, inaliénable et imprescriptible, lui permettant entre autres d'exiger que son nom figure sur son œuvre et d'en interdire la dénaturation.

B Propriété industrielle

• **Une marque est un signe qui sert à distinguer un produit ou un service de ceux des concurrents**, par exemple pour fidéliser une clientèle. Pour être protégé, le signe doit notamment être disponible, distinctif et licite. Une marque est déposée en vue d'être enregistrée auprès d'un office (l'**INPI**, en France). Une marque française est protégée pendant 10 ans (renouvelables indéfiniment par paiement d'une taxe) à compter du dépôt. Sa déchéance peut être prononcée si elle n'a pas été exploitée depuis plus de 5 ans.

• Le **brevet permet de protéger une invention sur un territoire**. En contrepartie, l'invention doit y être suffisamment exposée pour qu'une personne du métier puisse la reproduire, le brevet contribuant ainsi au développement de la technique. Elle doit également être nouvelle et présenter une activité inventive (c'est-à-dire ne pas être évidente) vis-à-vis de ce qui était accessible au public avant la date de dépôt de la demande de brevet. Un autre droit, le dessin ou le modèle, protège l'apparence d'un produit.

• **Une demande de brevet français est normalement déposée à l'INPI par l'inventeur.** Lorsque ce dernier est salarié et sous certaines conditions, le droit peut revenir à son employeur, qui lui verse une contrepartie financière. L'INPI examine la demande et peut soit la rejeter, soit délivrer un brevet. Un brevet expire généralement au plus tard 20 ans à compter du dépôt, sous réserve du paiement de taxes annuelles. Une alternative pour protéger un savoir-faire technique est de le maintenir secret.

INFO

Scénario typique de protection d'une invention par brevet

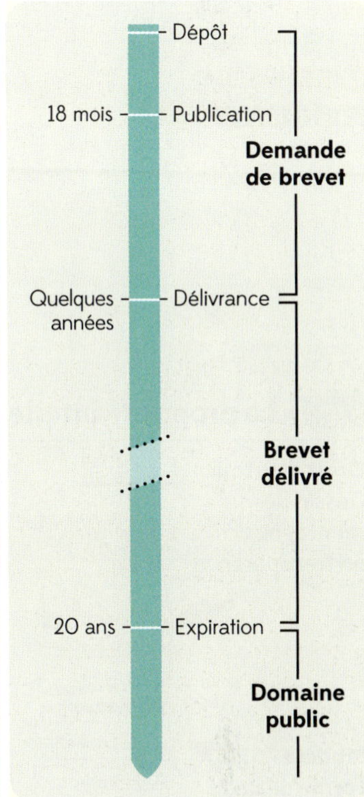

C Utilisation des droits de propriété intellectuelle (DPI)

• **Le titulaire d'un DPI peut exploiter** lui-même l'objet du DPI, céder le DPI, ou en concéder une **licence**. En échange, le licencié verse des redevances au titulaire.

• **Le titulaire du DPI peut interdire** à tout tiers certains actes d'exploitation de sa création, dits actes de « **contrefaçon** » (le langage courant parle de « **plagiat** »), comme le fait d'offrir au téléchargement une chanson, de vendre une réplique de sac d'une marque de luxe, de fabriquer une console de jeux brevetée sans consentement du titulaire du DPI...

• **Le titulaire peut agir en contrefaçon** devant un tribunal. Lors du procès, le juge évalue si les caractéristiques de ce qui est protégé par le DPI sont bien reproduites. Au civil, il peut prendre des mesures pour faire cesser la contrefaçon (interdiction d'exploiter, confiscation des produits) et réparer le préjudice (dommages et intérêts). Le défenseur peut contester la contrefaçon et remettre en cause le DPI.

RÉVISER SON COURS

1 Quels sont les trois attributs fondamentaux de la propriété de droit commun ?

2 Quels sont les principaux droits de propriété intellectuelle ?

3 Que peut faire le titulaire d'un DPI à l'encontre d'un présumé contrefacteur ?

PARTIE 2

RESSOURCES

Liens vers les ressources

VIDÉO

Ressources pédagogiques de l'INPI

www.inpi.fr

L'INPI a réalisé une série de vidéos qui présentent les différents droits de propriété intellectuelle et leur usage.

VIDÉO

« Article 544 du Code civil : la présentation du droit de propriété »

(1 mn 35), ministère de la Justice

mediatheque.justice.gouv.fr

La présentation du droit de propriété par Thierry Revet, professeur à l'Université Paris 1 Panthéon-Sorbonne.

LOI

Code de la propriété intellectuelle,

www.legifrance.gouv.fr

Code juridique qui regroupe la réglementation concernant la propriété intellectuelle. Vous pouvez notamment consulter les articles : L.112-1, L. 1121-2, L.111-3, L. 711-1, L.613-3 et L.615-1.

DOSSIER

Propriété intellectuelle : quels enjeux ?

REPÈRES → p. 228
COURS → p. 230
DOSSIER → p. 234
FICHE MÉTHODE → p. 273

Les droits de propriété intellectuelle visent à récompenser l'effort créatif et à encourager les investissements dans l'innovation, en empêchant les créateurs d'être copiés. Comme les créations qu'ils protègent, ces droits nous environnent au quotidien.

→ Quelles sont les relations entre les questions posées par les droits de propriété intellectuelle et les grands enjeux de la société d'aujourd'hui ?

DOC 1 La propriété intellectuelle au quotidien

Droit d'auteur
Dessin de montagnes en transparence

Modèle
Forme de la bouteille

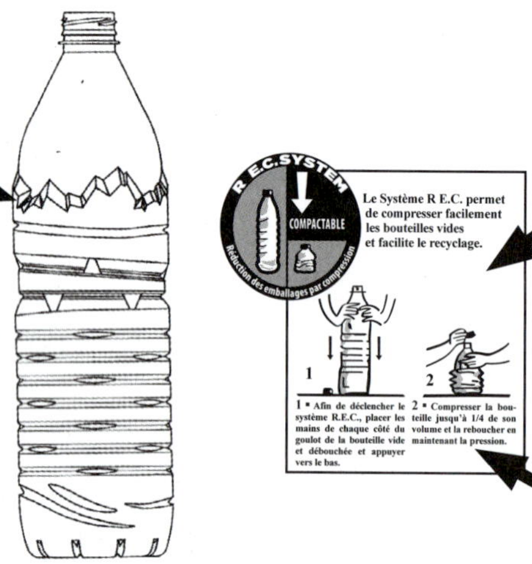

Marque (Evian)
Nom de l'eau minérale naturelle (également logo, slogan, etc.)

Brevet
Bouteille en matière plastique écrasable par compression axiale, grâce à des cannelures transversales

Forme de la bouteille : modèle anglais 2045173 ;
étiquette de la bouteille : modèle danois MA 1994 01154-0001

VOCABULAIRE

- **Dessin, modèle** : le dessin (2D) ou le modèle (3D) protège l'apparence d'un produit.

Lien Le brevet de la première bouteille compactable

Lien Les modèles de la bouteille

DOC 2 Les dangers de la contrefaçon

Les contrefaçons de droits de propriété intellectuelle sont un phénomène largement répandu et inquiétant. Les raisons de son expansion sont variées, elles comprennent l'attractivité d'un « produit analogue » bon marché, la facilité de produire des copies à coûts minimes, le développement de nouvelles formes de marketing telles que le e-commerce et la croissance du commerce international.

Les contrefaçons de DPI[1] sont nocives en ce qu'elles réduisent les revenus des entreprises et les recettes de l'État, freinent l'investissement et l'innovation et entravent la croissance économique. Elles résultent en des pertes d'emplois et des créations de richesse réduites [...]. En outre, les produits contrefaisant des DPI présentent des risques de danger accrus pour les consommateurs, car ils sont susceptibles de ne pas être en conformité avec les normes de santé et de sécurité.

« Un grave problème qui nous concerne tous » (trad. Henri Bourgeois, Pauline Cartan), Commission européenne, ec.europa.eu

1. Droits de propriété intellectuelle.

Articles de contrefaçon saisis par les douanes, 2016

DOC 3 Santé publique et limite des droits de propriété intellectuelle

Des décrets et arrêtés de 2016 détaillent la mise en place du paquet neutre de cigarettes[1] *et interdisent l'apposition de marques figuratives ou semi-figuratives (comprenant des éléments graphiques). Plusieurs sociétés fabricant ou commercialisant des produits du tabac ont demandé au Conseil d'État l'annulation de ces décrets et arrêtés.*

Le Conseil d'État rejette ces recours. [...] Il relève que si cette interdiction constitue une limitation au droit de propriété en ce qu'elle réglemente l'usage des marques, une telle limitation est proportionnée à l'objectif de santé publique poursuivi par la mise en place du paquet neutre.

« Le Conseil d'État rejette les recours dirigés contre les dispositions relatives au paquet neutre de cigarettes », www.conseil-etat.fr, décembre 2016

1. Prévu par la loi du 26 janvier 2016 de modernisation de notre système de santé.

« Le paquet neutre, qu'est-ce que c'est ? », ministère des Affaires sociales et de la Santé, 2016

DOC 4 Un tableau créé par un logiciel d'intelligence artificielle

Portrait d'Edmond de Belamy créé par un logiciel d'intelligence artificielle développé par le collectif français Obvious.

Il a fallu que le logiciel incorpore 15 000 portraits, peints entre le XIVe et le XXe siècle. Le programme aurait ainsi appris à « comprendre les règles du portrait ». [Il] a ensuite généré lui-même une série de nouvelles images. [...]

« On s'en sert comme d'un outil, très puissant, avec peut-être une forme de créativité. Mais les gens qui ont décidé de faire ce sujet, c'est nous. Ceux qui ont décidé d'imprimer sur de la toile, la signer d'une formule mathématique, mettre un cadre en or, c'est nous ». [...]

Si le phénomène prend de l'ampleur, de nombreuses questions seront soulevées, notamment celle des droits d'auteur et de la propriété intellectuelle. Qui est l'auteur du *Portrait d'Edmond de Belamy* ? Est-ce le collectif « Obvious » ou est-ce l'algorithme ?

« Une toile créée par logiciel adjugée 432 500 dollars chez Christie's à New York », *Le Figaro*, octobre 2018

? QUESTIONS

1. Comment une entreprise peut-elle protéger une innovation qu'elle souhaite commercialiser ? **doc 1**
2. Quels risques présente la contrefaçon pour les entreprises, les consommateurs, et la société ? **doc 2**
3. Quelles limites de la protection par le droit de la propriété intellectuelle pouvez-vous identifier ? **docs 2 et 3 et 4**
4. En termes de droit d'auteur, quel problème pose la création par intelligence artificielle du portrait d'Edmond Belamy ? **doc 4**

Synthèse La propriété intellectuelle est-elle concernée par les enjeux économiques et moraux actuels de notre société ?

C'est à vous ! ORAL

Organisez un concours de plaidoiries.

- En binômes, préparez une plaidoirie pour répondre à la question : « Quelles sont les limites de la propriété intellectuelle ? »
- Présentez votre plaidoirie devant la classe pendant cinq minutes.

DOSSIER

L'Union européenne et la propriété intellectuelle

REPÈRES → p. 228
COURS → p. 230
DOSSIER → p. 232
FICHE MÉTHODE → p. 276

L'Union européenne est une source du droit de la propriété intellectuelle. Son objectif est d'en assurer une protection uniforme au sein de l'Union où s'appliquent aussi, en la matière, des lois nationales et des traités internationaux.

→ Comment coexistent, en matière de propriété intellectuelle, droit de l'UE et droits nationaux ?

DOC 1 La propriété intellectuelle au sein de l'UE

Art. 118. Dans le cadre de l'établissement ou du fonctionnement du marché intérieur, le Parlement européen et le Conseil, statuant conformément à la procédure législative ordinaire, établissent les mesures relatives à la création de titres européens pour assurer une protection uniforme des droits de propriété intellectuelle dans l'Union, et à la mise en place de régimes d'autorisation, de coordination et de contrôle centralisés au niveau de l'Union [...].

Traité sur le fonctionnement de l'Union européenne (TFUE)

DOC 2 La contrefaçon dans l'UE

Articles interceptés par les douanes de l'UE et des États membres

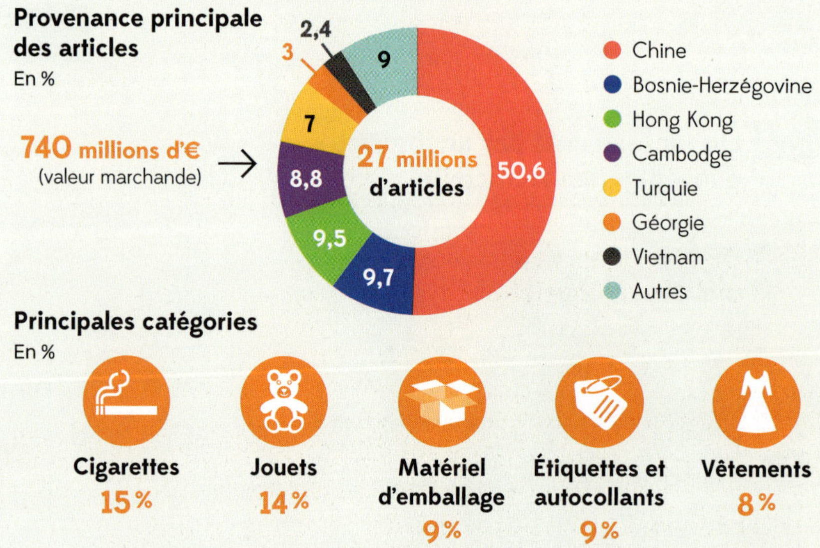

D'après « Rapport concernant le respect des DPI par l'UE : résultats aux frontières de l'EU », 2018

DOC 3 Des traités internationaux en vigueur sur le territoire de l'Union européenne

a. Convention de Paris pour la protection de la propriété industrielle

La Convention de Paris, adoptée en 1883, concerne la propriété industrielle dans l'acception la plus large du terme et vise les brevets, les marques de produits, les dessins et modèles industriels, les modèles d'utilité, les marques de services, les noms commerciaux, les indications géographiques, ainsi que la répression de la concurrence déloyale. Cet accord international est la première grande mesure prise pour aider les créateurs à faire en sorte que leurs œuvres intellectuelles soient protégées dans d'autres pays.

Organisation mondiale de la propriété intellectuelle, www.wipo.int

b. Convention de Berne pour la protection des œuvres littéraires et artistiques

La Convention de Berne, adoptée en 1886, porte sur la protection des œuvres et des droits des auteurs sur leurs œuvres. Elle offre aux créateurs (auteurs, musiciens, poètes, peintres, etc.) les moyens de contrôler la manière dont leurs œuvres peuvent être utilisées, par qui et sous quelles conditions. Elle repose sur trois principes fondamentaux[1] et contient une série de dispositions définissant le minimum de protection qui doit être accordé, ainsi que des dispositions spéciales pour les pays en développement.

Organisation mondiale de la propriété intellectuelle, www.wipo.int

1. Les principes de traitement national (même protection pour les ressortissants de tous les États contractants), de protection automatique (pas de formalité à accomplir) et d'indépendance de la protection (effective même si elle n'existe pas dans le pays d'origine de l'œuvre).

DOC 4 Europe, Union européenne et propriété intellectuelle

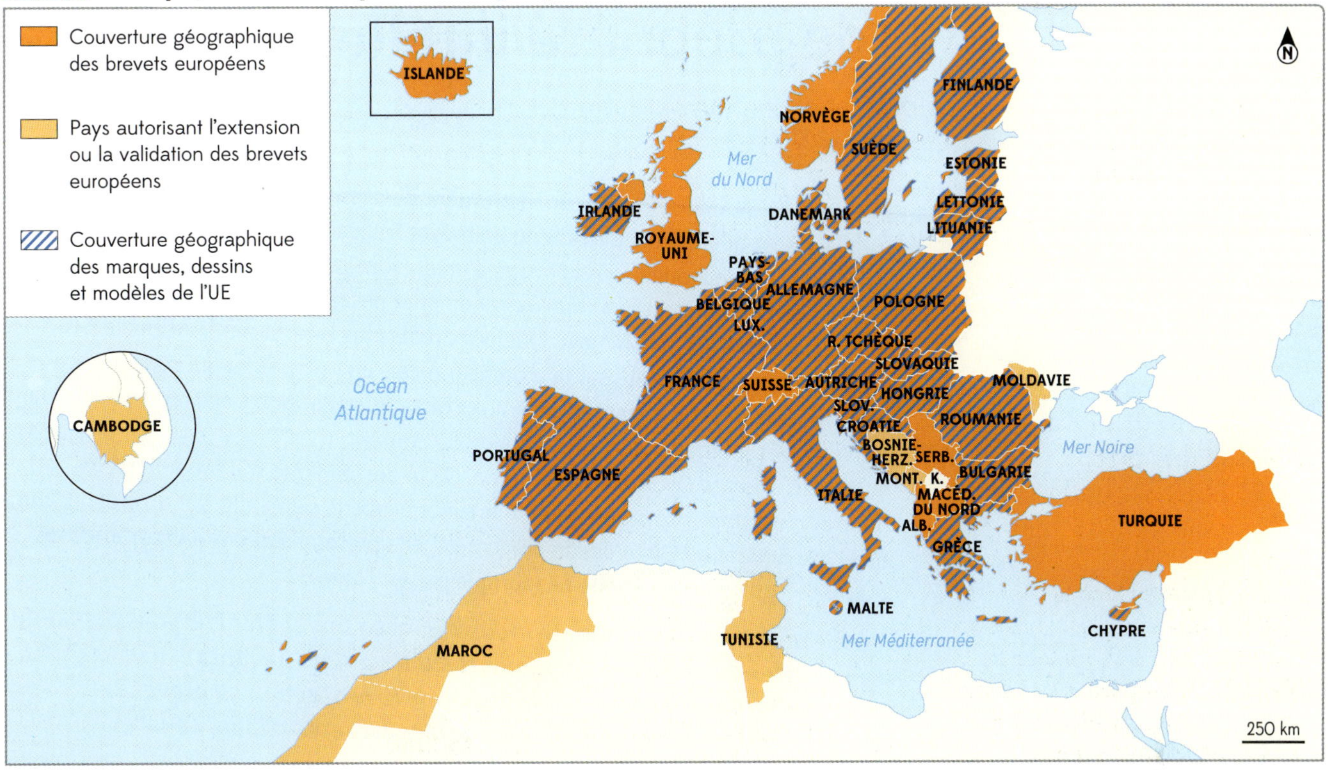

DOC 5 Des marques de l'UE devant un tribunal national

Arrêt complet

La société française Z, titulaire des marques de l'UE Astérix, Obélix, et Idéfix, a consenti à la société X pour 2008-2009 le droit de produire et commercialiser en France des produits textiles avec des scènes des aventures d'Astérix. Elle a constaté en 2011 que ces textiles étaient vendus dans un supermarché en Allemagne.

[Le tribunal dit] qu'en commercialisant des articles de textile sous la dénomination et la représentation figurative d'Astérix, Obélix et Idéfix, la société X s'est rendue coupable d'actes de contrefaçon de ces marques […].

Fait interdiction à la société X, de poursuivre ses actes de contrefaçon des marques [susnommées], sous quelque forme que ce soit, sur le territoire de l'Union européenne, sous astreinte de 150 euros par infraction constatée […].

Condamne la société X à payer à la société Z la somme de 30 000 € à titre de dommages-intérêts en réparation du préjudice subi du fait des atteintes à la marque, et la somme de 50 000 euros en réparation du préjudice économique […].

TGI de Paris, 15 janvier 2015, n° 11/16677

VOCABULAIRE

- **Brevet européen** : titre délivré par l'Office européen des brevets pour plus de quarante États (dont ceux de l'UE). Seule la délivrance est centralisée : le brevet européen n'est pas un titre unique car il est ensuite traité indépendamment par chaque État selon le même régime qu'un brevet national.
- **Marque de l'UE** : titre qui protège un signe distinctif et est enregistré auprès de l'Office de l'UE pour la propriété intellectuelle. Il s'agit d'un titre unique couvrant l'ensemble des États membres de l'UE.

? QUESTIONS

1. Quels droits régissent la propriété intellectuelle sur le territoire de l'Union européenne ? **docs 1, 3, 4 et 5**
2. Le brevet européen offre-t-il une protection limitée à l'Union européenne ? **doc 4**
3. La compétence d'un tribunal français est-elle limitée à des litiges sur le territoire national et portant sur des droits de propriété intellectuelle nationaux ? **doc 5**

Synthèse Quelle(s) justification(s) et quel(s) obstacle(s) voyez-vous à une plus grande application des droits de propriété intellectuelle à l'échelle de l'Union européenne ?

C'est à vous ! ORAL

Faites une recherche et présentez vos résultats à la classe.

- Recherchez ce qu'est le projet de brevet à effet unitaire et de juridiction unifiée du brevet.
- Expliquez son objectif à vos camarades en précisant s'il relève du droit de l'UE.

PARTIE 2

Le droit en pratique ! Défendre ses droits de propriété intellectuelle

Situation

- La société NANO a inventé un instrument de dessin et d'écriture inconnu jusqu'alors, pour lequel elle a obtenu un brevet français, et qu'elle fabrique et commercialise en France sous la forme d'un crayon. La description du brevet précise que cet objet est avantageux car on peut passer de l'écriture au gommage en le faisant tourner sur sa main. Quelques mois plus tard, la multinationale GIGA développe et met en vente sur le marché français un instrument qui concurrence celui de NANO. Celui-ci est fabriqué aux États-Unis et importé en France, où il vendu à un prix très inférieur. Les ventes de NANO chutent.
- NANO assigne GIGA en contrefaçon. GIGA prétend que son produit est un porte-mine et n'est donc pas couvert par le brevet qui porte, selon elle, sur un crayon, alors que l'instrument de GIGA est un portemine. Elle prétend aussi ne pas commettre d'acte de contrefaçon car elle ne fabrique pas en France.

Vous êtes conseil en propriété industrielle. La société NANO vous demande de l'assister. Préparez vos arguments sur les points suivants :

1. Comment détermine-t-on l'étendue de la protection du brevet ?

2. Le crayon GIGA présente-t-il toutes les caractéristiques de la revendication du brevet de NANO ?

3. GIGA réalise-t-elle des actes interdits du fait du brevet ? Quelle stratégie vis-à-vis de GIGA proposez-vous ?

DOC 1 Le brevet de NANO

P. 3

DESCRIPTION

Le dispositif d'écriture peut être un crayon à papier ou tout autre dispositif permettant d'écrire au moyen d'une mine.

Il permet de passer de l'écriture au gommage en le faisant tourner sur la main.

REVENDICATIONS

Revendication 1

Instrument de dessin et d'écriture comprenant :

- un corps (1) s'étendant entre une première extrémité (11) et une deuxième extrémité (12) ;
- une mine (2) ; et
- une gomme (3)

caractérisé en ce que la mine s'étend hors de la première extrémité (11) du corps, et en ce que la gomme (3) est fixée à la deuxième extrémité (12) du corps.

Librement adapté du brevet US19783A

DOC 2 L'instrument NANO

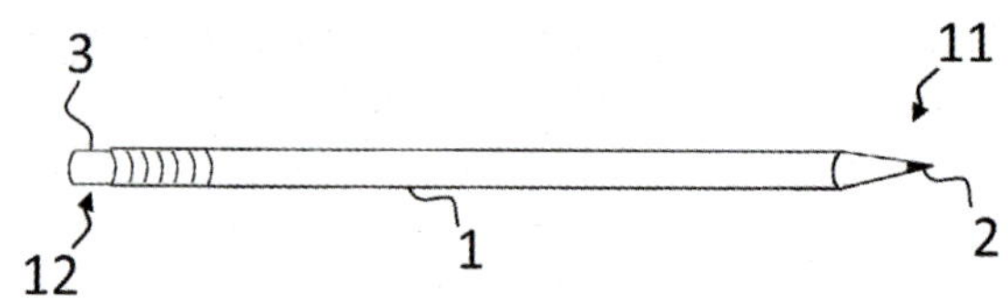

Figure 1.

Librement adapté du brevet US19783A

DOC 3 L'instrument de GIGA

Le dispositif de GIGA est un portemine permettant d'écrire à l'aide d'une mine 2 et d'effacer à l'aide d'une gomme 3.

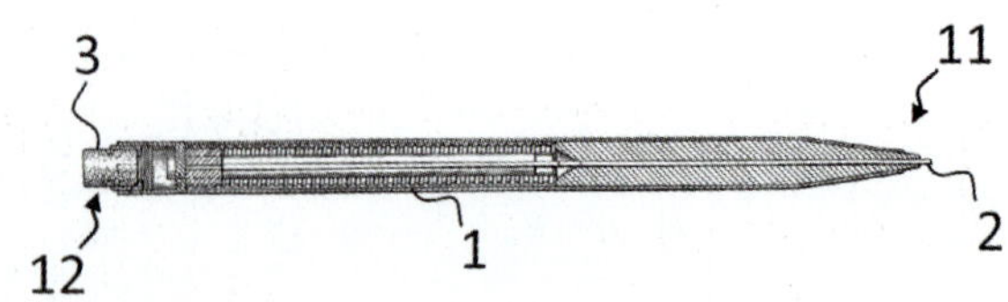

Librement adapté du brevet US1130741A

DOC 4 Le brevet

a. L'étendue de la protection par un brevet

L. 613-2. L'étendue de la protection conférée par le brevet est déterminée par les revendications. Toutefois, la description et les dessins servent à interpréter les revendications.

Code de la propriété intellectuelle

b. Le contenu d'un brevet

Page de garde	Résume l'invention et fournit des informations administratives.
Description	Détaille un exemple de l'invention et son fonctionnement.
Revendications	Phrases déterminant l'étendue de la protection conférée par le brevet.
Figures	Illustrations optionnelles de l'invention.

DOC 6 Se défendre contre la contrefaçon

L. 613-3. Sont interdites, à défaut de consentement du propriétaire du brevet :

a) La fabrication, l'offre, la mise dans le commerce, l'utilisation, l'importation du produit objet du brevet [...].

L. 613-6. Les droits conférés par le brevet ne s'étendent pas aux actes concernant le produit couvert par ce brevet, accomplis sur le territoire français, après que ce produit a été mis dans le commerce en France ou sur le territoire d'un État partie à l'accord sur l'Espace économique européen par le propriétaire du brevet ou avec son consentement exprès.

L. 615-1. Toute atteinte portée aux droits du propriétaire du brevet, tels qu'ils sont définis aux articles L. 613-3 à L. 613-6, constitue une contrefaçon.

La contrefaçon engage la responsabilité civile[1] de son auteur.

Code de la propriété intellectuelle

1. Obligation faite à une personne de réparer le préjudice causé à autrui.

DOC 5 Le conseil en propriété industrielle

L. 422-alinéa 1. Le conseil en propriété industrielle a pour profession d'offrir, à titre habituel et rémunéré, ses services au public pour conseiller, assister ou représenter les tiers en vue de l'obtention, du maintien, de l'exploitation ou de la défense des droits de propriété industrielle, droits annexes et droits portant sur toutes questions connexes.

Code de la propriété intellectuelle

DOC 7 Valoriser son titre de propriété industrielle

L. 613-8. Les droits attachés à une demande de brevet ou à un brevet sont transmissibles en totalité ou en partie.

Ils peuvent faire l'objet, en totalité ou en partie, d'une concession de licence d'exploitation, exclusive ou non exclusive.

Code de la propriété intellectuelle

PARTIE 2

Conseils !

1. Lisez attentivement la situation et les documents.
2. Identifiez les questions de droit qui se posent.
3. Analysez les règles de droit.
4. Avant de les appliquer, assurez-vous que la situation entre dans leur champ d'application.

RESSOURCES

Liens vers les ressources

VIDÉO « Se défendre contre la contrefaçon » (4 min 56), INPI
https://youtu.be/ujS41-mhlhQ

VIDÉO « Connaître les conditions de protection d'une invention par brevet » (4 min 42), INPI
https://youtu.be/ekjPsUXunLc

VIDÉO « Valoriser vos titres de propriété industrielle » (4 min 20), INPI
https://youtu.be/ziWGyGnSQpo

COURS

La protection des données à caractère personnel

REPÈRES → p. 228
DOSSIER → p. 240
DOSSIER → p. 242
LE DROIT EN PRATIQUE → p. 244

VOCABULAIRE

- **Biométrie** : techniques informatiques permettant de reconnaître un individu à partir de ses caractéristiques physiques, biologiques, comportementales (ex. : reconnaissance faciale, vocale, empreintes digitales, ADN).
- **Cookies** : fichiers stockés par un serveur dans le terminal (ordinateur, téléphone, etc.) d'un utilisateur, pour suivre sa navigation sur les sites, collecter des données, à des fins statistiques ou publicitaires.
- **Délégué à la protection des données** : obligatoire dans chaque administration et sous certaines conditions dans les entreprises. Il les conseille sur leurs obligations en matière de protection des données personnelles. Chaque établissement scolaire doit avoir un délégué.
- **Donnée à caractère personnel (ou donnée personnelle)** : toute information relative à une personne physique identifiée (ex. : nom et prénom) ou identifiable, par un numéro (ex. : n° de Sécurité sociale), ou des éléments qui lui sont propres (ex. : photo du visage, adresse électronique, géolocalisation...).
- **Droit au respect de la vie privée** : droit consacré par l'article 9 du Code civil. Le Conseil constitutionnel lui a reconnu une portée constitutionnelle en précisant que la liberté proclamée à l'article 2 de la Déclaration des droits de l'homme et du citoyen impliquait le respect de la vie privée.

NOTIONS

- **Données à caractère personnel** → p. 280
- **Droit à l'oubli** → p. 280
- **Droit au respect de sa vie privée** → p. 280

→ *Comment le droit protège-t-il les données personnelles ?*

I. Pourquoi protéger les données personnelles ?

A Le cadre juridique

- Ce droit est né, dans les années 1970, de la prise de conscience que les **fichiers informatiques comportaient des risques d'atteinte à la vie privée et aux libertés.**
- En France, le rejet d'un projet d'interconnexion des fichiers administratifs est à l'origine de la **loi du 6 janvier 1978 relative à l'informatique, aux fichiers et aux libertés (dite « loi Informatique et Libertés »)**.

B Quel usage des données personnelles ?

- **Aujourd'hui, le numérique est partout** : activités professionnelles, déplacements, loisirs, santé... sont captés et tracés, via Internet, les smartphones et autres objets connectés, les réseaux sociaux, ou encore les systèmes **biométriques**... Des milliards de **données à caractère personnel** sont ainsi collectées, traitées, échangées à travers le monde.
- **Ces données sont au cœur de l'économie du numérique** : des services en ligne, gratuits et personnalisés, sont fournis en échange d'une exploitation des données transmises par les consommateurs (ex. : publicités ciblées en fonction des données et des pages visitées).
- Ces **« traces numériques »** peuvent porter atteinte à notre vie privée, nos libertés d'expression, d'aller et venir, être source de discriminations, voire d'exclusion.
- Elles peuvent aussi être utilisées à des fins politiques (ex. : usage de millions de données d'utilisateurs d'un réseau social par une société lors des élections de 2016 aux États-Unis) et de surveillance massive des populations dans certains États.

II. Le droit à la protection des données personnelles

A Quelles sont les règles de la protection des données personnelles ?

- **En Europe, la protection des données personnelles est un droit fondamental**, consacré par la Charte européenne des droits fondamentaux. Le règlement général sur la protection des données (RGPD) entré en application en 2018, en est le cadre juridique de référence complété, en France, par la **loi Informatique et Libertés**.
- **Ce droit définit les règles à respecter** lorsqu'on traite, c'est-à-dire lorsqu'on recueille et utilise des données personnelles. Il institue des droits au profit des personnes pour leur assurer une meilleure maîtrise sur leurs données.
- **Les données personnelles doivent être traitées de manière licite, loyale et transparente.** Un **traitement** de données personnelles doit par exemple reposer sur le consentement de la personne (ex. : **cookies**) ou encore sur une obligation légale (ex. : fichier de paie).
- **Les données doivent être collectées pour des finalités déterminées et légitimes.** Seules les données pertinentes doivent être recueillies. Le RGPD interdit, sauf exception, le traitement des données révélant les prétendues origines raciales ou ethniques des personnes, leur religion, leurs opinions politiques, leur santé ou encore leur orientation

sexuelle, les données biométriques et génétiques.

- **Une durée de conservation des données** doit être définie (ex. : un mois pour les images de vidéosurveillance). Les données doivent ensuite être effacées ou archivées.
- **Des mesures de sécurité adaptées au niveau de risque** (vol, perte, destruction des données…), **doivent être prises** pour assurer la confidentialité et l'intégrité des données (mots de passe individuels, cryptage…).

B Les droits des personnes

- Toute personne a le **droit au respect de sa vie privée**, et ses données personnelles en font partie. Il en découle le droit d'**être informé** de l'utilisation de ses données et de ses droits : **droit d'accès et de rectification de ses données**, **droit à l'oubli** pour demander l'effacement et le déréférencement d'un contenu par un moteur de recherche, **droit de s'opposer** à ce qu'on utilise ses données. Enfin, le **droit à la portabilité** permet de demander à récupérer ses données dans un format lisible.

III. Comment assurer le respect des règles ?

A Les obligations des responsables de traitement de données

- Les entreprises, administrations, établissements scolaires, associations… doivent tenir un **registre** recensant leurs traitements, avoir un **délégué à la protection des données**, **informer** de leurs droits les personnes concernées…

B Le rôle de la CNIL

- La CNIL, autorité administrative indépendante, **contrôle le respect de ces règles**.
- Elle **informe et conseille** les particuliers et les professionnels sur leurs droits et leurs obligations. Elle peut être consultée pour la création de fichiers (ex. : sécurité publique) voire les autoriser (ex. : recherche médicale).
- Elle est saisie de **plaintes**, fait des **contrôles** et inflige des **sanctions** administratives et pécuniaires.

C Le contrôle européen

- Le **Comité européen de la protection des données (CEPD)**, composé des représentants des autorités de protection des données, veille à l'application cohérente du RGPD. Il peut se prononcer sur des litiges concernant les traitements transfrontaliers.

CHIFFRES CLÉS

Activités de la CNIL en 2019
- **14 137** plaintes
- **300** contrôles
- **8** sanctions dont **7** amendes, d'un montant total de 51 370 000 €
- **17 302** demandes d'information par voie électronique

D'après le rapport d'activité 2019 de la CNIL, juin 2020

BIOGRAPHIE

Edward Snowden
Né en 1983

Informaticien, ancien employé de la CIA et de la National Security Agency, il a révélé en 2013 l'existence de plusieurs programmes de surveillance de masse américains et britanniques reposant sur le recueil et l'exploitation massive des données personnelles circulant sur les réseaux de communication.

PARTIE 2

RÉVISER SON COURS

1. En France, quelles règles encadrent les données personnelles ?
2. Quels sont les droits des consommateurs concernant leurs données personnelles ?
3. Comment le respect de ces droits est-il garanti ?

RESSOURCES

Liens vers les ressources

RÈGLEMENT
Règlement général sur la protection des données (RGPD), Parlement européen
https://eur-lex.europa.eu
C'est la loi européenne de protection des données personnelles. Son titre complet est : Règlement (UE) 2016/679 du Parlement européen et du Conseil du 27 avril 2016, relatif à la protection des personnes physiques à l'égard du traitement des données à caractère personnel et à la libre circulation de ces données (JOUE)

LOI
Loi n° 78-17 du 6 janvier 1978 relative à l'informatique, aux fichiers et aux libertés, dite « Loi informatique et libertés »
www.legifrance.gouv.fr
En France, cette loi et la RGPD fixent le cadre légal concernant la protection des données personnelles.

SITE
Le site de la CNIL et le Laboratoire d'innovation numérique de la CNIL (LINC)
cnil.fr et www.linc.cnil.fr
Le LINC est un dispositif de réflexion, d'information et de partage sur l'usage du numérique et des données.

DOSSIER

Protéger les données à caractère personnel dans un monde numérique

DOSSIER → p. 90
REPÈRES → p. 228
COURS → p. 238
DOSSIER → p. 242
LE DROIT EN PRATIQUE → p. 244

En ligne et hors ligne, nous laissons, volontairement ou non, de multiples traces de nos activités, de nos déplacements, de notre mode de vie : autant de données qui sont recueillies, traitées, et qui révèlent beaucoup de nos comportements et de notre vie privée.

→ Quels sont les enjeux soulevés par l'exploitation de nos données personnelles ?

DOC 1 Les données à caractère personnel

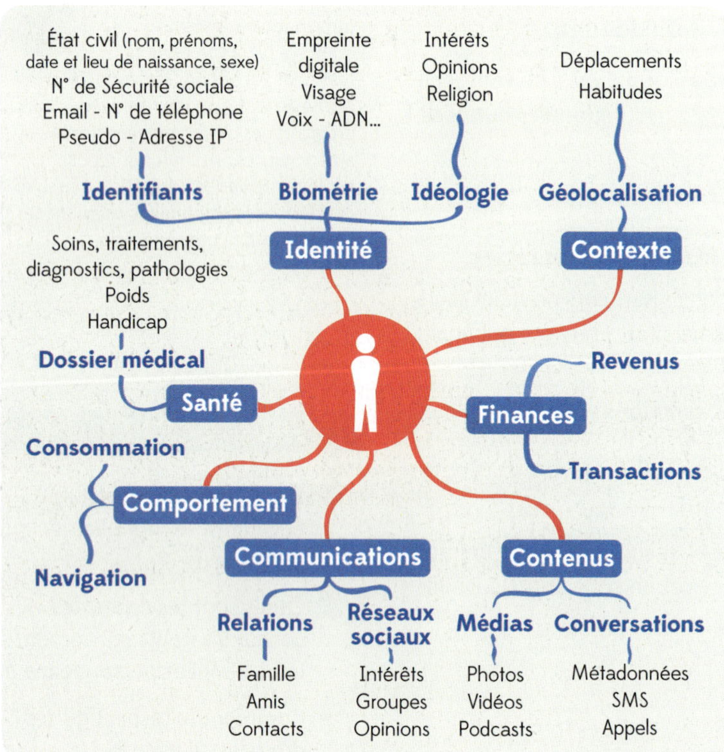

D'après SerdaLAB

DOC 2 La reconnaissance faciale

La CNIL a été saisie [...] d'une demande de conseil portant sur l'expérimentation d'un « portique virtuel » de contrôle d'accès par reconnaissance faciale à l'entrée de deux lycées [...]. Ce dispositif, qui ne devait concerner que les lycéens ayant préalablement consenti, et être expérimenté durant toute une année scolaire, devait permettre d'assister les agents en charge du contrôle d'accès aux lycées afin de prévenir les intrusions et les usurpations d'identité et de réduire la durée de ces contrôles. [...]

La CNIL a considéré que le dispositif projeté est contraire aux grands principes de proportionnalité et de minimisation des données posés par le RGPD.

En effet, les objectifs de sécurisation et la fluidification des entrées dans ces lycées peuvent être atteints par des moyens bien moins intrusifs en termes de vie privée et de libertés individuelles, comme par exemple un contrôle par badge.

La Commission a rappelé que les traitements de données biométriques sont d'une sensibilité particulière, justifiant une protection renforcée des personnes.

[...] Ces risques se trouvent accrus lorsque les dispositifs de reconnaissance faciale sont appliqués à des mineurs, qui font l'objet d'une protection particulière dans les textes nationaux et européens.

« Expérimentation de la reconnaissance faciale dans deux lycées : la CNIL précise sa position », cnil.fr, octobre 2019

DOC 3 La vidéosurveillance

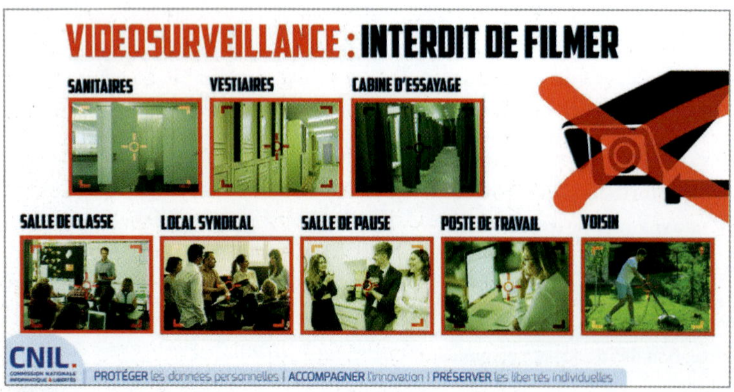

CNIL

DOC 4 La révolution du web social

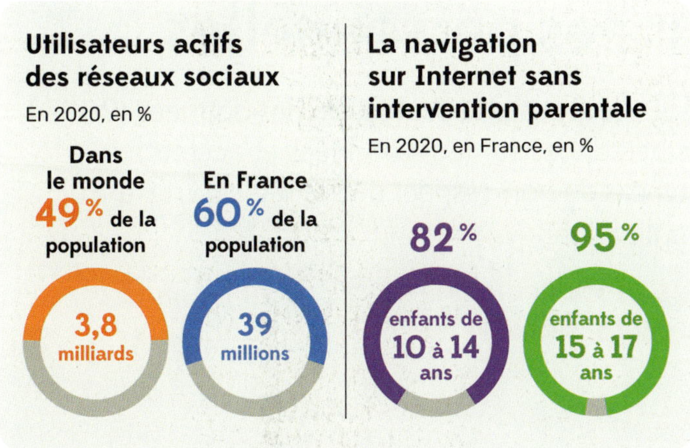

D'après « Chiffres clés 2020 », We Are Social et Hootsuite, janvier 2021, et « Droits numériques des mineurs », CNIL, janvier 2021

DOC 5 Le marché des données personnelles

« Si vous avez des comptes sur les réseaux sociaux, que vous utilisez un moteur de recherche classique, que vous avez un smartphone avec des applications, toutes les opérations que vous pouvez faire – consulter un site Web, « liker » une page, envoyer un message, une photo, etc. – seront traitées et analysées », prévient Alexis, membre de La Quadrature du Net, une association de défense des droits et libertés des citoyens sur Internet. […]

[…] Les Gafam récupèrent ces informations pour affiner et adapter au mieux leurs services à nos besoins. […] Leur modèle économique repose entièrement sur la monétisation de ces données numériques : elles permettent de vendre à des annonceurs des publicités toujours plus ciblées. Facebook, par exemple, en tire 98 % de ses revenus annuels. […]

Une fois récupérées, vos données sont stockées dans les immenses *data centers* de ces sociétés. […] Différentes données sur vous, croisées et analysées, valent de l'or en matière de marketing. […] « Elles finissent par former un écosystème numérique qui permet de vous classer dans un profil de consommateur », explique Florence Sèdes[1]. Ce sont ces profils que les Gafam vont vendre à un annonceur. Ce dernier pourra ainsi adresser sa publicité au groupe de personnes visé, plus restreint qu'avec une publicité classique, mais avec beaucoup plus de chances de déclencher un achat. […]

L'enjeu de la prise de conscience citoyenne autour de cette question est d'autant plus important qu'au-delà de l'utilisation marketing invasive, des données personnelles recueillies à l'insu des internautes ont déjà été exploitées de manière illégale, notamment à des fins politiques.

Léonor Lumineau, « Ce que les GAFAM savent de nous… et à quoi ça leur sert vraiment », *Capital*, novembre 2020

1. Professeure à l'université Toulouse III Paul-Sabatier et spécialiste de systèmes informatiques et de gestion des métadonnées.

DOC 6 Covid-19 et traçage numérique

En 2020, pour répondre à la crise sanitaire liée à la pandémie de Covid-19, une réflexion a été menée autour de la mise en place d'outils de traçage numérique, pour permettre de prévenir les personnes qui auraient été en contact avec des malades[1].

[…] En résumé : si un suivi individualisé des personnes était mis en œuvre, il faudrait d'abord, à droit constant, qu'il soit basé sur le volontariat, avec un consentement réellement libre et éclairé – et le fait de refuser l'application n'aurait aucune conséquence préjudiciable. Ensuite, la CNIL veillerait notamment à ce que ce dispositif soit mis en place pour une durée limitée.

En revanche, si un dispositif de suivi des personnes était mis en place sur d'autres bases, notamment de manière obligatoire, alors il nécessiterait une disposition législative et devrait, en tout état de cause, démontrer sa nécessité pour répondre à la crise sanitaire ainsi que sa proportionnalité en tenant compte des mêmes principes de protection de la vie privée, et en étant réellement provisoire.

Audition de Marie-Laure Denis, présidente de la CNIL , devant l'Assemblée nationale, avril 2020.

1. Suite à cette réflexion, l'application Tous anti-Covid est mise en place par le Gouvernement en remplacement de Stop Covid.

? QUESTIONS

1 Quels sont les enjeux soulevés par les réseaux sociaux en termes de protection des données personnelles ? **docs 1, 4 et 5**

2 Pourquoi la reconnaissance faciale et la vidéosurveillance sont-elles strictement encadrées ? **docs 1 à 3**

3 Pourquoi parle-t-on de « marchandisation des données » ? **doc 5**

4 Quels sont les avantages et les inconvénients des applications de traçage numérique dans le cadre de la lutte contre la Covid-19 ? **doc 6**

Synthèse Pourquoi l'utilisation des données personnelles est-elle strictement encadrée ?

C'est à vous ! Cahier de la CNIL

Réalisez un article pour la CNIL.

• En 2012, la CNIL publiait un cahier, *La vie privée à l'horizon 2020*, comprenant une partie intitulée : « Reconnaissance faciale : la menace majeure ? ». La CNIL vous demande de mettre à jour cet article en en présentant les enjeux juridiques.

PARTIE 2

DOSSIER

DOSSIER → p. 90
REPÈRES → p. 228
COURS → p. 238
DOSSIER → p. 240
LE DROIT EN PRATIQUE → p. 244

Faire respecter ses droits sur les données personnelles

En Europe, le règlement général sur la protection des données (RGPD) renforce les droits des personnes sur leurs données et accroît les sanctions encourues en cas de non-respect de ses règles. En France, la CNIL veille à leur application.

→ **Quelles sanctions sont encourues en cas de violation des règles sur la protection des données personnelles ?**

DOC 1 Les principaux droits sur les données personnelles

Droits	Définitions
Droit d'être informé	Un organisme qui collecte des données sur une personne doit lui fournir une information claire sur leur utilisation et sur la façon d'exercer ses droits. Ex. : page « données personnelles » sur un site d'e-commerce ; mentions sur un formulaire d'inscription…
Droit à consentir	Dans certains cas, les personnes ont le droit d'accepter ou de refuser le traitement de leurs données. Ex. : prospection commerciale par courrier, cookies…
Droit d'avoir accès à ses données	Toute personne peut demander à un organisme d'accéder aux données personnelles qui la concernent et d'en obtenir une copie. Ex. : copie de notes d'examens, historique de messages…
Droit de faire rectifier ses données	Il est possible d'obtenir la rectification des informations inexactes ou incomplètes. Ex. : date de naissance inexacte.
Droit de demander l'effacement de ses données (« droit à l'oubli »)	Il est possible de demander à un organisme l'effacement de ses données et à un moteur de recherche le déréférencement d'un contenu. Ex. : commentaires injurieux sur un réseau social, mention d'une condamnation alors que la personne a été acquittée…
Droit de s'opposer	Toute personne peut s'opposer à tout moment à ce qu'un organisme utilise ses données, pour des raisons tenant à sa situation particulière. En cas de prospection commerciale, il est possible de s'opposer sans motif. Ex. : envoi de messages publicitaires, annuaire…
Droit à la portabilité	Il est possible de demander à récupérer ses données dans un format lisible par une machine, pour les stocker ou les transmettre d'un système à un autre, en vue d'une réutilisation à d'autres fins. Ex. : récupération des données d'un compte de réseau social

D'après « Vous avez des droits sur vos données, profitez-en ! », cnil.fr, janvier 2019

DOC 2 Comment exercer ses droits ?

Pour faire valoir ses droits informatique et libertés, il faut d'abord s'adresser directement aux organismes qui détiennent vos données. En cas de difficultés, de réponse insatisfaisante ou d'absence de réponse, vous pouvez saisir la CNIL.

« Agir », cnil.fr

DOC 3 La CNIL contrôle et sanctionne

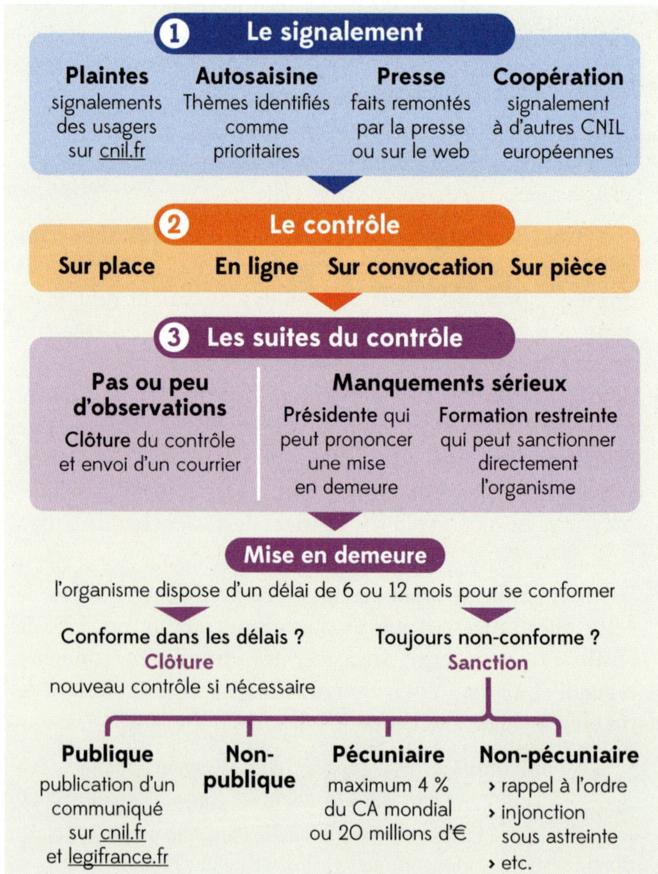

D'après « La chaîne répressive de la CNIL », cnil.fr

DOC 4 Exemples de sanctions prononcées par la CNIL

Type d'organisme	Manquements principaux	Décision adoptée
Moteur de recherche	Dépôt de cookies publicitaires sur les ordinateurs d'utilisateurs du moteur de recherche sans consentement préalable ni information satisfaisante. Défaillance partielle du système d'opposition.	Sanction pécuniaire de 100 millions d'euros
Médecin	Manquement à l'obligation d'assurer la sécurité des données	Sanction pécuniaire de 3 000 euros
Ministère de l'Intérieur	Utilisation illicite de drones équipés de caméras, notamment pour surveiller le respect des mesures de confinement	Injonction à cesser tout vol de drone jusqu'à ce qu'un cadre normatif l'autorise

D'après cnil.fr

DOC 5 Les sanctions pénales

Un gendarme a été condamné à huit mois de prison avec sursis et interdiction temporaire d'exercer pour avoir consulté des fichiers de police à des fins personnelles.

Les sanctions pénales encourues (jusqu'à 5 ans d'emprisonnement et 300 000 euros d'amende) en cas d'atteintes aux droits de la personne résultant des fichiers ou des traitements informatiques sont prévues aux articles 226-16 à 226-24 du Code pénal. Les infractions concernées portent par exemple sur le non-respect de l'obligation de sécurité, la collecte déloyale, frauduleuse ou illicite de données, le détournement de finalité d'un fichier.

[...] Le prévenu, gendarme, a consulté divers fichiers (Traitements des antécédents judiciaires, Fichier des personnes recherchées, Système des immatriculations, Fichiers des objets et véhicules signalés) contenant des données à caractère personnel hors de tout cadre légal et dans l'unique but de renseigner un ami ou de se renseigner personnellement. L'élément intentionnel de l'infraction découle de la consultation à titre privé de ces fichiers. [...]. Il convient donc de confirmer la culpabilité du chef de détournement de sa finalité d'un traitement de données à caractère personnel.

Analyse de l'arrêt de la cour d'appel de Nîmes, 4 octobre 2018, Jurisdata, Lexis360.

INFO

La coopération européenne

Lorsque, dans le cadre d'un contrôle ou d'une plainte, le traitement de données personnelles est transfrontalier, une coopération européenne s'engage avec les autres autorités de protection des données, voire avec le Comité européen de la protection des données (CEPD).

QUESTIONS

1. Quelles sont les voies de recours possibles en cas de non-respect des droits sur les données personnelles ? **docs 1 à 5**
2. Quels types de sanctions la CNIL peut-elle prononcer ? **doc 4**
3. La CNIL est-elle la seule à sanctionner la violation des règles relatives à la protection des données personnelles ? **doc 5**

Synthèse Pourquoi est-il nécessaire de mettre en place des sanctions en cas de violation des règles relatives à la protection des données personnelles ?

C'est à vous ! ORAL

Exercez votre droit d'opposition.

- Vous avez acheté un blouson de marque sur un site d'e-commerce et vous recevez sur votre boîte mail personnelle des publicités vantant les produits de cette marque.
- Quelle démarche pouvez-vous engager pour mettre fin à cette publicité ?
- Si l'entreprise ne tient pas compte de votre demande, quels recours avez-vous ? Que risque-t-elle ?
- Argumentez auprès d'un représentant du site en apportant des éléments juridiques.

RESSOURCES

> **La CNIL impose à Google une sanction record de 50 millions d'euros**, décision du 21 janvier 2019

> **« Qu'est-ce que le Comité européen de la protection des données ? »**, CNIL (2 min 59)

Liens vers les ressources

PARTIE 2

Le droit en pratique ! M. X et le droit à l'oubli

Situation

- M. X, jeune entrepreneur, veut créer une société d'événementiel.
- Il a tenté en vain de faire supprimer des informations concernant ses activités au sein d'un mouvement politique décrié, publiées sur le site du mouvement et sur d'autres sites. Il indique qu'à l'époque de ces activités, il était mineur. N'ayant pas obtenu satisfaction, ni auprès des éditeurs des sites, ni auprès du moteur de recherche référençant ces sites, M. X demande à la CNIL de faire supprimer ces données.

Quelle peut être la réponse de la CNIL ? Que doit-elle vérifier ?
Organisez un jeu de rôle pour répondre à ces questions. Répartissez-vous les rôles suivants : M. X ; un représentant du moteur de recherche ; des représentants des sites qui diffusent l'information ; un représentant de la CNIL ; un représentant du mouvement politique.

DOC 1 Le droit à l'effacement, « droit à l'oubli » dans le droit de l'UE

Art. 17 – Droit à l'effacement (« droit à l'oubli »)

1. La personne concernée a le droit d'obtenir du responsable du traitement l'effacement, dans les meilleurs délais, de données à caractère personnel la concernant et le responsable du traitement a l'obligation d'effacer ces données à caractère personnel dans les meilleurs délais, lorsque l'un des motifs suivants s'applique :

a) les données à caractère personnel ne sont plus nécessaires au regard des finalités pour lesquelles elles ont été collectées ou traitées d'une autre manière ;

b) la personne concernée retire le consentement sur lequel est fondé le traitement […] ;

c) la personne concernée s'oppose au traitement […] et il n'existe pas de motif légitime impérieux pour le traitement […] ;

d) les données à caractère personnel ont fait l'objet d'un traitement illicite ;

e) les données à caractère personnel doivent être effacées pour respecter une obligation légale […] ;

f) les données à caractère personnel ont été collectées dans le cadre de l'offre de services de la société de l'information visée à l'article 8, paragraphe 1].[1]

Règlement général sur la protection des données (RGPD), 2010

1. Mineurs de moins de 16 ans.

DOC 2 Les apports du RGPD

« Plus de droits pour vos données », CNIL

DOC 3 Le droit à l'effacement dans la loi française

Art. 51.

[...] Sur demande de la personne concernée, le responsable du traitement est tenu d'effacer dans les meilleurs délais les données à caractère personnel qui ont été collectées dans le cadre de l'offre de services de la société de l'information lorsque la personne concernée était mineure au moment de la collecte. Lorsqu'il a transmis les données en cause à un tiers lui-même responsable de traitement, il prend des mesures raisonnables, y compris d'ordre technique, compte tenu des technologies disponibles et des coûts de mise en œuvre, pour informer le tiers qui traite ces données que la personne concernée a demandé l'effacement de tout lien vers celles-ci, ou de toute copie ou de toute reproduction de celles-ci.

En cas de non-exécution de l'effacement des données à caractère personnel ou en cas d'absence de réponse du responsable du traitement dans un délai d'un mois à compter de la demande, la personne concernée peut saisir la Commission nationale de l'informatique et des libertés, qui se prononce sur cette demande dans un délai de trois semaines à compter de la date de réception de la réclamation.

Loi Informatique et Libertés, 1978 (modifiée à plusieurs reprises)

Conseils !

1. Lisez attentivement la situation et les documents.
2. Identifiez les questions de droit qui se posent.
3. Analysez les règles de droit.
4. Avant de les appliquer, assurez-vous que la situation entre dans leur champ d'application.

DOC 4 Le droit à l'oubli, un droit absolu ?

Treize particuliers ont saisi Google de demandes de déréférencement de liens vers des pages web contenant des données à caractère personnel les concernant. À la suite du refus de Google, ils ont saisi la CNIL d'une plainte afin qu'elle mette Google en demeure de procéder à ces déréférencements. La CNIL ayant rejeté leurs plaintes, ces personnes ont directement saisi le Conseil d'État afin qu'il annule ces décisions de refus.

Par 13 décisions du 6 décembre 2019, adoptées à la lumière de l'arrêt de la Cour de justice de l'Union européenne (arrêt du 24 septembre 2019) [...], le Conseil d'État a défini le cadre dans lequel un exploitant de moteur de recherche doit, sous le contrôle de la CNIL, respecter le droit au déréférencement. [...]

Le droit à l'oubli n'est pas absolu. Une balance doit être effectuée entre le droit à la vie privée du demandeur et le droit à l'information du public.

L'arbitrage entre ces deux libertés fondamentales dépend de la nature des données personnelles.

Trois catégories de données personnelles sont concernées :

- Les données dites sensibles (données les plus intrusives dans la vie d'une personne comme celles concernant sa santé, sa vie sexuelle, ses opinions politiques, ses convictions religieuses...) ;
- Les données pénales (relatives à une procédure judiciaire ou à une condamnation pénale) ;
- Les données touchant à la vie privée sans être sensibles.

[...] Les différents paramètres à prendre en compte, au-delà des caractéristiques des données personnelles en cause, sont le rôle social du demandeur (sa notoriété, son rôle dans la vie publique et sa fonction dans la société) et les conditions dans lesquelles les données ont été rendues publiques (par exemple, si l'intéressé a de lui-même rendu ces informations publiques) et restent par ailleurs accessibles.

« Droit à l'oubli : le Conseil d'État donne le mode d'emploi », conseil-etat.fr, décembre 2019

PARTIE 2

RESSOURCES

Liens vers les ressources

SITE

« Le déréférencement d'un contenu dans un moteur de recherche », CNIL

www.cnil.fr

Cette page fournit de nombreuses informations utiles pour réaliser une demande de déréférencement, et présente les voies de recours en cas de refus du moteur de recherche.

SITE

« Le droit à l'effacement : supprimer vos données en ligne », CNIL

www.cnil.fr

Cette page fournit les informations relatives à la demande d'effacement de données à caractère personnelle qu'un utilisateur peut adresser à un organisme.

SITE

« Demandes de suppression de contenu dans le cadre de la législation européenne sur le respect de la vie privée », Google

transparencyreport.google.com

Un rapport de Google sur les demandes de déréférencement adressées au moteur de recherche.

COURS Intelligence artificielle et droit

REPÈRES → p. 228
COURS → p. 238
DOSSIER → p. 248
LE DROIT EN PRATIQUE → p. 250
DÉBAT → p. 252

→ *Comment le droit peut-il accompagner les progrès de l'intelligence artificielle ?*

I. La nécessaire évolution de la règle de droit

A Protéger les personnes

- **L'intelligence artificielle (IA)** est un ensemble de théories et d'**algorithmes** **destinés à automatiser des tâches qui nécessitaient jusqu'alors l'intelligence humaine** (lire, reconnaître un visage…). Elle analyse à faible coût les données des usagers de services numériques et d'**objets connectés**.
- **Le règlement européen sur la protection des données** (RGPD) précise la façon dont doivent être effectués les traitements de données personnelles.
- **Lorsqu'un système d'IA crée un préjudice** (par exemple, une voiture autonome impliquée dans un accident), **il faut pouvoir identifier un responsable pour indemniser la victime**. On ne peut pas porter plainte contre un **robot** ou un logiciel, car le droit ne le reconnaît pas en tant que personne. Toutefois, la responsabilité du fait des choses peut être établie : « On est responsable non seulement du dommage que l'on cause par son propre fait, mais encore de celui qui est causé par le fait des personnes dont on doit répondre, ou des choses que l'on a sous sa garde.» (Code civil, art. 1242).

B Encadrer l'innovation

- **Le monde du travail est fortement affecté par les progrès technologiques**. Les entreprises classiques utilisent l'IA pour augmenter la productivité des employés, par exemple par la supervision. Les entreprises technologiques inventent quant à elles de nouveaux modèles de travail, souvent peu respectueux des droits et intérêts des travailleurs, notamment via les **plateformes** numériques. Ces entreprises font l'objet de beaucoup d'attention de la part du législateur.
- **L'IA est un facteur de croissance économique et un enjeu stratégique**. Les entreprises technologiques, soumises à une forte concurrence internationale, innovent constamment. En 2018, un rapport parlementaire propose des assouplissements ponctuels de la règle de droit pour favoriser l'entrepreneuriat et l'expérimentation.

II. L'utilisation de l'IA par les juristes

A L'accès à l'information juridique

- **Les juristes ont déjà recours à des logiciels qui relèvent de l'IA** pour rationaliser et massifier le traitement des données. Le moteur de recherche Légifrance, par exemple, utilise le traitement automatique du langage pour retrouver les textes les plus pertinents à partir de mots clés.
- **L'*open data* des décisions de justice favorise le développement de solutions innovantes portées par les *legal techs***. Ces entreprises fournissent des services juridiques numériques (revue de documents, analyse de contrats, gestion des risques, prédiction des résultats d'un litige) grâce à des solutions technologiques. Elles ouvrent la voie à une **cyberjustice**, aux **fonctions prédictives et prescriptives**.

VOCABULAIRE

- **Algorithme** : suite d'instructions destinées à résoudre un problème complexe. Lorsque son exécution est assurée par un ordinateur, on parle de « programme ».
- **Apprentissage statistique par la machine *(machine learning)*** : domaine de l'intelligence artificielle qui étudie les algorithmes et dont la performance s'améliore en « apprenant » d'une grande base de données (*big data*).
- **Cyberjustice** : système judiciaire ayant recours aux technologies de l'information et à l'IA pour faciliter le traitement, l'organisation et la communication de l'information juridique et judiciaire.
- **Objet connecté** : objet physique (montre, caméra, jouet…) équipé de capteurs ou d'une puce électronique capable de communiquer avec un ordinateur, un smartphone ou une tablette via un réseau sans fil qui le relie à Internet ou à un réseau local.
- ***Open data* ou « données ouvertes »** : données numériques, d'origine publique ou privée, dont l'accès et l'usage sont laissés libres aux usagers.
- **Plateforme numérique** : place de marché en ligne permettant des transactions entre fournisseurs et utilisateurs. Elles captent la valeur qui revenait auparavant aux intermédiaires traditionnels assurant ces transactions.
- **Réseau de neurones artificiels** : programme informatique s'inspirant du fonctionnement du cerveau humain pour apprendre.

B L'utilisation de l'IA en droit pénal

• **L'IA est régulièrement utilisée dans la collecte de preuves.** Par exemple, la comparaison d'empreintes digitales, qui est une preuve admise en droit pénal depuis le début du XXe siècle, est aujourd'hui faite par des logiciels de traitement d'images.

• **Toutefois, les progrès de l'IA multiplient aussi les possibilités de manipulation et de falsification des preuves** (ex. : les vidéos truquées, dites *deep fakes*).

C L'utilisation de l'IA en droit processuel

• **Il est désormais possible de recourir à une procédure de médiation ou d'arbitrage qui se déroule intégralement en ligne.** Dans le cas d'un arbitrage en ligne, l'arbitre gère l'ensemble de la procédure avec les parties et mène les débats contradictoires via une plateforme numérique.

NOTIONS

- **Algorithmes** ➜ vocabulaire et p. 280
- **Cyberjustice** ➜ vocabulaire et p. 280
- **Intelligence artificielle** ➜ p. 280
- **Legal techs** ➜ p. 280
- **Plateformes** ➜ p. 280

III. Les limites de l'IA pour la justice

A Le juge et l'IA

• **L'IA permet au juge de bénéficier de bases de données opérationnelles et facilite son travail de recherche.** Mais l'idée qu'elle pourrait se substituer au juge pour certains contentieux, notamment ceux dits « de masse » (infractions au code de la route, impayés de crédits à la consommation…), fait débat. Le juge doit motiver la décision qu'il rend, ce qui limite le recours aux **algorithmes** qui fonctionnent en « boîtes noires », c'est-à-dire sans pouvoir justifier leurs décisions, comme c'est souvent le cas dans l'**apprentissage machine**.

• Lorsque les algorithmes participent directement à la décision de justice, des risques spécifiques existent. **La vigilance s'impose** car le traitement massif de données amplifie les préjudices potentiels et la complexité des **réseaux de neurones artificiels** rend difficile l'identification des erreurs de conception.

B Biais et discriminations

• **S'ils sont mal conçus ou mal entraînés, les algorithmes contribuant à prendre des décisions automatiques peuvent reproduire des biais systématiques.** Comment assurer que les algorithmes respectent les principes fondamentaux de la justice, comme la présomption d'innocence, la non-discrimination ou le droit à un procès équitable ?

RÉVISER SON COURS

1. Pourquoi l'intelligence artificielle nécessite-t-elle des adaptations de la règle de droit ?
2. Quels acteurs du droit sont les principaux utilisateurs de l'IA ?
3. Quels sont les risques liés à l'utilisation de l'IA pour automatiser des décisions de justice ?

PARTIE 2

RESSOURCES

Liens vers les ressources

LOI

Charte éthique européenne d'utilisation de l'Intelligence artificielle dans les systèmes judiciaires et leur environnement,

Commission européenne pour l'efficacité de la justice (CEPEJ) du Conseil de l'Europe, 2018

Chartre adoptée pour définir les principes guidant les institutions judiciaires dans leur utilisation de l'intelligence artificielle.

ARTICLE

« Parole d'expert : Définition et enjeux de la souveraineté numérique »,

Pauline Türk, septembre 2020
www.vie-publique.fr

Pauline Türk, professeure de droit public à l'université Côte d'Azur, propose un article à lire en 20 minutes sur le pouvoir des GAFAM et la notion de souveraineté numérique.

RAPPORT

« Donner un sens à l'intelligence artificielle (IA) »,

rapport de Cédric Villani, 2018.

Cédric Villani, lauréat 2010 de la médaille Fields (la plus haute distinction mondiale en mathématiques), a rédigé un rapport sur l'IA en France.

DOSSIER

Les droits fondamentaux à l'épreuve de l'intelligence artificielle

REPÈRES → p. 228
COURS → p. 246

Les algorithmes d'intelligence artificielle ne sont pas infaillibles et peuvent porter atteinte à des droits fondamentaux comme le respect de la dignité humaine ou la protection contre les discriminations.

→ **Quels sont les droits fondamentaux les plus susceptibles d'être affectés par l'essor de l'IA ?**

DOC 1 Charte des droits fondamentaux de l'Union européenne

Art. 21 – Non-discrimination. 1. Est interdite toute discrimination fondée notamment sur le sexe, la race, la couleur, les origines ethniques ou sociales, les caractéristiques génétiques, la langue, la religion ou les convictions, les opinions politiques ou toute autre opinion, l'appartenance à une minorité nationale, la fortune, la naissance, un handicap, l'âge ou l'orientation sexuelle.

Charte des droits fondamentaux de l'Union européenne, 2000

VOCABULAIRE

- **Cyberjustice** : système judiciaire ayant recours aux technologies de l'information et à l'IA pour faciliter le traitement, l'organisation et la communication de l'information juridique et judiciaire.
- **Apprentissage statistique par la machine *(machine learning)*** : domaine de l'intelligence artificielle qui étudie les algorithmes et dont la performance s'améliore en « apprenant » à partir d'une grande base de données (*big data*).

DOC 2 Lorsqu'un algorithme encourage l'autocensure

En 2015, trois chercheurs de l'Université Carnegie Mellon et de l'International Computer Science Institute ont mis en évidence la façon dont Adsense, la plateforme publicitaire de Google, générait un biais au détriment des femmes. À l'aide d'un logiciel baptisé Adfisher, ils ont créé 17 000 profils dont ils ont ensuite simulé la navigation sur le Web afin de mener une série d'expériences. Ils ont ainsi constaté que les femmes se voyaient proposer des offres d'emploi moins bien rémunérées que celles adressées à des hommes, à niveau similaire de qualification et d'expérience. [...]

Les causes précises sont difficiles à établir. Il est bien sûr envisageable qu'un tel biais soit le fruit d'une volonté des annonceurs eux-mêmes : ceux-ci auraient alors délibérément choisi d'adresser des offres différentes aux hommes et aux femmes. Mais il est tout aussi possible que ce phénomène soit aussi le résultat d'une réaction de l'algorithme aux données qu'il a reçues. En l'occurrence, les hommes auraient pu avoir davantage tendance en moyenne à cliquer sur les publicités annonçant les emplois les mieux rémunérés tandis que les femmes auraient eu tendance à s'autocensurer, selon des mécanismes bien connus des sciences sociales. Dès lors, le biais sexiste de l'algorithme ne serait pas autre chose que la reproduction d'un biais préexistant dans la société.

« Comment permettre à l'homme de garder la main ? Les enjeux éthiques des algorithmes et de l'intelligence artificielle », CNIL, 2017

DOC 3 Vers une justice prédictive ?

Le travail du juge « traditionnel »	Le travail du juge « robot »
• Synthétiser des milliers de pages • Lire les arguments des parties et les rapports d'experts • Consulter les textes et la jurisprudence liée • Rendre une décision motivée après avoir pris le temps d'assurer les échanges entre les parties (respect du principe du contradictoire)	• Structurer les données de l'affaire dans un format numérique • Récupérer automatiquement les textes de loi pertinents et la jurisprudence liée grâce à l'*open data* des décisions de justice • Rendre, en temps réel, une décision automatique grâce à un algorithme
• Se livrer à une appréciation au cas par cas, car tout litige est unique • Mettre en balance les éléments en présence (justice équitable) • Faire évoluer le droit lorsque cela est nécessaire	• Utiliser des données passées pour prédire la réponse • Appliquer les mêmes solutions aux mêmes situations (justice égalitaire) • Reproduire
Quelles conditions pour la justice du XXIe siècle ? • Des juges qui conservent leur liberté d'appréciation, leur créativité et leur indépendance, par l'usage d'algorithmes neutres et transparents • Une justice prédictive respectueuse des principes fondamentaux de la justice	

D'après www.village-justice.com 2018-2019

DOC 4 Biais dans un système de justice prédictive

Aux États-Unis, l'ONG ProPublica a révélé les effets discriminatoires de l'algorithme utilisé dans le logiciel COMPAS (Correctional Offender Management Profiling for Alternative Sanctions) dont l'ambition est d'évaluer le risque de récidive des individus condamnés par la justice.

[L']approche purement statistique d'algorithmes a conduit à des résultats erronés : au constat que certains individus afro-américains seraient plus souvent impliqués dans des faits criminels, il en a été déduit un facteur de risque plus élevé pour toute la population afro-américaine. Donc, même pour des faits mineurs, ces systèmes ont pondéré négativement des accusés afro-américains et ont conduit à un injuste alourdissement du *quantum*[1] de leurs peines.

[...] Si des systèmes algorithmiques arrivent à contribuer à une meilleure collecte d'information au profit des services de probation[2] par exemple, et à leur offrir de manière plus rapide les informations pertinentes pour un traitement respectueux des droits de l'homme, de telles initiatives peuvent être utiles (notamment pour les procédures de jugement rapide). Toute autre utilisation est en revanche sujette à des biais qui heurteront de nombreux principes fondamentaux nationaux et supranationaux.

Charte éthique européenne d'utilisation de l'intelligence artificielle dans les systèmes judiciaires, annexe II, 2018

1. Plus petite mesure.
2. Services chargés d'aménager la peine pour faciliter la réinsertion.

DOC 5 La reconnaissance faciale

Les algorithmes de reconnaissance faciale sont déployés massivement dans plusieurs grandes villes chinoises, comme à Shanghai où une amende peut être attribuée automatiquement à un piéton qui traverserait au rouge.

Algorithme de reconnaissance faciale de Megvii, Chine

PARTIE 2

RESSOURCES

- **Michel Ktitareff, « Les *legal techs* vont bouleverser le système judiciaire mondial »**, *Forbes*, janvier 2020
- **Dario Onana, « Mythes et réalités de la justice prédictive »**, village-justice.com, juin 2019

Liens vers les ressources

? QUESTIONS

1. Le logiciel Adsense était-il discriminatoire au sens de la définition qui est donnée par la Charte des droits fondamentaux de l'UE ? **docs 1 et 2**
2. Pourquoi un algorithme peut-il reproduire un comportement discriminatoire à l'insu de ses développeurs ? **doc 2**
3. Quels sont les risques et opportunités que soulève l'utilisation de l'intelligence artificielle par la justice ? **docs 3 et 4**
4. Que peut-on craindre du déploiement de technologies de reconnaissance faciale dans l'espace public ? **doc 5**

Synthèse L'usage de l'intelligence artificielle est-il au service des droits fondamentaux de la personne ?

C'est à vous ! ORAL

Organisez un mini-débat sur l'intérêt et les limites de l'utilisation de l'intelligence artificielle pour accompagner les magistrats lorsqu'ils rendent des décisions de justice.

- Formez deux groupes (un pour, un contre).
- Appuyez-vous sur les documents de la double page, des repères (p. 228), du cours (p. 246) et des ressources.
- Rassemblez vos arguments en les illustrant par des exemples, puis débattez pendant quinze minutes.

Le droit en pratique ! Voitures sans conducteur et responsabilité(s)

Situation

Grégory S., moniteur d'auto-école, a été contacté par une agence de location de voitures pour tester la voiture autonome de niveau 4 qu'elle vient d'acquérir auprès d'un constructeur reconnu. Il prend possession du véhicule et programme un itinéraire urbain très emprunté. D'abord un peu anxieux, il observe la circulation et les informations de l'écran du tableau de bord. Puis, rassuré, il porte son attention sur la messagerie de son smartphone. Soudain, un cri. Sa voiture vient de griller un feu rouge et un piéton est à terre. Grégory S. a tenté de réagir, mais trop tard.

Face à cet accident causé par la voiture autonome, qui est responsable : le propriétaire ? le conducteur ? le constructeur ? la voiture elle-même ?

DOC 1 La responsabilité du fait des choses

On est responsable non seulement du dommage que l'on cause par son propre fait, mais encore de celui qui est causé par le fait des personnes dont on doit répondre, ou des choses que l'on a sous sa garde.

Code civil, article 1242

DOC 2 Les cinq niveaux d'autonomie des véhicules autonomes

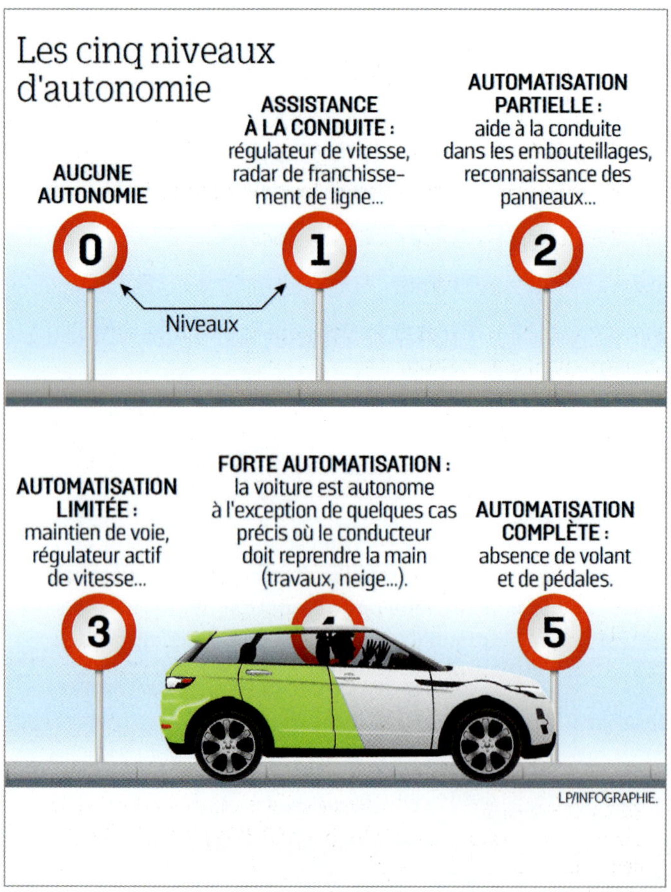

Erwan Benezet, « Nous avons testé la voiture autonome en plein Paris », *Le Parisien*, septembre 2018

DOC 3 Des dérogations spéciales pour les expérimentations dans la Loi PACTE

Chapitre II : Des entreprises plus innovantes

Section 2 : Protéger les inventions et libérer l'expérimentation des entreprises

Art. 125. […] La circulation sur la voie publique de véhicules à délégation partielle ou totale de conduite à des fins expérimentales est autorisée. Cette circulation est subordonnée à la délivrance d'une autorisation destinée à assurer la sécurité du déroulement de l'expérimentation. La délivrance de l'autorisation est subordonnée à la condition que le système de délégation de conduite puisse être à tout moment neutralisé ou désactivé par le conducteur. En l'absence de conducteur à bord, le demandeur fournit les éléments de nature à attester qu'un conducteur situé à l'extérieur du véhicule, chargé de superviser ce véhicule et son environnement de conduite pendant l'expérimentation, sera prêt à tout moment à prendre le contrôle du véhicule, afin d'effectuer les manœuvres nécessaires à la mise en sécurité du véhicule, de ses occupants et des usagers de la route.

Loi du 22 mai 2019 relative à la croissance et la transformation des entreprises (dite « loi PACTE »)

DOC 4 Un cadre international

Art. 8 – Conducteurs.

1. Tout véhicule en mouvement ou tout ensemble de véhicules en mouvement doit avoir un conducteur. […]

3. Tout conducteur doit posséder les qualités physiques et psychiques nécessaires et être en état physique et mental de conduire.

4. Tout conducteur de véhicule à moteur doit avoir les connaissances et l'habileté nécessaires à la conduite du véhicule ; cette disposition ne fait pas obstacle, toutefois, à l'apprentissage de la conduite selon la législation nationale.

5. Tout conducteur doit constamment avoir le contrôle de son véhicule […].

Art. 13 – 1. Vitesse et distance entre véhicules. Tout conducteur de véhicule doit rester, en toutes circonstances, maître de son véhicule, de façon à pouvoir se conformer aux exigences de la prudence et à être constamment en mesure d'effectuer toutes les manœuvres qui lui incombent. Il doit, en réglant la vitesse de son véhicule, tenir constamment compte des circonstances, notamment de la disposition des lieux, de l'état de la route, de l'état et du chargement de son véhicule, des conditions atmosphériques et de l'intensité de la circulation, de manière à pouvoir arrêter son véhicule dans les limites de son champ de visibilité vers l'avant ainsi que devant tout obstacle prévisible. Il doit ralentir et, au besoin, s'arrêter toutes les fois que les circonstances l'exigent, notamment lorsque la visibilité n'est pas bonne.

Convention de Vienne sur la circulation routière du 8 novembre 1968, modifiée le 19 septembre 2016

DOC 5 La responsabilité

En cas d'accident de la circulation, la loi Badinter de 1985 permet une indemnisation quasi automatique de la victime par l'assureur du conducteur, dès lors que l'accident implique un véhicule motorisé, et ce indépendamment de la question de la responsabilité. L'indemnisation des victimes d'accident n'est donc pas remise en cause par cette technologie, même si elle obligerait certainement à revoir les systèmes d'assurance.

La question de la responsabilité intervient dans un second temps, et c'est là que la voiture autonome révèle un « vide juridique » selon Majda Benkirane, avocate au barreau de Paris en droit du dommage corporel. En droit français, le conducteur d'une voiture est responsable d'un accident causé par son véhicule, sauf s'il peut démontrer la défectuosité de l'appareil et engager la responsabilité du constructeur. Cela est possible pour la voiture autonome si la voiture n'a, par exemple, pas réagi aux manœuvres du conducteur.

Le problème survient lorsque l'algorithme a fonctionné correctement, mais que son fonctionnement « normal » a conduit à blesser ou à tuer un tiers sans que le conducteur intervienne. Aucune commission éthique ni aucune loi n'ont pour l'heure tranché la question, en France, de savoir si une machine pouvait être tenue pour responsable.

Eléa Pommiers, « Qui est responsable en cas d'accident impliquant une voiture autonome ? », *Le Monde*, mars 2018

Conseils !

1 Lisez attentivement la situation et les documents.

2 Identifiez les questions de droit qui se posent.

3 Analysez les règles de droit.

4 Avant de les appliquer, assurez-vous que la situation entre dans leur champ d'application.

RESSOURCES

Liens vers les ressources

ARTICLE

« La voiture autonome, c'est pour après-demain ! »

www.preventionroutiere.asso.fr

Un article synthétique pour présenter le principe de la voiture autonome et les problématiques soulevées en termes de sécurité.

VIDÉO

« Exclu : nous avons testé une voiture 100 % autonome en plein Paris »

(3 min 13), *Le Parisien*, septembre 2018

https://youtu.be/k1zEZQSaHAc

Le Parisien

Suivez un journaliste du *Parisien* pendant son trajet dans Paris dans une voiture autonome.

ARTICLE

Pierre Legros, « Voitures autonomes et responsabilité(s) : "un enjeu primordial sous la conduite du législateur" »

www.cyberjustice.ca

Une analyse des enjeux soulevés par les voitures autonomes pour le législateur.

DÉBAT ORAL

Comment le droit peut-il appréhender la cybercriminalité ?

DOC 1 Une définition de la cybercriminalité

La cybercriminalité vise :

— soit des infractions spécifiques à Internet, pour lesquelles les technologies de l'information et de la communication sont l'objet même du délit, par exemple les atteintes aux systèmes de traitements automatisés des données, les infractions en matière de fichiers ou de traitement informatique ou encore le domaine de la cryptologie : il s'agit d'infractions nouvelles spécifiques à Internet, relevant du piratage informatique, c'est-à-dire l'intrusion non autorisée dans les systèmes informatiques et le sabotage informatique de ceux-ci ;

— soit des infractions de droit commun[1] dont Internet permet la commission : il s'agit dans ce cas de formes traditionnelles de criminalité ou d'infractions de droit commun[1] préexistant à Internet, mais qui se sont développées grâce à lui, la pédopornographie par exemple.

Quoique non définie, la cybercriminalité présente toutefois plusieurs caractéristiques : il s'agit d'une criminalité organisée, mondialisée et transnationale par nature. Non seulement, les frontières n'arrêtent pas les cyberdélinquants, mais elles leur permettent d'échapper aux poursuites.

Extrait du rapport d'information n° 613 (2019-2020) de Sophie Joissains et Jacques Bigot, fait au nom de la Commission des affaires européennes et de la Commission des lois du Sénat, déposé le 9 juillet 2020
www.senat.fr/rap/r19-613/r19-613.html

1. Infraction considérée comme ne portant pas atteinte à l'ordre politique et à différencier de l'infraction politique (atteinte à l'ordre public et à la sûreté de l'État).

VOCABULAIRE

- **Cheval de Troie** : logiciel malveillant qui sous une apparence légitime collecte des informations sur l'utilisateur (codes, etc.) à des fins frauduleuses.
- **Hacker** : pirater un système informatique.
- **Principe de territorialité** : application d'une règle dans la limite d'un espace géographique précis.
- **Rançongiciel** : logiciel malveillant qui prend en otage des données sensibles (personnelles, professionnelles) pour extorquer de l'argent à leur propriétaire.

DOC 2 Le piratage de Sony Pictures

C'est une première historique. Cédant à la pression des pirates informatiques qui lui ont dérobé plus de 100 terabytes de données, Sony Pictures Entertainment (SPE), filiale du géant nippon de l'électronique, a annulé, mercredi 17 décembre [2014], la sortie en salles de *The Interview*, comédie potache du duo d'acteurs Seth Rogen et James Franco qui met en scène deux journalistes chargés par la CIA d'assassiner le dirigeant nord-coréen Kim Jong-un. Les « hackeurs » avaient menacé les producteurs d'attentats en cas de sortie du film dans les salles américaines le jour de Noël comme prévu. Dans le même temps, plusieurs médias américains, dont le *New York Times*, relayaient des sources gouvernementales assurant que la Corée du Nord était « centralement impliquée » dans le piratage des systèmes et des données de SPE.

[….] L'image du studio a été mise en lambeaux par quatre semaines de révélations, tirées des dizaines de milliers de mails que les hackeurs ont communiqués aux médias américains. On voit mal comment Amy Pascal, la coprésidente de Sony, pourrait garder son poste après que ses jugements peu amènes sur la plupart des producteurs, réalisateurs et acteurs avec qui le studio a travaillé ont été mis sur la place publique. Le lâchage de *The Interview* devrait en outre dissuader nombre de producteurs de proposer leurs projets à Sony.

« Sony cède aux hackers et annule la sortie de son film », *Le Monde*, 2014

DOC 3 IA et contrôle du contenu

En mars, alors que la pandémie gagnait en importance, [YouTube], le géant américain de l'hébergement de vidéos (propriété de Google) avait annoncé qu'il renvoyait chez eux une partie de ses modérateurs humains et qu'il allait renforcer l'utilisation de logiciels pour exercer certaines de leurs tâches. En temps normal, ces programmes d'intelligence artificielle (IA) « aident à détecter les contenus potentiellement problématiques et les envoient à des modérateurs humains pour qu'ils les évaluent », écrivait alors YouTube. [...] Résultat : un énorme bond dans le nombre de vidéos supprimées, dont certaines par erreur. En tout, 160 000 vidéos ont été remises en ligne après contestation, soit la moitié des demandes de réexamen reçues par l'entreprise.

Morgane Tual, « Après avoir favorisé les algorithmes pour modérer les contenus, Youtube fait marche », *Le Monde*, septembre 2020

DOC 4 La lutte contre la cybercriminalité dans l'UE

1. Dans le cadre d'une procédure pénale, elle permet à un juge d'instruction de déléguer la réalisation de certains actes d'instruction à un officier de police judiciaire ou à un autre juge.

Extrait du rapport d'information n° 613 (2019-2020) de Sophie Joissains et Jacques Bigot, fait au nom de la Commission des affaires européennes et de la Commission des lois du Sénat, déposé le 9 juillet 2020, www.senat.fr/rap/r19-613/r19-613.html

DOC 5 Les objets connectés et le PIOC

Le Centre de lutte contre les criminalités numériques (#C3N) […] s'est doté en janvier 2019 d'un Plateau d'investigation des objets connectés (Pioc) pour ajouter ces produits aux contours multiples (montres, enceintes, caméras, frigos...) au spectre de leurs enquêtes. C'est au cœur de ce service que les gendarmes scrutent désormais les failles de sécurité de tous les objets connectés qui arrivent sur le marché.

Avec l'engouement du public pour les objets connectés à internet, avec moins de sécurité qu'un ordinateur, est apparue une nouvelle forme de criminalité : cela va du rançongiciel (de l'anglais ransomware) à la fabrication de cryptomonnaie[1] en passant par les cambriolages sans effraction, les escroqueries ou le harcèlement. « Ces objets, qui font partie de notre quotidien, ont peu de mises à jour et vont créer des vulnérabilités […] », résume la colonelle Fabienne Lopez, cheffe du #C3N. La domotique peut s'avérer désastreuse si des malfaiteurs parviennent à la détourner. Des cambriolages sans effraction deviennent ainsi possibles, comme le sont depuis longtemps les vols de voitures par la copie de la fréquence de la clé de contact.

« Alerte sur les dangers des objets connectés : le PIOC », gendarmerie.interieur.gouv.fr, PJGN/C3N, AFP, janvier 2020.

1. Monnaie dont l'émission n'est pas garantie par une banque centrale mais par un protocole informatique décentralisé (dit « de pair à pair »). Son stockage et son échange peut se faire facilement à l'insu des institutions classiques.

DOC 5 Les *deep fakes* : vers de nouvelles cybercriminalités ?

Le 17 juilllet 2017, une fausse vidéo faisant apparaître l'ancien président des États-Unis Barack Obama a été publiée par la BBC. Elle est le résultat du travail d'un groupe de recherche de l'université de Washington. Elle a été générée par ordinateur par un nouvel algorithme d'intelligence artificielle appelé GAN (*Generative Adversarial Network*) qui pourrait inciter des États à l'utiliser pour tenter de déstabiliser les institutions politiques d'autres États.

C'est à vous !

C'est à vous !

DÉBAT

Comment le droit peut-il appréhender la cybercriminalité ?

ÉTAPE 1 Comprendre et préparer le débat

AVANT LE DÉBAT

1. Quelles sont les cibles des cybercriminels ?
2. Qui sont les acteurs de la cybercriminalité et où agissent-ils ?
3. Pourquoi ces attaques sont-elles des infractions ?
4. Aujourd'hui, de quels outils dispose le droit pour appréhender les cybercriminels ?

ÉTAPE 2 Participer au débat

AVANT LE DÉBAT

5. Le droit a-t-il les moyens d'appréhender la cybercriminalité ?
6. Pourquoi ces attaques sont-elles des infractions ?

PENDANT LE DÉBAT

7. Exprimez votre point de vue.
8. Notez les arguments des autres élèves.

Conseils

- Anticipez les points de vue différents afin de construire une contre-argumentation.
- Écoutez et respectez la parole des autres.
- Pour convaincre, il est important d'associer des idées générales à des exemples précis (faits, acteurs, ce que dit le droit…).
- Relisez vos notes avant de prendre la parole.
- Présentez vos arguments, sans lire vos notes, en regardant l'auditoire.

	Internet est un espace de liberté et aucune régulation n'y est souhaitable	Les acteurs privés doivent réguler le cyberespace	L'État doit intervenir davantage pour réguler le cyberespace
Les arguments des acteurs des documents	• • •	• • •	• • •
Mes arguments	• • •	• • •	• • •
Les arguments des autres élèves	• • •	• • •	• • •

ÉTAPE 3 Conclure le débat

APRÈS LE DÉBAT

9. Exprimez par écrit votre point de vue argumenté sur le thème du débat.
10. Les arguments échangés lors du débat ont-ils fait évoluer votre position ? Expliquez pourquoi.

GRAND ORAL

Création et technologies numériques

Les questions du Grand oral portent sur vos spécialités, mais n'hésitez pas à mettre en valeur vos connaissances juridiques : cela ne pourra que valoriser votre prestation.

Dans ce chapitre, vous avez étudié la façon dont le droit aborde les grandes problématiques liées à la création et aux nouvelles technologies : propriétés intellectuelles, protection des données à caractère personnel et intelligence artificielle.

Voici quelques exemples de questions dont vous pouvez vous inspirer.

Humanité, littérature et philosophie (HLP) Term

› Semestre 2 : Les représentations du monde ; Décrire, figurer, imaginer

EXEMPLE DE QUESTION

- S'inspirer ou plagier, quelle différence ?

LE + DU DROIT

Vous saurez définir le droit de propriété et la propriété littéraire et artistique. À ce titre, vous pouvez soulever la question de l'imitation en poésie et en littérature et mener une réflexion sur la notion d'auteur.

Histoire-Géographie-Géopolitique-Science politique Term

› Thème 6 : L'enjeu de la connaissance ; Objet de travail conclusif - Le cyberespace : conflictualité et coopération entre acteurs

EXEMPLE DE QUESTION

- En quoi l'émergence du cyberespace constitue-t-elle un bouleversement géopolitique et juridique ?

LE + DU DROIT

Vous pourrez notamment vous intéresser aux conséquences juridiques de l'expansion du cyberespace (lutte contre le plagiat, le cyberterrorisme, protection des données personnelles), à la coopération internationale autour de la cyberdéfense et à l'intégration des enjeux du cyberespace aux conflits contemporains.

Langue, littérature et culture étrangères Term

› Thématique "Imaginaires" ; axe d'étude 3 : Utopies et dystopies

EXEMPLE DE QUESTION

- Comment la littérature de science-fiction anglophone alterne-t-elle entre fascination et crainte de l'évolution technologique et de son rôle au sein de la société ?

LE + DU DROIT

La littérature s'est emparée de la notion d'évolution technologique pour évoquer un réel alternatif et mettre en garde contre de potentielles dérives dans l'utilisation de nouvelles technologies. Vous pourrez présenter les garde-fous mis en place par le droit dans le but de protéger les individus.

Anglais monde contemporain Term

› Thématique 1 : Savoirs, création, innovation ; axe d'étude 2 : Sciences et techniques, promesses et défis

EXEMPLE DE QUESTION

- En quoi les « transformations de la société du savoir » ont-elles mené à des évolutions juridiques dans le monde anglophone ?

LE + DU DROIT

Les conditions de partage des savoirs, en lien avec l'évolution des technologiques numériques, se heurtent parfois à des limites juridiques au sein des sociétés anglophones (protection des droits d'auteur, lutte contre le plagiat, contre l'espionnage industriel...).

Création et technologies numériques

1 Le droit et les innovations

• Le droit fixe un cadre qui stimule les innovations (protection des inventions, autorisation des expérimentations) tout en contrôlant les dérives possibles (protection des **données personnelles**, restrictions à l'utilisation des robots pour la justice).

• La **propriété intellectuelle** est régie par le Code de la propriété intellectuelle, ainsi que par des traités internationaux.

• Les innovations numériques, la multiplication et la mondialisation des bases de données (réseaux sociaux, **objets connectés**) soulèvent la question de la protection de la vie privée, qui est assurée par de grands textes sur les droits fondamentaux : la loi Informatique et Libertés et le RGPD. Les récents progrès de l'informatique dans le domaine de l'intelligence artificielle créent toutefois de nouveaux risques pour les personnes et les institutions.

2 Les propriétés intellectuelles

• La propriété intellectuelle réunit les droits de propriété qu'une personne peut avoir sur des créations intellectuelles (musiques, écrits, inventions, etc.). Ces droits permettent à leur titulaire d'interdire aux tiers certains actes d'exploitation de la création, ou de concéder des licences.

• La propriété littéraire et artistique assure à l'auteur des droits patrimoniaux (commercialisation, diffusion) et moraux (possibilité d'apposer son nom, garantie de non-dénaturation de l'œuvre). Elle ne nécessite aucune formalité de dépôt.

• La propriété industrielle comprend notamment le droit des **marques** et celui des **brevets** qui protège les inventions.

3 La protection des données à caractère personnel

• La loi informatique et libertés définit la notion de donnée à caractère personnel comme toute information relative à une personne physique identifiable. Elle limite le traitement de ces données. Par exemple, elle interdit de collecter des données dites « raciales » ou ethniques. Elle a créé la CNIL. Le règlement général sur la protection des données (RGPD) renforce cette loi et propose un cadre européen de référence.

4 Intelligence artificielle et droit

• **L'intelligence artificielle** est la capacité pour une machine d'accomplir des tâches généralement assurées par des humains car elles nécessitent de percevoir, de raisonner ou d'agir.

• Depuis 2010, l'**apprentissage statistique** (*machine learning*) augmente considérablement les possibilités offertes par l'informatique (caméra intelligente, voiture autonome, caisse automatique, assistant vocal, traducteur automatique, robotique, etc.), engendrant des révolutions sociales et professionnelles.

• L'idée d'utiliser l'intelligence artificielle et les **algorithmes** pour améliorer la justice (**cyberjustice**) et accroître l'efficacité, la rapidité et la prédictibilité des décisions de justice suscite encore de nombreux débats.

MOTS CLÉS

- **Algorithme** ➜ p. 280
- **Apprentissage statistique** ➜ p. 280
- **Cyberjustice** ➜ p. 280
- **Brevet** ➜ p. 280
- **Données à caractère personnel** ➜ p. 280
- **Propriété intellectuelle** ➜ p. 280
- **Intelligence artificielle** ➜ p. 280
- **Marque** ➜ p. 280
- **Objet connecté** ➜ p. 280

TEXTES CLÉS

- **Code civil** (1804)
- **Code de la propriété intellectuelle** (1992)
- **Loi informatique et libertés** (6 janvier 1978)
- **Règlement général sur la protection des données** (27 avril 2016)
- **Charte des droits fondamentaux de l'Union européenne** (7 décembre 2000)
- **Charte éthique du Conseil de l'Europe relative à l'utilisation de l'intelligence artificielle dans les systèmes judiciaires** (3 décembre 2018)

EXO Exercices interactifs

Entraînez-vous avec des **QCM** pour retenir les éléments essentiels du chapitre.

SCHÉMA DE SYNTHÈSE

Droit de propriété et propriétés intellectuelles

Le droit de propriété

Ses objets

- **Biens** meubles et immeubles
- **Biens** corporels et incorporels

Régime de droit commun (art. 544 Code civil)

- utiliser (***usus***) ;
- tirer les fruits (***fructus***) ;
- disposer (***abusus***)

Les droits de propriété intellectuelle (DPI)

La propriété littéraire et artistique

- **Droit d'auteur** protégeant une **œuvre de l'esprit**
- **Droits patrimoniaux** et droit moral

La propriété industrielle

- **Marque** protégeant un signe
- **Brevet** protégeant une invention

Les droits du titulaire d'un DPI

- **Interdire** les actes de contrefaçon → si besoin par une action en justice

La protection des données à caractère personnel

Protéger pourquoi ?

Un monde de plus en plus numérique

- **réseaux sociaux, objets connectés, systèmes biométriques, IA...**
- **traitement et échange** de milliards de données
- **« traces numériques »** : profilage et surveillance
- **risques d'atteinte à la vie privée et aux libertés**, risques de **discrimination** et **d'exclusion**

Protéger comment ?

Cadre juridique

- **Charte européenne des droits fondamentaux** (2000)
- **Règlement européen** (RGPD) (2016)
- **Loi Informatique et Libertés** (1978)

Respect des droits des personnes

- droit au **respect de la vie privée**
- droit à l'**information**
- droit **d'accès /rectification des données**
- droit à l'**oubli, à l'effacement des données, au déréférencement**
- droit de **consentement / d'opposition**

Règles à respecter

- **traitement des données** licite et transparent
- collecte pour des **finalités déterminées**
- durée de conservation définie
- **mesures de sécurité**
- **respect des principes de la justice** face aux algorithmes de la cyberjustice prédictive et prescriptive

Contrôle Par qui ?

- **Commission nationale de l'informatique et des libertés** (CNIL)
- **Comité européen de la protection des données** (CEPD)
- délégués à la protection des données

Actu

Rendez-vous sur le site **lyceen.nathan.fr/dgemc** pour découvrir de nouveaux documents en fonction de l'actualité juridique !

Pour aller plus loin

SÉRIE

Do not track*, *Brett Gaylor, 2015

Une série documentaire personnalisée consacrée à la vie privée et à l'économie du web, en sept épisodes.

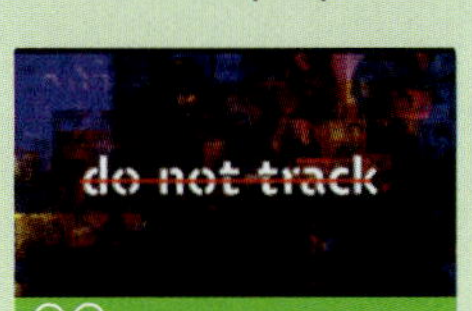

FILM

Minority Report*, *Stephen Spielberg, 2002

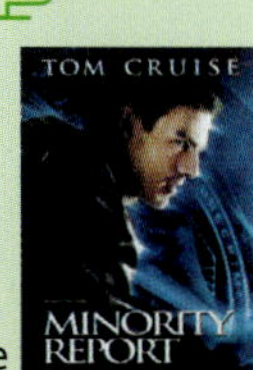

Adapté d'une nouvelle de Philip K. Dick, ce film met en scène un monde qui utilise la justice prédictive.

VIDÉO

« Le deep learning », Science étonnante, 2016

Sur sa chaîne YouTube de vulgarisation scientifique, David Louapre, docteur en physique, présente des questions scientifiques.

LES MÉTIERS DU DROIT

Selon vos centres d'intérêt, votre personnalité, les exercices dans lesquels vous vous sentez le plus à l'aise, le droit offre de nombreux choix.

Certains préfèrent travailler dans un cabinet, d'autres en entreprise ou pour le compte de l'État.

Vous pouvez préférer travailler avec des enfants, défendre les droits des salariés, aider à résoudre des litiges...

Les métiers du droit et de la justice sont très variés. Pour y accéder, il faut généralement entreprendre des études longues. Mais des formations plus courtes permettent d'accéder à certains métiers. **Découvrez-les à la dernière page de votre manuel.**

Vous pouvez tester vos connaissances sur le sujet avec le quiz **Les métiers de la justice** de l'ONISEP

Quiz

Découvrez 11 parcours de professionnels dans des domaines variés du droit.

SOMMAIRE

MÉTIER

Édouard, substitut du Procureur

Fiche Métier → Substitut du Procureur

- **Niveau minimum d'accès :** BAC +4
- **Salaire d'un débutant :** environ 2 600 € net
- **Statut :** fonctionnaire
- **Compétences requises :**
  - ✓ expression orale et écrite
  - ✓ rigueur juridique
  - ✓ capacité à prendre une décision
  - ✓ disponibilité
- **Ordre :** Judiciaire

CV EXPRESS

Édouard, 29 ans, Beauvais (Oise)

FORMATION

- Master 2 « Justice et droit du procès », Paris II Panthéon-Assas
- Master 1 en droit pénal, Paris II Panthéon-Assas
- Licence en droit, Paris II Panthéon-Assas
- Bac ES, Paris

Expériences professionnelles

→ **Substitut du Procureur, Tribunal Judiciaire de Beauvais (Oise)**

→ Auditeur de justice, École nationale de la magistrature de Bordeaux (Gironde)

Le métier d'Édouard

Témoignage vidéo

Quelles sont les principales règles déontologiques utiles à l'exercice de votre profession ?

Tout magistrat, lors de sa nomination à son premier poste, et avant d'entrer en fonction, prête serment en ces termes : « Je jure de bien et fidèlement remplir mes fonctions, de garder le secret des délibérations et de me conduire en tout comme un digne et loyal magistrat. » Il est astreint à de nombreuses obligations déontologiques, parmi lesquelles la délicatesse, l'attention à autrui, la compétence, l'impartialité et l'indépendance.

Quel est le rôle de votre institution ?

L'institution judiciaire est chargée de régler les litiges qui opposent tout un chacun, que ce soit en matière civile (divorces, tutelles, contentieux de la propriété et de la responsabilité) ou en matière pénale (contravention, délit, crime). Pour ce faire, le juge applique la loi votée par le Parlement et apprécie les preuves qui lui sont rapportées. L'institution veille donc à l'application de la loi sur tout le territoire de la République française et gère les établissements pénitentiaires.

Quelles sont vos tâches au quotidien ?

En tant que substitut du Procureur, je suis chargé de diriger les enquêtes pénales menées par les policiers et les gendarmes et de décider de leur orientation vers un tribunal (jugement) ou non (classement sans suite). Devant le tribunal, je prends la parole au nom de la société et dans son intérêt : je propose la peine qui me semble la plus adaptée. Enfin, j'assure l'exécution des décisions prises par les tribunaux ou cour d'assises.

Quels sont les aspects de votre métier qui vous plaisent le plus ?

Ce que j'aime le plus dans mes fonctions, c'est d'être au plus proche de la réalité des gens dans leur quotidien, même si c'est parfois compliqué émotionnellement (enfance en danger, décès suspect, crimes très graves). J'aime également établir des stratégies d'enquête. Et j'aime préparer ma prise de parole pour qu'elle soit le plus convaincante possible pour les jurés ou les juges du siège.

L'employeur d'Édouard

MINISTÈRE DE LA JUSTICE
Liberté
Égalité
Fraternité

- **Nom de l'institution :** ministère de Justice
- **Année de création :** 1790
- **Siège :** Paris

87 617 agents

MÉTIER

Anne-Claire, juge d'instruction

Fiche Métier → **Juge d'instruction**

- **Niveau minimum d'accès :** BAC +4
- **Salaire d'un débutant :** environ 2 600 € net
- **Statut :** fonctionnaire
- **Compétences requises :**
  - ✓ sens des responsabilités
  - ✓ rigueur
  - ✓ sens de l'écoute
  - ✓ autorité
- **Ordre :** Judiciaire

CV EXPRESS

Anne-Claire, 29 ans, Paris

FORMATION

- Diplôme d'IEP, option services publics (préparation à l'École nationale de la magistrature), Aix-en-Provence (Bouches-du-Rhône)
- Bac S, Toulouse (Occitanie)

Expériences professionnelles

→ Substitut du procureur de la République en administration centrale

→ **Juge d'instruction**

Le métier d'Anne-Claire

Quelles sont les principales règles déontologiques utiles à l'exercice de votre profession ?

Un magistrat doit être guidé au quotidien par les règles déontologiques suivantes : indépendance, impartialité, intégrité, attention à autrui et discrétion, qui sont les valeurs fondamentales attachées à son statut. Les magistrats sont astreints à un devoir d'exemplarité eu égard au rôle qu'ils tiennent dans la Cité.

Quelles sont vos tâches au quotidien ?

Un juge d'instruction prend connaissance des dossiers dont il est saisi. Il mène les interrogatoires, auditions et confrontations des personnes mises en examen afin de rechercher tous les éléments utiles à la manifestation de la vérité. Il rédige des ordonnances pour réaliser des expertises (analyse ADN, par exemple) et délivre des commissions rogatoires aux enquêteurs afin d'enquêter sur les infractions commises. Après avoir fait l'ensemble des investigations nécessaires, il décide si la personne sera jugée ou non pour les infractions qui lui sont reprochées.

Quels sont les aspects de votre métier qui vous plaisent le plus ?

La recherche de la vérité dans les dossiers, l'attention au détail me plaisent particulièrement. Il faut être passionné par l'enquête et la contradiction. Les relations humaines sont également un aspect très intéressant de la fonction de juge d'instruction, notamment le travail coordonné avec le greffier du cabinet d'instruction, qui est primordial, ainsi que les échanges avec les enquêteurs et les experts.

L'employeur d'Anne-Claire

MINISTÈRE DE LA JUSTICE
Liberté
Égalité
Fraternité

- **Nom de l'institution :** ministère de Justice
- **Année de création :** 1790
- **Siège :** Paris

87 617 agents

MÉTIER

Virginie, juge des enfants

Fiche Métier → **Juge des enfants**

- **Niveau minimum d'accès :** BAC +4
- **Salaire d'un débutant :** environ 2 700 € net
- **Statut :** fonctionnaire
- **Compétences requises :**
  - ✓ capacités d'écoute
  - ✓ capacités de travail importantes
  - ✓ qualités organisationnelles
  - ✓ qualités d'expression à l'oral et à l'écrit
- **Ordre :** Judiciaire

CV EXPRESS

Virginie, 32 ans, Saint-Pierre (La Réunion)

FORMATION

- Institut d'études judiciaires (IEJ) de Paris II Panthéon-Assas
- Sciences Po Paris

Expériences professionnelles

→ **Juge des enfants au tribunal judiciaire de Saint-Pierre (La Réunion)**

→ Juge des enfants au tribunal judiciaire de Pontoise (Val-d'Oise)

Le métier de Virginie

Quelles sont les principales règles déontologiques utiles à l'exercice de votre profession ?

Les magistrats sont soumis à un devoir d'indépendance, d'impartialité, d'intégrité, de probité, de dignité, de loyauté ainsi que de réserve et de discrétion. Ils doivent également respecter le secret des délibérations.

Quel est le rôle de votre institution ?

Le métier de magistrat consiste à garantir le respect des lois et des libertés individuelles ainsi qu'à trancher des litiges. Plus spécifiquement, le rôle du juge des enfants, qui est une fonction spécialisée, est de protéger les mineurs en danger et de favoriser le relèvement éducatif et moral des mineurs ayant commis des actes de délinquance.

Quelles sont vos tâches au quotidien ?

Au quotidien, je tiens des audiences civiles d'assistance éducative (protection de l'enfance) ainsi que des audiences pénales (délinquance des mineurs). Je rédige un jugement après chaque audience. Je réponds par ailleurs aux demandes qui me sont faites par courrier par les familles que je suis dans mon cabinet, par les avocats ou par les services éducatifs. Je peux également être amenée à faire partie de la composition du tribunal correctionnel, de la cour criminelle ou de la cour d'assises.

Quels sont les aspects de votre métier qui vous plaisent le plus ?

Être magistrat permet d'être au cœur de la vie en société. Nous avons la possibilité, au cours de notre carrière, d'exercer des fonctions très diversifiées, tant au siège (juge des enfants, juge d'instruction, juge de l'application des peines...) qu'au parquet (substitut du Procureur de la République, vice-procureur...). À cette mobilité fonctionnelle s'ajoute une mobilité géographique.

L'employeur de Virginie

MINISTÈRE DE LA JUSTICE
Liberté
Égalité
Fraternité

- **Nom de l'institution :** ministère de Justice
- **Année de création :** 1790
- **Siège :** Paris

87 617 agents

MÉTIER

Marc, magistrat administratif

Fiche Métier → **Magistrat administratif**

- **Niveau minimum d'accès :** BAC +5
- **Salaire d'un débutant :** environ 2 000 € net
- **Statut :** fonctionnaire
- **Compétences requises :**
  - ✓ rigueur
  - ✓ indépendance
  - ✓ impartialité
  - ✓ pondération
- **Ordre :** Administratif

Marc, 58 ans, Lyon (Rhône)

CV EXPRESS

FORMATION

- École nationale d'administration
- Ingénieur civil des Ponts et Chaussées
- Bac S, Mâcon (Saône-et-Loire)

Expériences professionnelles

→ **Vice-président du tribunal administratif de Lyon (Rhône)**
→ Juge à la Cour administrative d'appel de Lyon (Rhône)
→ Juriste à la Commission européenne, Bruxelles (Belgique)
→ Conseiller juridique à l'Agence européenne pour l'environnement, Copenhague (Danemark)
→ Tribunal administratif de Lyon (Rhône)

Le métier de Marc

Témoignage vidéo

Quelles sont les principales règles déontologiques utiles à l'exercice de votre profession ?

L'indépendance, c'est-à-dire le fait de pouvoir rendre une décision sans influence, et l'impartialité, qui implique de faire abstraction de biais personnels, sont les règles principales.

Quel est le rôle de votre institution ?

Le juge administratif traite de toutes les affaires pour lesquelles une institution publique est partie (État, collectivités territoriales, hôpitaux publics, établissements publics). Par exemple, si une personne veut contester le montant de ses impôts, elle présente une requête devant le tribunal administratif, puisqu'elle conteste une décision de l'État.

Quelles sont vos tâches au quotidien ?

Président de chambre au tribunal administratif, je préside une chambre composée de trois autres magistrats. Nous instruisons des dossiers à partir des mémoires présentés par les requérants et les défendeurs puis, après l'audience où les parties, représentées souvent par des avocats, s'expriment, nous délibérons les jugements qui sont ensuite signés et notifiés aux parties.

Quels sont les aspects de votre métier qui vous plaisent le plus ?

J'aime particulièrement le mélange du travail intellectuel, qui oblige à s'interroger sur la solution juridique la plus adaptée, et de la confrontation directe avec les réalités sociales et humaines. Chaque affaire est une affaire individuelle qui peut être lourde de conséquences pour les personnes. Les discussions avec les autres magistrats sont riches et permettent de progresser.

L'employeur de Marc

CONSEIL D'ÉTAT

- **Nom de l'institution :** Conseil d'État
- **Année de création :** 1799
- **Siège :** Paris

232 membres du Conseil d'État et 1 216 magistrats administratifs en activité

MÉTIER

Laurence, greffière

Fiche Métier → **Greffier des services judiciaires**

- **Niveau minimum d'accès :** BAC +2 pour le concours externe (mais plus de 50 % des candidats ont un niveau bac +5)
- **Salaire d'un débutant :** environ 1 600 € net
- **Statut :** fonctionnaire catégorie B
- **Compétences requises :**
  - ✓ maîtrise du droit et de la procédure
  - ✓ rigueur
  - ✓ organisation
  - ✓ sens des relations humaines

CV EXPRESS

Laurence, 49 ans, Évry (91)

FORMATION

- Intégration par voie de concours
- Formation de 18 mois à l'École nationale des greffes (ENG), Dijon (Côte-d'Or) : formation rémunérée construite selon un principe d'alternance entre périodes de scolarités et de stages pratiques.

Expériences professionnelles

→ Directrice des services de greffe judiciaires
→ Greffier Chargée d'enseignement
→ Greffier Chef de greffe
→ **Greffier au pénal (greffe correctionnel, greffe du tribunal pour enfants)**

Le métier de Laurence

Témoignage en podcast

Quelles sont les principales règles déontologiques utiles à l'exercice de votre profession ?

Dans l'exercice des fonctions de greffier, il est essentiel de respecter les principes et les valeurs du service public d'une part, mais un fonctionnaire a aussi des obligations déontologiques telles que, par exemple, l'impartialité ou l'intégrité et faire preuve de discrétion professionnelle.

Quelles sont vos tâches au quotidien ?

Le greffier est présent à toutes les étapes de la procédure. D'une manière générale, il authentifie les actes de procédure, assure la bonne exécution et le suivi de la procédure tout au long de son déroulement.

Il enregistre les affaires, constitue les dossiers, dresse les procès-verbaux, rédige des actes, met en forme les décisions et assiste aux audiences.

Ses fonctions peuvent être différentes selon la juridiction ou le service dans lequel il exerce. Il travaille quotidiennement en collaboration avec les magistrats.

Quels sont les aspects de votre métier qui vous plaisent le plus ?

Ce qui me plaît le plus réside dans le fait qu'un greffier est avant tout un technicien de la procédure. Il est le garant de l'authenticité des actes et notre activité est indispensable au fonctionnement de la justice.

Être greffier offre aussi une grande diversité des fonctions selon que l'on exerce au civil, au pénal, en cabinet ou à l'accueil. Un greffier peut aussi être chargé d'enseignement à l'ENG.

Les contacts humains sont nombreux et diversifiés (auprès des justiciables comme des professionnels du droit).

L'employeur de Laurence

MINISTÈRE DE LA JUSTICE
Liberté
Égalité
Fraternité

- **Nom de l'institution :** ministère de Justice
- **Année de création :** 1790
- **Siège :** Paris

Nombre de greffiers au 1er juillet 2018 : environ 11 000, dont 88 % de femmes.

Leur encadrant direct est le Directeur des services de greffe judiciaires (DSGJ).

MÉTIER

Laurent, notaire associé

Fiche Métier → **Notaire**

- **Niveau minimum d'accès :** BAC +7
- **Salaire d'un débutant :** environ 2 200 € net
- **Statut :** indépendant
- **Compétences requises :**
  - ✓ rigueur
  - ✓ écoute
  - ✓ dynamisme
  - ✓ impartialité

CV EXPRESS

Laurent, 33 ans, Briançon (Hautes-Alpes)

FORMATION

- Diplôme supérieur du notariat, Aix-en-Provence
- Master 2 droit notarial à l'Université Paris II Panthéon-Assas
- Master 1 droit patrimonial, immobilier et notarial (Aix-en-Provence)
- Licence en droit (Nice, Aix-en-Provence)
- Bac ES (Cannes)

Expériences professionnelles

→ **Notaire associé de la société Bonnes-Aguilar-Briançon (Hautes-Alpes)**
→ Notaire salarié à Briançon (Hautes-Alpes)
→ Notaire stagiaire à Grasse (Alpes-Maritimes)

Le métier de Laurent

Témoignage vidéo

Quelles sont les principales règles déontologiques utiles à l'exercice de votre profession ?

Le notaire est un officier public et ministériel, nommé par le ministre de la Justice, qui exerce en tant que profession libérale et qui, après avoir prêté serment, doit respecter une stricte déontologie professionnelle (devoir de conseil, neutralité et confidentialité) sous peine de sanctions.

Quelles sont vos tâches au quotidien ?

Le notaire est un juriste compétent dans plusieurs domaines du droit (immobilier, famille, entreprise, etc.), qui apporte un conseil et rédige des conventions en leur donnant le caractère d'un acte authentique et en assurant la conservation.

L'authenticité d'un acte lui confère les effets suivants : la date certaine, la force probante et la force exécutoire.

Le notaire reçoit des clients pour des rendez-vous de conseil et pour la signature d'actes notariés (vente, donation, cession d'une entreprise, succession, contrat de mariage, conclusion d'un bail rural, etc.).

Le contact humain et l'écoute sont omniprésents dans le quotidien du notaire. Le notaire a souvent un rôle de conciliateur, par exemple dans le règlement d'une succession.

Quels sont les aspects de votre métier qui vous plaisent le plus ?

L'activité du notaire est extrêmement variée et chaque rendez-vous est différent et enrichissant. Le notaire intervient tout au long de la vie d'une personne : la conclusion d'un pacte civil de solidarité (Pacs) ou d'un contrat de mariage, l'acquisition d'un bien immobilier, la donation à ses enfants, la préparation d'un testament, le consentement à une adoption simple, le divorce, la conclusion d'un bail commercial, la succession…

L'office de Laurent

Notaire

- **Nom de la société :** Office notarial Bonnes-Aguilar
- **Ville :** Briançon

Nombre de salariés : 2 notaires et 5 employés

MÉTIER

Chloé, avocate

Chloé, 37 ans, un cabinet principal à Paris et un cabinet secondaire à Chantilly (Oise)

CV EXPRESS

FORMATION

- Certificat d'aptitude à la profession d'avocat (CAPA)
- Mastère Spécialisé en droit et management international à HEC Paris (équivalent bac +6)
- Master 1 en droit international et Master 2 en droit des relations économiques internationales à l'Université Paris II (Panthéon-Assas)
- Licence en droit et licence en sciences politiques,
- Bac ES, Senlis (Oise)

Expériences professionnelles

→ **Création de mon propre cabinet à Paris et à Chantilly (Oise)**
→ Avocate collaboratrice dans un cabinet parisien
→ Stages dans différents cabinets d'avocats à Paris, en province et à Hong Kong (Chine)
→ Stagiaire pendant un an au sein de l'association Trans Europe Experts (réseau européen d'experts en droit, Paris)
→ Stagiaire à la Conférence de La Haye de droit international privé (Pays-Bas)

Fiche Métier → Avocat

- **Niveau minimum d'accès :** BAC +4 pour pouvoir passer l'examen d'entrée au centre régional de formation professionnelle d'avocats (CRFPA ou « école d'avocats »), suivi d'une formation de 18 mois avant de pouvoir passer l'examen du certificat d'aptitude à la profession d'avocat, le CAPA.
- **Salaire d'un débutant :** environ 4 000 € HT à Paris et 2 000 € HT en province, mais avec de nombreuses charges à payer ensuite
- **Statut :** indépendant (profession libérale)
- **Compétences requises :**
  - ✓ rigueur
  - ✓ qualités rédactionnelles
  - ✓ humanité
  - ✓ indépendance et discrétion (impérieux respect du secret professionnel)

Le métier de Chloé

Témoignage vidéo

Quelles sont les principales règles déontologiques utiles à l'exercice de votre profession ?

Pour exercer cette profession, chaque avocat doit prêter serment et jurer d'exercer ses fonctions « avec dignité, conscience, indépendance, probité et humanité ».

Notre déontologie nous impose aussi de respecter onze autres principes essentiels : l'honneur, la loyauté, le désintéressement, la confraternité, la délicatesse, la modération, la courtoisie, la compétence, le dévouement, la diligence et la prudence.

Le respect du débat contradictoire et du secret professionnel est également impératif.

Quelles sont vos tâches au quotidien ?

Les journées d'un avocat sont principalement rythmées par les rendez-vous avec les clients, le temps qui est nécessaire pour appréhender un dossier (étude des pièces transmises par le client, recherches), la rédaction des écritures qui vont être présentées au tribunal, les échanges avec les parties adverses, la préparation des dossiers de plaidoirie et les audiences. Étant donné que les lois et la jurisprudence évoluent constamment, il nous faut également suivre l'actualité juridique. Un avocat est d'ailleurs tenu à vingt heures de formation obligatoire par an afin de s'assurer d'être toujours à jour. Nous avons aussi régulièrement des urgences à gérer (en cas d'enlèvement d'enfant par exemple, ou si notre client se retrouve en garde-à-vue), ce qui fait qu'aucune journée ne se ressemble et qu'elles sont toutes bien chargées.

Quels sont les aspects de votre métier qui vous plaisent le plus ?

En premier lieu, ce qui me plaît particulièrement, c'est que notre intervention aide souvent les parties, via leurs avocats, à renouer le dialogue et à trouver un accord. Nous avons alors clairement un rôle de facilitateur.

En second lieu, quand le problème trouve sa source dans une injustice, je me sens particulièrement utile quand mon travail contribue à la faire reconnaître et participer à la réparation de celle-ci. Je suis heureuse quand mon métier d'avocate permet alors à mes clients de retrouver de l'apaisement et de la sérénité.

Le cabinet de Chloé

- **Nom de l'entreprise :** Cabinet Chloé Grenadou
- **Année de création :** 2015 à Paris et 2019 à Chantilly
- **Siège :** Paris
- **Domaines d'intervention :** Droit de la famille et droit des successions.

Rebecca, enseignante-chercheuse

Fiche Métier → **Enseignant-chercheur (maître de conférences)**

- **Niveau minimum d'accès :** doctorat en droit
- **Salaire d'un débutant :** environ 2 000 € net
- **Statut :** fonctionnaire
- **Compétences requises :**
  - ✓ aimer enseigner
  - ✓ aimer écrire et faire des recherches
  - ✓ curiosité intellectuelle
  - ✓ engagement

CV EXPRESS

Rebecca, 32 ans, Paris

FORMATION

- Thèse de doctorat : « Les droits fondamentaux et le droit international privé. Réflexion en matière personnelle et familiale »
- Master 2 en Droit privé général à l'Université Paris II (Panthéon-Assas)

Expérience professionnelle

→ **Doctorante-contractuelle et ATER (attachée temporaire d'enseignement et de recherche) à l'Université Paris II Panthéon-Assas)**

Le métier de Rebecca

Témoignage complet

Quelles sont les principales règles déontologiques utiles à l'exercice de votre profession ?

Ce sont des règles que tous doivent suivre, particulièrement essentielles au contact de jeunes étudiants : honnêteté intellectuelle, objectivité, conscience professionnelle.

Comment devient-on enseignant-chercheur ?

Le métier d'enseignant-chercheur en droit s'exerce à tout âge et niveaux : chargé de travaux dirigés, vacataire, attaché temporaire d'enseignement et de recherche (ATER), maître de conférences, professeur.

En début de carrière, l'enseignant-chercheur investit beaucoup d'énergie dans la rédaction de la thèse (4 à 5 ans) et les travaux dirigés qu'il donne. Une fois « docteur en droit », il peut devenir maître de conférences ou professeur agrégé des facultés de droit s'il réussit le concours de l'agrégation. Il peut aussi enseigner dans des écoles de commerce, IUT, BTS, ou encore à l'étranger…

Quelles sont vos tâches au quotidien ?

Préparer et donner des cours ; faire passer des examens (corrections de copies, oraux).

Lire, écrire, se cultiver : c'est la « recherche ».

Accomplir des tâches administratives (direction de diplômes, sélection des étudiants, etc.)

Il s'agit d'un métier qui demande une grande disponibilité, que ce soit pour préparer les cours ou pour la « recherche » (publications d'articles, d'ouvrages, participation à des projets collectifs, par exemple en vue d'une réforme du droit). Si chacun est rattaché à un centre ou « laboratoire », le travail de recherche, intense, est assez solitaire.

Ce métier permet d'organiser librement son temps de travail, de choisir ses thèmes de recherche, d'être en contact permanent avec les étudiants, etc.

Quels sont les aspects de votre métier qui vous plaisent le plus ?

L'enseignement et le contact avec les étudiants.

L'employeur de Rebecca

UNIVERSITÉ PARIS II PANTHÉON-ASSAS

- **Nom de l'institution :** Université Panthéon-Assas, Paris II
- **Date de création :** XIIIe siècle
- **Siège :** Paris

18 000 étudiants
2 000 enseignants-chercheurs

5 grands domaines : droit, science politique, économie, gestion, information et communication

MÉTIER

Manon, officière de protection à l'OFPRA

Fiche Métier → **Officière de protection-instructrice**

- **Niveau minimum d'accès :** BAC +3
- **Salaire d'un débutant :** environ 2 000 € net
- **Statut :** fonctionnaire ou contractuel de la fonction publique
- **Compétences requises :**
  - ✓ ouverture d'esprit
  - ✓ rigueur juridique
  - ✓ bienveillance
  - ✓ qualités rédactionnelles
- **Ordre :** Administratif

CV EXPRESS

Manon, 28 ans, Paris

FORMATION

- Master 2 en droit public, spécialité droit international et européen des droits de l'homme, Montpellier (Hérault)
- BAC S, Montpellier (Hérault)

Expériences professionnelles

→ Officière de protection à l'OFPRA, Paris
→ Attachée d'Ambassade, Paris
→ Stage au Haut-Commissariat des Nations unies pour les réfugiés (UNHCR), Luxembourg
→ Stage à la Direction générale des relations internationales et de la stratégie (DGRIS) du ministère des Armées, Bureau ONU-droits de l'homme, Paris

Le métier de Manon

Témoignage vidéo

Quelles sont les principales règles déontologiques utiles à l'exercice de votre profession ?

C'est un métier dans lequel on est en contact avec des personnes aux parcours souvent difficiles. La neutralité et l'impartialité face aux récits de vie recueillis sont essentielles pour instaurer un climat de confiance et instruire objectivement un dossier.

Quel est le rôle de votre institution ?

L'OFPRA est un établissement public qui statue en première instance sur les demandes d'asile. Ses décisions sont ensuite susceptibles de recours devant une juridiction administrative spécialisée : la Cour nationale du droit d'asile (CNDA).

Quelles sont vos tâches au quotidien ?

Ma mission est double : conduire des entretiens avec les demandeurs d'asile, puis rédiger une proposition de décision dans laquelle j'analyse leur récit au regard du droit. Pour cela, je prends régulièrement le temps de faire des recherches pour rester informée de l'actualité et connaître les spécificités géopolitiques et culturelles des pays que je traite.

Quels sont les aspects de votre métier qui vous plaisent le plus ?

Il s'agit d'appliquer le droit avec humanité, identifier ce qui relève du droit d'asile et proposer la décision la plus juste possible. C'est donc avant tout un métier humain dans lequel j'ai davantage d'interactions réelles que de mails à traiter.

C'est aussi un environnement de travail accueillant. On est en perpétuelle évolution, tant personnelle que professionnelle. Depuis mon arrivée, j'ai suivi des formations, commencé à traiter de nouveaux pays et j'ai récemment intégré un groupe de référents (officiers qui se spécialisent sur une thématique ou un pays). Nous avons aussi tous la possibilité de participer à des missions, en France ou à l'étranger.

L'employeur de Manon

OFPRA

- **Nom de l'institution :** Office français de protection des réfugiés et apatrides (OFPRA)
- **Année de création :** 1952
- **Siège :** Fontenay-sous-Bois (Val-de-Marne)

1 003 agents

95 600 demandes de protection internationale au 31 décembre 2020

Marie-Claire
directrice des ressources humaines

Fiche Métier → Directrice des ressources humaines

- **Niveau minimum d'accès :** BAC +5 **et des prérequis :** 5 ans d'expérience dans les ressources humaines
- **Salaire d'un débutant :** environ 3 500 € brut (dépend de l'expérience antérieure, du type de missions et d'entreprise…)
- **Statut :** salariée
- **Compétences requises :**
  - ✓ vision stratégique
  - ✓ adaptabilité
  - ✓ qualité managériale
  - ✓ sens diplomatique

CV EXPRESS

Marie-Claire, 42 ans, Montauban (Tarn-et-Garonne)

FORMATION

- Master 2 Management des ressources humaines, Toulouse (Haute-Garonne)
- Master 1 droit social, Toulouse
- Licence de droit, Toulouse
- Bac ES, Montauban (Tarn-et-Garonne)

Expériences professionnelles

→ Consultante en stratégie des ressources humaines
→ **Directrice des ressources humaines**
→ Responsable des relations sociales
→ Juriste en droit social

Le métier de Marie-Claire

Témoignage vidéo

Quelles sont les principales règles déontologiques utiles à l'exercice de votre profession ?

Le respect de la confidentialité des différentes informations qui nous sont confiées.

Le respect des individus, la non-discrimination, l'équité et la diversité.

Le développement professionnel, la bienveillance et le bien-être.

L'intégrité et éviter les conflits d'intérêts.

Quelles sont vos tâches au quotidien ?

Avec mon équipe, je m'assure que les politiques et les processus RH sont mis en œuvre et respectés à tous les niveaux de l'entreprise (plan de formation, plan de recrutement, différentes négociations en cours, etc.).

Je manage, accompagne et je contribue au développement des collaborateurs de mon équipe.

J'organise et je participe à différentes réunions ou rendez-vous portant sur les projets en cours, par exemple : la politique d'inclusion du handicap, le bien-être au travail, la campagne d'entretiens d'évaluation annuelle, etc.

Je dialogue avec les partenaires sociaux (syndicats, CSE) sur leurs différents problématiques.

Je m'assure de la conformité des différents contrats et accords d'entreprise.

J'échange, je conseille les managers lors de leurs différentes sollicitations, par exemple : comment aborder sous l'angle RH un projet de modification d'organisation, la gestion de leurs équipes, le profil de candidats, etc.

Quels sont les aspects de votre métier qui vous plaisent le plus ?

D'une part, la diversité des sujets à traiter rend le métier très stimulant intellectuellement : il demande beaucoup d'agilité et d'exigence. Ensuite, travailler au côté de la direction afin que les décisions stratégiques de l'entreprise soient comprises en apportant du sens aux collaborateurs pour une pleine mise en œuvre. Par ailleurs, les échanges avec les collaborateurs, qui permettent d'identifier des problématiques et de coconstruire leurs solutions. Enfin, que les collaborateurs s'épanouissent dans leur travail en réalisant les objectifs attendus et soient dans un environnement bienveillant leur permettant d'apprendre et d'aller plus loin.

L'employeur de Marie-Claire

- **Nom de la société :** Groupe Carrefour (filiale Banque et assurance)
- **Année de création :** 1959
- **Siège :** Paris

Nombre de salariés : 105 000 donc 2 000 pour la filiale Banque et assurances

Samuel, juriste d'entreprise

Fiche Métier → Juriste d'entreprise

- **Niveau minimum d'accès :** BAC +5
- **Salaire d'un débutant :** environ 2 500 € net
- **Statut :** salarié
- **Compétences requises :**
  - ✓ rigueur
  - ✓ esprit de synthèse et d'analyse
  - ✓ bon relationnel et capacité d'adaptation
  - ✓ vision stratégique

CV EXPRESS

Samuel, 40 ans, Paris

FORMATION

- Master de droit des affaires et fiscalité, Saint-Denis (Seine-Saint-Denis)
- Maîtrise de droit privé, Paris
- Bac ES, Paris

Expériences professionnelles

→ **Responsable juridique d'un groupe de diffusion d'annonces immobilières, pôle droit des nouvelles technologies et droit de la propriété intellectuelle**

→ Juriste d'entreprise d'un groupe d'édition

Le métier de Samuel

Témoignage complet

Quelles sont les principales règles déontologiques utiles à l'exercice de votre profession ?

Je suis tenu de respecter le caractère confidentiel de toute information à laquelle j'ai accès. Je suis également soumis aux dispositions anticorruption et je dois agir avec probité et loyauté en m'abstenant de me mettre en situation de conflits d'intérêts.

Dans quel domaine intervient votre entreprise ?

Mon entreprise est spécialisée dans l'édition de sites Internet et d'applications mobiles dédiés principalement à la diffusion d'annonces de ventes et de locations de biens immobiliers. C'est un acteur du numérique qui évolue dans la sphère des nouvelles technologies.

Quelles sont vos tâches au quotidien ?

J'interviens dans la sélection des fournisseurs de mon entreprise et je négocie, rédige et valide l'ensemble des contrats nous liant avec nos partenaires. Je mène les actions juridiques nécessaires pour gérer et défendre nos propriétés (marques, noms de domaine, données). Je conseille les équipes sur l'ensemble des problématiques juridiques qu'elles rencontrent, notamment au regard de la protection des données personnelles. J'assure enfin une veille sur les évolutions de la législation.

Quels sont les aspects de votre métier qui vous plaisent le plus ?

Je travaille en équipe avec l'ensemble des services de mon entreprise, que ce soit au niveau commercial, financier ou technique. C'est très satisfaisant d'avoir une vision exhaustive de notre activité et de faire aboutir des projets complexes juridiquement et techniquement. J'ai également la chance d'être dans un secteur dynamique dans lequel il faut se remettre constamment en question pour progresser. Étant associé à un groupe international, je bénéficie enfin d'une vision stratégique globale tout en m'enrichissant de différentes méthodes de travail.

L'employeur de Samuel

SeLoger

- **Nom de la société :** Groupe SeLoger
- **Année de création :** 1992
- **Siège :** Paris

Nombre de salariés : 800

MÉTIER

D'autres métiers du droit

Fiche Métier → Conseiller pénitentiaire d'insertion et de probation

- **Niveau minimum d'accès :** BAC +3 et 2 ans de formation à l'Enap (École nationale d'administration pénitentiaire)
- **Salaire d'un débutant :** environ 2 000 € net
- **Statut :** fonctionnaire
- **Compétences requises :**
  - ✓ sens de l'écoute
  - ✓ rigueur
  - ✓ ouverture d'esprit
  - ✓ capacité à travailler en équipe
- Le conseiller pénitentiaire d'insertion et de probation (CPIP) accompagne les personnes condamnées par la justice. Il s'assure qu'elles respectent leurs obligations et accompagne leur réinsertion.

Fiche Métier → Éducateur de la protection judiciaire de la jeunesse

- **Niveau minimum d'accès :** BAC +3 et 18 mois de formation à l'ENPJJ (École nationale de protection de judiciaire de la jeunesse)
- **Salaire d'un débutant :** environ 1 900 € net
- **Statut :** fonctionnaire
- **Compétences requises :**
  - ✓ qualités relationnelles
  - ✓ ténacité
  - ✓ patience
  - ✓ capacité à travailler avec des enfants
- L'éducateur de la PJJ intervient au civil et au pénal. Il accompagne des mineurs délinquants ou en danger individuellement, en suivant les mesures prononcées par le juge des enfants, et il travaille à leur réinsertion.

Fiche Métier → Commissaire de police

- **Niveau minimum d'accès :** BAC +5 et 2 ans de formation ; il faut être âgé de plus de 35 ans pour passer le concours.
- **Salaire d'un débutant :** environ 2 700 € net
- **Statut :** fonctionnaire
- **Compétences requises :**
  - ✓ organisation
  - ✓ capacités de communication
  - ✓ esprit de décision
  - ✓ disponibilité
- **Ordre :** judiciaire
- Le commissaire de police encadre les équipes d'un commissariat ou d'un service spécialisé (brigade des mineurs, des affaires criminelles...). Il suit le travail des officiers de police. Il doit aussi gérer un budget.

Fiche Métier → Conseiller juridique

- **Niveau minimum d'accès :** BAC +4 et 2 ans de stage rémunéré dans une étude
- **Salaire d'un débutant :** environ 1 500 € net
- **Statut :** libéral, salarié ou fonctionnaire
- **Compétences requises :**
  - ✓ sens du contact
  - ✓ diplomatie
  - ✓ rigueur
  - ✓ capacité d'analyse et de synthèse
- Le conseiller juridique renseigne ses clients sur leurs problématiques juridiques pour les aider dans leur prise de décision. Certains travaillent dans une collectivité publique ou dans une maison de la justice et du droit.

Fiche Métier → Huissier de justice

- **Niveau minimum d'accès :** BAC +4 et un stage rémunéré de deux ans
- **Salaire d'un débutant :** environ 7 600 € net
- **Statut :** officier public ministériel
- **Compétences requises :**
  - ✓ écoute
  - ✓ diplomatie
  - ✓ adaptabilité
  - ✓ rigueur
- L'huissier informe les personnes de décisions de justice engagées contre eux et veille à leur exécution. Il a également un rôle de conseil auprès des personnes concernées. Il peut par ailleurs établir des constats (en cas de dégâts des eaux, par exemple).

Fiche Métier → Administrateur judiciaire

- **Niveau minimum d'accès :** BAC +4
- **Salaire d'un débutant :** calculé selon ses interventions
- **Statut :** libéral
- **Compétences requises :**
  - ✓ polyvalence
  - ✓ diplomatie
  - ✓ patience
  - ✓ capacité d'analyse
- L'administrateur judiciaire a pour mission d'aider les entreprises en difficulté. Il conseille les dirigeants, met en œuvre un plan de sauvegarde, de redressement, ou de cession d'activité. Il représente l'entreprise devant la justice.

LES MÉTHODES DU DROIT

Le droit structure la vie d'une société. Afin de l'appliquer, il faut connaître ses outils et ses principaux mécanismes. Ces pages méthodologiques vous permettront de les découvrir.

Les deux premières fiches sont centrées sur la pratique **de l'oral.**

Les deux fiches suivantes présentent **les outils** dont vous aurez besoin.

Les deux dernières fiches vous permettront de **découvrir** des exercices régulièrement pratiqués pendant les études de droit : la fiche d'arrêt et le cas pratique.

SOMMAIRE

MÉTHODE S'exprimer à l'oral

La pratique de l'oral est une compétence essentielle à maîtriser (argumentation, exposés, débats...). Le juriste, en effet, accorde une importance de premier rang à l'expression orale, particulièrement lors d'un procès.

1 Préparer sa prise de parole

- **Des exercices variés et différents**

- L'exposé : un discours structuré en deux ou trois parties, des mots clés, une démonstration.

- Le débat : des arguments personnels et raisonnés, une réflexion sur les contre-arguments possibles, un vocabulaire adapté au thème du débat, qui légitime les arguments avancés. Il ne s'agit pas de « gagner », mais de comprendre les différents points de vue qui nuancent le débat et l'enrichissent.

- La plaidoirie ➜ Méthode p. 273

...

- **Des écrits oralisés**

- **L'oral** ne s'improvise pas. Il ne peut être un exercice d'expression « à chaud », en réponse à une situation donnée. Les émotions prendraient alors le pas sur la raison. Certes, la sensibilité a sa place car il n'y a pas de conscience qui ne s'émeuve, ne s'enthousiasme, ou ne s'indigne. Mais elle doit être canalisée.

- **L'oral** se pratique donc à la suite d'un écrit. Sa spontanéité est de mise dans l'interaction, mais à condition que le locuteur ait une bonne maîtrise du sujet qu'il défend.

CONSEILS

- Rassembler les connaissances attendues sous forme de notes structurées dans un plan logique.
- Penser à leur transposition orale à partir de verbes qui sous-tendent votre prestation : définir, décrire, caractériser, expliquer, justifier, illustrer, faire preuve de jugement critique...
- Envisager un support visuel efficace : se limiter à un plan, aux mots-clés, à des noms propres ; insérer quelques documents significatifs (données chiffrées, images...).

2 Réussir son oral

Le droit est l'art de l'argumentation, et la rhétorique y a une place importante. À l'oral, il faut donc convaincre du bien-fondé de sa cause.

- **Argumenter**

Pour étayer vos arguments juridiques :

- **qualifier** les faits de manière à les faire entrer dans une catégorie juridique et vous assurer que la règle de droit s'y applique ;

- **interpréter** la règle de droit, pour l'expliciter et, si besoin, vous permettre de montrer pourquoi elle est ou non applicable ;

- **raisonner**, à partir d'un raisonnement logique élaboré à l'écrit ;

- **énoncer** les problèmes en utilisant un vocabulaire précis et les bonnes expressions juridiques.

- **Installer sa présence**

L'attitude joue un rôle fondamental dans la réussite d'une présentation orale, et le stress constitue un obstacle à surmonter.

CONSEILS

- Se tenir droit, les épaules détendues. Ne pas se balancer d'un pied sur l'autre.
- S'exprimer de manière fluide, avec des intonations, des scansions, pour relancer l'attention de votre public. Respirer sans stress afin d'éviter un débit de parole trop rapide.
- Articuler, le regard tourné vers l'auditoire.
- Faire des pauses afin de donner la parole au public et d'interagir avec lui.
- Préalablement à votre prestation orale, entraînez-vous en vous enregistrant.

- **Après un oral : répondre aux questions, identifier ses pistes de progression**

Pensez, après votre oral, à discuter de vos pistes de progression avec votre professeur(e) ou vos camarades. Vous n'avez sans doute pas vécu votre présentation de la même manière qu'eux !

À vous de jouer !

Réalisez un exposé sur le sujet : « L'Union européenne et la lutte contre la pollution et le dérèglement climatique ».

Aidez-vous du dossier documentaire p. 94-95.

MÉTHODE Réaliser une plaidoirie

Développer une idée et anticiper les arguments de la partie adverse est un travail commun à tous les juristes. Devant les juges et à l'oral, il prend la forme d'une plaidoirie, définie comme l'« action de plaider, d'exposer oralement à la barre d'un tribunal des faits de l'espèce et les prétentions d'un plaideur, de faire valoir au soutien de celles-ci des preuves et des moyens de droit et de développer des arguments en faveur de sa thèse » (*Vocabulaire juridique* de l'association H. Capitant, dir. G. Cornu).

1 Comment les avocats préparent-ils leurs plaidoiries ?

- Chaque avocat a sa méthode, qui lui est propre. Certains rédigent toute leur plaidoirie à l'avance, d'autres se rendent à l'audience sans notes ou sortent une feuille avec quelques mots. Dans tous les cas, l'avocat doit très bien connaître son dossier.
- L'avocat s'efforce de convaincre l'auditoire que ce qu'il soutient est la seule thèse recevable. Il existe différents types de plaidoiries, certaines sont techniques (expliquer quelles règles de droit s'appliquent), d'autres permettent des envolées lyriques.
- La plaidoirie doit être brève, sauf pour la plaidoirie d'« assises » qui peut être très longue (la Cour d'assises juge des crimes et l'avocat doit convaincre non seulement les juges mais aussi le jury). L'avocat de la partie qui forme la demande parle en premier. La partie en défense s'exprime ensuite pour contrer les arguments de l'autre partie.

2 Contenu d'une plaidoirie

- Le contenu de votre plaidoirie doit suivre les mêmes étapes que celles du cas pratique (➜ Méthode p. 278).
- Vous devez d'abord rappeler les faits, puis vous appuyer sur les règles de droit. Si ces règles ne sont pas favorables à votre client, faites preuve de créativité pour dire pourquoi elles ne s'appliquent pas, ou encore pour les interpréter d'une certaine manière.
- Concluez en montrant que la solution que vous proposez est la seule juridiquement possible, ou, à défaut, qu'il est indispensable de faire évoluer le droit pour pouvoir (enfin !) la retenir.

3 Conseils pour votre plaidoirie

- Maîtrisez parfaitement votre dossier.
- Évitez de lire vos notes.
- Variez le ton (ne donnez pas l'impression de réciter un texte).
- Annoncez les étapes de votre raisonnement et revenez constamment aux faits.
- Adoptez un style précis, clair et percutant, mais non familier.
- Regardez ceux auxquels vous vous adressez.
- Ne parlez ni trop vite, ni trop lentement.
- Sachez poser votre voix, être emphatique quand cela s'y prête, utiliser les silences, provoquer le rire, vous mettre en colère, etc. Attention toutefois à ne pas « en faire trop ».

CONSEIL

Évitez absolument « votre honneur » qui est américain ! En France, c'est à « Madame la Présidente » et à « Monsieur le Président » que l'on s'adresse.

À vous de jouer !

→ Après s'être battus à l'aéroport, deux rappeurs (➜ Méthode p. 278) doivent se défendre au tribunal. Organisez un concours de plaidoirie avec un camarade : l'un de vous est l'avocat de la demande, l'autre, celui de la défense.

> « Tout se jouerait au moment des plaidoiries, quand se déroulerait […], dans l'esprit et le cœur des jurés, le seul procès qui importait : celui de la peine de mort. »

Robert Badinter, *L'Abolition*, Fayard, 2000

Vidéo Discours de Robert Badinter à l'Assemblée nationale

Liens Le point culture

POUR ALLER PLUS LOIN

Consultez l'ouvrage *Les Grandes plaidoiries des ténors du barreau. Quand les mots peuvent tout changer*, tome 1, éditions Jacob Duvernet.

MÉTHODE Effectuer des recherches en droit

Le travail du juriste consiste à identifier la règle de droit applicable et à l'appliquer aux faits auxquels il est confronté (« faits de l'espèce »). Les bases de données lui permettent de consulter les revues de droit à distance. Légifrance, outil incontournable, est accessible gratuitement.

1 L'outil numérique : Légifrance

- Le site Légifrance (legifrance.gouv.fr) permet d'avoir accès au contenu intégral des textes législatifs, dans leurs versions actuelle et antérieures et recense les arrêts judiciaires, administratifs et les décisions du Conseil constitutionnel.
- La barre de recherche principale sert à taper le numéro d'un article, le nom ou la date d'une loi (exemple : loi n° 85-677 du 5 juillet 1985 dite Loi Badinter).

CONSEIL

Pour une recherche précise, allez dans la recherche avancée. La barre de recherche permet de taper une expression et d'ajouter des critères, c'est-à-dire des expressions pour orienter ses recherches (ex. : « véhicule à l'arrêt »).

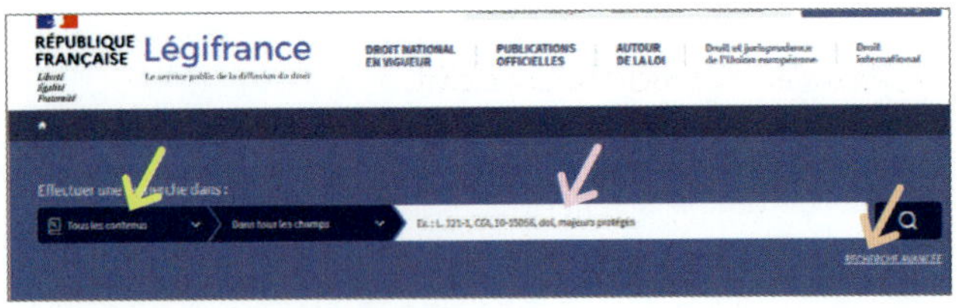

CONSEIL

Les contenus font référence au type de norme recherchée (code, jurisprudence, constitution etc.). Cela permet d'orienter la recherche.

À vous de jouer !

→ Recherchez des arrêts relatifs à la liberté d'expression, pour enrichir les dossiers p. 46 (chapitre 1) et p. 194 (chapitre 6).

2 Les codes → Introduction p. 18

- Tous les codes sont accessibles sur Légifrance.

CONSEIL

Si vous utilisez les versions papier, essayez d'utiliser la version la plus récente. Pensez à consulter l'index, à la fin du code, pour trouver facilement les articles liés au thème que vous recherchez.

- La version annotée des codes rouges (Dalloz) ou bleus (LexisNexis) expose, sous les articles du code, des décisions rendues en application des articles.

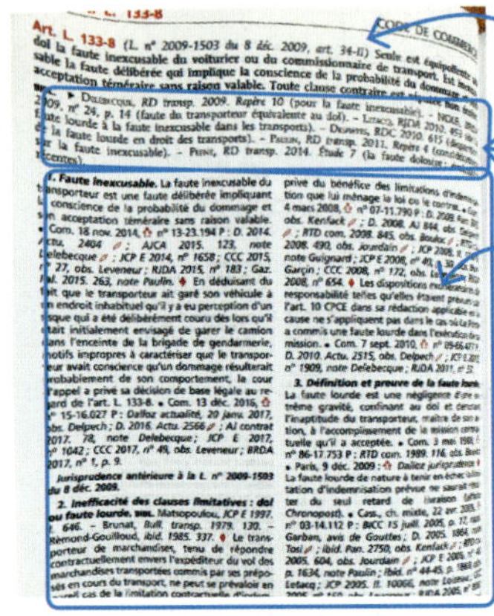

Contenu de l'article de loi (ici : article L. 133-8 du Code de commerce).

Bibliographie sur le sujet.

Décisions qui appliquent l'article. Les titres en gras renvoient au thème traité. Une partie de la décision est ensuite reproduite, puis, à la suite du point, se trouve la référence de la décision.

À vous de jouer !

→ Si votre CDI dispose d'un Code civil, recherchez-y l'article 16.

3 Les dictionnaires juridiques

- Un même mot peut avoir plusieurs définitions, selon le contexte.
- Ayez toujours un dictionnaire juridique à vos côtés ou utilisez ceux que l'on trouve en ligne (par exemple dictionnaire-juridique.com).

4 Les revues

- Il existe de nombreuses revues juridiques. Certaines sont accessibles gratuitement, comme *Les Cahiers du Conseil constitutionnel*, d'autres le sont uniquement sur abonnement.

5 Les sites

- Pensez à consulter les sites officiels des institutions (Assemblée nationale, Sénat, Cour de cassation, Conseil d'État, Conseil constitutionnel…).
- Des sites tels que doc-du-juriste.com ou dalloz-etudiants.com proposent des fiches de cours. lepetitjuriste.fr est un journal de droit créé par les étudiants qui écrivent sur certains thèmes.

À vous de jouer !

→ Recherchez, sur le site de la Cour de cassation, un arrêt récent accompagné d'une note explicative, et lisez-les.

MÉTHODE Analyser une règle de droit

L'analyse d'une règle de droit (→ Introduction p. 22) est un exercice auquel les juristes se livrent constamment. Ils en recherchent d'abord le sens puis, s'il y a lieu, ils se livrent à un commentaire de cette règle.

1 Le sens de la règle

- Votre devez en comprendre tous les termes. Pour vous en assurer, imaginez devoir expliquer le sens de la règle à un interlocuteur qui n'aurait aucune connaissance du sujet.
- N'hésitez pas à vous servir d'outils (→ Méthode p. 274) et gardez toujours à l'esprit combien les définitions sont importantes.
- Mais les définitions isolées ne suffisent pas, vous devez les regrouper pour comprendre le raisonnement en son entier. Aidez-vous de l'articulation de la phrase, des mots de liaison, de la ponctuation. Repérez les prépositions les plus importantes pour identifier la problématique juridique posée par la règle.

CONSEIL

Posez-vous les questions suivantes : quel est l'auteur de la règle ou son origine (législateur/juge) ? quel en est l'objet ? quel en est le but ?

- Chaque mot compte, même le plus petit. Procédez dans un premier temps à une analyse, mot après mot, sans en omettre aucun.

> Art. 1103. Les contrats légalement formés tiennent lieu de loi à ceux qui les ont faits.
>
> Code civil

→ Questions

- origine de la règle : Code civil. La règle a-t-elle été réformée depuis 1804 ?

- objet : affirmer le principe de la force obligatoire du contrat.

- but : respect de la parole donnée entre les parties au contrat.

2 Choix du plan

- Choisissez un plan qui vous permette d'analyser la règle de manière logique et claire.
- Souvent, on peut expliquer le sens d'une règle (surtout si elle est brève) en analysant chaque mot, l'un après l'autre (plan littéral). Il faut alors trouver le moyen de construire un plan qui ne se contente pas de répéter le texte.

Les contrats | légalement formés | tiennent lieu de loi

Les contrats : Il en existe de très nombreux types

légalement formés : Un contrat ne peut être illégal : borne à la liberté contractuelle

tiennent lieu de loi : Principe de la force obligatoire

à ceux qui les ont faits. : Principe de l'effet relatif

- Le plan pourrait être le suivant :

I. Notion de contrat

II. Effets du contrat

- On peut aussi, si le texte s'y prête, utiliser des plans conceptuels, classiques en droit : principe/exception ; conditions/sanctions ; fondement/effets. Ils sont plus proches de plans de dissertation.

Principe/exception	Conditions/effets	Fondement/effets
Force obligatoire / contrats illégaux Tiers au contrats	Les contrats doivent être « légalement formés » / s'ils le sont, les parties sont liées	Principe de l'autonomie de la volonté / force obligatoire du contrat

À vous de jouer !

→ Analysez cet article du Code civil.

Art. 143. Le mariage est contracté par deux personnes de sexe différent ou de même sexe.

Code civil

3 Commentaire de la règle

- Pour dépasser le stade de l'analyse du sens de la règle et se lancer dans son commentaire, il faut connaître le contexte dans lequel elle s'inscrit :

- expliquez pourquoi la règle a été établie : est-ce une nécessité sociale, pratique, économique… ?

- regardez si la règle en remplace une ancienne, en contredit une autre, reprend la même idée que celles en vigueur… ;

- expliquez comment elle s'intègre dans l'ordre juridique ;

- si vous avez assez de recul historique, regardez si les juristes ont salué sa création, si une autre règle de droit est venue en réduire la portée, si elle a été appliquée… ;

- À partir de vos connaissances, exprimez votre avis et justifiez-le.

CONSEIL

Pour commenter une règle (ou une décision), utilisez vos connaissances en droit et recherchez la documentation juridique sur le thème qu'elle traite (→ Méthode p. 274).

MÉTHODE Analyser un arrêt : la « fiche d'arrêt »

Savoir comprendre un arrêt est un défi et peut le demeurer tout au long des études de droit. Autant acquérir d'emblée les bonnes techniques !

La première étape, celle qui précède l'exercice du commentaire d'arrêt, est la « fiche d'arrêt ». Elle a pour but d'expliquer l'arrêt en suivant un ordre logique. Il s'agit d'une étape préalable à celle du commentaire d'arrêt.

Prenons comme exemple l'arrêt de l'Assemblée Plénière de la Cour de cassation du 29 juin 2001, n° de pourvoi 99-85.973.

CONSEIL

Attention à la terminologie : une décision de justice est dénommée « jugement » si elle émane d'un tribunal et « arrêt » si elle provient d'une cour d'appel ou de la Cour de cassation.

Attendu que le 29 juillet 1995 un véhicule conduit par M. Z a heurté celui conduit par Mme X..., enceinte de six mois, qui a été blessée et a perdu des suites du choc le fœtus qu'elle portait ; que l'arrêt attaqué (Metz, 3 septembre 1998) a notamment condamné M. Z du chef de blessures involontaires sur la personne de Mme X avec circonstance aggravante de conduite sous l'empire d'un état alcoolique, mais l'a relaxé du chef d'atteinte involontaire à la vie de l'enfant à naître ;

Attendu qu'il est fait grief à l'arrêt attaqué d'avoir ainsi statué, alors que, d'une part, l'article 221-6 du Code pénal réprimant le fait de causer la mort d'autrui n'exclut pas de son champ d'application l'enfant à naître et viable, qu'en limitant la portée de ce texte à l'enfant dont le cœur battait à la naissance et qui a respiré, la cour d'appel a ajouté une condition non prévue par la loi, et alors que, d'autre part, le fait de provoquer involontairement la mort d'un enfant à naître constitue le délit d'homicide involontaire dès lors que celui-ci était viable au moment des faits quand bien même il n'aurait pas respiré lorsqu'il a été séparé de la mère, de sorte qu'auraient été violés les articles 111- 3, 111-4 et 221-6 du Code pénal et 593 du Code de procédure pénale ;

Mais attendu que le principe de la légalité des délits et des peines, qui impose une interprétation stricte de la loi pénale, s'oppose à ce que l'incrimination prévue par l'article 221-6 du Code pénal, réprimant l'homicide involontaire d'autrui[1], soit étendue au cas de l'enfant à naître dont le régime juridique relève de textes particuliers sur l'embryon ou le fœtus ;

PAR CES MOTIFS ;

Rejette.

Arrêt de l'Assemblée Plénière de la Cour de cassation du 29 juin 2001, n° de pourvoi 99-85.973

1. La loi pénale réprime l'homicide d'une personne. « Interprété strictement », cela exclut le fœtus qui n'est pas encore légalement une personne.

CONSEIL

Connaître le numéro de pourvoi est très utile pour retrouver un arrêt.

VOCABULAIRE

- **Attendu que :** cette formule marque les étapes de l'arrêt, et exprime les constats faits par les juges. Les arrêts récents, plus détaillés que les anciens, sont écrits dans un style plus direct, et ne font plus figurer la formule « attendu que ». Cela en facilite la lecture.
- **Faire grief à l'arrêt :** critiquer l'arrêt, l'attaquer.
- **Pourvoi en cassation :** recours devant la Cour de cassation contre une décision de justice rendue en dernier ressort (en général, un arrêt rendu par une cour d'appel). Il est composé de « moyens », eux-mêmes constitués d'arguments visant à montrer que la cour d'appel s'est trompée.

1 LES FAITS

Ceux qui posent juridiquement problème.

→ *Un accident a causé la perte du fœtus et les blessures de la victime.*

2 LA PROCÉDURE

Quel est l'acte ou le jugement attaqué, devant quelle juridiction (un tribunal ou une cour), pour quels motifs ?

« L'arrêt attaqué » fait référence à l'arrêt rendu par la cour d'appel et attaqué par le pourvoi en cassation. C'est souvent la seule référence faite à la procédure.

→ *La victime demandait à la cour d'appel de Metz de reconnaitre la responsabilité du conducteur pour ses blessures et le décès de son enfant. La cour répond favorablement (« fait droit ») à la première demande, mais écarte la seconde car l'enfant n'était pas encore né.*

VOCABULAIRE

- **Le demandeur** : celui qui agit en justice.
- **Le défendeur** : celui qui est attaqué en justice.

3 LE POURVOI

Il est parfois difficile de distinguer l'arrêt de la cour d'appel des critiques qui lui sont faites par le pourvoi ou de la solution finalement retenue par la Cour de cassation. Attention à ne pas les confondre et à les mettre dans le bon ordre dans votre fiche.

→ *La victime affirme que le délit d'homicide involontaire concerne également l'enfant à naître.*

CONSEIL

Identifiez les « en statuant [...] la Cour » ou « en jugeant [...] la Cour » pour distinguer la solution de la Cour d'appel.

4 LA PROBLÉMATIQUE

Non formulée dans l'arrêt, c'est la question à laquelle doit répondre la Cour.

L'homicide involontaire concerne-t-il un fœtus ?

5 LA SOLUTION

C'est la réponse de la Cour, ce qu'elle décide. Il s'agit de la partie la plus importante de l'arrêt.

→ *Pas d'homicide involontaire sur un fœtus.*

6 LE DISPOSITIF

Cette partie, introduite par la locution « PAR CES MOTIFS », se trouve dans les dernières lignes de l'arrêt. Seul le dispositif est revêtu de l'autorité de la chose jugée (effets attachés à la décision).

La Cour de « cassation » peut soit :

- casser et annuler l'arrêt d'appel : la cour d'appel s'est trompée
- rejeter le pourvoi de la partie qui l'a saisie à l'arrêt d'appel est confirmé.

À vous de jouer !

→ Choisissez un l'un des arrêts proposés dans le manuel et réalisez une fiche d'arrêt en vous appuyant sur la méthode présentée ci-avant.

Et après ?

Une fois l'exercice de l'analyse d'arrêt maîtrisé, les étudiants en droit rédigent des « commentaires d'arrêts ».

MÉTHODE Le cas pratique

Le cas pratique est davantage qu'un exercice : c'est le travail quotidien des juristes. Qu'ils donnent une consultation en droit, défendent un client devant le juge ou s'interrogent sur la légalité d'une opération commerciale, ils doivent, au regard des faits qui leur sont soumis, identifier les questions de droit, trouver les moyens de les résoudre, expliquer leur raisonnement en le fondant sur les bonnes règles de droit (c'est ce qu'on appelle la « motivation » dans une décision de justice).

- **Le syllogisme juridique** permet d'appliquer une règle de droit générale à des faits particuliers. Il s'agit d'un raisonnement déductif partant de deux propositions desquelles on déduit une conclusion. Le raisonnement se déroule en étapes.

- 1re étape : la majeure. C'est la règle de droit générale portant sur un thème, un article de loi par exemple. Son utilisation nécessite une analyse du sens de la règle (➜ Méthode 275).

- 2e étape : la mineure. C'est l'application de la règle de droit générale aux faits précis. C'est l'étape la plus importante. Le juriste doit :

- justifier qu'il utilise cette règle. Pour cela il « qualifie » les faits, c'est-à-dire qu'il rattache les faits aux catégories visées par la règle de droit ;

- expliquer comment il applique cette règle. Pour cela, il établit un lien de causalité entre les deux propositions.

- 3e étape : la conclusion. Déduire une conséquence de la relation entre la majeure et la mineure.

➜ Exemple

- La majeure : Tous les hommes sont mortels.

- La mineure : Socrate est un homme.

- L'application de la règle : Puisque Socrate est un homme (cause), la règle selon laquelle les hommes sont mortels s'applique à lui (effet).

La conclusion : Socrate est mortel.

1 Les étapes communes à tous les juristes pour résoudre un cas pratique

- Identifier les faits qui posent problème juridiquement
- Formuler la problématique : quelle est la question de droit qui se pose ?
- Rechercher les règles de droit applicables et les analyser attentivement pour s'assurer qu'elles s'appliquent bien aux faits de l'espèce, c'est-à-dire à la situation qui leur est soumise.

2 Travail préparatoire

- Lisez très attentivement le cas et séparez les faits utiles de ceux qui ne le sont pas pour résoudre la question posée.

➜ Exemple

« La voiture, verte, immatriculée en France »

- Pour identifier la loi applicable à un accident de la circulation, la couleur de la voiture est inutile, le lieu d'immatriculation l'est.

- Pour savoir si le vendeur a rempli ses obligations en vous livrant une voiture verte alors que vous en aviez commandé une rouge, la précision sur la plaque d'immatriculation est un fait inutile.

- Établissez des liens entre les notions du cours et les termes employés :

- dans le cas de l'accident : notions de responsabilité, de loi applicable.

- dans le cas de la voiture verte : notions de contrat, d'obligation pour le vendeur de livrer une marchandise conforme.

3 Rédaction

- Rédigez une brève introduction (rappel des faits, identification des problèmes juridiques, formulation de la problématique et annonce de la démarche que vous adopterez).
- Suivez un plan logique : s'il y a plusieurs questions, regroupez-les par thème et par ordre logique. Le plan vous aidera à structurer votre pensée et faciliter la lecture.
- Appliquez la bonne règle de droit (en vous servant du syllogisme juridique) et expliquez pourquoi vous en écartez d'autres.

CONSEIL

N'affirmez jamais, démontrez toujours.

→ Deux célèbres rappeurs français, en mésentente de longue date, se rencontrent par hasard dans un aéroport. L'un s'arme alors de bouteilles d'alcool volées dans une boutique et, après une lutte, blesse son adversaire. Une bouteille brise le vase précieux et unique d'un collectionneur, assis à côté d'eux.

1 LES FAITS

Un individu blesse volontairement une personne à l'aide de biens volés.

2 LES PROBLÈMES JURIDIQUES

- Coups et blessures volontaires : quelle sanction ?
- Le fait que les armes soient des biens volés change-t-il quelque chose à la sanction pour coups et blessures volontaires ?
- Vol des bouteilles : quelle sanction ?
- Vase brisé : qui est responsable ?

CONSEILS

• Recherchez dans l'index du Code civil ou pénal le mot qui vous intéresse (ex. : « vol »).
• Allez chercher l'article dans le code pour identifier plus facilement la règle.
• N'hésitez pas à agrémenter votre « majeure » des arrêts rendus par les juges ayant des faits similaires aux vôtres.

3 PROBLÉMATIQUE N° 1

Dans quelle branche du droit sommes-nous ?

À vous de jouer !

→ Identifiez les règles du Code pénal applicables aux coups et blessures volontaires et celles applicables au vol.

4 PROBLÉMATIQUE N° 2

Y a-t-il des circonstances aggravantes ou atténuantes ?
- Le fait que la victime ait cherché à se défendre ?
- Le fait que les deux rappeurs soient des personnalités publiques ?

À vous de jouer !

→ Recherchez les articles correspondant dans le Code pénal.

5 PROBLÉMATIQUE N° 3

Qui est responsable pour le vase ? Comment réparer le préjudice subi ?

À vous de jouer !

→ Identifiez les règles applicables dans la partie du Code civil qui traite de la responsabilité civile.

VOCABULAIRE

■ **Sanction** : au sens large, c'est la conséquence d'un comportement ; au sens restreint, c'est la réaction contraignante à un comportement fautif.

LEXIQUE

- Vocabulaire
- Notions
- Institutions

A

■ **Accident du travail** : accident survenu par le fait ou à l'occasion du travail, quelle qu'en soit la cause (utilisation d'un outil, chute sur le lieu de travail, accident de trajet...). Une loi du 9 avril 1898 met en place un système de réparation automatique de l'accident du travail. (voir p. 212)

■ **Accord de volontés** : rencontre de deux volontés. S'utilise pour désigner l'accord des parties à un contrat. (voir p. 50)

■ **Action publique** : action exercée au nom de la société par le ministère public qui a pour objet l'application de la loi pénale et la réparation du dommage causé à la société. (voir p. 66)

■ **Adages et maximes** : ils font partie du patrimoine des juristes. Ils jouent un rôle de mémoire collective, même s'ils n'appartiennent pas à la coutume à proprement parler et sont rarement appliqués isolément. (voir p. 14)

■ **Agression sexuelle** : atteinte à la liberté sexuelle d'autrui avec contact physique imposé à la victime (attouchements) ou sans contact physique (exhibition, harcèlement). (voir p. 186)

■ **Aide médicale d'État (AME)** : dispositif financé par l'État qui permet aux étrangers en situation irrégulière de bénéficier d'une prise en charge de soins de santé. (voir p. 134)

■ **Algorithme** : suite d'instructions destinées à résoudre un problème complexe. Lorsque son exécution est assurée par un ordinateur, on parle de « programme ». (voir p. 246-247)

■ **Allégation** : affirmation le plus souvent considérée comme mal fondée ou mensongère. (voir p. 192)

■ **Amendement** : proposition, au cours de la discussion d'un texte à l'Assemblée nationale ou au Sénat, en vue de le modifier. (voir p. 38)

■ **Apatride** : étranger qu'aucun État ne considère comme son ressortissant, qui se trouve donc sans nationalité et ne bénéficie de la protection d'aucun État. (voir p. 106-134)

■ **Appel** : recours contre les jugements des juridictions du premier degré, pour les faire réformer ou annuler. (voir p. 66)

■ **Apprentissage statistique par la machine (machine learning)** : domaine de l'intelligence artificielle qui étudie les algorithmes dont la performance s'améliore en « apprenant » à partir d'une grande base de données (big data). (voir p. 246-248)

■ **Arrêté** : actes généraux, collectifs ou individuels, pris par les ministres, préfets et autres autorités administratives (par exemple, les recteurs d'académie). (voir p. 44)

■ **Assemblée nationale** : organe législatif. Avec le Sénat, elle forme le Parlement. Les députés élus votent les propositions de loi (textes qui viennent d'une initiative parlementaire) et projets de lois (déposés par le gouvernement). (voir p. 45)

■ **Atteinte sexuelle** : se distingue de l'agression sexuelle dans la mesure où la victime est consentante à l'acte sexuel et qu'aucune violence, contrainte, menace ou surprise ne peut être reprochée à l'auteur des faits. Seuls les mineurs de moins de 15 ans peuvent être victimes d'une atteinte sexuelle. (voir p. 186)

■ **Autorité judiciaire** : elle est composée des magistrats du « siège » (les juges, qui placent en détention provisoire et se prononcent sur la culpabilité des personnes mises en examen) et des magistrats du « parquet » (qui dirigent la police judiciaire – et donc les enquêtes – et décident de l'opportunité de lancer des poursuites contre une personne). (voir p. 122)

■ **Autorité parentale** : selon le Code civil, « ensemble de droits et de devoirs ayant pour finalité l'intérêt de l'enfant. Elle appartient aux parents jusqu'à la majorité ou l'émancipation de l'enfant pour le protéger dans sa sécurité, sa santé et sa moralité, pour assurer son éducation et permettre son développement, dans le respect de sa personne » (art. 371-1). (voir p. 176)

B

■ **Bicamérisme** : système politique dans lequel le Parlement est composé de deux chambres. (voir p. 38)

■ **Bien** : toute chose, corporelle ou incorporelle, susceptible d'appropriation. On distingue les biens meubles (que l'on peut déplacer d'un endroit à un autre sans les modifier ni les détruire) des biens immeubles. (voir p. 114, 118)

■ **Bioéthique** : de bios (vie) et êthikos (morale). Désigne tant les normes qui encadrent les activités scientifiques et médicales qui impliquent une manipulation du vivant, que les réflexions éthiques menées dans la pratique par les praticiens et les instances compétentes. (voir p. 165, 166)

■ **Biométrie** : techniques informatiques permettant de reconnaître un individu à partir de ses caractéristiques physiques, biologiques, comportementales (ex. : reconnaissance faciale, vocale, empreintes digitales, ADN). (voir p. 238)

■ **Brevet** : titre de propriété intellectuelle qui protège une invention. Son titulaire peut en interdire l'usage commercial par les tiers sur un territoire et pendant une durée. (voir p. 230)

■ **Brevet européen** : il est délivré par l'Office européen des brevets pour plus de quarante États (dont ceux de l'UE). Seule la délivrance est centralisée : le brevet européen n'est pas un titre unique au sens où il est ensuite traité indépendamment par chaque État selon le même régime qu'un brevet national. (voir p. 235)

C

■ **Capacité juridique** : aptitude qu'a une personne juridique à exercer elle-même ses droits. (voir p. 113, 114)

■ **Cassation** : ultime voie de recours juridictionnelle, devant la Cour de cassation ou le Conseil d'État selon les affaires ; permet seulement de soulever des questions de droit. (voir p. 50)

■ **Centre de rétention administrative (CRA)** : structure fermée dans laquelle sont retenus, pour une durée ne pouvant pas excéder quatre-vingt-dix jours, les étrangers en situation irrégulière avant leur éloignement forcé du territoire national. (voir p. 137)

■ **Cheval de Troie** : logiciel malveillant qui sous une apparence légitime collecte des informations sur l'utilisateur (codes, etc.) à des fins frauduleuses. (voir p. 252)

■ **Citoyen de l'Union** : toute personne ayant la nationalité d'un État membre. La citoyenneté de l'Union s'ajoute à la citoyenneté nationale et ne la remplace pas. (voir p. 88)

■ **Clause** : toute personne ayant la nationalité d'un État membre. La citoyenneté de l'Union s'ajoute à la citoyenneté nationale et ne la remplace pas. (voir p. 88)

■ **Clonage** : le clonage désigne deux processus : le clonage reproductif, qui donne naissance à un être génétiquement identique à un autre (prohibé chez l'être humain), et le clonage thérapeutique qui se limite à la dérivation de cellules embryonnaires (autorisé). (voir p. 173)

■ **Codes** : ensemble de textes juridiques rassemblés et organisés de façon cohérente afin de les rendre plus accessibles. (voir p. 14)

- **Collectivité de travail** : ensemble de travailleurs soumis à un même pouvoir de décision et partageant des conditions de travail similaires, faisant apparaître des intérêts communs. (voir p. 210)
- **Commission européenne** : composée de vingt-sept commissaires (un par État membre), elle propose les actes législatifs de l'Union européenne, surveille l'application du droit de l'Union et est responsable de la gestion des politiques communes. (voir p. 87, 88)
- **Commission mixte paritaire** : commission composée de députés et de sénateurs en nombre égal, chargée de résoudre les divergences entre les deux assemblées quant à la rédaction d'une loi à voter. (voir p. 38)
- **Compétence obligatoire** : compétence qui permet aux États qui l'ont accepté de soumettre leurs différends d'ordre juridique à la Cour internationale de justice, à la condition que le ou les État(s) adverses l'aient aussi acceptée. (voir p. 100)
- **Conférence de La Haye de droit international privé** : organisation intergouvernementale, créatrice d'instruments juridiques multilatéraux qui répondent à des besoins mondiaux (enfant et famille, testament, contrats commerciaux...), et dont elle assure le suivi. (voir p. 99)
- **Congrès** : sous la Ve République, réunion des deux chambres du Parlement : l'Assemblée nationale et le Sénat. Le Congrès se réunit au château de Versailles. (voir p. 34)
- **Connaître de** : terme utilisé pour désigner la nature des affaires pour lesquelles une juridiction est compétente. (voir p. 66)
- **Conseil constitutionnel** : créé par la Constitution du 4 octobre 1958. Il est chargé du contrôle de la conformité des lois et des traités internationaux à la Constitution. Il veille à la régularité des élections nationales et référendums. Il est composé de neuf membres. (voir p 35, 51)
- **Conseil d'État** : institution indépendante composée de hauts fonctionnaires et de personnalités extérieures chargée, d'une part, d'attributions juridictionnelles (cour suprême de l'ordre administratif) et, d'autre part, d'attributions consultatives, qui consistent à conseiller le Gouvernement en donnant un avis sur les projets de loi, d'ordonnances et certains projets de décrets. (voir p. 45, 51)
- **Conseil de l'Europe** : le Conseil de l'Europe, qui siège à Strasbourg, est une organisation intergouvernementale créée le 5 mai 1949 par le traité de Londres. Il regroupe 47 États membres. Elle élabore des chartes et conventions. (voir p. 97, 99)
- **Conseil de l'Union européenne** : composé des ministres des États membres dans le domaine concerné, il représente les États membres, discute, amende et vote les actes législatifs et le budget avec le Parlement européen, et adopte certains actes exécutifs. (voir p. 88)
- **Conseil des ministres** : instance présidée par le président de la République et composée de l'ensemble des ministres du Gouvernement, qui se réunit pour délibérer des projets de loi, de la politique du Gouvernement et des nominations les plus importantes (voir p. 45)
- **Constitution** : ensemble des normes placées au sommet de l'ordre juridique interne. Expression de la souveraineté nationale, elle organise les pouvoirs et garantit aux individus certaines libertés. (voir p. 33, 34)
- **Contrat de travail** : contrat par lequel un travailleur (dit « salarié ») exécute une prestation de travail au profit d'une autre personne, physique ou morale, sous la subordination de laquelle il se place, et moyennant une rémunération. Si le contrat de travail à durée indéterminée est la forme normale de la relation de travail, le Code du travail admet le recours temporaire à des contrats de travail dérogatoires, tels que le contrat de travail à durée déterminée. (voir p. 210)
- **Contraventions** : infractions les moins graves, punies d'amendes. (voir p. 66)
- **Contrefaçon** : imitation ou fabrication d'une chose, en violation des droits de celui qui avait seul le droit de la fabriquer ou de la reproduire. Se rattache au droit de la propriété intellectuelle. (voir p. 230)
- **Contrôle de constitutionnalité** : contrôle du caractère conforme à la Constitution. (voir p. 34)
- **Contrôle de conventionnalité** : contrôle de la compatibilité d'une loi avec une convention internationale. (voir p. 98)
- **Convention internationale** : accord conclu sous forme écrite entre États. On parle aussi de traité international. (voir p. 98)
- **Conventionnalité** : conformité aux conventions internationales, c'est-à-dire à l'ensemble des traités et accords internationaux signés et ratifiés par la France. (voir p. 44)
- **Cookies** : petits fichiers stockés par un serveur dans le terminal (ordinateur, téléphone, etc.) d'un utilisateur, pour par exemple suivre sa navigation sur les sites, collecter des données, à des fins statistiques ou publicitaires. (voir p. 238)
- **Cour de cassation** : juridiction la plus élevée de l'ordre judiciaire. Sa mission est de veiller au respect de la loi et d'assurer l'unité d'interprétation du droit. Elle «casse» les décisions des juridictions du fond. (voir p. 51)
- **Cour de justice de l'Union européenne** : elle assure l'interprétation et la mise en œuvre uniformes du droit de l'Union. Elle veille à la légalité des actes des institutions de l'Union. (voir p. 88)
- **Cour européenne des droits de l'homme** : juridiction du Conseil de l'Europe chargée de veiller au respect de la Convention européenne de sauvegarde des droits de l'homme et des libertés fondamentales, ratifiée par 47 États européens. (voir p. 99, 101)
- **Cour internationale de justice** : principal organe judiciaire de l'ONU. Elle a une double compétence : régler les différends qui lui sont soumis par les États et donner des avis consultatifs sur des questions juridiques posées par les organes des Nations unies et les institutions spécialisées. (voir p. 101)
- **Cour nationale du droit d'asile (CNDA)** : juridiction administrative spécialisée chargée de statuer en premier et dernier ressort sur les recours formés contre les décisions de l'OFPRA et soumise au contrôle de cassation du Conseil d'État. (voir p. 135, 138)
- **Coutume** : règle de conduite, habitude suivie par un groupe social donné, qui se transmet de génération en génération et devient force obligatoire. Elle n'émane pas de l'État ; sa source est populaire. (voir p. 18)
- **Crimes** : infractions les plus graves, caractérisées par des peines d'emprisonnement, pouvant principalement aller de 10 ans à la perpétuité. (voir p. 66)
- **Cybercriminalité** : techniques malveillantes ou attaques organisées, qui se développent sur internet. Elles ciblent les particuliers, les entreprises, les administrations en vue, notamment, de les escroquer ou d'obtenir illégalement des données. (voir p. 247)
- **Cyberharcèlement** : acte agressif, intentionnel, perpétré par un individu ou un groupe d'individus au moyen de formes de communication électroniques, de façon répétée à l'encontre d'une victime qui ne peut facilement se défendre seule. (voir p. 196, 198)
- **Cyberjustice** : système judiciaire ayant recours aux technologies de l'information et à l'IA pour faciliter le traitement, l'organisation et la communication de l'information juridique et judiciaire. (voir p. 246, 247, 248)

D

■ **Déclaration de nationalité** : acte par lequel un étranger, qui remplit les conditions pour obtenir la nationalité, exerce ce droit auprès des autorités de l'État. La déclaration de nationalité est dite « anticipée » quand elle est souscrite pour ou par un mineur étranger avant l'acquisition de plein droit de la nationalité française à sa majorité. Cette modalité est ouverte à la personne étrangère mariée, depuis au moins quatre ans, avec un(e) Français(e). (voir p. 134, 140)

■ **Décret** : acte administratif pris par le Président de la république ou le Premier ministre. (voir p. 44)

■ **Décret de naturalisation** : modalité d'acquisition, non-automatique, de la nationalité française ouverte à une personne étrangère remplissant des conditions de régularité du séjour en France et d'intégration dans la communauté française. (voir p. 134)

■ **Défenseur des droits** : institution indépendante de l'État, inscrite dans la Constitution. Elle a pour mission de défendre les personnes dont les droits ne sont pas respectés et de permettre l'égalité dans l'accès aux droits. Toute personne physique ou morale (société, association…) peut la saisir gratuitement. (voir p. 128)

■ **Degrés de juridiction** : l'expression désigne, dans un ensemble hiérarchisé, la succession des étapes d'un procès devant les juridictions qui examinent le fait et le droit (jugement de première instance, arrêts des cours d'appel). (voir p. 66, 68)

■ **Délégué à la protection des données** : obligatoire dans chaque administration et sous certaines conditions dans les entreprises. Il les conseille sur leurs obligations en matière de protection des données personnelles. Chaque établissement scolaire doit avoir un délégué (voir p. 238)

■ **Délit de presse** : la loi de 1881 instaure un certain nombre de « délits de presse » qui sont autant de limitations posées à la liberté d'expression. (voir p. 192)

■ **Délits** : infractions passibles d'amendes et de peines pouvant aller jusqu'à 10 ans d'emprisonnement. (voir p. 66)

■ **Demandeur d'asile** : personne sollicitant, en France auprès de l'OFPRA, le statut de réfugié ou la protection subsidiaire (voir p. 134)

■ **Démocratie** : régime politique dans lequel le peuple exerce le pouvoir. Les opinions peuvent s'y exprimer librement et les gouvernants sont désignés par le peuple lors d'élections libres. (voir p. 34)

■ **Déni de justice** : quand deux tribunaux, administratif et judiciaire, ont rendu deux décisions de justice contradictoires. Refus de toutes les juridictions de se reconnaître compétentes pour trancher un litige. (voir p. 50, 68)

■ **Déplacé environnemental** : personne qu'une dégradation majeure de son environnement force à le quitter. (voir p. 106)

■ **Déréférencement** : permet de faire supprimer un ou plusieurs résultats fournis par un moteur de recherche à l'issue d'une requête effectuée à partir de l'identité (nom et prénom) d'une personne (par exemple, des commentaires injurieux sur un réseau social) (voir p. 198)

■ **Dessin, modèle** : le dessin (2D) ou le modèle (3D) protège l'apparence d'un produit. (voir p. 232)

■ **Devoir conjugal** : exigence de rapports sexuels réguliers durant le mariage, imposée par la jurisprudence sur le fondement du devoir de fidélité consacré par le Code civil. (voir p. 186)

■ **Dignité de la personne humaine** : la sauvegarde de la dignité de la personne contre toute forme d'asservissement et de dégradation est au nombre des « droits inaliénables et sacrés » garantis par le Préambule de la Constitution du 27 octobre 1946 et constitue un principe à valeur constitutionnelle. La dignité de la personne humaine est par ailleurs une composante de l'ordre public. (voir p. 122, 166)

■ **Discrimination** : distinction qui, à raison de son motif, est contraire à la loi. (voir p. 128)

■ **Directive** : acte qui lie les États membres en leur fixant un objectif à atteindre mais leur laisse le choix quant à la forme et aux moyens mis en œuvre pour atteindre cet objectif. Les États membres transposent la directive dans leur droit national. (voir p. 88, 94)

■ **Directives anticipées** : document dans lequel une personne fait connaître ses souhaits relatifs à sa fin de vie dans l'hypothèse où elle serait empêchée de s'exprimer. (voir p. 166)

■ **Dirigeants** : représentants légaux de la société, c'est-à-dire toutes les personnes ayant le pouvoir d'agir au nom et pour le compte de la société. Il s'agit du gérant, par exemple, dans une SARL, une SNC, ou une société civile, ou encore du président, du ou des directeurs généraux au sein d'une SA ou d'une SAS. (voir p. 214)

■ **Divergence de jurisprudence** : positions opposées prises par divers tribunaux sur une même question. (voir p. 52)

■ **Divorce contentieux** : divorce où les époux sont en conflit. Il est demandé par un époux et tend à faire régler par le juge aux affaires familiales le principe et les conséquences du divorce. (voir p. 160)

■ **Divorce par consentement mutuel** : divorce dont le principe et les conséquences sont décidés d'un commun accord par les époux. (voir p. 160)

■ **Domaine de la loi** : matières réservées au législateur par l'article 34 de la Constitution. (voir p. 44, 56)

■ **Domaine du règlement** : matières autres que celles qui sont du domaine de la loi ont un caractère réglementaire. (voir p. 44)

■ **Donation** : contrat par lequel une personne donne un bien lui appartenant à une autre, qui l'accepte. (voir p. 158)

■ **Donnée à caractère personnel (ou donnée personnelle)** : toute information relative à une personne physique identifiée (ex. : nom et prénom) ou identifiable, par un numéro (ex. : n° de Sécurité sociale), ou des éléments qui lui sont propres (ex. : photo du visage, adresse électronique, géolocalisation…). (voir p. 238)

■ **Droit** : ensemble de règles régissant la vie en société, édictées et sanctionnées par la puissance publique. (voir p. 14)

■ **Droit administratif** : ensemble des règles qui définissent les droits et obligations de l'administration vis-à-vis du justiciable. (voir p. 18)

■ **Droit commercial** : droit qui vise à obtenir l'exécution des obligations par contrat. Il régit les sociétés commerciales, la liberté des prix, la concurrence… (voir p. 18)

■ **Droit constitutionnel** : dévolution et organisation du pouvoir politique sur un territoire par la souveraineté populaire : l'élection des gouvernants par les citoyens, la séparation des pouvoirs, la garantie des droits sont des composantes de la Constitution. (voir p. 18)

■ **Droit imprescriptible** : droit qui ne peut s'éteindre par prescription, c'est-à-dire par l'effet du temps. Quel que soit le temps écoulé, la justice pourra être saisie au sujet de ce droit. (voir p. 230)

■ **Droit inaliénable** : droit directement attaché à une personne et dont elle ne peut se séparer. (voir p. 230)

■ **Droit à l'oubli** : permet à un individu de demander le retrait de certaines informations le concernant sur le web. Il s'applique soit par le retrait de l'information sur le site d'origine (droit à l'effacement), soit par un déréférencement du site Internet par les moteurs de recherche. (voir p. 238)

■ **Droit au respect de la vie privée** : droit consacré par l'article 9 du Code civil. Le Conseil constitutionnel lui a reconnu une portée constitutionnelle en précisant que la liberté proclamée à l'article 2 de la Déclaration des droits de l'homme et du citoyen impliquait le respect de la vie privée. (voir p. 192, 238)

■ **Droit d'auteur** : il concerne les œuvres de l'esprit (littéraires, musicales, audiovisuelles, logiciels…). Ce droit protège la réalisation de l'œuvre, sa matérialisation. En revanche, les idées sont libres et ne sont donc pas protégées. (voir p. 230)

■ **Droit de propriété** : droit qu'une personne physique ou morale peut avoir sur un bien. (voir p. 230)

■ **Droit des obligations** : il trouve sa source dans le Code civil. Il inclut le droit des contrats (obligations résultant d'un contrat) et de la responsabilité civile. (voir p. 50)

■ **Droit du sang** : ou jus sanguinis – règle de droit attribuant aux enfants la nationalité de leurs parents, quel que soit leur lieu de naissance. (voir p. 134)

■ **Droit du sol** : ou jus soli – règle de droit attribuant une nationalité à une personne physique en raison de sa naissance et/ou de sa résidence sur un territoire donné. (voir p. 134)

■ **Droit imprescriptible** : droit qui ne peut s'éteindre par prescription, c'est-à-dire par l'effet du temps. Quel que soit le temps écoulé, la justice pourra être saisie au sujet de ce droit. (voir p. 230)

■ **Droit inaliénable** : droit directement attaché à une personne et dont elle ne peut se séparer. (voir p. 230)

■ **Droit international privé** : branche du droit qui permet, lorsque la situation présente un caractère international, de déterminer le juge compétent et la loi applicable. Dans l'UE, ces règles sont en grande partie unifiées par des règlements européens. (voir p. 98, 99)

■ **Droit naturel** : notion philosophique qui désigne un ensemble de droits et valeurs que chaque individu possède du fait de son appartenance à l'humanité, et non du fait de la société dans laquelle il vit. (voir p. 16, 22)

■ **Droit positif** : règles applicables dans un espace juridique donné, un État ou un ensemble d'États (lois constitutionnelles, lois ordinaires, décrets, règlements, conventions…). (voir p. 22)

■ **Droits de l'homme** : facultés, prérogatives ou libertés considérées comme appartenant à tout être humain, dont le droit national, européen et international impose le respect et la protection. (voir p. 152)

■ **Droits des animaux** : l'animal a été reconnu par le Code civil comme « un être vivant doué de sensibilité ». Certaines branches du droit organisent sa protection. (voir p. 114)

■ **Droit du travail** : droit qui a pour objet de limiter le pouvoir du chef d'entreprise tout en le reconnaissant. Le Code du travail régit les relations entre employeurs et salariés. (voir p. 18)

■ **Droit fiscal** : l'ensemble des règles de droit relatives aux impôts. (voir p. 18)

■ **Droit pénal** : droit de la puissance publique qui punit des actes qu'elle considère contraires à un ordre social qu'elle a établi. Il est inséparable de sa mise en œuvre par des juges. (voir p. 18)

■ **Droits subjectifs** : droits reconnus aux individus, qui sont sujets de droit. (voir p. 22, 142)

■ **Dualisme juridictionnel** : existence de deux ordres juridictionnels distincts, l'ordre administratif et l'ordre judiciaire, ayant à leur tête respectivement le Conseil d'État et la Cour de cassation. (voir p. 66, 68)

E

■ **Écocide** : d'après l'ONG Stop Écocide : « une destruction et un dommage massifs des écosystèmes - un dommage à la nature qui est étendu, grave ou systématique ». (voir p. 142)

■ **Égalité formelle** : correspond soit à une application correcte des règles (égalité devant la loi), soit à l'édiction de règles raisonnables dans la détermination de ceux auxquels elles s'appliquent (égalité dans la loi). Elle ne dit rien du contenu des règles. (voir p. 128)

■ **Égalité substantielle** : s'attache au contenu des règles ou même aux résultats auxquels elles parviennent. Ainsi en est-il lorsque est exigée, en son nom, l'attribution à tous des mêmes droits fondamentaux, par exemple dans le domaine de l'éducation, du logement, ou de l'emploi. (voir p. 128)

■ **Émancipation** : extinction anticipée de l'incapacité du mineur, pour toute activité non commerciale, résultant soit d'une décision judiciaire à partir de 16 ans, soit du mariage. (voir p. 152)

■ **État de droit** : principale caractéristique des régimes démocratiques, l'État de droit suppose l'égalité des sujets devant la loi, le respect de la hiérarchie des normes de la part de l'État et de l'administration, le respect du principe de légalité (soumission de l'administration au droit) et de la séparation des pouvoirs, l'indépendance de la justice, l'existence d'un contrôle de constitutionnalité et la faculté pour toute personne de contester en justice l'application d'une norme juridique. (voir p. 37, 79, 121, 122)

■ **État tiers** : État autre qu'un État membre de l'Union européenne. (voir p. 134)

■ **Étranger** : personne, née à l'étranger ou en France, qui réside sur le territoire national sans posséder la nationalité française. (voir p. 134)

■ **Eugénisme** : pratique qui vise, pour une société, à favoriser de façon systématique l'apparition de certains caractères chez l'individu ou à en éliminer d'autres, jugés négatifs. (voir p. 166)

■ **Euthanasie** : pratique visant à provoquer la mort d'autrui à sa demande afin d'abréger ses souffrances. (voir p. 166)

F

■ **Famille homoparentale** : famille dans laquelle des enfants sont élevés par deux conjoints de même sexe. Le lien de filiation peut être biologique envers l'un d'eux ou adoptif à l'égard d'un ou des deux. (voir p. 158)

■ **Famille monoparentale** : famille dans laquelle un enfant n'a de lien de filiation qu'à l'égard d'un seul parent qui l'élève seul (autre parent inconnu ou disparu, ou adoption par un seuladulte). (voir p. 158)

■ **Famille recomposée** : union entre des personnes élevant ensemble un ou des enfants de précédentes unions. (voir p. 158)

■ **Filiale** : société contrôlée par une société mère. (voir p. 206, 212)

■ **Filiation** : lien juridique de parenté qui unit un enfant à ses parents. Jusqu'en 2005, le terme de « filiation légitime » désignait une naissance issue d'un couple marié, et celui de « filiation naturelle » une naissance issue d'un couple non marié. (voir p. 150)

■ **Filiation adoptive** : désigne le lien fondé non pas sur une réalité biologique, mais sur une parenté volontaire. L'adoption plénière crée une nouvelle filiation ayant pour effet de rompre le contact et la filiation de l'adopté avec sa famille d'origine. À l'inverse, l'adoption simple laisse subsister le lien et la filiation de l'adopté avec sa famille d'origine. (voir p. 158)

■ **Filiation légitime** : se disait d'enfants nés d'un mariage entre leurs parents, par opposition à la filiation naturelle. (voir p. 158)

■ **Filiation naturelle** : désignait, par opposition à la filiation légitime, le lien d'enfants nés hors mariage entre leurs parents. À l'égard d'un parent marié avec un tiers, on parlait de « filiation adultérine ». (voir p. 158)

■ **Force obligatoire** : les contrats, légalement formés et librement consentis, s'imposent aux parties : c'est le principe de la force obligatoire du contrat. (voir p. 50)

G

■ **Génétique** : science qui étudie les lois de l'hérédité et le support de la transmission héréditaire. (voir p. 166)

■ **Génome** : ensemble du matériel génétique, c'est-à-dire des molécules d'ADN, d'une cellule. (voir p. 173)

■ **Gestation pour autrui** : fait, pour une femme, de porter un enfant pour le compte d'autrui, ce qui implique que l'enfant est remis aux commanditaires (parents d'intention) à sa naissance. (voir p. 171)

■ **Gouvernement** : institution, formée du Premier ministre et des ministres, qui détermine la politique de la nation. (voir p. 45)

■ **Groupe de sociétés** : ensemble de sociétés formé par une société dominante ou contrôlante (société mère) et l'ensemble des sociétés qu'elle contrôle (filiales). (voir p. 206)

H

■ **Hacker** : pirater un système informatique. (voir p. 252)

■ **Harcèlement** : violences répétées, physiques ou verbales, qui sont le fait d'une ou de plusieurs personnes sur une victime isolée, qui ne peut pas se défendre. (voir p. 192)

■ **Héritage** : patrimoine laissé par une personne décédée et transmis par succession. (voir p. 158)

■ **Hiérarchie des normes** : classement hiérarchisé des règles de droit qui composent le système juridique d'un État de droit et en garantissent la cohérence et la rigueur. Elle est fondée sur le principe qu'une norme doit respecter celle du niveau supérieur et la mettre en œuvre en la détaillant. (voir p. 24, 44)

I

■ **Immigration familiale** : concerne les membres de familles de Français et, dans le cadre du regroupement familial, les membres de familles d'étrangers installés en France. (voir p. 134)

■ **Immigré** : personne née étrangère à l'étranger, et qui réside en France. L'immigré peut avoir conservé sa nationalité d'origine ou avoir acquis la nationalité française. (voir p. 134)

■ **Impunité** : fait pour quelqu'un de ne pas risquer d'être puni pour ses fautes. (voir p. 192, 198)

■ **Imputation** : action de mettre une accusation sur le compte de quelqu'un. (voir p. 192)

■ **Incapacité** : état d'une personne mineure ou majeure qui ne peut exercer seule ses droits et a besoin, pour cela, d'être assistée ou représentée. (voir p. 116, 152)

■ **Indisponibilité du corps humain** : l'individu peut user de son corps mais ne peut le céder en tout ou partie. Seuls certains de ses éléments peuvent être utilisés dans l'intérêt thérapeutique d'autrui et dans des conditions strictes (gratuité, anonymat). (voir p. 166, 171)

■ **Infraction sexuelle** : acte caractérisé dès lors que l'auteur des faits est passé outre le consentement de la victime. (voir p. 186)

■ **Institut national de la propriété industrielle (INPI)** : établissement public à caractère administratif qui enregistre les marques et délivre les brevets. Les déposants peuvent agir seuls ou par le biais d'avocats ou de conseils en propriété industrielle (CPI). Les CPI spécialisés en brevets sont de formation scientifique, les CPI spécialisés en marques, de formation juridique. (voir p. 230)

■ **Intelligence artificielle** : ensemble de théories et d'algorithmes destinés à automatiser des tâches qui nécessitaient jusqu'alors l'intelligence humaine. (voir p. 247)

■ **Intérêt supérieur de l'enfant** : standard juridique qui vise à faire prévaloir l'intérêt de l'enfant dans toutes les décisions ou situations auxquelles il est confronté. (voir p. 152)

■ **Invention** : solution technique à un problème technique. Une théorie scientifique n'est pas une invention, mais son application concrète peut l'être. (voir p. 230)

■ **Inviolabilité** : caractère de ce qui est inviolable. Le principe de l'inviolabilité a été consacré par le législateur dans la loi n° 94-653 du 29 juillet 1994 relative au respect du corps humain. (voir p. 166)

J

■ **Juge aux affaires familiales** : magistrat du tribunal judiciaire chargé de régler les litiges relatifs au divorce (uniquement les cas conflictuels depuis 2016), à l'autorité parentale, aux obligations alimentaires au sein de la famille. En cas de violences au sein du couple, il peut ordonner, au civil, des mesures de protection du conjoint victime de violences (par exemple, une mesure d'éloignement de l'autre conjoint). Il est compétent pour les tutelles des mineurs. (voir p. 159)

■ **Juridiction internationale** : organe chargé de trancher des litiges internationaux, en application de conventions internationales (ex : Cour internationale de justice, Tribunal international du droit de la mer). (voir p. 97, 98)

■ **Juridictions** : ensemble de tribunaux de même catégorie (juridictions civiles, juridictions administratives) ou de même classe ou degré (juridictions prud'homales). (voir p. 50)

■ ***Jus cogens*** : en latin « droit contraignant » ; expression utilisée pour désigner une norme impérative, de droit international général, acceptée et reconnue par la communauté internationale à laquelle aucune dérogation n'est permise. (voir p. 98)

■ **Justiciable** : toute personne, sans distinction de nationalité, d'âge, de sexe, de revenus peut recourir à la justice. Le justiciable peut être auteur d'une infraction, victime d'une infraction ou partie à un litige. (voir p. 65, 66)

L

■ **Lanceur d'alerte** : tout salarié qui constate dans l'entreprise un risque grave pour la santé publique ou l'environnement doit le signaler à son employeur. L'alerte est consignée par écrit dans un registre spécial. (voir p. 219)

■ ***Legal techs*** : entreprises qui fournissent des services juridiques numériques grâce à des solutions technologiques. (voir p. 247)

■ **Légataire** : personne qui reçoit tout ou partie de la succession du défunt par l'effet d'un testament. (voir p. 162)

■ **Liberté contractuelle** : issue de la théorie de l'autonomie de la volonté. Ce principe exprime l'idée selon laquelle les parties sont libres de contracter ou de ne pas contracter, et de le faire avec la personne de leur choix. (voir p. 50)

■ **Liberté d'expression** : elle permet à chacun d'exprimer librement ses opinions, mais aussi de critiquer celle des autres. Elle garantit la libre communication des idées, quel qu'en soit le support, et la liberté de la presse. (voir p. 192)

■ **Liberté individuelle** : droit de ne pas être détenu arbitrairement. (voir p. 122)

■ **Liberté sexuelle** : liberté d'avoir les relations sexuelles de son choix, pourvu qu'elles soient consenties et non interdites par la loi. (voir p. 185, 186)

■ **Libertés constitutionnellement protégées** : elles découlent de la Déclaration de 1789 (égalité, sûreté, vie privée, liberté d'opinion, d'expression, de réunion, de culte, liberté syndicale, droit de propriété, présomption d'innocence, respect des droits de la défense), du préambule de la Constitution de 1946 (protection de la santé, gratuité de l'enseignement public) et de la Charte de l'environnement (principe de précaution). (voir p. 121)

■ **Licence** : contrat par lequel le titulaire autorise un tiers à exploiter l'objet d'un droit en échange d'une contrepartie. Elle peut être exclusive (licencié unique) ou non. (voir p. 230)

■ **Lien de subordination** : situation dans laquelle un travailleur est placé sous l'autorité d'une personne qui a un pouvoir de donner des ordres et des directives, d'en contrôler l'exécution, et de sanctionner les manquements du travailleur. (voir p. 210)

■ **Loi** : norme juridique adoptée par le peuple ou par ses représentants. (voir p. 14)

■ **Loi d'habilitation** : loi qui autorise le Gouvernement à intervenir par ordonnance dans le domaine législatif. (voir p. 44, 56)

■ **Loi de ratification** : loi qui entérine les mesures prises par ordonnance en leur conférant valeur législative. (voir p. 44, 56)

■ **Loi organique** : lois prévues par un article de la Constitution, qu'elles prolongent pour en préciser les modalités d'application. (voir p. 44)

M

■ **Magistrat** : juge professionnel. Parmi ceux-ci, on distingue les magistrats « du siège » (chargés de juger) et le ministère public, composé des magistrats du « parquet » (chargés d'exercer l'action publique et qui ont le pouvoir de faire appel). (voir p. 66)

■ **Majorité pénale** : âge à partir duquel l'auteur d'une infraction est soumis au droit pénal commun et ne bénéficie plus de la responsabilité atténuée. (voir p. 157)

■ **Majorité sexuelle** : seuil d'âge pour l'exercice, sans contrainte, de la liberté sexuelle. (voir p. 185, 186)

■ **Mariage** : union légitime de deux personnes dans les conditions prévues par la loi. (voir p. 158)

■ **Marque** : signe distinctif qui sert à distinguer un produit ou un service de ceux des concurrents. (voir p. 230)

■ **Marque de l'Union européenne** : titre unique pour l'ensemble des pays de l'UE. Il accorde à son titulaire un droit exclusif sur l'ensemble du territoire de l'UE couvrant l'ensemble des États membres de l'UE. Son titulaire peut interdire l'usage commercial du signe par les tiers sur le territoire de l'UE. (voir p. 235)

■ **Mesure de protection** : elle est décidée par un juge pour protéger les intérêts d'une personne dont les facultés sont altérées par une maladie, un handicap, ou un accident, la rendant incapable de les défendre elle-même. (voir p. 116)

■ **Migrant international** : personne qui quitte le pays de sa résidence habituelle pour s'établir dans un autre pays. (voir p. 134)

■ **Mineur** : personne de moins de 18 ans. (voir p. 152)

■ **Mineur de 15 ans** : mineur de moins de 15 ans. (voir p. 186)

■ **Morale** : la règle morale résulte d'une conscience individuelle ou collective. Contrairement à la règle de droit, elle ne se limite pas au territoire de l'État qui l'a édictée et n'est pas sanctionnée par une autorité. (voir p. 21)

■ **Mort civile** : extinction légalement prononcée de la personnalité juridique d'un individu, ce qui emporte une privation générale de ses droits. (voir p. 113)

N

■ **Nationalité** : lien juridique qui relie un individu à un État déterminé et dont résultent des obligations et des droits, notamment politiques. (voir p. 134)

■ **Naturalisation** : modalité discrétionnaire (dépendant du bon vouloir) d'octroi de la nationalité, par les autorités de l'État, à un étranger qui la demande. En France, elle est accordée par décret. (voir p. 140)

■ **Neurosciences** : sciences qui étudient le système nerveux, de l'échelle moléculaire jusqu'aux organes, tel que le cerveau. (voir p. 166)

■ **Non-marchandisation (ou non-patrimonialisation) du corps humain** : interdiction de céder des éléments du corps humain de façon onéreuse (art. 16-6 du Code civil). (voir p. 171)

■ **Nullité** : la nullité est prononcée (en général par le juge), lorsqu'un contrat ne remplit pas les conditions requises pour sa validité. Elle conduit à ce que le contrat soit regardé comme n'ayant jamais existé. (voir p. 50)

O

■ **Objet connecté** : objet physique (montre, camera, jouet…) équipé de capteurs ou d'une puce électronique capable de communiquer avec un ordinateur, un smartphone ou une tablette via un réseau sans fil qui le relie à Internet ou à un réseau local. (voir p. 246)

■ **Obligation contractuelle** : ce à quoi les parties qui ont signé un contrat se sont engagées. (voir p. 50)

■ **Obstination déraisonnable (ou acharnement thérapeutique)** : mise en œuvre de traitements inutiles, disproportionnés et n'ayant d'autre effet que le maintien artificiel de la vie d'un patient. (voir p. 166)

■ **Office français de protection des réfugiés et apatrides (OFPRA)** : établissement public administratif chargé de l'instruction des demandes d'asile et de la protection des réfugiés, des bénéficiaires de la protection subsidiaire et des apatrides. (voir p. 135, 138)

■ **Open data ou « données ouvertes »** : données numériques, d'origine publique ou privée, dont l'accès et l'usage sont laissés libres aux usagers. (voir p. 246)

■ **Ordonnance** : règlement pris par le pouvoir exécutif. Nom donné à certaines décisions émanant d'un juge unique. (voir p. 44)

■ **Ordre administratif** : ensemble des juridictions administratives. (voir p. 68)

■ **Ordre judiciaire** : ensemble des juridictions judiciaires. (voir p. 66)

■ **Ordre public** : règles fondamentales relatives à l'organisation de la société, aux libertés fondamentales, à la sécurité des citoyens ou encore, en droit des contrats, à la protection d'une des parties (consommateur, salarié, locataire…). (voir p. 50, 122, 125)

■ **Organisation des Nations unies (ONU)** : établie en 1945, a pour objet de maintenir la paix et la sécurité dans le monde. (voir p. 97, 99)

■ **Organisation internationale** : association d'États créée par un traité international pour coordonner des actions relevant de ses statuts. (ex. : Organisation des Nations unies, Organisation mondiale du commerce, Union européenne). (voir p. 97, 98)

P

■ **Pacs** : le Pacte civil de solidarité est un contrat conclu entre deux personnes majeures, de sexe différent ou de même sexe, pour organiser leur vie commune. (voir p. 158)

■ **Parlement** : en France, l'Assemblée nationale et le Sénat forment le Parlement. (voir p. 35)

■ **Parlement européen** : composé de 705 députés élus pour cinq au suffrage universel dans les États membres. Il représente les citoyens de l'Union, discute, amende et vote les actes législatifs et le budget européen avec le Conseil de l'UE. (voir p. 87, 88)

■ **Parquet** : ensemble de magistrats exerçant les fonctions du ministère public, soit à la Cour de cassation, soit à la cour d'appel, soit dans chaque tribunal de grande instance. (voir p. 66)

- **Patrimoine** : ensemble des biens et des dettes d'une personne (actif et passif). (voir p. 114, 162)
- **Personnalité juridique** : technique du droit consistant à doter une entité de droits et d'obligations. (voir p. 114)
- **Personne de confiance** : personne désignée pour témoigner de la volonté de la personne empêchée dans le cadre de la délivrance de soins médicaux. (voir p. 166, 168)
- **Personne morale** : groupement d'individus doté en tant que tel de la personnalité juridique. (voir p. 114, 206)
- **Personne physique** : personne humaine, appréhendée en tant que sujet de droit. S'oppose à la personne morale. (voir p. 114)
- **Plagiat** : dans le langage courant, on parle parfois de plagiat pour évoquer la « contrefaçon », uniquement pour le droit d'auteur. Le terme de «plagiat» est absent du Code la propriété intellectuelle. (voir p. 230)
- **Plateforme numérique** : place de marché en ligne permettant des transactions entre fournisseurs et utilisateurs. Elles captent la valeur qui revenait auparavant aux intermédiaires traditionnels assurant ces transactions. (voir p. 246, 247)
- **Police administrative** : elle a pour objet d'assurer l'ordre public (bon ordre ; sûreté, sécurité et salubrité publiques ; dignité) et de prévenir un trouble général (manifestation ou réunion violente). Elle est mise en œuvre par l'autorité administrative : le Premier ministre (échelle nationale), le préfet ou le maire (échelle locale). (voir p. 73, 126)
- **Police judiciaire** : activité qui a pour objet la recherche et la poursuite des auteurs d'infractions pénales. La police judiciaire est exercée, sous la direction du procureur de la République, par des agents des services de police et de gendarmerie spécialement habilités. (voir p. 73, 122)
- **Pourvoi** : recours formé devant la Cour de cassation (ou le Conseil d'État). (voir p. 66)
- **Pouvoir exécutif** : pouvoir de faire exécuter les lois sur l'ensemble du territoire. (voir p. 33)
- **Pouvoir judiciaire** : pouvoir de trancher des différends conformément à la loi. (voir p. 33)
- **Pouvoir législatif** : pouvoir de faire la loi. (voir p. 33)
- **Préfet** : haut fonctionnaire nommé par le président de la République et chargé, dans chaque département de France, de représenter l'État et de faire respecter les lois. (voir p. 45)
- **Préjudice écologique** : atteinte non négligeable aux éléments ou aux fonctions des écosystèmes ou aux bénéfices collectifs tirés par l'homme de l'environnement (loi du 8 août 2016). (voir p. 212, 221)
- **Principe de précaution** : prise en compte des risques non encore avérés. (voir p. 212)
- **Principe de prévention** : consiste à étudier et mettre en œuvre les mesures destinées à empêcher la survenance du risque connu, identifié. (voir p. 212)
- **Principe de territorialité** : application d'une règle dans la limite d'un espace géographique précis. (voir p. 252)
- **Procureur de la République** : magistrat qui a le pouvoir, face à des faits relevant d'une infraction, de décider s'il est opportun soit d'engager des poursuites, soit de mettre en œuvre une alternative aux poursuites, soit de classer sans suite la procédure. (voir p. 70)
- **Promulgation** : acte du président de la République consistant à signer la loi après son vote par le Parlement, ce qui garantit la régularité de son élaboration et doit permettre de l'exécuter. (voir p. 38, 44)
- **Protection subsidiaire** : protection au titre de l'asile accordée, avec des droits plus limités, à l'étranger qui ne remplit pas les conditions d'obtention du statut de réfugié. (voir p. 139)
- **Puissance publique** : ensemble des pouvoirs que se donne l'État pour assurer la sécurité du territoire, des citoyens et l'application des lois et règlements. Ses acteurs se situent à tous les échelons du pays, national (services publics telle la justice) et local (maire, préfet...). (voir p. 68)

Q

- **Question préjudicielle** : question posée par un juge national à la Cour de justice de l'UE sur la validité ou l'interprétation d'une règle de droit de l'Union, avant de statuer dans l'affaire pendante (affaire dont ce juge a été saisi, mais qu'il n'a pas encore tranchée). Elle vise à assurer une interprétation uniforme du droit de l'Union dans tous les États membres, afin de garantir l'égalité des États membres devant le droit de l'Union. (voir p. 88, 90, 92)
- **Question prioritaire de constitutionnalité (QPC)** : question par laquelle, au cours d'un procès, une personne conteste la constitutionnalité de la loi qui est appliquée à sa situation. La question peut alors être renvoyée au Conseil constitutionnel, qui a le pouvoir d'abroger la loi s'il la déclare contraire à la Constitution. (voir p. 34)

R

- **Rançongiciel** : logiciel malveillant qui prend en otage des données sensibles (personnelles, professionnelles) pour extorquer de l'argent à leur propriétaire. (voir p. 252)
- **Rapporteur public** : l'un des membres de la formation de jugement d'une juridiction administrative, qui est chargé d'exposer son opinion sur les questions posées par un dossier et les solutions qu'elles appellent, mais qui n'a pas de voix délibérative. (voir p. 68)
- **Ratification** : acte par lequel l'État, après avoir obtenu l'approbation d'un traité dans son ordre juridique interne, indique son consentement à être lié par un traité dans l'ordre juridique international. (voir p. 98)
- **Recours pour excès de pouvoir** : recours qui tend à l'annulation d'une décision administrative pour violation d'une règle de droit. (voir p. 68)
- **Référé** : procédure juridictionnelle d'urgence, de caractère contradictoire, tendant à obtenir d'un juge des mesures qui ne se heurtent à aucune contestation sérieuse. (voir p. 67, 68)
- **Référendum** : procédure d'adoption de la loi consistant à consulter directement les citoyens en soumettant une question au suffrage universel direct. (voir p. 44)
- **Règle de droit** : règle de conduite dans les rapports sociaux. Elle est générale, abstraite et obligatoire, et son non-respect est sanctionné par l'autorité publique. (voir p. 22)
- **Règlement** : acte de portée générale, obligatoire dans tous ses éléments et directement applicable dans chaque État membre. (voir p. 88)
- **Réparation du préjudice écologique en nature** : l'auteur d'un dommage est condamné à dépolluer un site et à le remettre en état. (voir p. 221)
- **Représentation** : technique juridique consistant à ce qu'un représentant agisse au nom et pour le compte d'un représenté. (voir p. 114)
- **Réseau de neurones artificiels** : programme informatique s'inspirant du fonctionnement du cerveau humain pour apprendre. (voir p. 246)
- **Respect de la vie privée** : droit consacré par l'article 9 du Code civil. Le Conseil constitutionnel lui a reconnu une portée constitutionnelle en précisant que la liberté proclamée à l'article 2 de la Déclaration des droits de l'homme et du citoyen impliquait le respect de la vie privée. (voir p. 192, 238)
- **Responsabilité atténuée (ou excuse de minorité)** : condamnation du mineur à la moitié de la peine encourue par un majeur, sauf décision spéciale, et si le mineur a plus de 16 ans. (voir p. 157)
- **Responsabilité civile** : obligation faite à une personne de réparer le préjudice causé à autrui (voir p. 221)

▪ **Responsabilité juridique** : obligation de répondre de son comportement devant la justice et d'en assumer les conséquences civiles, administratives, pénales et disciplinaires soit envers la justice soit envers la société. (voir p. 113, 212)

▪ **Responsabilité sociale des entreprises (RSE)** : prise en compte par les entreprises, sur la base du volontariat, des enjeux environnementaux, sociaux et éthiques de leurs activités. (voir p. 207, 212)

▪ ***Revenge porn*** : fait de diffuser, sans le consentement de la personne intéressée, des images à caractère sexuel de cette dernière. (voir p. 198)

▪ **Revirement de jurisprudence** : décision d'une juridiction par laquelle elle renverse la solution qu'elle retenait jusqu'alors sur une question donnée. (voir p. 50, 52)

▪ **Risque illimité** : engagement du patrimoine personnel. (voir p. 207)

▪ **Risque limité** : le patrimoine personnel et celui de la société sont séparés, sauf en cas de mauvaise gestion. (voir p. 207)

S

▪ **Salubrité publique** : élément de l'ordre public relatif à la santé publique. La police administrative comprend l'objectif d'un état sanitaire satisfaisant et implique de prendre des mesures relatives à l'hygiène, particulièrement en temps d'épidémie (port de masques...) (voir p. 122)

▪ **Sections administratives** : sections du Conseil d'État dont la mission est de donner des avis juridiques au Gouvernement. (voir p. 68)

▪ **Sécurité juridique** : principe général du droit selon lequel les lois et réglementations doivent être suffisamment claires et prévisibles. (voir p. 50)

▪ **Sécurité publique** : élément de l'ordre public. L'État a le devoir d'assurer la sécurité en veillant, sur l'ensemble du territoire de la République, à la défense des institutions et des intérêts nationaux, au respect des lois, au maintien de la paix et de l'ordre public, à la protection des personnes et des biens. (voir p. 122)

▪ **Sénat** : assemblée législative élue au suffrage indirect ou dont les membres représentent des collectivités territoriales. (voir p. 45)

▪ **Séparation des pouvoirs** : principe constitutionnel consistant à distinguer les pouvoirs législatif, exécutif et judiciaire, ainsi qu'à garantir leur équilibre. (voir p. 34)

▪ **Siège** : dans une juridiction de jugement, désigne l'ensemble de la magistrature assise, par opposition à la magistrature debout (magistrats exerçant les fonctions du ministère public). Localité où est établie une juridiction, une autorité ou une entreprise (siège social). (voir p. 66)

▪ **Société** : personne morale constituée par des associés en vue d'exercer une activité économique. Contrairement à l'entreprise, elle est dotée de la personnalité juridique. (voir p. 206)

▪ **Société mère** : société qui contrôle, directement ou indirectement, une autre société (filiale). Il en est ainsi notamment lorsqu'elle détient plus de 50 % de son capital ou des droits de vote en assemblée générale. Elle forme, avec ses filiales, un groupe de sociétés (voir p. 208, 214)

▪ **Soins palliatifs** : soins actifs délivrés dans une approche globale de la personne atteinte d'une maladie grave, évolutive ou terminale. L'objectif est de soulager les douleurs physiques et les autres symptômes, mais aussi de prendre en compte la souffrance psychique, sociale et spirituelle. (voir p. 166)

▪ **Sous-traitance** : contrat par lequel une société (le donneur d'ordre) confie à une autre (le sous-traitant) tout ou partie de l'exécution d'une prestation de services, d'un marché ou de la fabrication de produits. (voir p. 214)

▪ **Souveraineté de la loi** : théorie selon laquelle la loi votée par le Parlement, lui-même élu par le peuple, représente l'expression suprême de la « volonté générale », si bien que nulle autorité ne saurait la contrecarrer, même au nom de la Constitution. (voir p. 34)

▪ **Subordination** : situation dans laquelle un travailleur est placé sous l'autorité d'une personne qui a un pouvoir de donner des ordres et des directives, d'en contrôler l'exécution, et de sanctionner les manquements du travailleur. (voir p. 217)

▪ **Sûreté** : pour toute personne, garantie du droit de ne pas être arrêtée ni détenue arbitrairement. (voir p. 122)

▪ **Syndicat** : groupement qui a pour objet exclusif d'assurer l'étude et la défense des droits et intérêts, individuels et collectifs, de ceux qui exercent des activités professionnelles identiques, similaires ou connexes. Doté de la personnalité juridique, le syndicat peut agir en justice, disposer d'un patrimoine (lié notamment aux cotisations de ses adhérents) et négocier et conclure des accords collectifs. (voir p. 210)

T

▪ **Thérapie génique** : consiste à modifier génétiquement des cellules d'un patient, pour soigner ou prévenir une maladie. (voir p. 173)

▪ **Titre de séjour** : document administratif dont certaines catégories d'étrangers de plus de 18 ans doivent être munis pour pouvoir séjourner régulièrement en France pendant plus de trois mois. Les titres de séjour ont des durées différentes selon la situation de l'étranger. (voir p. 137)

▪ **Traité ou convention internationale** : accord conclu sous forme écrite entre États. (voir p. 98)

▪ **Tranquillité publique** : désigne principalement un état, celui du repos public ou, dit autrement, un état non perturbé de l'ordre public. Le maire est le garant de la tranquillité publique. (voir p. 125)

▪ **Travailleur indépendant** : travailleur qui exerce son activité professionnelle en toute autonomie, sans être placé dans un lien de subordination à l'égard d'un donneur d'ordre. Il peut exercer son activité en qualité de commerçant, artisan, micro-entrepreneur, etc. (voir p. 217)

▪ **Tribunal des conflits** : juridiction chargée de dire si un litige relève de l'ordre judiciaire ou administratif. (voir p. 65)

U

▪ **UNICEF** : agence de l'Organisation des Nations unies consacrée à l'amélioration et à la promotion de la condition des enfants, créée le 11 décembre 1946 sous l'acronyme « Fonds international de secours à l'enfance des Nations unies ». (voir p. 152)

▪ **Union libre** : union de fait (non consacrée par le droit), stable et continue entre deux personnes de même sexe ou de sexe différent. Concubinage. (voir p. 158)

V

▪ **Viol** : cas d'agression sexuelle particulier défini comme tout acte de pénétration sexuelle, de quelque nature que ce soit, constitutif d'un crime et exposant son auteur à la réclusion de quinze ans. (voir p. 186)

▪ **Viralité** : diffusion rapide et imprévisible de contenus divers (photographies, vidéos, etc.) sur Internet, en particulier via les réseaux sociaux. (voir p. 192, 198)

La déesse Thémis
Elle est le symbole de la justice.

Le citoyen dans un monde numérique
Capteurs d'empreintes digitales, reconnaissance faciale, protection des données personnelles... Le numérique soulève de nombreux enjeux juridiques.

Une famille
Le droit protège les personnes (sujets de droit) et accompagne les évolutions des familles.

Un robot musicien
Une intelligence artificielle peut-elle produire une création artistique ?

Crédits iconographiques

Couverture : ht ADOBE STOCK PHOTO/respiro888, **bas g** ISTOCK/Koto_feja, **bas m** SHUTTERSTOCK/Fabiophototravel, **bas d** REUTERS/Eriko Sugika

3 © Jean-Baptiste Eyguesier ; **13 ht d** CIT'IMAGES/Yann Mamberg ; **13 bas** © Robert Badinter ; **13 m** LEEMAGE/VIG/Ewing Galloway ; **13 ht g** et page **78 ht** (reprises) AKG-Images/Heritage Images/Fine Art Images ; **14 m** AURIMAGES/Collection Dagli Orti ; **14 d** © Sous licence Creative Commons 2.0 Generic ; **14 g** © Sous licence Creative Commons CC BY-SA 3.0 fr/Rama ; **16** et **pp 36 ht d 123 bas, 129 bas d** (reprises) BIS/Ph. Jeanbor © Archives Larbor ; **18 ht g** © DALLOZ, 2021 ; **18 ht d** et pp **19, 51, 115, 135 bas, 159 bas, 213, 231 g** (reprises) © DALLOZ, 2021 ; **18 bas g** et pp **129 bas g, 187, 193 bas g** (reprises) DALLOZ, 2021 ; **20 ht g** BIS/Ph. H. Josse © Archives Larbor ; **20 bas d** et page **159 ht** (reprise) Bibliothèque Cujas/Université Paris 1 ; **20 bas m** © Académie de droit international de La Haye ; **20 bas g** © Institut de Recherches Carré de Malberg (IRCM, EA 3399) ; **20 ht d** BIS/Ph. Coll. Archives Larbor ; **20 ht m** BIS/Ph. Jean Tarascon © Archives Larbor ; **26** ADOBE STOCK PHOTO/Ilona ; **31 ht** et page **4 g** (reprise) GETTY IMAGES France/Corbis/Antoine Gyori ; **31 bas g** © Bruno Lasserre ; **31 bas d** © Laurent Fabius ; **31 m bas** © Cour de Cassation ; **31 m ht** ADOBE STOCK PHOTO/Andrey Popov ; **33 m g** REA/Nicolas Tavernier ; **33 m d** ADOBE STOCK PHOTO/Mariesacha ; **35 ht** BIS/© Archives Larbor ; **35 bas d** et pp 36 bas et 45 bg (reprises) © Archives nationales ; **36 ht g** BIS/Ph. H. Josse © Archives Larbor ; **39** MAXPPP/Olivier Lejeune ; **41** SHUTTERSTOCK/EQRoy ; **46** BnF ; **48 bas** © Sécurité Routière ; **49** ADOBE STOCK PHOTO/Shocky ; **53** © CONSEIL DE L'EUROPE/Ellen Wuibaux ; **55** ADOBE STOCK PHOTO/pixarno ; **57 ht** ADOBE STOCK PHOTO/Martin Bertrand ; **63 ht** et page **4 d** (reprise) PARROT Pascal/Divergence ; **63 bas** © Cour de Cassation ; **63 m** AFP/NurPhoto/Julien Mattia ; **65** ADOBE STOCK PHOTO/Stockwerk-Fotodesign ; **70** AKG-Images/De Agostini/Veneranda Biblioteca Ambrosiana ; **74** ISTOCK/people image ; **76 ht** g ADOBE STOCK PHOTO/Drobot Dean ; **76 bas d** ADOBE STOCK PHOTO/Jacob Lund ; **76 bas** g ADOBE STOCK PHOTO/sepy ; **76 m** d ADOBE STOCK PHOTO/Andy Shot ; **76 m g** ADOBE STOCK PHOTO/contrastwerkstatt ; **76 ht** d ADOBE STOCK PHOTO/Jonas Glaubitz ; **77 m d** ADOBE STOCK PHOTO/koszivu ; **77 m g** ADOBE STOCK PHOTO/Flamingo images ; **77 ht** ADOBE STOCK PHOTO/Krakenimages ; **77 bas** d ADOBE STOCK PHOTO/Halfpoint ; **77 bas g** ADOBE STOCK PHOTO/hanack ; **78 bas** SHUTTERSTOCK/JPC-PROD ; **85 ht et page 5 g** (reprise) BRIDGEMAN IMAGES/René Saint-Paul ; **85 bas** d © ECHR-CEDH Conseil de Europe ; **85 bas g** © Koen Lenaerts ; **85 m** SIPA PRESS/AP/Sylvain Plazy ; **90** AFP/Joe Klamar ; **95** AFP/Boris Horvat ; **100** Conseil de l'Europe ; **101** © Union européenne/Cour internationale de Justice, La Haye ; **104** SHUTTERSTOCK/Kyung Muk Lim ; **105** AFP/DOI/HO/Présidence Maldivienne/DPA Picture-Alliance ; **111 ht** GAMMA RAPHO/Elise Hardy ; **111 bas** © Claire Hédon ; **111 m** et page 5 **d** (reprise) MAXPPP/La Voix du Nord/Mathieu Thuillier ; **112** AKG-Images/Collection Joinville ; **118** Xavier DELUCQ ; **119** ADOBE STOCK PHOTO/jota69 ; **120** AKG-Images/Album/Oronoz ; **121** Défenseur des Droits ; **124** BIS/Ph. Hubert Josse © Archives Larbor ; **131** © Défenseur des droits ; **133** © Association Themis ; **135 bas** d © DALLOZ, 2021 ; **136** ADOBE STOCK PHOTO/FreeProd ; **140 bas** SHUTTERSTOCK/Hadrian ; **143 ht** SHUTTERSTOCK/Tomas Zavadil ; **143 bas** Revue Délibérée/Jean-Claude Bouvier ; **149 ht g** GAMMA RAPHO/Robert Doisneau ; **149 bas** © Anne Dupuy ; **149 bas** ISTOCK/Geber86 ; **149 m** d ADOBE STOCK PHOTO/zinkevych ; **149 m g et page 6 hg** (reprise) SHUTTERSTOCK/NDAB Creativity ; **149 ht** d ADOBE STOCK PHOTO/deniskomarov ; **151** UNICEF ; **154** © Library of Congress, Washington ; **155 ht** ADOBE STOCK PHOTO/zinkevych ; **157** AFP/Sébastien Bozon ; **162 ht** ADOBE STOCK PHOTO/herreneck ; **162 bas** SHUTTERSTOCK/Sylv1rob1 ; **168** © Autorisation de reproduction donnée à des fins pédagogiques par le Ministère des Solidarités, de la Santé, et des Parties Prenantes ; **169** © CNSPFV ; **170 ht** © Agence de la Biomédecine ; **170 bas d** © Rapport annuel 2019 de l'Agence de biomédecine ; **172 ht** Creative Commons CCBY 2.0 Université de Bâle, LHTT/Matjaz Katcicnik ; **172 bas** INSERM/Patrick Aubourg ; **176** BRIDGEMAN IMAGES/sz Photo ; **177** © On a tous des droits ! ; **183 ht** et page 6 hd (reprise) AFP/Hans Lucas/Edouard Richard ; **183 bas** © Christophe Bigot ; **183 m** Lycée Le Corbusier, Cormeilles en Parisis ; **185 bas** Lycée Thomas Edison, Lorgues (Var) ; **188** AFP/Hans Lucas/Hugo Passarello Luna ; **190** AFP/François Guillot ; **193 bas g** © DALLOZ, 2021 ; **197 g** Ministère de l'Éducation nationale, de la Jeunesse et des Sports ; **197 d** Lycée du Noordover, Grande Synthe (59)/Réalisation Martin Hars ; **199** LE PARISIEN/infographie C. Têche ; **205 ht** SHUTTERSTOCK/Zbynek Plinta ; **205 m ht** SHUTTERSTOCK/F. Enot ; **205 m bas** AFP/Only France/Serge Attal ; **205 bas** © Antoine Lyon-Caen ; **206** Collection particulière ; **211 bas** © Dalloz, 2021 ; **215 ht d** SHUTTERSTOCK/Bayazid Akter ; **216 ht** et page 6 bas (reprise) AFP/Gérard Julien ; **216 bas** REA/Xavier Popy ; **217** SHUTTERSTOCK/Natee Meeplan ; **218** Jean-Pierre AMET/Divergence ; **220** REA/Ludovic ; **227 ht** et page 7 (reprise) ADAGP, Paris 2021 ; **227 bas** © Marie-Laure Denis ; **227 m** GETTY IMAGES France/Bloomberg/Marlene Awaad ; **231 bas d** © DALLOZ, 2021 ; **232 ht** © Société Anonyme des Eaux Minérales d'Evian ; **232 bas** REA/Gilles Rolle ; **233 ht** Ministère des Affaires sociales et de la Santé /DICOM ; **233 bas** © OBVIOUS ; **239** WIKIMEDIA/Praxis Films/Laura Poitras ; 243 ADOBE STOCK PHOTO/NicoElNino ; **244** © CNIL ; **249** REA/The New York Times - Redux/Gilles Sabrie ; **250** d SHUTTERSTOCK/metamorworks ; 250 g LE PARISIEN ; **253 ht** © SENAT ; **253** AFP/Anadolu Agency/Samuel Corum ; **259** © Édouard B. ; **260** © Anne-Claire S. ; **261** © Virginie A. ; **262** © Marc C. ; **264** © Laurent A. ; **265** © Chloé G. ; **266** © Rebecca L. ; **267** © Manon de R. ; **268** © Marie-Claire C ; **269** © Samuel L.

Édition : Morgane Guilhem

Direction éditoriale : Carole Greffrath

Responsable artistique : Pierre-Yves Skrzypczak

Conception graphique (intérieur et couverture) : Élise Launay

Mise en pages : Pierre-Yves Skrzypczak ; Camille Weyh (fiches métiers et fiches méthode)

Iconographie : Maryse Hubert

Charte graphique des schémas : WeDoData

Infographies, schémas, graphiques : Renaud Scapin

Cartographie : Légendes cartographie

Fabrication : Kévin Magar

Gravure : Irilys

Relecture : Vediteam

Pages Grand oral : Marc Jubault-Bregler (écriture des questions de SVT), Corinne Escales (relecture des questions d'anglais).

MIXTE
Papier issu de sources responsables
FSC® C022030

Nathan est un éditeur qui s'engage pour la préservation de son environnement et qui utilise du papier fabriqué à partir de bois provenant de forêts gérées de manière responsable et contrôlée.

N° de projet : 10268448 Dépôt légal : Avril 2021
Achevé d'imprimer en Italie par Rotolito S.p.A.